मन ही पूजा मन ही धूप

(रैदास-वाणी)

रैदास-वाणी पर प्रश्नोत्तर सहित पुणे में ओशो द्वारा दिए गए दस अमृत प्रवचनों का अनुपम संकलन

OSHO

मन ही पूजा मन ही धूप

ओशो

Man Hi Pooja Man Hi Dhoop
Editing: Anand Satyarthi, Shanti Tyohar

Published by

The material in this book is a transcript of a series of original OSHO Talks 'Man Hi Pooja Man Hi Dhoop' given to a live audience. All of Osho's talks have been published in full as books, and are also available as original audio recordings. Audio recordings and the complete text archive can be found via the online OSHO Library at www.osho.com/library

Printed in India by

ISBN

Price

आमुख

आदमी को क्या हो गया है? आदमी के इस बगीचे में फूल खिलने बंद हो गए! मधुमास जैसे अब आता नहीं! जैसे मनुष्य का हृदय एक रेगिस्तान हो गया है; मरूद्यान भी नहीं कोई। हरे वृक्षों की छाया भी न रही। दूर के पंछी बसेरा करें, ऐसे वृक्ष भी न रहे। आकाश को देखने वाली आंखें भी नहीं। अनाहत को सुनने वाले कान भी नहीं। मनुष्य को क्या हो गया है?

मनुष्य ने गरिमा कहां खो दी है? यह मनुष्य का ओज कहां गया? इसके मूल कारण की खोज करनी ही होगी। और मूल कारण कठिन नहीं है समझ लेना। जरा अपने ही भीतर खोदने की बात है और जड़ें मिल जाएंगी समस्या की। एक ही जड़ है कि हम अपने से वियुक्त हो गए हैं; अपने से ही टूट गए हैं अपने से ही अजनबी हो गए हैं!

और जो अपने से अजनबी है, वह सबसे अजनबी हो जाता है। अपने को जिसने पहचान लिया, उसकी सबसे पहचान हो जाती है। उसके लिए अजनबी भी अजनबी नहीं रह जाते, क्योंकि उसे दिखाई पड़ता हैः भीतर एक ही तरंग, एक ही चैतन्य, एक ही ज्योति! दीये होंगे अलग, दीयों के ढंग होंगे अलग, आकृति-रंग होंगे अलग; मगर ज्योति तो एक है! लेकिन जिसने अपनी ही ज्योति नहीं देखी, वह किसके भीतर ज्योति को देखेगा! उसे तो चलती-फिरती लाशें दिखाई पड़ती हैं। वह खुद भी मुर्दा है और दूसरे भी उसे मुर्दा ही मालूम होते हैं। वह मुर्दों की बस्ती में जीता है।

एक दुर्घटना घटी है और उस दुर्घटना के प्रति सचेत हो जाना जरूरी है, अन्यथा अपनी खोज न हो सकेगी। और जिसने स्वयं को न जाना उसने कुछ भी न जाना। वह जीया भी और जीया भी नहीं। वह जीया नहीं, बस मरा ही। उसके जन्म और मृत्यु के बीच में कुछ भी न घटा। अगर जन्म और मृत्यु के बीच में परमात्मा न घटे तो जानना कि कुछ भी न घटा; खाली आए, खाली गए। शायद कुछ गंवा कर गए, कमा कर नहीं।

एक दुर्घटना हुई है और वह दुर्घटना हैः मनुष्य की चेतना बहिर्मुखी हो गई है। सदियों में धीरे-धीरे यह हुआ, शनैः-शनैः, क्रमशः-क्रमशः। मनुष्य की आंखें बस बाहर थिर हो गई हैं, भीतर मुड़ना भूल गई हैं।

तो कभी अगर धन से ऊब भी जाता है—और ऊबेगा ही कभी, कभी पद से भी आदमी ऊब जाता है—ऊबना ही पड़ेगा, सब थोथा है! कब तक भरमाओगे अपने को? भ्रम हैं तो टूटेंगे। छाया को कब तक सत्य मानोगे? माया का मोह कब तक धोखा देगा? सपनों में कब तक अटके रहोगे? एक न एक दिन पता चलता है सब व्यर्थ है।

लेकिन तब भी एक मुसीबत खड़ी हो जाती है। वे जो आंखें बाहर ठहर गई हैं, वे आंखें अब भी बाहर खोजती हैं। धन नहीं खोजतीं, भगवान खोजती हैं—मगर बाहर ही। पद नहीं खोजतीं, मोक्ष खोजती हैं—लेकिन बाहर ही। विषय बदल जाता है, लेकिन तुम्हारी जीवन-दिशा नहीं बदलती।

और परमात्मा भीतर है; वह अंतर्यात्रा है। जिसकी भक्ति उसे बाहर के भगवान से जोड़े हुए है, उसकी भक्ति भी धोखा है।

मन ही पूजा मन ही धूप।

चलना है भीतर! मन है मंदिर! उसी मन के अंतरगृह में छिपा हुआ बैठा है मालिक।

आदमी ने अपनी तरफ पीठ कर ली, यही उसका दुर्भाग्य है। रैदास याद दिलाते हैं: मुड़ो, अपनी ओर मुड़ो। मन ही पूजा मन ही धूप! छोड़ो मंदिर, मस्जिद, गिरजे, गुरुद्वारे। वे सब तो आदमी के बनाए हुए हैं। खोजो अपने भीतर के चैतन्य में, क्योंकि वही परमात्मा से आया है। वही एक किरण है प्रकाश की, जो उस परम सूर्य तक ले जा सकती है, क्योंकि वह उस परम सूर्य से आती है। वही है सेतु।

ओशो

अनुक्रम

1

आग के फूल

सूत्र

बिनु देखै उपजै नहिं आसा। जो दीसै सो होई बिनासा।।
बरन सहित जो जापै नामु। सो जोगी केवल निहकामु।।
परचै राम रवै जो कोई। पारसु परसै न दुबिधा होई।।
सो मुनि मन की दुबिधा खाइ। बिनु द्वारे त्रैलोक समाइ।।
मन का सुभाव सब कोई करै। करता होई सु अनभै रहै।।
फल कारण फूली बनराइ। फलु लागा तब फूल बिलाइ।।
ग्यानै कारन कर अभ्यासू। ग्यान भया तहं करमै नासू।।
घृत कारन दधि मथै सयान। जीवत मुकत सदा निरबान।।
कहि रविदास परम बैराग। रिदै राम को न जपसि अभाग।।

सह की सार सुहागिनि जानै। तजि अभिमान सुख रलिया मानै।।
तनु मनु देई न सुनै अंतर राखै। अबरा देखि न सुनै न माखै।।
सो कत जाने पीर पराई। जाकै अंतर दरद न पाई।।
दुखी दुहागिन दुइ पखहीनी। जिनि नाह निरंतरि भगति न कीनी।।
राम-प्रीति का पंथ दुहेला। संगि न साथी गवन अकेला।।
दुखिया दरदमंद दरि आया। बहुतै प्यास जबाब न पाया।।
कहि रविदास सरनि प्रभु तेरी। ज्यूं जानहु त्यूं करु गति मेरी।।

भारत का आकाश संतों के सितारों से भरा है। अनंत-अनंत सितारे हैं, यद्यपि ज्योति सबकी एक है। संत रैदास उन सब सितारों में ध्रुवतारा हैं—इसलिए कि शूद्र के घर में पैदा होकर भी काशी के पंडितों को भी मजबूर कर दिया स्वीकार करने को। महावीर का उल्लेख नहीं किया ब्राह्मणों ने अपने शास्त्रों में। बुद्ध की जड़ें काट डालीं, बुद्ध के विचार को उखाड़ फेंका। लेकिन रैदास में कुछ बात है कि रैदास को नहीं उखाड़ सके और रैदास को स्वीकार भी करना पड़ा।

ब्राह्मणों के द्वारा लिखी गई संतों की स्मृतियों में रैदास सदा स्मरण किए गए। चमार के घर में पैदा होकर भी ब्राह्मणों ने स्वीकार किया--वह भी काशी के ब्राह्मणों ने! बात कुछ अनेरी है, अनूठी है।

महावीर को स्वीकार करने में अड़चन है, बुद्ध को स्वीकार करने में अड़चन है। दोनों राजपुत्र थे, जिन्हें स्वीकार करना ज्यादा आसान होता। दोनों श्रेष्ठ वर्ण के थे, दोनों क्षत्रिय थे। लेकिन उन्हें स्वीकार करना मुश्किल पड़ा।

रैदास में कुछ रस है, कुछ सुगंध है—जो मदहोश कर दे। रैदास से बहती है कोई शराब, कि जिसने पी वही डोला। और रैदास अड्डा जमा कर बैठ गए थे काशी में, जहां कि सबसे कम संभावना है, जहां का पंडित पाषाण हो चुका है। सदियों का पांडित्य व्यक्तियों के हृदयों को मार डालता है, उनकी आत्मा को जड़ कर देता है। रैदास वहां खिले, फूले। रैदास ने वहां हजारों भक्तों को इकट्ठा कर लिया। और छोटे-मोटे भक्त नहीं, मीरा जैसी अनुभूति को उपलब्ध महिला ने भी रैदास को गुरु माना! मीरा ने कहा है: गुरु मिल्या रैदास जी! कि मुझे गुरु मिल गए रैदास। भटकती फिरती थी; बहुतों में तलाशा था, लेकिन रैदास को देखा कि झुक गई। चमार के सामने राजरानी झुके तो बात कुछ रही होगी। यह कमल कुछ अनूठा रहा होगा! बिना झुके न रहा जा सका होगा।

रैदास कबीर के गुरुभाई हैं। रैदास और कबीर दोनों एक ही संत रामानंद के शिष्य हैं! रामानंद गंगोत्री हैं जिनसे कबीर और रैदास की धाराएं बही हैं। रैदास के गुरु हैं रामानंद जैसे अदभुत व्यक्ति; और रैदास की शिष्या है मीरा जैसी अदभुत नारी! इन दोनों के बीच में रैदास की चमक अनूठी है।

रामानंद को लोग भूल ही गए होते अगर रैदास और कबीर न होते। रैदास और कबीर के कारण रामानंद याद किए जाते हैं।

जैसे फल से वृक्ष पहचाने जाते हैं वैसे शिष्यों से गुरु पहचाने जाते हैं। रैदास का अगर एक भी वचन न बचता और सिर्फ मीरा का यह कथन बचता, गुरु मिल्या रैदास जी, तो काफी था। क्योंकि जिसको मीरा गुरु कहे, वह कुछ ऐसे-वैसे को गुरु न कह देगी। जब तक परमात्मा बिलकुल साकार न हुआ हो तब तक मीरा किसी को गुरु न कह देगी। कबीर को भी मीरा ने गुरु नहीं कहा है, रैदास को गुरु कहा।

इसलिए रैदास को मैं कहता हूं, वे भारत के संतों से भरे आकाश में ध्रुवतारा हैं। उनके वचनों को समझने की कोशिश करना।

रैदास इसलिए भी स्मरणीय हैं कि रैदास ने वही कहा है जो बुद्ध ने कहा है। लेकिन बुद्ध की भाषा ज्ञानी की भाषा है, रैदास की भाषा भक्त की भाषा है, प्रेम की भाषा है। शायद इसीलिए बुद्ध को तो उखाड़ा जा सका, रैदास को नहीं उखाड़ा जा सका। जिसकी जड़ों को प्रेम से सींचा गया हो उसे उखाड़ना असंभव है। बुद्ध के साथ तर्क किया जा सका, बुद्ध के साथ विवाद किया जा सका; रैदास के साथ तर्क नहीं हो सकता, विवाद नहीं हो सकता। रैदास को तो देखोगे तो या तो दिखाई पड़ेगा तो झुक जाओगे; नहीं दिखाई पड़ेगा तो लौट जाओगे। प्रेम के सामने झुकने के सिवाय और कोई उपाय नहीं है, क्योंकि प्रेम परमात्मा का प्रकटीकरण है, अवतरण है।

बुद्ध की भाषा बहुत मंजी हुई है: राजपुत्र की भाषा है। शब्द नपे-तुले हैं। शायद कभी कोई मनुष्य इतने नपे-तुले शब्दों में नहीं बोला जैसा बुद्ध बोले हैं। लेकिन बुद्ध को भी तर्क का तूफान सहना पड़ा और बुद्ध की भी जड़ें उखड़ गईं। भारत से बुद्ध धर्म विलीन हो गया। रैदास ने फिर बुद्ध की बातें ही कही हैं पुनः, लेकिन भाषा बदल दी, नया रंग डाला। पात्र वही था, बात वही थी, शराब वही थी—नई बोतल दी। और रैदास को नहीं उखाड़ा जा सका।

यह जान कर तुम हैरान होओगे कि चमार मूलतः बौद्ध हैं! जब भारत से बौद्ध धर्म उखाड़ डाला गया और बौद्ध भिक्षुओं को जिंदा जलाया गया और बौद्ध दार्शनिकों को खदेड़ कर देश के बाहर कर दिया गया, तो एक लिहाज से तो यह अच्छा हुआ। क्योंकि इसी कारण पूरा एशिया बौद्ध हुआ। कभी-कभी दुर्भाग्य में भी सौभाग्य छिपा होता है।

जैन नहीं फैल सके क्योंकि जैनों ने समझौते कर लिए। बच गए, लेकिन क्या बचना! आज कुल तीस-पैंतीस लाख की संख्या है। पांच हजार साल के इतिहास में तीस-पैंतीस लाख की संख्या कोई संख्या होती है! बच तो गए, किसी तरह अपने को बचा लिया; मगर बचाने में सब गंवा दिया।

बौद्धों ने समझौता नहीं किया, उखड़ गए। टूट गए, मगर झुके नहीं। और उसका फायदा हुआ। फायदा यह हुआ कि सारा एशिया बौद्ध हो गया। क्योंकि जहां भी बौद्ध-दार्शनिक और मनीषी गए, वहीं उनकी प्रकाश-किरणें फैलीं, वहीं उनका रस बहा, वहीं लोग तृप्त हुए। चीन, कोरिया...दूर-दूर तक बौद्ध धर्म फैलता चला गया। इसका श्रेय हिंदू पंडितों को है।

जो भाग सकते थे भाग गए। भागने के लिए सुविधा चाहिए, धन चाहिए। जो नहीं भाग सकते

थे—इतने दीन थे, इतने दरिद्र थे—वे हिंदू जमात में सम्मिलित हो गए। लेकिन हिंदू जमात में अगर सम्मिलित होओ तो सिर्फ शूद्रों में ही सम्मिलित हो सकते हो। ब्राह्मण तो जन्म से ब्राह्मण होता है, और क्षत्रिय भी जन्म से क्षत्रिय होता है, और वैश्य भी। सिर्फ अगर किसी को हिंदू धर्म में सम्मिलित होना है तो एक ही जगह रह जाती है—शूद्र, अछूत। वह असल में हिंदू धर्म के बाहर ही है, मंदिर के बाहर ही है। हो जाओ शूद्र अगर बचना है तो।

तो जो बौद्ध बच गए और नहीं भाग सके और मजबूरी में सम्मिलित होना पड़ा हिंदू धर्म में, वे ही बौद्ध चमार हैं, वे ही बौद्ध चमार हो गए। और क्यों चमार हो गए? एक कारण। कभी किसी ने सोचा भी न होगा बुद्ध के समय में कि यह कारण इतना बड़ा परिणाम लाएगा। जिंदगी बड़ी रहस्यपूर्ण है।

महावीर ने कहा हैः मांसाहार हिंसा है, पाप है। और ठीक कहा है। दूसरे को दुख देना, हत्या करना—भोजन के लिए—इससे बड़ा पाप और क्या होगा! और फिर यह बात कहां रुकेगी? अगर पशु-पक्षियों को खाओगे तो मनुष्य को खाने में क्या हर्ज है?

कल अखबार में मैंने देखा, मध्य अफ्रीका का सम्राट बोकासो पदच्युत हो गया है, बगावत हो गई है। उसके घर उसके चौके में, उसके फ्रिज में आदमी का मांस पाया गया।

फिर बातें रुकती नहीं। जब पशु का मांस खा सकते हो तो आदमी का मांस खाने में क्या हर्जा है! और आदमी का मांस स्वभावतः सबसे ज्यादा स्वादिष्ट है और सुपाच्य है; मेल भी तुमसे उसका बहुत खाएगा। और छोटे-छोटे बच्चों का मांस तो बहुत स्वादिष्ट है। बात कहां रुकेगी फिर, फिर आदमी अगर मांसाहारी है तो उसका अंतिम तार्किक निष्कर्ष होगा कि वह आदमखोर हो जाएगा।

और आदमखोर हो जाने से बड़ा पतन नहीं है, क्योंकि इस दुनिया में कोई पशु अपनी जाति के पशुओं को नहीं खाता। कुत्ता कुत्ते का मांस नहीं खाएगा, कुत्ता कुत्ते को मार भी नहीं डालता। सिंह भी सिंह को नहीं मारता है और उसका मांस नहीं खाता है। सिर्फ आदमी...। आदमी गिरे तो इतना गिर सकता है, उठे तो इतना उठ सकता है! आदमी एक सीढ़ी है, जिसका एक छोर नरक में लगा है, दूसरा छोर स्वर्ग में।

महावीर ने कहा था मांसाहार पाप है और ठीक कहा था। लेकिन बुद्ध हमेशा चीजों को बहुत तौल कर कहते थे। इस संबंध में भी उन्होंने तौल कर वक्तव्य दिया। उन्होंने कहाः मांसाहार पाप है। लेकिन अगर कोई जानवर मर ही गया हो तो उसके मांसाहार में क्या पाप हो सकता है!

यह तार्किक दृष्टि से बात बिलकुल सही है। मारने में पाप है। किसी को मार कर मत खाओ। लेकिन अपने आप मर गया कोई पशु, उसके मांस के खाने में क्या हर्जा है! तुम मार तो नहीं रहे, तुम हिंसा तो नहीं कर रहे, तुम हत्या तो नहीं कर रहे। यह बात तर्कयुक्त तो है, लेकिन तर्क से कहीं जीवन चला है? आज सारे बौद्ध देशों में हर होटल पर यह तख्ती लगी होती है कि यहां मरे हुए पशु के मांस को ही बेचा जाता है, केवल मरे हुए पशुओं का मांस ही बेचा जाता है। करोड़ों-करोड़ों लोगों के लिए रोज-रोज इतने पशु मरते कहां हैं? अपने आप! और अगर पशु अपने आप मरते हैं तो इतने-इतने बड़े बूचड़खाने कौन चलाता है? और किसलिए चलाता है? जैसे भारतीय होटलों में लिखा रहता हैः यहां शुद्ध घी का उपयोग किया जाता है; ऐसे चीन और जापान में लिखा होता हैः यहां केवल अपने आप मरे हुए जानवर का मांस ही बिकता है।

रास्ता मिल गया। बुद्ध ने तो बड़ी तर्कयुक्त बात कही थी, महावीर से ज्यादा तर्कयुक्त बात कही थी। बात तर्कयुक्त थी, लेकिन महावीर जीवन के जाल को ज्यादा समझते हुए मालूम पड़ते हैं। उनकी बात उतनी तर्कयुक्त नहीं है, लेकिन वे जानते हैंः आदमी को सुविधा दो तो उस सुविधा में से और सुविधाएं निकाल लेगा। अच्छा है दरवाजा बिलकुल बंद कर दो। बुद्ध ने दरवाजा खुला रखा। बुद्ध सोचते हैंः जितनी बुद्धि से मैं जीता हूं, उतनी ही बुद्धि से लोग भी जीएंगे। यह अपेक्षा मत करो, यह अपेक्षा गलत है।

चमार भारत में अकेली जाति है जो मरे हुए जानवर का मांस खाती है। और यही प्रमाण है उनका कि वे बौद्ध थे कभी। और दूसरे प्रमाण भी हैं, लेकिन यह बहुत बड़ा प्रमाण है कि वे बौद्ध थे। क्योंकि भारत में कोई दूसरी जाति मरे हुए जानवर का मांस नहीं खाती।

इसी आधार पर डॉक्टर अंबेदकर ने यह निर्णय किया कि चमारों को, कम से कम, और संभव हो तो सभी शूद्रों को पुनः बौद्ध हो जाना चाहिए, क्योंकि मूलतः हम बौद्ध थे।

रैदास चमार हैं। जैसे किसी गहन अंतस्तल में बुद्ध अब भी गूंज रहे हैं! वही आग। लेकिन रैदास ने उस आग को आग नहीं बनने दिया, उस आग को रोशनी बना लिया। आग जला भी सकती है और प्रकाश भी दे सकती है। बुद्ध के वचन अंगारों जैसे हैं। बड़ा साहस चाहिए उन्हें पचाने का। अंगारे पचाओगे तो साहस तो चाहिए ही चाहिए। रैदास के वचन फूलों जैसे हैं। पचा जाओगे तब पता चलेगा कि आग लगा गए। आग के फूल हैं! आग की फुलझड़ियां हैं! देखने में फूल लगते हैं।

इसलिए बुद्ध तो स्वीकार नहीं हो सके लेकिन रैदास को हिंदुओं ने भक्त-शिरोमणि कहा है। भक्तमाल में रैदास को और भक्तों के साथ गिना गया है।

लेकिन हिंदू पंडित स्वीकार भी करे तो भी अपने पांडित्य से कुछ न कुछ बेईमानियां निकाल लेता है। उसने बेइमानियां निकाल लीं। जैसे बुद्ध के संबंध में उसने कथा गढ़ ली, क्योंकि बुद्ध की इतनी प्रतिभा थी कि एकदम इनकार करो तो भी नुकसान होता है। क्योंकि अगर बुद्ध को इनकार कर दो तो भारत की प्रतिभा क्षीण हो जाती है। आखिर भारत ने बुद्ध से बड़ा बेटा तो पैदा किया नहीं! जैसे यहूदियों ने जीसस से बड़ा बेटा पैदा नहीं किया, ऐसे हिंदुओं ने कभी बुद्ध से बड़ा बेटा पैदा नहीं किया। बुद्ध को इनकार करना, पूरी तरह इनकार करना, तो अपने ही पैरों पर कुल्हाड़ी मार लेने जैसा है।

आज दुनिया में अगर भारत की कोई प्रतिष्ठा है तो उस प्रतिष्ठा में पचास प्रतिशत हाथ तो बुद्ध का है। अगर लोग भारत को याद करते हैं तो बुद्ध के कारण याद करते हैं। अगर सारा एशिया भारत के प्रति सम्मान से देखता है और भारत को तीर्थ मानता है तो बुद्ध के कारण। जैसे सारे मुसलमान मक्का की यात्रा करते हैं, ऐसे सारे बौद्धों के मन में, करोड़ों-करोड़ों बौद्धों के मन में एक ही अभीप्सा होती है कि कभी बुद्धगया, कभी भारत की भूमि पर पैर पड़ जाएं! भारत ने इतना बड़ा दूसरा बेटा पैदा नहीं किया।

इसलिए ब्राह्मणों ने बुद्ध के विचार को तो इनकार किया, लेकिन बुद्ध से जो लाभ हो सकता है उसको बचाने के लिए तरकीब खोज ली। उन्होंने एक कहानी गढ़ी। कहानी गढ़ी कि जब भगवान ने स्वर्ग और नरक बनाए तो हजारों-हजारों वर्ष बीत जाने के बाद भी नरक में कोई प्रवेश नहीं किया। क्योंकि कोई पाप करता ही नहीं था—सतयुग। कोई पाप करे तो नरक जाए। शैतान और उसके शिष्य

बैठे-बैठे थक गए, ऊब गए। अपनी-अपनी फाइलें खोले बैठे हैं दफ्तरों में, लेकिन न कोई आता न कोई जाता और नरक खाली पड़ा है।

आखिर शैतान ने परमात्मा से प्रार्थना की कि क्यों यह व्यर्थ खोल रखा है? जब ग्राहक ही नहीं हैं तो यह दुकान चलाने से फायदा क्या है? बंद करो! हम थक गए हैं, हम ऊब गए। तो भगवान ने कहा: घबड़ाओ मत। क्योंकि भगवान तो करुणावान हैं! उन्होंने कहा: घबड़ाओ मत। मैं जल्दी ही बुद्ध के रूप में अवतार लूंगा और लोगों के मस्तिष्कों को भ्रष्ट करूंगा। एक बार उनके मस्तिष्क भ्रष्ट हुए, वे पाप करने लगेंगे, नरक भर जाएगा, घबड़ाओ मत।

और तब भगवान ने शैतान पर करुणा करके बुद्धावतार लिया। इसलिए बुद्ध को हिंदुओं ने दसवां अवतार मान लिया। बुद्ध का अवतार लिया और लोगों के मन को विक्षिप्त किया, गलत-सलत बातें समझाईं, भ्रांत किया, भटकाया, उलझाया। और लोग धीरे-धीरे पाप करने लगे।

अब तो हालत यह है कि नरक में भी पहले से बुकिंग करवानी होती है। एकदम से आज ही मर जाओ तो तुम यह आशा मत करना कि नरक में जगह मिल जाएगी। बाहर ही पड़े रहोगे महीनों, कतार लगी हुई है। यह सब बुद्ध की कृपा!

तो देखते हो तुम हिंदू बेईमानी! बुद्ध को इनकार करें तो उन्हें लगा कि यह तो भारी नुकसान हो जाएगा—बिलकुल इनकार करना। और बुद्ध को इनकार तो करना ही होगा, क्योंकि बुद्ध को इनकार न करें तो पांडित्य कैसे चले, पुरोहित कैसे चले, यज्ञ-हवन कैसे चलें, यह धोखाधड़ी और यह धंधा जो धर्म के नाम पर चलता है, यह कैसे चले?

तो दोहरी दिक्कत थी, बुद्ध के विचार तो इनकार करने पड़ेंगे, बुद्ध को स्वीकार कर लो। बड़ी कुशलता से यह काम किया। वही कुशलता उन्होंने फिर रैदास के साथ भी की।

रैदास को भक्तमाल में स्वीकार कर लिया परम भक्त, भक्त-शिरोमणि, लेकिन दो कहानियां गढ़ीं। और जैसी कहानी ब्राह्मण गढ़ सकते हैं, दुनिया में कोई भी नहीं गढ़ सकता। क्योंकि इतना पुराना अभ्यास है उनका कहानियां गढ़ने का, पुराण लिखने का...।

अगर यहूदियों को पता होता कि कहानियां गढ़ी जा सकती हैं तो जीसस को सूली न दी होती, सिर्फ एक कहानी गढ़ ली होती। सूली देनी पड़ी, क्योंकि कहानी नहीं गढ़ सके।

हिंदू कुशल हैं, इन्होंने कभी सूली नहीं दी किसी को—कहानियां गढ़ने में कुशल हैं। जब कहानी से ही काम चल जाए तो कटारें क्यों निकालो! कहानियां ही कटारें बन जाती हैं।

रैदास के संबंध में दो कहानियां गढ़ी। एक कि रैदास अपने पूर्वजन्म में भी रामानंद के शिष्य थे। एक दिन रैदास भिक्षा मांग कर आए—पूर्वजन्म की बात है, जब वे रामानंद के ब्रह्मचारी शिष्य थे, ब्राह्मण थे—भिक्षा मांग कर लाए। रामानंद ने पूजा का थाल सजाया और अपने ठाकुरजी को, भगवान की प्रतिमा को प्रसाद चढ़ाया। लेकिन पहली बार रामानंद के जीवन में ठाकुरजी ने प्रसाद लेने से इनकार कर दिया।

अब पहली तो बात यह कि मूर्तियां न तो प्रसाद स्वीकार करतीं, न इनकार करतीं। तुम जाकर किसी भी मूर्ति पर कुछ भी चढ़ा कर देख लो। कोई मूर्ति न तो प्रसाद लेती है, न अस्वीकार करती है। मूर्ति मूर्ति है, मुर्दा है।

लेकिन कहानी गढ़ी कि ठाकुरजी ने प्रसाद लेने से इनकार कर दिया। रामानंद तो बहुत दुखी हुए, जीवन में ऐसा कभी न हुआ था। उन्होंने पूछा ठाकुर से कि आप क्यों इनकार कर रहे हैं? तो उन्होंने कहा कि यह प्रसाद ऐसे घर से लाया गया है, एक ऐसे बनिए के घर से यह ब्रह्मचारी भिक्षा मांग लाया है जिसका सीधा कारोबार एक चमार से है। इसलिए यह प्रसाद स्वीकार नहीं हो सकता।

यह चमार के घर का भी प्रसाद नहीं है, खयाल रखना! किसी बनिए का कारोबार चमार से है! अब बनिया तो बेचारा सबको बेचेगा—चमार को भी बेचेगा, भंगी को भी बेचेगा, जो भी आएगा उसको बेचेगा। दुकानदार तो दुकान चलाने को है। और वह पूछता थोड़े ही बैठा रहेगा कि कौन चमार है, कौन भंगी है, कौन क्या है? उसकों चींजे बेचनी हैं।

लेकिन तुम देखते हो कि कैसा ब्राह्मणों ने एक जाल इस देश में खड़ा किया! चमार तो अछूत है ही, अस्पृश्य है ही; चमार के साथ जो सीधा कारोबार करता है वह बनिया भी अछूत हो गया। और वह भी ठाकुरजी के लिए अछूत हो गया। और ठाकुरजी ने ही शूद्र बनाए, और ठाकुरजी ने ही बनिया बनाए, और ठाकुरजी ने ही ब्राह्मण बनाए। सब उन्हीं के खिलौने, क्योंकि वही स्रष्टा।

अब मजा यह है कि ठाकुरजी ने शूद्र बनाए और ठाकुरजी शूद्र नहीं हुए! और बनिए ने केवल शूद्र से व्यापार किया, व्यवसाय किया, कुछ लेन-देन होगा, कुछ खरीद-फरोख्त की होगी, वह शूद्र हो गया और ठाकुरजी शूद्र नहीं हुए! अगर इस दुनिया में कोई परम शूद्र है तो भगवान, क्योंकि उसने बनाया शूद्रों को!

लेकिन ठाकुरजी ने भोजन इनकार कर दिया। रामानंद तो क्रोध से बबूला हो गए।

यह बात भी झूठ है। क्योंकि रामानंद जैसा व्यक्ति, जो रैदास और कबीर जैसे व्यक्तियों को अपने चरणों में झुकाने में समर्थ हो सका, वह क्रोधित हो जाए, यह असंभव है! क्रोध तो कहां बहुत पीछे छूट चुका। ध्यान की ज्योति जगी होगी, तभी तो कबीर और रैदास जैसे लोग रामानंद के चरणों में झुके। नहीं तो कबीर का झुकना कुछ आसान है? रैदास का झुकना कुछ आसान है? वह क्रोधित हो जाए—ऐसी छोटी बात पर!

और मैं जानता हूं कि अगर रामानंद क्रोधित भी होते तो ठाकुरजी पर होते। उठा कर फेंक दिया होता ठाकुरजी को। कम से कम मैं यही करता, कि रस्ता लगो, कि बाहर रिक्शे खड़े हैं, रिक्शा पकड़ो और भागो, लौट कर यहां मत आना।

क्या बेहूदगी की बात कि किसी शूद्र का व्यापार है किसी बनिए से, इसलिए बनिए के घर से लाया गया सीधा प्रसाद नहीं बन सकता! रामानंद जैसे हिम्मत के आदमी से ठाकुरजी ऐसी बातें करेंगे! ऐसी धौल जमाई होती ठाकुरजी को कि छठी का दूध याद आ जाता। अगर मारना ही था, अगर क्रोध ही करना था, तो फिर कभी मुंह नहीं किया होता ठाकुरजी की तरफ। ठाकुरजी मनाते फिरते।

लेकिन यह तो मैं मान ही नहीं सकता कि रामानंद उस गरीब ब्रह्मचारी पर नाराज हो गए और उन्होंने अभिशाप दे दिया कि जा, मर जा इसी क्षण! और शूद्र के घर में, चमार के घर में तेरा जन्म होगा! अरे, यह अभिशाप ही देना था तो ठाकुरजी को देना था कि जा, मर जा इसी क्षण और तेरा जन्म हो चमार के घर में। तो ठाकुरजी को भी कुछ पता चलता कि कभी-कभी ऐसे लोगों से भी मिलना हो जाता

है—ऐसे लोग, जिनमें तलवार की धार होती है! इस गरीब ब्रह्मचारी को, जो कि बिलकुल अनजान है, जिससे अगर कोई पाप भी हुआ हो, अगर इसे कोई पाप भी समझे, तो भी अनजान हुआ है। गया था भिक्षा मांगने, उस भिक्षा में इस वैश्य के घर से भिक्षा मांग ली। अब क्या यह पता लगाए कि इसकी दुकान पर कौन-कौन खरीदने आते हैं—शूद्र, चमार, भंगी—यह कैसे पता लगाए? क्या यह इसके सारे के सारे खाते-बही देखे, तब यह भिक्षा मांगे?

मगर कहानी गढ़ने में ब्राह्मण सच में कुशल हैं। और कहानियां प्रचलित कर देते हैं। और लोक-मानस में कहानियां बैठ जाती हैं। गरीब ब्रह्मचारी उसी क्षण मर गया; और एक शूद्र के घर में, एक चमार के घर में जन्म लिया। फिर कहानी और मजेदार बात कहती है कि था तो आखिर वह भी ब्राह्मण, ब्रह्मचारी। चमारिन के गर्भ से पैदा हुआ तो उसने चमारिन का दूध पीने से इनकार कर दिया। एक दफा हो गई भूल बहुत। जब ठाकुरजी तक प्रसाद नहीं लेते तो यह छोटा सा बच्चा जो पैदा हुआ, पहले दिन का बच्चा, इसने दूध लेने से इनकार कर दिया, यह मां का दूध न पीए। कोई और रास्ता न देख कर, गांव में रामानंद की ख्याति थी, वह चमारिन रामानंद के चरणों में पहुंची और कहा कि कुछ करें। देखा इसको तो उन्हें याद आया कि अपना ही ब्रह्मचारी है। दया आई, सोचा होगा कि बच्चू काफी दुख भोग चुके। कान फूंका। अभी-अभी यह पैदा हुआ बच्चा, इसका कान फूंका और राम-नाम दिया। जब राम-नाम दिया तब उसने दूध पीआ।

यह एक कहानी उन्होंने गढ़ी। इसीलिए चूंकि रैदास पूर्वजन्म के ब्राह्मण हैं, उनको भक्तमाल में स्वीकार किया, नहीं तो उनको भक्तमाल में स्वीकार नहीं कर सकते थे। उनको भक्तों में इसलिए स्वीकार किया! उनकी भक्ति के कारण नहीं, समझ लेना तर्क। उनके परमात्मा के प्रति समर्पण के कारण नहीं, उनके प्रार्थना की अदभुतता के कारण नहीं, उनके ध्यान की गरिमा के कारण नहीं, उनके समाधि के अनुभव के कारण नहीं, ईश्वर-साक्षात के कारण नहीं। ये सब बातें गौण हैं। असली बात यह है कि वे पूर्वजन्म के ब्राह्मण हैं, इसलिए उनको भक्त स्वीकार किया।

कहानी चल पड़ी। लेकिन लोगों को कैसे भरोसा आए कि यह कहानी सच है? अब पूर्वजन्म किसी ने देखा तो नहीं। रामानंद कहते हैं, पंडित कहते हैं, मगर क्या पता! तो दूसरी कहानी भी गढ़ी कि लोगों ने एक बार बहुत आग्रह किया रैदास को कि आप कुछ प्रमाण दें कि आप पिछले जन्म के ब्राह्मण हैं।

अब मैं यह मान ही नहीं सकता कि रैदास और प्रमाण देंगे इस बात का। अगर रहे भी हों ब्राह्मण तो भी प्रमाण नहीं देंगे, क्योंकि यह प्रमाण देना गलत होगा। अगर रहे भी हों ब्राह्मण तो भी प्रमाण देंगे कि मैं पिछले जन्म में क्या, जन्मों-जन्मों से चमार हूं, शूद्र हूं। रैदास—और प्रमाण देंगे पिछले जन्म के ब्राह्मण का! रैदास इतने नीचे उतरेंगे! लेकिन कहानियां तुम्हें जैसी गढ़नी हों तुम गढ़ सकते हो।

तो कहते हैं रैदास ने प्रमाण दिया। उन्होंने अपनी चमड़ी उधेड़ दी; और चमड़ी जब उधेड़ी तो स्वर्ण यज्ञोपवीत, जनेऊ सोने का, चमड़ी के भीतर छिपा हुआ निकला। तब लोगों ने माना। इसलिए उनका भक्तमाल में स्मरण किया गया है महान भक्तों की तरह।

ये सड़ी-गली कहानियां, ये झूठी कहानियां, सिर्फ एक छोटे से तथ्य को झुठलाने के लिए हैं कि वे चमार थे। और चमार को कैसे अंगीकार करें!

लेकिन मैं तुमसे कहता हूं, ये कहानियां झूठी हैं। वे चमार थे और चमार होने में कोई पाप नहीं है। सभी जन्म से शूद्र पैदा होते हैं—सभी! ब्राह्मण तो श्रम से कोई होता है, साधना से कोई होता है। ब्राह्मणत्व तो उपलब्धि है, जन्मजात नहीं है। ब्राह्मण कोई वर्ण नहीं है, अनुभूति है। जो ब्रह्म को जाने सो ब्राह्मण। जो हरि से एकरूप हो जाए सो हरिजन।

इसलिए मैं शूद्रों को हरिजन नहीं कहता और ब्राह्मणों को ब्राह्मण नहीं कहता। क्योंकि ब्राह्मण जन्मजात हैं, जन्मजात ब्राह्मणत्व होता ही नहीं। बुद्ध ब्राह्मण हैं, यद्यपि जन्म से ब्राह्मण नहीं। महावीर ब्राह्मण हैं, यद्यपि जन्म से ब्राह्मण नहीं। जीसस ब्राह्मण हैं, यद्यपि जन्म से ब्राह्मण नहीं, शायद ब्राह्मण शब्द भी उन्होंने कभी न सुना हो। मोहम्मद ब्राह्मण हैं, यद्यपि जन्म से ब्राह्मण नहीं। क्यों? क्योंकि उन्होंने ब्रह्म को जाना। 'ब्राह्मण' शब्द का उतना ही अर्थ है: ब्रह्म को जाना और ब्रह्म से एकाकार हो गए। न केवल ब्रह्म को जाना, बल्कि जाना कि मैं भी ब्रह्म हूं, अहं ब्रह्मास्मि, अनलहक। जिसके भीतर ऐसा उदघोष उठा कि मैं ब्रह्म हूं, वह ब्राह्मण है। इस उदघोष के जन्म से कोई ब्राह्मण होता है। जिसने ऐसा जाना कि मैं हरि का हूं, कि मैं परमात्मा का हूं, कि मेरा मुझमें कुछ नहीं, सब उसका है, वह हरिजन है।

इसलिए मैं शूद्र को हरिजन नहीं कहता। मैं महात्मा गांधी से बिलकुल ही सहमत नहीं हूं। 'हरिजन' जैसे अदभुत शब्द को खराब कर रहे हो? पहले 'ब्राह्मण' जैसे अच्छे शब्द को खराब करवा डाला, उसको जन्म से जोड़ दिया। अब हरिजन को भी खराब करवा डाला। इतने अदभुत शब्दों को उनकी महिमा से मत उतारो, उनके सिंहासनों से मत उतारो। उन्हें आकाश से उतार कर जमीन की धूल में मत गिराओ।

हरिजन तो वह है जिसने यह जाना कि मेरे में मेरा कुछ भी नहीं है, सब कुछ परमात्मा का है। ब्राह्मण या हरिजन समानार्थी शब्द हैं, पर्यायवाची हैं। लेकिन प्रत्येक व्यक्ति शूद्र की तरह पैदा होता है। शूद्र अर्थात जो शरीर से बंधा है। शूद्र अर्थात जो जानता है कि मैं शरीर ही हूं। शूद्र अर्थात जिसे अपने भीतर चैतन्य का अभी कोई अनुभव नहीं हुआ है; जिसने अपने भीतर अमृत के दर्शन नहीं किए हैं। और ब्राह्मण वह जिसने जाना कि मैं शरीर नहीं हूं, मन भी नहीं हूं—मन और शरीर से पार चैतन्य हूं। जिसे साक्षी का अनुभव हुआ है वह ब्राह्मण है।

लेकिन रैदास के संबंध में ये कहानियां झूठी हैं, ऐसा मैं स्पष्ट कहना चाहता हूं। अब तक किसी ने ऐसा कहा नहीं कि ये कहानियां झूठी हैं। ये झूठी होनी ही चाहिए। इनके सब अंग झूठे हैं। पहले तो वे ठाकुरजी झूठे जो चमार से संबंधित होने के कारण किसी बनिए का सीधा स्वीकार न करें। वे ठाकुरजी शूद्रों से भी गए-बीते। वे ठाकुरजी नहीं, चमार।

फिर रामानंद क्रोधित हों...और क्रोधित हों तो ठाकुरजी पर हों, गरीब ब्रह्मचारी का क्या कसूर? रामानंद क्रोधित हो ही नहीं सकते। और रामानंद जैसा व्यक्ति अभिशाप दे—असंभव, बिलकुल असंभव!

फिर रैदास जैसा बच्चा मां का दूध इसलिए न पीए क्योंकि वह चमार है। दूध भी कहीं चमार और ब्राह्मण हुआ है! मां भी कहीं चमार और ब्राह्मण हुई है! मां सिर्फ मां होती है, दूध सिर्फ दूध होता है। अगर तुम्हें भरोसा न हो तो एक चमार स्त्री का दूध और एक ब्राह्मण स्त्री का दूध लेकर चले जाना डाक्टर के पास और कहना कि बता दो, कौन चमार का है और कौन ब्राह्मण का। करवा लेना विश्लेषण, निदान।

दुनिया की कोई ताकत सिद्ध नहीं कर सकेगी कि यह ब्राह्मण का दूध है और यह चमार का दूध है। दूध भी कहीं ब्राह्मण और चमार का होता है! हड्डी-मांस-मज्जा कहीं ब्राह्मण और चमार की होती है! और जब हड्डी-मांस-मज्जा चमार की नहीं होती तो आत्मा कैसे चमार की हो जाएगी?

और बड़े आश्चर्य की बात है। तुम दूध पी लेते हो भैंस का और कभी नहीं सोचते कि भैंस का दूध पी रहे हैं, कहीं भैंस न हो जाएं!

मुल्ला नसरुद्दीन का छोटा बेटा एकदम भागा हुआ बैठकखाने में आया और बोला: मम्मी-मम्मी—और मोहल्ले की दस-पांच स्त्रियां बैठी गपशप कर रही थीं—कि पप्पा ने अभी-अभी मेरी आया की किस्सी ली। और आया घबड़ा रही थी। तो बोले, घबड़ा मत, मेरी मोटी भैंस तो बैठकखाने में बैठी है। यह मोटी भैंस कहां है?

छोटे बच्चों जैसी बातें! छोटे बच्चे इस तरह की भ्रांतियों में पड़ जाएं तो पड़ सकते हैं।

भैंस का दूध पीने से तुम भैंस नहीं हो जाओगे। मगर मूढ़ों की कोई गिनती नहीं है!

एक बड़े राजनेता मेरे मित्र थे, मेरे साथ एक बार सफर को गए। बड़ी मुश्किल खड़ी हो गई। वे सिर्फ सफेद गाय का ही दूध पीएं। मैंने उनसे पूछा कि काली गाय में क्या खराबी है? क्या आप सोचते हैं काली गाय का दूध काला हो जाता है? अरे दूध तो सफेद ही है, चाहे काली गाय का हो चाहे सफेद गाय का हो।

उन्होंने कहा कि नहीं, काला रंग तमस का प्रतीक है।

होगा तमस का प्रतीक, लेकिन दूध थोड़े ही काला हो जाएगा। मैंने उनसे कहा: फिर भैंस के बाबत क्या खयाल है?

भैंस का दूध तो मैं देख ही नहीं सकता।

क्यों? उन्होंने कहा: भैंस का दूध पीने से आदमी की भैंस जैसी बुद्धि हो जाती है।

तब तो बड़ी मुश्किल हो जाएगी। गोभी खाओगे, खोपड़ी गोभी जैसी हो जाएगी। बड़ी मुश्किल में पड़ जाओगे। करेला खा लिया कि आत्मा कड़वी हो गई। कुछ खाओगे, कुछ पीओगे, जीओगे कि मरना है?

मैं नहीं मान सकता कि बच्चे ने चमारिन का दूध पीने से इनकार किया हो। बच्चे इतने मूढ़ नहीं होते। इतनी मूढ़ताएं तो बहुत बाद में आती हैं। इतनी मूढ़ताओं के लिए तो काफी अनुभव चाहिए। बच्चे इतने बुद्धू नहीं होते। इतने बुद्धू होने के लिए तो काफी शिक्षा, संस्कार, सभ्यता...। इतनी मूढ़ता के लिए तो काफी धार्मिक होना आवश्यक है। इसलिए कहानी तो बिलकुल झूठ है। कहानी में कोई सार नहीं है। मगर कहानियां इस बात की खबर दे रही हैं कि भारत का मन कितना कलुषित हो गया है कि हम अपने श्रेष्ठतम लोगों को भी सीधा-सीधा स्वीकार नहीं कर सकते; जैसे हैं वैसा स्वीकार नहीं कर सकते।

लेकिन मैं तुमसे कहना चाहता हूं कि रैदास भारत के आकाश में ध्रुवतारे की भांति हैं। ब्राह्मण होकर ब्राह्मणत्व को उपलब्ध हो जाना कठिन नहीं है, क्योंकि सारी सुविधा वहां है। राजपुत्र होकर बुद्ध हो जाना कठिन नहीं है, क्योंकि सारी सुविधा वहां है। जैनों के चौबीस तीर्थंकर ही राजाओं के बेटे हैं—सुविधाएं हैं, सुख है, वैभव है। और जब सुख हो, वैभव हो तो सुख-वैभव से मुक्त हो जाने में

अड़चन नहीं होती, क्योंकि साफ दिखाई पड़ जाता है कि कुछ सार नहीं है। जिसके पास धन है उसे धन में असारता दिखाई पड़ जाती है।

अब बुद्ध को सारी सुंदर स्त्रियां उपलब्ध थीं। इसलिए जल्दी ही स्त्रियों से ऊब गए—ऊब ही जाएंगे। जो चीज तुम्हारे पास है तुम उससे ऊब जाते हो, तुम भी जानते हो। तुम्हारे पास जो है उससे तुम ऊब जाते हो। तुम्हारे पास जो नहीं है उससे ऊबने के लिए बहुत प्रतिभा चाहिए, बहुत प्रतिभा चाहिए। तुम्हारे पास जो है उससे ऊबने के लिए तो कोई प्रतिभा की जरूरत नहीं है। धनी धन से ऊब जाता है, भोगी भोग से ऊब जाता है। जिसको संसार में सब तरह की सफलताएं मिलती हैं वह सफलताओं से ऊब जाता है। यह तो विफल आदमी है जो सफलता से नहीं ऊबता; उसे मिली ही नहीं तो कैसे ऊबे! यह तो निर्धन है जो धन में आशा टिकाए रखता है। यह तो अविवाहित है जो विवाहित होने का विचार करता है। विवाहित से तो पूछो! वह आत्महत्या के विचार कर रहा है; चाहे मर न सके, क्योंकि मरना भी कोई आसान काम नहीं।

मैं विश्वविद्यालय में शिक्षक था, तो मेरे पड़ोस में एक बंगाली प्रोफेसर थे—भट्टाचार्या। मैं पहले ही दिन उस मकान में पहुंचा था, मुझे कुछ भट्टाचार्या के परिवार के रहस्य पता नहीं थे। दीवाल पतली थी, आवाज यहां से वहां आती-जाती थी। रात कोई बारह बजे उनमें और उनकी पत्नी में झगड़ा हो गया। मेरी भी नींद खुल गई। कोई उपाय ही न था, सुनना ही पड़े जो हो रहा था। बात जब बहुत बढ़ गई तो मैं भी थोड़ा चिंतित हुआ, क्योंकि भट्टाचार्या ने अपना छाता उठा लिया और कहा कि मैं चला मरने। मैं जाकर ट्रेन के नीचे सो जाऊंगा। पत्नी ने कहाः जा-जा!

तब तो मैंने कहा यह तो बड़ा मुश्किल है, अब मुझे बीच में आना ही पड़ेगा। यह कहीं रात बारह बजे—और ट्रेन ज्यादा दूर नहीं थी, कोई मुश्किल से चार-छह फर्लांग का फासला था—यह पटरी पर जाकर लेट जाए, मर जाए, अच्छा आदमी। और पत्नी को फिकर ही नहीं, वह कहती है जा-जा! मुझे बोलना चाहिए या नहीं, क्योंकि मेरा अभी परिचय भी किसी ने उनसे नहीं करवाया है। लेकिन यह मौका कोई औपचारिकता का है!

मैं दरवाजा खोल कर बाहर आया; भट्टाचार्या एकदम तेजी में—मगर बंगाली तो बंगाली, मरते वक्त भी छाता अपने बगल में—छाता लेकर एकदम निकल ही गए घर से। मैंने उनकी पत्नी को कहाः क्षमा करो, मुझे बोलना तो नहीं चाहिए, आपका पारिवारिक मामला है, पता नहीं आप लोगों के क्या खेल हैं, कैसा हिसाब है! मगर यह जरा बात ज्यादा हुई जा रही है। मैं कुछ करूं, भट्टाचार्या को लौटा कर लाऊं?

उसने कहाः आप बिलकुल फिकर न करें। आप नये-नये हैं। मैं इन्हें बीस साल से जानती हूं। ये तो कई दफे जा चुके हैं। अभी आप देखोगे थोड़ी देर में लौट आते हैं। उसने कहा कि अब आपने पूछ ही लिया है तो आपको कह दूं कि एक दफे तो ये टिफिन लेकर गए थे मरने। आपको छाता देख कर हैरानी हो रही होगी, टिफिन लेकर लेटे थे पटरी पर जाकर। किसी किसान ने पूछा कि यह आप क्या कर रहे हैं? पटरी पर भी ऐसी लेटे थे जिस पर शायद ही कभी गाड़ियां आती हैं, सिर्फ मालगाड़ियां शंटिंग करती हैं। किसी किसान ने पूछाः आप यह क्या कर रहे हैं? तो इन्होंने कहाः मरने आया हूं। तो उसने कहाः मरने

आए हो, वह तो मेरी समझ में आता है, लेकिन टिफिन किसलिए? उन्होंने कहा कि इधर कोई गाड़ियों का भरोसा है इस देश में? कितनी लेट हो जाएं, क्या भूखे मरना है? और फिर जब गाड़ी बहुत देर तक नहीं आई तो अपना खा-पी कर टिफिन, पिकनिक करके घर लौट आए।

और हमारी बात ही हो रही थी कि भट्टाचार्या वापस आ गए। मैंने पूछा कि आप लौट आए? उन्होंने कहा कि देखते नहीं, पानी गिरने लगा!

आप तो छाता ले गए थे?

वह छाता खराब है। पहले तो खुलता ही नहीं और खुल जाए तो छेद ही छेद हैं।

लोग मरने भी जाएं तो भी कहां! और मरें भी तो किस भरोसे पर कि मरने के बाद क्या होगा! हालत इससे बेहतर होगी कि खराब होगी, यह भी तो पक्का नहीं है। फिर यहां जैसी भी है हालत, कम से कम अभ्यस्त तो हो गए हैं उसके। किसी तरह जिंदगी चली जा रही है।

अविवाहित विवाह की सोचता है; विवाहित लोगों को देखता है तो सोचता है, कितने आनंद में न जी रहे होंगे। दांपत्य का सुख भोग रहे हैं! और दंपति भी ऐसा दिखाने की कोशिश तो कम से कम करते हैं जब सड़क पर निकलते हैं कि बड़े सुखी हैं। लेकिन कहां का दांपत्य का सुख! सुख इस जगत में मिलता कहां! सिर्फ दिखावे हैं, झूठी मुस्कुराहटें हैं—चिपकाई हुई! ऊपर से लगाए गए रंग हैं, जरा सी बरसा हो जाए, बह जाएं। इस धोखाधड़ी से भरी दुनिया में सिर्फ उन्हीं चीजों का धोखा बना रहता है जो तुम्हें नहीं मिलीं, क्योंकि दूर के ढोल सुहावने मालूम पड़ते हैं।

कहावत है न कि पड़ोसी के बगीचे की घास ज्यादा हरी मालूम पड़ती है! अपनी घास सूखी-सूखी लगती है, क्योंकि तुम्हें अपनी घास निकट से देखने का मौका मिलता है। पड़ोसी की घास तुम्हें दूर से दिखाई पड़ती है। दूर से दुर्गुण नहीं दिखाई पड़ते हैं। जब व्यक्ति दूर होते हैं एक-दूसरे से तो दुर्गुण नहीं दिखाई पड़ते; जब पास होते हैं तब दिखाई पड़ते हैं। दुर्गुण देखने के लिए पास होना जरूरी है, निकट जीना जरूरी है।

तो अगर जैनों के चौबीस तीर्थंकर राजपुत्र थे और इसलिए एक दिन उन्होंने सारा संसार छोड़ दिया तो कुछ आश्चर्य नहीं है; छोड़ना ही चाहिए। मेरी तो सम्राट की परिभाषा ही यही है कि जो एक दिन सब छोड़-छाड़ दे। उसका अर्थ है कि उसने जान लिया। उसका अर्थ है कि वह सम्राट था। जो पकड़े ही रहे, समझो कि अभी गरीब है, दीन है, दरिद्र है।

लेकिन रैदास अनूठे हैं। गरीब चमार के घर में पैदा हुए, जहां न धन है, न पद है, न प्रतिष्ठा है—और फिर भी पद-प्रतिष्ठा और धन के पार उठ गए! इसलिए कहता हूं, वे ध्रुवतारा हैं।

पहला सूत्र—

बिनु देखै उपजै नहिं आसा। जो दीसै सो होई बिनासा।।

प्यारा सूत्र है: बिनु देखै उपजै नहिं आसा।

जब तक तुम्हें परमात्मा की थोड़ी झलक न मिले, तब तक तुम्हें न तो आशा जगेगी, न आश्वासन पैदा होगा, न आस्था का जन्म होगा। लाख दूसरे लोग कहते रहें कि ईश्वर है, तुम सुन भी लोगे, शायद मान भी लो, मगर भीतर संदेह बना है सो बना ही रहेगा। कितना ही विश्वास ऊपर से

ओढ़ लो, पर्त-दर-पर्त, लेकिन भीतर संदेह है, मरेगा नहीं; ढंक जाए भला, छिप जाए भला, विनष्ट नहीं होगा। उसका विनाश तो सिर्फ एक ही ढंग से होता है—बिनु देखै उपजै नहिं आसा—कुछ दिखाई पड़े!

अब मंदिरों-मस्जिदों में तो कुछ दिखाई नहीं पड़ेगा, क्योंकि वहां जो पुजारी-पंडित बैठे हैं उन्हीं को दिखाई नहीं पड़ा है। यज्ञ-हवन में तो दिखाई नहीं पड़ेगा। जो मूढ़ वहां चावल और गेहूं और घी फेंक रहे हैं अग्नि में, उन मूढ़ों को ही नहीं दिखाई पड़ा, वे तुम्हें कैसे दिखला देंगे? अंधों से पूछ रहे हो प्रकाश की परिभाषा! आंख वालों को भी परिभाषा करनी कठिन है। अंधे परिभाषा कर रहे हैं और दूसरे अंधे परिभाषा मान रहे हैं। तुम्हारी जितनी मान्यताएं हैं, सब उधार हैं। इसीलिए तो तुम्हारी जिंदगी एक रेगिस्तान है, जिसमें मरूद्यान नहीं।

चंदूलाल किसी नौकरी के लिए परीक्षा देने गए थे। परीक्षा शुरू हुई। परीक्षक ने चंदूलाल से कहा कि चंदूलाल, तुम बार-बार पीछे मुड़ कर क्यों देख रहे हो?

चंदूलाल बोले: मैं क्या करूं हुजूर, इसी प्रश्न-पत्र में तो लिखा है—कृपया पीछे देखिए।

शास्त्र पढ़ोगे, किताबें पढ़ोगे। जो नहीं जानते, उनसे उधार लोगे। क्या अर्थ निकालोगे तुम? आस्था नहीं जन्मेगी। तुम्हारा जीवन रूपांतरित नहीं होगा। इतना आसान नहीं है जीवन का रूपांतरित हो जाना। लाख शास्त्र एक बात कहते रहें, तुम्हारा अंधकार में डूबा हुआ मन अपनी जिद पर डटा रहेगा।

ढब्बू जी ने सड़क पर जाते हुए व्यक्ति को एक चांटा मारा और कहा: क्यों मटकानाथ के बच्चे! कहां रहा इतने दिन? और हद हो गई, कौन सी विपत्ति आ गई तुझ पर? पिछली बार तू जब मिला था तो ठिगना था, मोटा था और अचानक एकदम से लंबा और दुबला हो गया! चेहरा भी बिलकुल बदल डाला! और यह दाढ़ी-मूंछ कब बढ़ा लीं, चांद भी निकाल ली।

उस आदमी ने कहा: माफ करें महोदय, मैं किसी मटकानाथ को नहीं जानता। और मैं मटकानाथ नहीं, रामनाथ हूं।

ढब्बू जी ने पुन: उसे एक धौल जमाते हुए कहा: अबे साले, तो नाम भी बदल डाला!

मन अपनी जिद पर डटा रहेगा। ऐसे तुम मन को न समझा सकोगे। कंठस्थ कर लो वेद, दोहराने लगो कुरान, मगर जरा भीतर झांकोगे तो पाओगे वही पुराना मन, और वही पुराने सवाल, और वही पुराने संदेह।

संदेह मिटते हैं अनुभव से। झलक भी मिल जाए, दूर से सही, गौरीशंकर को तुम हजारों मील दूर से झलकता हुआ देख लो—उसके ऊपर जमी हुई कुंआरी बर्फ, उस पर चमकती हुई सूरज की किरणें, उसका अपूर्व रूप, सौंदर्य—हजारों मील दूर से तुम्हें दिखाई पड़ जाए तो भी आशा जग जाएगी। निमंत्रण आ गया! पुकार आ गई! और अब यह पुकार निज की है, यह तुम्हारी अंतरात्मा का अनुभव है। अब तुम यात्रा पर निकल सकते हो, अब तुम्हारा जीवन एक तीर्थयात्रा बन सकता है। अब तुम खोजना चाहोगे।

विश्वासों ने लोगों को धर्म से वंचित किया है, विश्वासों ने लोगों का धर्म मार डाला है।

रैदास ठीक कहते हैं: *बिनु देखै उपजै नहिं आसा।*

झलक भी मिल जाए, जरा सी झलक, दूर की झलक, और आशा जगी और आशा अंकुरित हुई। और आशा में ही आस्था का फल लगेगा।

जो दीसै सो होई बिनासा।

और भी एक अदभुत बात है कि जिसने उसकी झलक भी देख ली वह विनष्ट हो गया, उसका अहंकार मिट गया। दो नहीं रह सकते, तुम और परमात्मा दोनों साथ-साथ नहीं रह सकते।

कबीर ने कहा न—रैदास के गुरुभाई—प्रेमगली अति सांकरी, तामें दो न समाय! बड़ी संकरी गली है प्यार की, प्रीति की, उसमें दो नहीं समा सकते। या तो तुम या परमात्मा। वह दिख गया तो तुम गए। तुम अंधकार जैसे हो, रोशनी हो गई कि तुम गए।

वफा के पर्दे में क्या-क्या जफाएं देखी हैं
निगाहे-लुत्फ पर अब मुझको एतमाद नहीं
मुझे यकीं है मगर दिल को क्या करूं कि उसे
किसी के वादा-ए-फर्दा पे एतमाद नहीं

और पंडितों ने तुम्हें इतना नुकसान पहुंचाया है कि उनकी बातें सुनते-सुनते अगर कभी तुम किसी सदगुरु के पास भी पहुंच जाओ तो उसकी बातों पर भी तुम्हें भरोसा नहीं आएगा। तुमने इतनी बातों पर भरोसा किया और धोखा खाया है। तुम्हें इतने धोखे दिए गए हैं। सौ में से निन्यानबे मौकों पर तुम्हें धोखे दिए गए हैं, तो सौवें मौके पर अगर सच्चा हीरा भी हाथ में आ जाए, तुम उसे भी फेंक दोगे। तुम्हारी आंखें ही अब आस्था करने में जैसे असमर्थ हो गई हैं।

यह बड़ा दुर्भाग्य है। इसलिए बुद्ध आते हैं, महावीर आते हैं, कृष्ण आते हैं, कबीर आते हैं, रैदास आते हैं; थोड़े से ही लोग उनका लाभ ले पाते हैं। अधिक लोग उनको भी समझते हैं कि ये भी शायद शास्त्र को ही दोहरा रहे हैं। अधिक लोग सोचते हैं, शायद ये भी शास्त्र की ही व्याख्या कर रहे हैं।

नहीं, संत शास्त्र की व्याख्या नहीं करते, शास्त्र संतों की व्याख्या करते हैं। शास्त्र संतों के लिए प्रमाण बन जाते हैं। शास्त्र साक्षी देते हैं कि संत जो कहते हैं, ठीक कह रहे हैं। संत शास्त्रों पर निर्भर नहीं होते।

अगर संतों को देखना हो तो सत्संग जरूरी है। सत्संग का अर्थ है: उठो, बैठो, उनके पास रमो, ताकि धीरे-धीरे तुम्हें यह दिखाई पड़ने लगे कि यहां एक व्यक्ति है जिसके भीतर कोई अहंकार नहीं, जिसके भीतर शून्य व्याप्त है। पहले तो तुम्हें संत के शून्य से परिचय बनाना होगा। और जब शून्य से परिचय बन जाएगा तो पूर्ण से परिचय बनने में देर न लगेगी।

दिल को बना हरम-नशीं, तौफे-हरम नहीं, न हो
मानीए-बंदगी समझ, सूरते-बंदगी न देख
दिल को बना हरम-नशीं...

दिल को ही मंदिर बनाओ, दिल को ही काबा बनाओ।

...तौफे-हरम नहीं, न हो

किसी मंदिर की प्रदक्षिणा, काबे की प्रदक्षिणा हो या न हो, हज हो या न हो, फिकर छोड़ो।

दिल को बना हरम-नशीं

दिल को ही लीन करो परमात्मा में, ताकि यह मंदिर बन जाए।

दिल को बना हरम-नशीं, तौफे-हरम नहीं, न हो
मानीए-बंदगी समझ, सूरते-बंदगी न देख

उपासना का तात्पर्य समझो, प्रार्थना का अर्थ समझो। कहां समझोगे प्रार्थना का अर्थ? जहां प्रार्थना जीवित हो, जहां प्रार्थना का फूल खिला हो।

नहीं तो सब बाह्य उपचार है। मंदिरों में घंटियां बज रही हैं और हृदय बिलकुल उन घंटियों के साथ नहीं बज रहे हैं। मंदिरों में प्रार्थनाएं दोहराई जा रही हैं, लेकिन बस कंठों तक उनकी पहुंच है, हृदय में उनका आविर्भाव नहीं हो रहा है। मंदिरों में लोग औपचारिकता निभा रहे हैं। परमात्मा के साथ भी शिष्टाचार चल रहा है, व्यवहार चल रहा है।

दिल को बना हरम-नशीं, तौफे-हरम नहीं, न हो
मानीए-बंदगी समझ, सूरते-बंदगी न देख

प्रार्थना के उपचारों को मत देखो, किसी प्रार्थनापूर्ण हृदय को देखने की क्षमता जुटाओ।

कोई रिंदी की इस जर्फे-नजर की वुसअतें देखे
हर इक टूटे हुए सागर को जामे-जम समझते हैं
निसारे-शमअ होकर बज्म में कहते हैं परवाने—
कोई समझे न समझे, हम मआले-गम समझते हैं

यह तो परवानों से पूछोगे मिटने का राज, तो समझ में आएगा। यह तो दीवानों से पूछोगे तो रास्ता मिलेगा। यह तो पागलों से पूछोगे—प्रेम के पागल जो हैं—तो प्रार्थना का तात्पर्य समझ में आएगा। जब तुम मिटने को तैयार हो जाते हो तभी प्रभु को देखने की क्षमता आती है।

नजअ में बहुत धीमी जुंबिशें नफस की हैं
है करीब मंजिल के आज कारवां अपना

और जब समझो कि अब श्वास इतनी धीमी चल रही है तुम्हारी—अहंकार की, तुम्हारी निजता की, तुम्हारे भेद की—जब समझो कि श्वास टूटी-टूटी हो रही है, अब गई, तब गई, तब जानना कि मंजिल करीब है।

है करीब मंजिल के आज कारवां अपना

बिनु देखै उपजै नहिं आसा। जो दीसै सो होई बिनासा।।

बरन सहित जो जापै नामु।

ओंठ से नहीं, जबान से नहीं, कंठ से नहीं—समग्रता से जो प्रभु का स्मरण करता है! रोएं-रोएं से! जिसका कण-कण नाच उठता है! जिसकी श्वास-श्वास स्मरण करती है! जिसकी धड़कन-धड़कन उसकी प्रदक्षिणा करती है।

बरन सहित जो जापै नामु। सो जोगी केवल निहकामु।।

वैसा व्यक्ति ही योगी है। जो खुद मिटता है वही परमात्मा के साथ एक हो पाता है। योग यानी एक

हो जाना, जुड़ जाना। जब तक तुम हो, टूटे रहोगे। तुम मिटे कि जुड़े। और जो जुड़ गया वह निष्काम हो जाता है। फिर कामना ही क्या रही! जिसको परमात्मा मिल गया, वह और क्या चाहेगा! हीरे-जवाहरात मिल गए, वह कंकड़-पत्थर बीनेगा? कोहिनूर पा लिया, वह कंकड़-पत्थर इकट्ठे करेगा? असंभव।

परचै राम रवै जो कोई।

राम से जो परिचित हो जाए, राम में जो रम जाए।

पारसु परसै न दुबिधा होई।।

वह ऐसे ही बदल जाता है जैसे पारस के छूने से लोहा बदल जाता है। पारस जब लोहे को छूता है तो ऐसा थोड़े ही सोचता है : पता नहीं बदलेगा कि नहीं बदलेगा! ऐसी कोई दुविधा थोड़े ही होती है, ऐसा कोई द्वंद्व थोड़े ही होता है, ऐसा कोई संदेह थोड़े ही होता है। पारस तो निःसंदिग्ध छू देता है लोहे को और लोहा सोना हो जाता है।

जिस दिन सदगुरु और शिष्य के बीच ऐसा संदेहरहित संबंध निर्मित होता है, उस दिन पारस से लोहा छू गया। उस दिन शिष्य शिष्य नहीं रह जाता, शिष्य भी गुरु हो जाता है, गुरु के साथ एक हो जाता है।

सो मुनि मन की दुबिधा खाइ। बिन द्वारे त्रैलोक समाइ।।

वही है मुनि, जिसने मन की दुविधा छोड़ दी। मन हमेशा दुविधा में है—यह करूं वह करूं! क्या करूं क्या न करूं! जो मन की दुविधा छोड़ देता है वही मुनि है। जो मन से मुक्त हो जाता है वही मुनि है।

बिनु द्वारे त्रैलोक समाइ।।

और जिसने अपने मन को छोड़ दिया, दुविधा छोड़ दी, जो एकांतभाव से परमात्मा में लीन होने को तत्पर हो गया, जो अपने को मिटाने के लिए राजी है लेकिन परमात्मा को पाकर रहेगा ऐसा जिसके भीतर संकल्प उठा, ऐसी अहर्निश पुकार उठने लगी, वह बिना किसी द्वार के तीनों लोक में समा जाता है, बिना किसी द्वार के परमात्मा में प्रवेश कर जाता है।

शबो-रोज मोहब्बत सीने में पोशीदा अगर्चे है, फिर भी
आहों में लरजते रहते हैं, अश्कों से नुमायां होते हैं
रुकते हैं कहीं दीवारों से, थमते हैं कहीं जंजीरों से
इजहारे-जुनूं पर आमादा जब कैदिए-जिंदा होते हैं
जी भर के तड़प लेने दे उन्हें, रह-रह के जरा जलने दे उन्हें
ऐ शमअ की लौ! ये परवाने इक रात के मेहमां होते हैं
रुकते हैं कहीं दीवारों से, थमते हैं कहीं जंजीरों से
इजहारे-जुनूं पर आमादा जब कैदिए-जिंदां होते हैं

तुम्हें कोई रोक नहीं सकता कारागृह में। अगर तुम आमादा ही हो गए तो न कोई दीवाल रोक सकती है, न कोई जंजीरें रोक सकती हैं। तुम परमात्मा को पा ही लोगे। अगर कोई रोकता है तो तुम्हारा मन, तुम्हारे मन की दुविधा। और कोई तुम्हें नहीं रोकने वाला है।

मन का सुभाव सब कोई करै।

और मन का स्वभाव है दुविधा, संदेह।

मन का सुभाव सब कोई करै। करता होई सु अनभै रहै।।

रैदास कहते हैं: सब मन की मान कर चल रहे हैं इसलिए दुखी हैं। मन की मत मानो, मन से ऊपर उठो, मन के साक्षी बनो। देखो मन का द्वंद्व, देखो मन का उपद्रव। मन का देखो नरक और जागो मन से! मन निद्रा है, तुम साक्षी हो। तुम मन नहीं हो। ऐसा अगर तुम कर पाओ, जाग पाओ।

करता होई सु अनभै रहै।।

जैसे ही तुम मन से जागे, तुम परमात्मा के साथ एक हो जाओगे। तुम एक हो ही। मन के कारण एक नहीं हो, ऐसी भ्रांति पैदा हो गई है। परमात्मा है स्रष्टा, कर्ता; तुम उसके साथ हो गए तो तुम भी स्रष्टा हो गए, तुम भी कर्ता हो गए। और जो स्रष्टा हो गया, कर्ता हो गया, उसके जीवन में भय कहां! वह अनभय हो जाता है। उसके जीवन से सारे भय समाप्त हो जाते हैं।

खुशी खुशी में न गम में कोई मलाल मुझे
बना दिया है मोहब्बत ने बे-मिसाल मुझे

फिर न तो दुख में दुख दिखाई पड़ता, न सुख में सुख दिखाई पड़ता। एक बेजोड़ अनुभव पैदा होता है। प्रेम परवानों को वहां ले आता है, उस मंजिल पर, उस मुकाम पर, जहां से सब द्वंद्व पीछे छूट जाते हैं—सुख के दुख के, दिन के रात के, जीवन के मृत्यु के, वसंत के पतझड़ के।

फल कारण फूली बनराइ। फलु लागा तब फूल बिलाइ।।

रैदास कहते हैं: फल के लिए फूल खिलते हैं। जब फूल खिलता है तो यह मत सोचना कि अपने लिए खिलता है। फल के लिए खिलता है। जैसे ही फल लग जाता है, फूल गिर जाता है। हम सब यहां परमात्मा के लिए हैं कि परमात्मा हम में लग सके; वही फल है। और जिस ने उसे पा लिया, वही सफल है, शेष सब असफल हैं। और जैसे ही फल लग जाएगा, तुम बिला जाओगे। तुम तो फूल हो। काम पूरा हो गया। फूल का काम इतना था कि फल के लिए राह बना दे। जैसे ही फूल का काम पूरा हो गया, फूल बिला जाता है।

फल कारण फूली बनराइ। फलु लागा तब फूल बिलाइ।।

अपने को पकड़ कर मत बैठे रहो। तुम मंजिल नहीं हो, तुम मुकाम नहीं हो। ज्यादा से ज्यादा सराय हो, घर नहीं हो। चल पड़ना है सुबह होते ही। एक पड़ाव हो। इसी पर रुक नहीं जाना है। मनुष्य एक साधन है, मनुष्य साध्य नहीं है। मनुष्य का अतिक्रमण करना है।

फ्रेड्रिक नीत्शे का प्रसिद्ध वचन है: वह दिन सबसे अभागा दिन होगा मनुष्य के इतिहास में—नीत्शे ने कहा है—जिस दिन आदमी अपने से ऊपर उठने की कोशिश छोड़ देगा। जिस दिन आदमी अपना अतिक्रमण करना छोड़ देगा वह दिन सबसे अभागा दिन होगा।

मैं नीत्शे से इस संबंध में राजी हूं। मनुष्य की गरिमा यही, गौरव यही, कि वह अपने से ऊपर उठने का प्रयास करता है। कुत्ते कुत्ते ही रहते हैं। सिंह सिंह ही रहते हैं। कबूतर कबूतर ही रहते हैं। गुलाब गुलाब ही रहते हैं। कोई अपने से ऊपर नहीं उठता। सिर्फ मनुष्य है एक जो अपना अतिक्रमण कर सकता है! इसमें कभी कोई बुद्ध, कभी कोई नानक, कभी कोई रैदास पैदा हो जाता है। तुम्हारी भी यह क्षमता है। लेकिन एक हिम्मत तुम्हें समझ लेनी चाहिए। फूल को विलीन हो जाना होगा फल के प्रकट होते ही।

असल में फूल का विलीन होना और फल का प्रकट होना एक साथ ही घटते हैं। लेकिन कुछ लोग बस आदमी होने में ही लगे रहते हैं।

कहीं मश्गूले-असबाबे-सफर पीछे न रह जाए
शरीके-कारवां हो, इंतिजामे-कारवां कब तक

यह यात्री-दल चल पड़ा है। यह कतार तीर्थंकरों की, अवतारों की, बुद्धों की, संतों की, पैगंबरों की, मसीहाओं की—यह यात्री-दल चल पड़ा है। तुम सम्मिलित हो जाओ इस दल में। इसलिए मैं पुकार रहा हूं कि हो जाओ संन्यासी। संन्यासी होने का अर्थ है, यात्री-दल में सम्मिलित हो जाओ। कब तक इंतजाम ही करते रहोगे? कुछ लोग कहते हैं: होंगे, जरूर होंगे, अभी हम इंतजाम कर रहे हैं।

कहीं मश्गूले-असबाबे-सफर पीछे न रह जाए

कहीं ऐसा न हो कि तुम अपना बोरिया-बिस्तर बांधते-बांधते पीछे ही रह जाओ और यात्री-दल बहुत दूर निकल जाए।

शरीके-कारवां हो, इंतिजामे-कारवां कब तक

तैयारी ही करते रहोगे? कुछ लोग ऐसे ही हैं जो तैयारी ही करते रहते हैं।

मुल्ला नसरुद्दीन हमेशा रेलवे का टाइम-टेबल पढ़ता रहता है। मैंने उससे पूछा कि नसरुद्दीन, दुनिया में और भी पढ़ने की चीजें हैं, तू भी खूब, रेलवे का टाइम-टेबल पढ़ता है! वह कहता है कि यात्रा का इंतजाम करता हूं। अगले वर्ष मसूरी जा रहा हूं। मैंने पूछा कि पिछले वर्ष तू कह रहा था कि अगले वर्ष शिमला जा रहे हैं। उसने कहा, वह इरादा बदल दिया।

और उसके पहले तू कह रहा था कि आबू जा रहे हैं। वह भी इरादा बदल दिया। मैंने कहा: मसूरी का पक्का है? उसने कहा: अभी तो पक्का है। अब अगला साल आए तब देखेंगे।

तैयारियां ही कर रहा है। ऐसे ही लोग हैं जो तैयारियां ही कर रहे हैं। जब तुम गीता पढ़ते हो, कुरान पढ़ते हो, बाइबिल पढ़ते हो, तो क्या पढ़ रहे हो? टाइम-टेबल, रेलवे की समय-सारिणी—कि कहां जाएं? स्वर्ग जाएं कि नरक जाएं? कि सातवां स्वर्ग ठीक रहेगा कि छठवां जंचता है? सामान ही बांधते रहोगे कि कभी यात्रा पर भी निकलोगे? बहुत देर वैसे ही हो चुकी है।

शरीके-कारवां हो, इंतिजामे-कारवां कब तक

ग्यानै कारन कर अभ्यासू। ग्यान भया तहं करमै नासु।।

सारा अभ्यास-योग, ध्यान, तप—सारा अभ्यास, परमात्मा का ज्ञान हो जाए, अनुभव हो जाए, इसलिए है। इन्हीं में मत उलझ जाना। नहीं तो कुछ लोग जिंदगी इसी में लगा देते हैं कि वे आसन ही साध रहे हैं। मैं ऐसे लोगों को जानता हूं जो जिंदगी भर से आसन ही साध रहे हैं। भूल ही गए कि आसन अपने आप में व्यर्थ है। ध्यान कब साधोगे? और ध्यान भी अपने आप में काफी नहीं है समाधि कब साधोगे? और समाधि भी अपने आप में काफी नहीं है। ये सब साधन ही साधन हैं, सीढ़ियां हैं। सीढ़ियों पर मत अटक जाना। सीढ़ियां बहुत प्यारी भी हो सकती हैं, स्वर्ण-मंडित भी हो सकती हैं, उनका भी अपना सुख हो सकता है। लेकिन ध्यान रखना कि सीढ़ियां मंदिर की हैं, प्रवेश मंदिर में करना है। मंदिर का राजा, मंदिर का मालिक भीतर विराजमान है।

सब अभ्यास करो, लेकिन एक ध्यान रहेः सब अभ्यास साधन मात्र हैं। ध्यान हो, पूजा हो, आराधना हो, सब अभ्यास हैं और साधन हैं। एक न एक दिन इन्हें छोड़ देना है। कहीं ऐसा न हो कि अभ्यास करते-करते अभ्यास में ही जकड़ जाओ!

ऐसी ही अड़चन हो जाती है। लोग पकड़ लेते हैं फिर अभ्यास को। फिर वे कहते हैं, तीस वर्षों से साधा है, ऐसे कैसे छोड़ दें? तो फिर साधन ही साध्य हो गया। फिर तुम अंधे हो गए। फिर तुम रेलगाड़ी में बैठ गए और यह भूल ही गए कि कहां उतरना है।

मुल्ला नसरुद्दीन सफर कर रहा था। टिकट कलेक्टर ने उससे टिकट पूछा। यह जेब देखी उसने वह जेब देखी, बिस्तर खोला, सूटकेस खोला, सारी चीजें फैला दीं। कलेक्टर भी चिंतित हो गया। उसने कहाः रहने दीजिए आप, भले आदमी मालूम होते हैं। जरूर होगी टिकट।

उसने कहा कि ऐसी की तैसी टिकट की। तुम्हारे लिए कौन टिकट खोज रहा है!

उसने कहाः फिर तुम किसके लिए खोज रहे हो?

उसने कहाः मैं इसलिए खोज रहा हूं कि मुझे जाना कहां है!

जाना कहां है, यह याद रखना। कहीं ऐसा न हो कि ट्रेन में ही बैठे रहो, याद भी भूल जाए कि कहां जाना है।

एक शराबी एक टैक्सी में बैठा और उसने कहाः जल्दी करो, मुझे ओबेराय होटल पहुंचना है। और तेजी से। एक सेकेंड बाद, गाड़ी तो चली ही नहीं, टैक्सी ड्राइवर ने कहा कि आ गया ओबेराय होटल, उतरिए। शराबी उतरा, बोलाः कितना पैसा? पैसे दिए पांच रुपये और चलते वक्त ड्राइवर से बोला कि इतनी तेजी से मत चलाया कर।

वह असल में ओबेराय होटल के सामने ही खड़ी थी टैक्सी, चलाने की जरूरत ही न पड़ी थी। इतनी तेजी से चलाना खतरनाक है! एक सेकेंड न लगा, ओबेराय होटल पहुंचा दिया! मुझे तो पता ही नहीं चला, कब चले कब पहुंचे!

एक और शराबी के संबंध में मैंने सुना है। बैठा टैक्सी में और उसने कहाः एकदम तेजी से चलो! और टैक्सी वाला भी पीए था। यहां दुनिया बड़ी अजीब है। यहां तुम ही थोड़े पीए हो, तुम्हारे नेता भी पीए हैं। टैक्सी वाला भी एकदम भागा, बे-तहाशा भागा। कोई आधा घंटा तेजी से चक्कर लगाने के बाद आखिर टैक्सी वाले को थोड़ा होश आया, उसने कहाः भई जाना कहां है? उस शराबी ने कहाः अगर हमको यही मालूम होता तो हम पैदल ही न चले गए होते। जाना कहां है, यही तो हमें मालूम नहीं है, इसलिए तुम्हारी टैक्सी में बैठे हैं। मगर अब यह आने-जाने की फिकर छोड़ो, व्यर्थ समय खराब न करो, तेजी से चलो। पहुंचना जरूर है और जल्दी पहुंचना है।

लोग जल्दी में हैं, पहुंचना भी चाहते हैं; मगर कहां, कुछ साफ नहीं है। तुम कहां जा रहे हो? अगर तुम से कोई पकड़ कर झकझोर कर पूछे कि तुम सच में कहां जो रहे हो, तो तुम भी कंधे बिचकाओगे। तुम कहोगे, भाई ऐसी बातें न पूछो। ऐसी बातें नहीं पूछा करते। और बीच बाजार में तो नहीं पूछते किसी से। किसी की भद्द करवानी है? किसको पता है कि कौन कहां जा रहा है! कहां से कौन आ रहा है, कहां कौन जा रहा है—कुछ पता नहीं है। चलना ही गंतव्य हो गया है। साधन ही साध्य हो गए हैं।

और लोग ऐसे कठिन सवाल नहीं उठाना चाहते हैं, क्योंकि कठिन सवालों से बेचैनी पैदा होती है। पूछना ही नहीं चाहते कि कहां जा रहे हैं। जब भी पूछने के लिए सुविधा मिलती है, तेजी से चलने लगते हैं, ताकि सारी शक्ति चलने में लग जाए और यह सवाल से बचना हो जाए। लोग जिंदगी की समस्याओं को टालते हैं, स्थगित करते हैं।

ग्यानै कारन कर अभ्यासू।

रैदास ठीक कहते हैं: अभ्यास तो करना—ध्यान का करो, प्रेम का करो, भक्ति का करो—लेकिन स्मरण रहे, परमात्म-ज्ञान लक्ष्य है। इसी में मत अटक जाना!

ग्यान भया तहं करमै नासू।।

और जैसे ही ज्ञान हो जाएगा वैसे ही सारा अभ्यास, सारे साधन, सारे कर्म खो जाएंगे। फिर क्या जरूरत रह जाएगी।

घृत कारन दधि मथे सयान।

घी निकालना है तो दही को मथते हैं; जब घी निकल आया तो दही को मथना बंद कर देते हैं। फिर दही को जो मथे वह पागल है।

इसलिए बुद्ध ने कहा है: ध्यान करना और एक दिन ध्यान छोड़ भी देना। जिस दिन समाधि की झलक आने लगे, ध्यान छोड़ देना। कहीं ऐसा न हो कि तुम ध्यान के चक्कर में ऐसे पड़ जाओ कि जब समाधि की भी झलक आने लगे तो आंखें मींच कर अपने ध्यान में ही लगे रहो कि यह समाधि कहीं बाधा न डाले और। और यह क्या होने लगा! मेरे ध्यान में एक नई बाधा आने लगी। मैं तो ध्यानी हूं, मैं तो ध्यान में ही रहूंगा!

घृत कारन दधि मथै सयान। जीवत मुकत सदा निरबान।।

अगर इतना तुम कर सको तो जीते-जी मुक्ति है और जीते-जी निर्वाण है। नहीं मरने के बाद, अभी और यहीं!

देखिए अब कौन-सा तूफां जगाता है हमें
मुंह छुपा के सो रहे हैं दामने-साहिल से हम
सामने मंजिल है और आहिस्ता उठते हैं कदम
पास आकर हो रहे हैं दूर फिर मंजिल से हम
कामयाबी में भी है नाकामयाबे-जिंदगी
ऐन मंजिल पर नहीं हैं आश्ना मंजिल से हम

और मंजिल दूर नहीं है।

ऐन मंजिल पर नहीं हैं आश्ना मंजिल से हम

कठिनाई हमारी यह है कि हम मंजिल से परिचित नहीं हैं; अन्यथा हम मंजिल पर ही हैं।

सामने मंजिल है और आहिस्ता उठते हैं कदम
पास आकर हो रहे हैं दूर फिर मंजिल से हम

और बहुत बार तुम बहुत करीब आ जाते हो होश के, मगर फिर छिटक जाते हो, फिर भटक जाते

हो, फिर कोई नया भटकाव पकड़ लेते हो। मन बहुत बेईमान है। मन बहुत चालबाज है। मन तुम्हें निरंतर नये-नये दुखों में ले जाता है; क्योंकि मन जी ही सकता है दुख में। मन आनंद में मर जाता है। आनंद मन की मृत्यु है। इसलिए तैयार हो जाओ।

जो दीसै सो होई बिनासा।

मिटने के लिए तैयार हो जाओ। अगर पाना है परमात्मा की ज्योति को तो परवाने बनने के लिए तैयार हो जाओ। और—

बिनु देखै उपजै नहिं आसा।।

परवाने को भी जलने का, मिटने का भाव नहीं उठता, जब तक शमा दिखाई न पड़े। शमा कहां दिखाई पड़ेगी? शास्त्र में? शमा देखनी हो तो किसी जीवित गुरु में ही देखनी होगी; जहां दीया जल रहा हो वहां देखनी होगी।

कहि रविदास परम बैराग। रिदै राम को न जपसि अभाग।।

अभागे हैं वे जिन्होंने राम से परिचय नहीं बनाया, जिन्होंने राम को नहीं जपा। राम को जपने से परम वैराग्य पैदा होता है।

वैराग्य करना नहीं पड़ता। छोड़ना नहीं पड़ता संसार। भागना नहीं पड़ता कहीं। रैदास कभी नहीं भागे, गृहस्थ रहे, घर में ही रहे। जैसे तुम रहते हो ऐसे ही रहे। जिंदगी भर जूते सीते रहे। जूते सीते-सीते ही, जूते बेचते-बेचते ही परम वैराग्य को उपलब्ध हुए। जैसे कबीर बुनते रहे कपड़े, जुलाहे थे; वैसे रैदास सीते रहे जूते, चमार थे। घर था, गृहस्थी थी, पत्नी-बच्चे थे। नहीं कुछ छोड़ा, नहीं कुछ छोड़ने की जरूरत है। परम वैराग्य स्वयं तुम पर उतर आता है—तुम सिर्फ राम के साथ रमने लगो; तुम सिर्फ अपने भीतर की सीढ़ियां उतरने लगो। और मंजिल कहीं दूर नहीं है। जिस धन की तुम तलाश कर रहे हो, वह तुम्हारे भीतर है। तलाश तुम बाहर कर रहे हो। जिस राज्य को तुम खोजते हो, वह तुम्हारे भीतर है। और तुम दुनिया को जीतने चल पड़े।

देख ऐ मुन्इम! यही था मुझमें-तुझमें इम्तियाज
तेरा कब्जा था जहां पर, मेरा कब्जा दिल पे था

ऐ धनिक, ऐ धन वाले देख, मुझमें और तुझमें इतना ही अंतर था। थोड़ा ही अंतर, पर बहुत बड़ा फिर भी, बड़े से बड़ा और छोटे से छोटा।

देख ऐ मुन्इम! यही था मुझमें-तुझमें इम्तियाज

ऐ धनिक, इतना-सा ही भेद था मुझमें और तुझमें

तेरा कब्जा था जहां पर, मेरा कब्जा दिल पे था

सह की सार सुहागिनि जानै। तजि अभिमान सुख रलिया मानै।।

सुहागिन ही जानती है प्रेम का रस, प्रेम का स्वाद, सुहाग का आनंद।

सह की सार सुहागिनि जानै।

मिलन का उसे ही पता है।

तजि अभिमान सुख रलिया मानै।।

क्योंकि मिलन में ही वह अपने अभिमान को छोड़ देती है। और अभिमान को छोड़ने में ही उसके जीवन में रंग उतरता, रस उतरता है।

तनु मनु देई न सुनै अंतर राखै।

तन भी दे देती है, मन भी दे देती है। कुछ भेद नहीं रखती, कुछ छिपाती नहीं, अपने अंतर में कुछ नहीं छिपाती।

अबरा देखि न सुनै न माखै।।

न तो अन्य को देखती है, न अन्य को सुनती है। जिसने किसी को प्रेम किया है, उसे बस अपना प्रेमी ही दिखाई पड़ता है, उसे कोई और दिखाई नहीं पड़ता। और जिसने राम को प्रेम किया है उसे राम ही दिखाई पड़ता है, कोई और दिखाई नहीं पड़ता। यह सारा जगत राममय हो जाता है।

लेकिन यहां प्रेम कहां! प्रेम के नाम से तो न मालूम क्या-क्या चल रहा है!

फौज में नये रंगरूटों की भर्ती चल रही थी। कप्तान ने चंदूलाल का चुनाव करते हुए कहा, चंदूलाल, और सब बातें तो तुम्हारे बारे में ठीक हैं। तुम्हारा चरित्र बिलकुल चांद की तरह उज्ज्वल, तुम्हारा स्वास्थ्य भी ठीक है। लेकिन क्या तुमने कोई वीरता का काम भी कभी किया है?

चंदूलाल बोले, हां हुजूर, किया है। मैं तीन साल तक शादीशुदा रह चुका हूं।

यहां प्रेम के नाम पर क्या-क्या चल रहा है, कहना बहुत कठिन है। प्रेम जैसे एक युद्धक्षेत्र है!

नसरुद्दीन कुछ दिनों के लिए शहर से बाहर जा रहा था। जाते-जाते अपनी पत्नी गुलजान से बोला: सुनो गुलजान, वैसे तो मैं अगले सप्ताह तक लौट आऊंगा और यदि किसी कारणवश न लौट सका तो पत्र लिख दूंगा कि मैं क्यों नहीं आ सका।

गुलजान बोली: पत्र लिखने की जरूरत नहीं है, वह मैंने पहले ही तुम्हारी कोट की जेब से निकाल कर पढ़ लिया है।

यहां किसको किस पर विश्वास है! यहां पति भी धोखा दे रहा है, पत्नी भी धोखा दे रही है। वह पहले से ही चिट्ठी रखे हैं लिखे हुए कि किन कारणों से नहीं आ रहा हूं। मगर वही कोई होशियार है ऐसा नहीं है, पत्नी भी पहले ही पढ़ चुकी है।

पत्नियों से कुछ भी छिपाना मुश्किल है। उनकी आंखें गहरी होती हैं। पति जितना छिपाने की कोशिश करता है उतने ही मुश्किल में पड़ जाता है।

एक रात मुल्ला नसरुद्दीन की पत्नी ने सुना कि मुल्ला जोर-जोर से कह रहा है, कमला-कमला—नींद में। पत्नियां नींद में भी नहीं छोड़तीं पीछा। नींद में भी सुनती हैं कि पति क्या कह रहा है। उसी वक्त हिला कर उठाया, कहा कि यह क्या कमला-कमला कर रखा है? यह कमला कौन है?

एक क्षण तो मुल्ला झिझका, एकदम नींद से उठा था, कुछ समझ में भी नहीं आया, फिर होश आया। उसने कहा, कमला कोई नहीं है, यह एक घोड़ी का नाम है। और तू तो जानती है कि मुझे रेसकोर्स में रस है। और इस घोड़ी पर मैंने दांव लगाया हुआ है।

बात, मुल्ला ने सोचा आई-गई हो गई। लेकिन दूसरे दिन सुबह जब वह अपनी दाढ़ी बना रहा था, उसकी पत्नी ने दरवाजे पर दस्तक दी बाथरूम के और कहा कि दरवाजा खोलो।

दरवाजा खोला, उसने कहा कि फोन आया है तुम्हारे नाम।

किसका फोन? तो उसने कहा, उसी घोड़ी का।

पत्नियों से बचा नहीं सकते।

वह घोड़ी कह रही है कि प्लाजा टाकीज में शाम को छह बजे मिलना।

इस जिंदगी में प्रेम के नाम पर जो चल रहा है, उसकी बात नहीं कर रहे हैं रैदास। लेकिन इस जिंदगी में भी कभी-कभी, कहीं-कहीं वैसे अनुभव भी लोगों को हो जाते हैं। दुर्भाग्यपूर्ण है कि बहुत लोगों को नहीं ऐसा अनुभव हो पाता जिसको प्रेम कहें। होना चाहिए सभी को। हम समाज ऐसा बेहूदा बनाए हैं कि नहीं हो पाता। हमने प्रेम के ऊपर इतनी शर्तें लाद दी हैं कि प्रेम मर गया है। हमने प्रेम को इतना बोझ दे दिया है कि प्रेम नहीं सह पाता और टूट गया।

प्रेम बहुत नाजुक है, फूल जैसा नाजुक है! और हमने इतने पत्थर उसके ऊपर रख दिए हैं कि फूल तो कभी का दब गया, कभी का सड़ गया। लेकिन कभी-कभी इस जीवन में भी प्रेम के दर्शन होते हैं। कभी दो व्यक्तियों के बीच ऐसा प्रेम घटता है—जिस प्रेम में आकाश की सुगंध होती है; जिस प्रेम में तारों की रोशनी होती है; जिस प्रेम में दूर की ध्वनि होती है; जिस प्रेम में हृदय का संगीत होता है! ये वचन उन्हीं के लिए सार्थक हो सकते हैं, वे ही समझ सकेंगे।

सह की सार सुहागिनि जानै। तजि अभिमान सुख रलिया मानै।।

तनु मनु देई न सुनै अंतर राखै। अबरा देखि न सुनै न माखै।।

उसे दूसरा दिखाई ही नहीं पड़ता।

सो कत जाने पीर पराई। जाकै अंतर दरद न पाई।।

और वही जान सकता है दूसरे की पीर को, दूसरे की पीड़ा को, जिसने दर्द को जाना हो। जिसने प्रेम को जाना हो, वही प्रेम के इन शब्दों को समझ सकेगा। प्रेम करो—पत्नी से, बच्चे से, मित्र से। जहां कहीं अवसर मिल सकता हो प्रेम का, वहीं प्रेम के पौधे को सींचो। क्योंकि प्रेम का पौधा ही एक दिन तुम्हें प्रार्थना तक ले जाएगा। और कोई उपाय नहीं है।

दुखी दुहागिन दुइ पखहीनी। जिनि नाह निरंतरि भगति न कीनी।।

अभागे हैं वे जिन्होंने भक्ति को नहीं जाना। लेकिन भक्ति को जानोगे कैसे? प्रेम का ही अंतिम आत्यंतिक रूप है भक्ति। प्रेम ही नहीं जाना।

दुखी दुहागिन दुइ पखहीनी।

तुम्हारी अवस्था तो ऐसी है कि जैसे किसी पक्षी के दोनों पंख काट दिए गए हों और फिर उससे कहा जाए, आकाश में उड़ो।

मेरा प्रयास यहां यही है कि तुम्हें पहले प्रेम सिखाऊं। इसलिए परमात्मा की क्या तुमसे बात करूं, कैसे बात करूं? पहले तुम्हें प्रेम सिखाऊं, फिर तुम प्रार्थना में उतर सकोगे। और प्रार्थना में उतरोगे तो एक दिन परमात्मा को पा सकोगे। अ ब स से शुरू करना पड़ रहा है।

और सदियों-सदियों का कचरा जम गया है तुम्हारे दर्पण पर। और न मालूम किस-किस चीज को तुमने प्रेम समझ रखा है, और न मालूम किन औपचारिकताओं को तुमने प्रार्थना मान लिया है, और मंदिर

में पत्थर की मूर्तियां रख ली हैं और उनको तुमने भगवान मान लिया है। तुमने सब झूठा कर डाला। तुम्हारे दोनों पंख कट गए हैं। अब तुम आकाश में उड़ नहीं पाते। और उड़ न सको तो कैसे आकाश का भरोसा आए! उड़ न सको तो कैसे मानो कि आकाश है!

राम-प्रीति का पंथ दुहेला।

कठिन है रास्ता राम-प्रीति का! साधारण प्रीति का रास्ता भी कुछ कम कठिन नहीं है। सबसे बड़ी कठिनाई तो यह है कि अपने को मिटाना पड़ता है, अपने को डुबाना पड़ता है। और तुम तो प्रेम में भी एक-दूसरे पर कब्जा करने की कोशिश करते हो। पति पत्नी पर कब्जा करने की कोशिश कर रहा है, पत्नी पति पर कब्जा करने की कोशिश कर रही है। वहां भी पूरा संघर्ष चल रहा है, राजनीति चल रही है, खींचातान चल रही है, प्रतियोगिता चल रही है, संघर्ष चल रहा है। मीठी-मीठी बातों के पीछे छिपी कटारें चल रही हैं।

साधारण प्रीति का रास्ता भी कठिन है। कठिनाई क्या है? कठिनाई यही है कि अपने को मिटाना पड़ता है, झुकना पड़ता है। तो परमात्मा की प्रीति का रास्ता तो निश्चित दुहेला है, बहुत कठिन है, दुर्गम है।

संगि न साथी गवन अकेला।।

और इसलिए भी कठिन है कि वहां न कोई संगी है न साथी है, अकेले जाना है। एकांत की उड़ान है।

दुखिया दरदमंद दरि आया। बहुतै प्यास जबाब न पाया।।

बड़ा महत्वपूर्ण सूत्र है।

कहि रविदास सरनि प्रभु तेरी। ज्यूं जानहु त्यूं करु गति मेरी।।

रैदास कहते हैं कि जो भी परमात्मा के दरवाजे पर दुखी की तरह गया, दरदमंद की तरह गया, कुछ मांगने गया, भिखमंगे की तरह गया, उसे कोई उत्तर नहीं मिला। उसकी प्रार्थना व्यर्थ चली गई।

बहुतै प्यास जबाब न पाया।।

चाहे कितनी ही उसकी प्यास हो, उसको जवाबनहीं मिलेगा। क्योंकि अभी भी वह परमात्मा से अपना ही काम लेना चाहता है। अभी अहंकार मिटा नहीं। अहंकार परमात्मा का भी शोषण करना चाहता है। वह कहता है, ऐसा करो मेरे लिए; मैं कहता हूं, ऐसा करो! वह अभी भी परमात्मा पर समर्पित नहीं है। वह यह नहीं कहता कि जो तेरी मर्जी।

कहि रविदास सरनि प्रभु तेरी।

रैदास ने कहाः हमने तो ऐसे पाया। हमने कैसे पाया वह हम बताए देते हैं। हमने ऐसे पाया कि हमने कहा, सरनि प्रभु तेरी, हम तेरी शरण हैं! ज्यूं जानहु—तुम जैसा जानते हो—त्यूं करु गति मेरी। तुम्हारी जो मर्जी हो वैसी मेरी गति करो। तुम मुझे नरक भेज दो तो भी मैं आनंदित, नाचता हुआ जाऊंगा, क्योंकि तुमने भेजा जो। मैं स्वर्ग नहीं मांगूंगा। नरक की अग्नि मेरे लिए शीतल हो जाएगी, क्योंकि तुमने भेजा जो। मांगा स्वर्ग मेरे काम का नहीं। बिन मांगे तुम जो दे दोगे, वही मेरा स्वर्ग है।

रैदास कहते हैं: उसके द्वार पर कोई मांग लेकर मत जाना। और तुम सब मांग लेकर ही जाते हो। तुम्हारी जब कोई मांग होती है तभी तुम प्रार्थना करते हो। प्रार्थना शब्द का अर्थ ही मांग हो गया है। इसलिए मांगने वाले को प्रार्थी कहते हैं—कुछ मांगने आया।

प्रार्थना का अर्थ मांग नहीं है। प्रार्थना का अर्थ दान है। प्रार्थना का अर्थ समर्पण है। प्रार्थना का अर्थ है: मैं तुम्हारी शरण आया। जैसा बुरा-भला हूं, स्वीकार कर लो। और जो तुम्हारी मर्जी हो, क्योंकि तुम जानते हो, मैं क्या जानता हूं! जहां चलाओ, चलूंगा। जहां उठाओ, उठूंगा। जहां बिठाओ, बैठूंगा।

रैदास जूते सीते और बेचते। और उनके पास मीरा जैसी शिष्या! और भी बहुत शिष्य, हजारों शिष्य थे रैदास के, वे उनसे कहते कि अच्छा नहीं लगता कि आप जूते सीएं। वे जूता सीते रहते और ज्ञानचर्चा भी चलाते रहते, ब्रह्मचर्चा भी चलाते। वे कहते, जंचता नहीं, अच्छा नहीं लगता। आप और जूता सीएं! और हम सबके रहते! हम सब करने को राजी हैं।

रैदास उनसे कहते: जब तक उसकी मर्जी जूता सिलाने की है, मैं क्या करूं? वह तो कहता ही नहीं कि रैदास, जूता सीना बंद कर। वह तो जब भी कहता है, यही कहता है कि तेरे जूते मुझे बहुत पसंद आते हैं। जो भी मेरे जूते पहनता है वह राम ही तो है! कितने राम आकर मुझसे नहीं कह गए कि तुम्हारे जूते हमें बहुत पसंद आते हैं—ऐसे सुंदर जूते कोई नहीं बनाता।...कैसे बंद कर दूं! उसकी मर्जी होगी तो बंद हो जाएगा। उसकी मर्जी है तो जारी रहेगा। अगर जन्मों-जन्मों तक भी वह भेज कर मुझसे जूते सिलवाता रहे तो भी मैं आनंद से सीता रहूंगा।

गाते गीत, सीते जूते। गुनगुनाते राम को, सीते जूते।

ऐसे जो आता है प्रभु के द्वार पर वही स्वीकार होता है, वही प्रवेश कर पाता है।

प्रार्थना का सार सूत्र है: जो तेरी मर्जी है वह पूरी हो।

आज इतना ही।

2

जीवन एक रहस्य है

प्रश्न-सार

ओशो,
मैंने उन्हें देखा था खिले फूल की तरह
अस्तित्व की हवा के संग डोलते हुए
आनंद की सुगंध लुटाते हुए सदा
सब के दिलों में प्रेम का रस घोलते हुए
लवलीन हो गए थे वे परमात्म-भाव में
था उनमें वही ज्योति-रूप व्यक्त हो उठा
सारल्य में समा गया बुद्धत्व दौड़ कर
ऐसा लगा भगवान स्वयं भक्त हो उठा
लेकिन वे भक्ति में निमग्न एक नृत्य-गीत थे
या मोद भरे छलकते हुए हसीन मौन थे
वे जोड़ ही गए हैं महोत्सव में बहुत कुछ
मैं कैसे कहूं स्वामी देवतीर्थ भारती कौन थे!

ओशो, दशहरे के दिन मेरी बेटी की शादी तय हुई थी। सब तैयारियां हो चुकी थीं। कार्ड बांट दिए गए थे और लड़के ने तीन दिन पहले दूसरी लड़की से शादी कर ली। मैंने तो इस दुर्भाग्य के पीछे सौभाग्य को ही देखा। मगर मेरी बेटी के लिए इसमें कौन सा रहस्य छिपा है?
संन्यास लेने में उसको अपने पिता का बहुत सामना करना पड़ेगा। हिना के लिए आपका क्या संदेश है?

ओशो, आप जो कहते हैं वह न तो मैं समझता ही हूं और न सुनता ही हूं। मैं क्या करूं?

पहला प्रश्न : ओशो,

मैंने उन्हें देखा था खिले फूल की तरह
अस्तित्व की हवा के संग डोलते हुए
आनंद की सुगंध लुटाते हुए सदा
सब के दिलों में प्रेम का रस घोलते हुए
लवलीन हो गए थे वे परमात्म-भाव में
था उनमें वही ज्योति-रूप व्यक्त हो उठा
सारल्य में समा गया बुद्धत्व दौड़ कर
ऐसा लगा भगवान स्वयं भक्त हो उठा
लेकिन वे भक्ति में निमग्न एक नृत्य-गीत थे
या मोद भरे छलकते हुए हसीन मौन थे
वे जोड़ ही गए हैं महोत्सव में बहुत कुछ
मैं कैसे कहूं स्वामी देवतीर्थ भारती कौन थे!

योग प्रीतम, जीवन एक रहस्य है जिसका कोई उत्तर नहीं है। जीवन प्रश्न नहीं है कि उसका उत्तर हो सके। प्रश्न तो सब बचकाने हैं—और उत्तर भी। प्रश्न और उत्तर तो बच्चों के खेल हैं। जीवन न तो प्रश्न है न उत्तर है; दोनों के पार, दोनों के अतीत—बस है।

दर्शन और धर्म का यही भेद है। दर्शनशास्त्र इस भ्रांति में जीता है कि जीवन एक प्रश्न है जिसका उत्तर खोजा जा सकता है; और धर्म इस अनुभव में कि जीवन एक रहस्य है, उसे जीया तो जा सकता है लेकिन उसका उत्तर नहीं खोजा जा सकता।

मैं कौन हूं, इसका कोई भी उत्तर नहीं है। यद्यपि मैं कौन हूं एक अत्यंत प्राचीन ध्यान की विधि है।

महर्षि रमण ने उसे पुनरुज्जीवित किया था। और महत्वपूर्ण विधि है। लेकिन इस भ्रांति में मत रहना कि मैं कौन हूं, मैं कौन हूं, मैं कौन हूं—ऐसा पूछते-पूछते एक दिन उत्तर उपलब्ध हो जाएगा। नहीं; ऐसा पूछते-पूछते एक दिन प्रश्न खो जाएगा। ऐसा पूछते-पूछते एक दिन पूछना बंद हो जाएगा। एक सन्नाटा उतर आएगा। एक शून्य घेर लेगा बाहर और भीतर, न पूछना बचेगा न पूछने वाला बचेगा, तब जो है—वही है। तत्वमसि! वही तू है! वही मैं हूं! वही सब हैं! उस वही को ही परमात्मा कहा है।

परमात्मा कोई व्यक्ति नहीं है। परमात्मा इस अस्तित्व के रहस्य का नाम है। परमात्मा इस बात को ही कहने का एक ढंग है कि जीवन एक अनिर्वचनीय रहस्य है। एक फूल है जिसका सौंदर्य तो जी सकते हो; एक गीत है जिसे गुनगुना तो सकते हो—मगर जिसका अर्थ कभी न जान पाओगे। फूल का सौंदर्य तो अनुभव कर सकते हो, लेकिन अगर कोई पूछे कि सौंदर्य क्या है तो निरुत्तर हो जाओगे। जितना ही पूछेगा कोई जोर से उतनी ही मुश्किल में पड़ जाओगे। धीरे-धीरे शक ही होने लगेगा कि सौंदर्य है भी या नहीं! क्योंकि जब उत्तर नहीं मिलता तो संदेह पैदा होता है। अगर उत्तर मिल जाए तो संदेह शांत हो जाए। जितना ही उत्तर नहीं मिलता उतना ही संदेह सघन होता है, उतनी ही बेचैनी बढ़ती है। एक प्रश्न हजार प्रश्नों में टूट जाता है; जैसे दर्पण कोई गिरा दे पत्थर पर और चटक जाए हजार टुकड़ों में। प्रश्न में से प्रश्न निकलते आते हैं। इसलिए दर्शनशास्त्र फैलता जाता है, फैलता जाता है; उसका कोई अंत नहीं, कोई ओर-छोर नहीं। और समाधान मिलता नहीं।

समाधान तो उन्हें मिलता है जो इस सत्य को पहचान लेते हैं कि हम जीवन को जान कैसे सकेंगे—हम स्वयं जीवन हैं! जानने वाले में और जो जाना जाता है उसमें कुछ फासला तो चाहिए। फासला हो तो ज्ञान घट सकता है। ज्ञाता और ज्ञेय में फासला हो तो ज्ञान घट सकता है। नहीं तो ज्ञान घटेगा कहां? अंतराल ही नहीं है। ज्ञाता ही ज्ञेय है। हम ही हैं जानने वाले और हम ही हैं जिनको जाना जाना है, इंच भर का अंतर नहीं है। अंतर ही नहीं है तो ज्ञान कहां घटेगा?

इसलिए परम ज्ञान की पहली सीढ़ी है इस बात को जानना कि मैं नहीं जानता हूं। और ज्ञान की अंतिम सीढ़ी है इस बात को जानना कि जाना ही नहीं जा सकता है—जीया जा सकता है, हुआ जा सकता है। इसलिए तो निरंतर तुमसे कहता हूं : मस्तिष्क से नहीं, हृदय से संबंध जोड़ो अस्तित्व का। मस्तिष्क सदा प्रश्न पूछता है; हृदय प्रश्न नहीं पूछता, हृदय छलांग लगा लेता है। मस्तिष्क पूछता है, प्रेम क्या है? मस्तिष्क पूछता ही रहता है, प्रेम क्या है? और हृदय तो प्रेम की पगडंडी पर गीत गाता हुआ चल पड़ता है। मस्तिष्क बैठा ही रहेगा, सोचता ही रहेगा। और हृदय ने तो यात्रा भी शुरू कर दी और यात्रा पूरी भी कर लेगा।

जो लोग मस्तिष्क के ही साथ बैठे रहेंगे, उनके जीवन में यात्रा नहीं होती, गति नहीं होती, प्रवाह नहीं होता, उनके प्राण गत्यात्मक नहीं होते। वे मुर्दा हैं।

योग प्रीतम, तुम्हारा प्रश्न महत्वपूर्ण है। तुम पूछते हो: 'मैं कैसे कहूं स्वामी देवतीर्थ भारती कौन थे!'

कोई नहीं कह सकता। देवतीर्थ भारती कौन थे, यह तो बात और हुई; योग प्रीतम कौन है, यह भी तुम नहीं कह सकते। स्वयं के संबंध में भी कुछ नहीं कहा जा सकता तो अन्य के संबंध में क्या कहा जा सकेगा!

ऐसा भी कुछ है जो कहने के पार है। और उसी में जीवन की गरिमा है, गौरव है। ऐसा भी कुछ है जो शब्दातीत है। ऐसा भी कुछ है जिसका अनुवाद नहीं हो सकता—भाषा में। वह भाव ही है और भाव ही रहता है। सुगंध ही है; उस पर मुट्ठी बांधोगे, चूक जाओगे। भरने दो नासापुटों को। डोलो उसके साथ, मदमस्त होकर डोलो।

बुद्धत्व ऐसी ही घटना है। इस जगत में सबसे बड़ा फूल है वह—चैतन्य का फूल है; सहस्त्रदल कमल है। उससे जो सुगंध उठती है उसे कोई अपनी मुट्ठियों में नहीं भर सकता, न तिजोड़ियों में बंद कर सकता है। ये खजाने ऐसे नहीं जो तिजोड़ियों में बंद किए जाते हैं। तिजोड़ियों में जो बंद किए जाते हैं, खजाने ही नहीं हैं—ठीकरे हैं। तिजोड़ियों में जो बंद नहीं किए जा सकते वे ही खजाने हैं।

सुबह की ताजी हवा को तिजोड़ी में बंद कर सकोगे? सुबह की नई-नई उतरती हुई सूरज की किरणों को तिजोड़ी में बंद कर सकोगे? पक्षियों के गीतों को तिजोड़ी में बंद कर सकोगे? कि फूलों की गंध को? कि तारों की रोशनी को? यह अस्तित्व का जो महोत्सव चल रहा है, इसमें से क्या बंद कर सकोगे तिजोड़ी में? कुछ भी बंद न कर सकोगे। ठीकरे!

शब्द तो तिजोड़ियों की तरह हैं; उनमें जो व्यर्थ है वही समा सकता है। जो अर्थहीन है वही शब्दों में अर्थवत्ता का नाटक करने लगता है। जो सार्थक है, शब्द उससे हजारों-हजारों मील दूर हैं। न शब्द सार्थक तक कभी पहुंचे हैं, न सार्थक कभी शब्द तक आया है। न यह हुआ है पहले, न यह आज हो सकता है, न यह कभी आगे होगा। कारण साफ हैः अनुभव घटता है हृदय में और शब्द हैं संपदा मस्तिष्क की। जो भी उस अनुभव को शब्दों में लाने की कोशिश करता है, हार जाता है, असफल हो जाता है।

एक भाषा से दूसरी भाषा में शब्दों को ले जाना मुश्किल हो जाता है। जितने भावपूर्ण, जितने संवेदनशील, जितने काव्यपूर्ण, सौंदर्यपूर्ण शब्द हों, उतने ही एक भाषा से दूसरी भाषा में ले जाना मुश्किल हो जाता है। गद्य का तो अनुवाद हो भी जाए, पद्य का अनुवाद नहीं हो पाता। रुबाइयात उमर खय्याम के लाख अनुवाद किए गए हैं, मगर कुछ बात चूक ही जाती है। अनुवाद हो जाता है; हाथ में पिंजड़ा रह जाता है, पक्षी उड़ जाता है। पक्षी पकड़ में आता नहीं।

रवींद्रनाथ की गीतांजलि के अनुवाद हुए हैं, मगर मूल खो जाता है। और ऐसा ही नहीं है कि विदेशी भाषाओं में मूल खो जाता हो, भारतीय भाषाओं में भी मूल खो जाता है। बंगाली से हिंदी में भी लाना मुश्किल है, जो कि बहनें हैं, एक ही भाषा-स्त्रोत से निकली हैं—संस्कृत से। इतने करीब हैं। लेकिन फिर भी जैसे ही अनुवाद करो, कुछ मर जाता है।

भाषा भाषा में भी अनुवाद नहीं हो पाता, तो यह अनुवाद तो असंभव है। यह तो भाव से भाषा में अनुवाद है। यह तो शून्य को शब्द में लाना है। सिर्फ मूढ़ ही सोचते हैं कि सफल हुए। सिर्फ मूढ़! ज्ञानी तो सभी जानते हैं कि जो कहना था, नहीं कहा जा सका, अनकहा रह गया। मूढ़ जरूर सोचते हैं कि हमने कह दिया जो कहना था। उनके पास वस्तुतः कहने को ही कुछ नहीं।

एक कवि के प्रेम में एक स्त्री थी—बहुत सुंदर स्त्री, बहुत सुशिक्षित, सुसंस्कृत। आखिर कवि ने विवाह का निवेदन किया। उस स्त्री ने निवेदन तो स्वीकार किया, लेकिन कहा कि एक प्रार्थना पहले ही

कर लूं; फिर पीछे कहीं इस कारण तुम्हें पछतावा या दुख या पीड़ा न हो। भोजन बनाना मुझे नहीं आता।

कवि ने कहाः तुम फिकर छोड़ो। भोजन बनाने को अपने पास है ही क्या! मैं नहीं पछताऊंगा, पछताओगी तो तुम पछताओगी। भोजन इत्यादि...अपने पास कुछ है ही नहीं। क्या डर?

जिनके पास कुछ नहीं है वे कहने में समर्थ हो जाते हैं। है ही नहीं कुछ तो कहने में अड़चन क्या है! हां, कुछ हो तो मुसीबत होती है। मूढ़ इस जगत में बहुत कुछ कह पाते हैं, समझदार चूक जाते हैं, समझदार नहीं कह पाते।

मैंने सुना है, सरदार हजारा सिंह पहली दफा लंदन गए। अंग्रेजी उन्होंने मैट्रिक तक ही पढ़ी थी मगर बोलते वे धड़ल्ले से थे। जितना कम पढ़े होओ उतना धड़ल्ले से बोल सकते हो; डर ही क्या, भय ही क्या! एक शाम वे एक होटल में पहुंचे। उस होटल की खासियत यह थी कि वहां हर देश के फल उपलब्ध रहते थे। हजारा सिंह को जब पता चला तो उन्हें आलूबुखारा खाने का मन हुआ। वेटर को बुला कर उन्होंने कहाः आई वांट पोटैटो-फीवरा। आलूबुखारा का अनुवाद कर दिया!

आलूबुखारे का ऐसा सुंदर अनुवाद करके इधर वे प्रसन्न हो रहे थे, उधर बेचारा वेटर भारत के फलों की सूचियां देखते-देखते पसीना-पसीना हुआ जा रहा था। आखिर वह मैनेजर के पास गया। मैनेजर भी जब नाम ढूंढने में असफल रहा तो उसने भारतीय दूतावास का नंबर घुमाया। उधर सरदार विचित्तर सिंह ने फोन उठाया। मैनेजर ने उन्हें सारा हाल सुनाया।

विचित्तर सिंह जी ने हजारा सिंह को फोन पर बुला कर पूछाः तुआडा नाम?

थाउजेंडा सिंह, उत्तर दिया हजारा सिंह ने।

किथों आए हो? विचित्तर सिंह ने पूछा।

क्लेवरपुर यानी होशियारपुर तों, हजारा सिंह ने स्पष्ट किया।

अब विचित्तर सिंह को सारा मामला समझ में आ गया। और उन्हें समझ आ गया कि यह पोटैटो-फीवरा क्या बला है। उन्होंने मैनेजर को कहा कि सरदारजी को आलूबुखारा चाहिए!

मूढ़ता सफल हो जाती है, ज्ञानी सदा असफल रहे हैं कहने में। कहना बड़ा कठिन काम है। कहने योग्य को कहना कठिन काम है। वह कुछ बात इतने भीतर की है कि बाहर लाए-लाए छूट जाती है हाथ से। बाहर लाओ, कुछ का कुछ हो जाती है। वह संपदा भीतर की है और सदा भीतर उपलब्ध है। डुबकी मारो।

योग प्रीतम, इस चिंता में पड़ो मत कि स्वामी देवतीर्थ कौन थे। इस चिंता में पड़ो कि मैं कौन हूं। जिस दिन तुम अपने को जान लोगे, समस्त बुद्धों को जान लोगे। जिस दिन अपने को जान लोगे, उस दिन सब जानने योग्य जान लोगे। यद्यपि मैं तुम्हें पुनः कह दूं कि यह जानना और जानने जैसा नहीं है। यह जानना बड़ा अनूठा है, क्योंकि इसमें जानने वाला और जाना जाने वाला एक ही होते हैं; इसे दो में नहीं तोड़ा जा सकता, इसे दो में तोड़ना असंभव है।

योग प्रीतम कवि हैं, इसलिए उनको बात समझ में आ सकेगी। ठीक कहते हो तुमः 'मैंने उन्हें देखा था खिले फूल की तरह।'

साधारणतः सभी लोग खिलने को आए हैं, लेकिन कलियां ही रह जाते हैं। और जिम्मेवार कोई

और नहीं है सिवाय तुम्हारे। और दुर्भाग्य है कि फूल, फूल न बन पाए, कली रह जाए। दुर्भाग्य है कि कली खुले न और अपनी सुगंध को न लुटा पाए। हरेक व्यक्ति एक गीत लेकर जन्मता है। और जब तक उसे गा न ले तब तक तृप्ति नहीं मिलती। हरेक व्यक्ति एक नृत्य लेकर आता है। और जब तक वह नृत्य घुंघरुओं में प्रकट न हो जाए तब तक कुछ कमी मालूम होती रहती है।

तुम सभी को कमी मालूम होती है। सब हो तुम्हारे पास तो भी कमी मालूम होती है। धन है, पद है, प्रतिष्ठा है; फिर भी लगता है कुछ-कुछ अज्ञात-नाम, कुछ जो समझ में भी नहीं आता कि क्या है—लेकिन कोई कोना भीतर खाली है जो भरता नहीं और वह खाली कोना काटता है। मूढ़ों को वह नहीं दिखाई पड़ता। उसे देखने के लिए भी थोड़ी समझ चाहिए, थोड़ी संवेदनशीलता चाहिए। मूढ़ तो भीतर देखते नहीं, बाहर ही भागे चले जाते हैं। वे तो जमीन पर देखते ही नहीं। उनकी आंखें तो दूर-दूर इच्छाओं में, वासनाओं में, आकाश के तारों में अटकी होती हैं।

मुल्ला नसरुद्दीन रास्ते से जा रहा था। तारों भरी रात। एक फिल्मी धुन गुनगुनाता हुआ, तारे देखता हुआ चला जा रहा था। और पीछे ही उसके कोई कार वाला हॉर्न बजा रहा है, बजाए जा रहा है, लेकिन न उसे हार्न सुनाई पड़ रहा है, न वह हट रहा है। वहां सुनने को है ही नहीं, वह तो बहुत दूर निकल गया है, तारों में भटक रहा है। आखिर कार वाले ने कार रोकी, उतर कर नीचे आया और कहाः बड़े मियां! अगर जहां चल रहे हो वहां नहीं देखा तो जहां देख रहे हो वहीं चले जाओगे। आखिर हार्न भी कोई कब तक बजाएगा!

लोग अटके हैं दूर; उनको नहीं दिखाई पड़ता, कुछ भीतर खालीपन है। भीतर देखते ही कहां, फुर्सत ही कहां, समय कहां! धन गिन रहे हैं, सीढ़ियां चढ़ रहे हैं। चुनाव पर चुनाव चले आते हैं। गणित बिठालने हैं हजार तरह के। शतरंजें बिठाई हैं जीवन में, लकड़ी के हाथी-घोड़े चला रहे हैं। लकड़ी के हाथी-घोड़ों के लिए तलवारें खिंच जाती हैं।

इस तरह के मूढ़ों को तुम छोड़ दो, तो जिनके पास थोड़ा भी बोध है, थोड़ा सा भी होश है—एक किरण भी सही—उन्हें यह बात चुभती है, यह बात रह-रह कर चुभती है, रह-रह कर याद आती है। जब तक उलझे रहते हैं काम में, ठीक; लेकिन जैसे ही काम से छूटते हैं, खयाल आता है कि जीवन में कुछ अधूरापन है। कुछ होना था, जो मैं नहीं हो पाया। कुछ होने की क्षमता लेकर आया था, जो अधूरी पड़ी है। मैं कब कली से फूल बन सकूंगा? यह खजाना मेरे भीतर ही न पड़ा रह जाए। इस खजाने को कब लुटा सकूंगा? क्योंकि लुटाओ, तभी तुम जान पाओगे। मगर लुटाए तो वह जो खोदे भीतर।

लोगों को तो खयाल है उनके पास कुछ है ही नहीं। इसलिए दूसरों से मांग रहे हैं, भीख मांग रहे हैं। सभी यहां भिखारी हैं। यहां गरीब भिखारी हैं, अमीर भिखारी हैं। भिखारी भिखारी हैं और बादशाह भिखारी हैं। यहां भिखारियों की जमात है। और कुछ भी इकट्ठा कर लेते हैं कूड़ा-करकट, जो सब यहीं पड़ा रह जाएगा। जो यहां पड़ा रह जाता है उसी को कूड़ा-करकट कहते हैं। जिसे तुम अपने साथ न ले जा सकोगे उसी का नाम कूड़ा-करकट है।

जीसस का बहुत प्रसिद्ध वचन हैः जो तुम बांट दोगे वह बच गया और जो तुमने नहीं बांटा वह खो जाएगा।

लोग यहां इकट्ठा करते हैं, बांटते कहां! बांटे तो वह जो मालिक हो, सम्राट हो। इकट्ठा तो वह करता है जो भिखारी है। वह सब कुछ इकट्ठा करता रहता है।

मुल्ला नसरुद्दीन ने कुछ पेंटिंग तैयार की। मुझे दिखाने ले गया। सब ऊलजलूल, न कोई तुक न कोई अर्थ; बस किसी तरह उठा कर ब्रुश कोई भी रंग पोत दिया! मैंने पूछा कि नसरुद्दीन, यह तुमने क्या किया? उसने कहाः आप समझे नहीं, यह मॉडर्न आर्ट है, यह आधुनिक कला है। यह इसी तरह की होती है। मैंने पिकासो की भी पेंटिंग देखी हैं और डाली की भी। उन्हीं को देख कर तो मुझे प्रेरणा उठी। पिकासो और डाली को भी मात कर दिया है।

कभी बापदादे भी...सीधी रेखा खींचना आया नहीं और आधुनिक कला की कृतियां बना दीं! मैंने यूं ही मजाक में पूछा कि अब क्या करोगे?

कहा कि चाहूं तो लाख-लाख, दो-दो लाख में बिकेंगी।

मैंने कहाः मुझे दिखता नहीं कि इतना कोई समझदार आधुनिक कला का तुम्हें भारत में मिल जाए—यूं ही मजाक कर रहा था—जो इन पर लाख-लाख, दो-दो लाख दे दे।

मुल्ला ने कहाः फिकर क्या, अरे तो घर की संपत्ति घर में रहेगी!

संपत्ति है ही नहीं और घर की संपत्ति घर में रहेगी!

तुम कहते होः 'मैंने उन्हें देखा था खिले फूल की तरह।'

ऐसे ही तुम भी हो जाओ! खिले फूल को देखो तो और करने को बचता क्या है? खिले फूल की प्रशंसा में इतना ही किया जा सकता है कि तुम भी खिल जाओ। इससे बड़ी और कोई प्रशस्ति नहीं।

तुम कहते होः 'अस्तित्व की हवा के संग डोलते हुए।'

तो डोलो तुम भी, खिलो तुम भी।

तुम कहते होः 'आनंद की सुगंध लुटाते हुए सदा
सबके दिलों में प्रेम का रस घोलते हुए।'

वही तुम भी करो। यही संन्यासी का ढंग होना चाहिए। घोलो प्रेम जितना घोल सको जीवन में। दिन तो चार दिन मिले हैं; आज हो कल नहीं हो जाओगे। जितना मीठा कर सको अस्तित्व को, कर जाओ। जितना माधुर्य भर सको, भर जाओ। यहां से कुछ ले जा तो नहीं सकते, इसलिए ले जाने की, इकट्ठा करने की फिकर मत करो। हां, कुछ दे जा सकते हो! और दे जाओ तो एक विरोधाभासः अगर दे जाओ तो कुछ ले जाने में समर्थ हो गए। तुम जो दे जाओगे, वही ले जा सकोगे।

यह उनका सदा का रूप था। अभी-अभी तो खूब खिल गया था, निखार आ गया था। लेकिन मुझे बचपन से याद है। जब उनके पास बहुत सुविधा भी नहीं थी तब भी लुटाने में उन्हें रस था। उनकी जो मेरे मन में यादें हैं पुरानी-पुरानी से पुरानी यादें—लुटाने की हैं। वे कोई बहुत धनी व्यक्ति नहीं थे। अति गरीबी से उठे थे। लेकिन लुटाने में उनका कोई मुकाबला न था। ऐसा कोई दिन न जाता जिस दिन मेहमानों को वे इकट्ठे न करते रहते हों। गांव भर उनकी प्रतीक्षा करता था। जो वहां से निकलता, वह जानता था कि वे बुलाएंगे भोजन के लिए। महीने, पंद्रह दिन में एकाध भोज—कि जिसमें सारे मित्रों को इकट्ठा कर लेना है। नहीं थी सुविधा। चाहे उधार भी लेना पड़े तो भी बांटना तो था। बांटने में उन्हें रस था।

एक बार उन्हें बहुत नुकसान लग गया। मैंने उनसे पूछा कि इतना नुकसान झेल पाएंगे? उन्होंने कहा कि नुकसान मुझे लग ही नहीं सकता, क्योंकि मेरे पिताजी मुझे केवल सात सौ रुपया दे गए। जब तक सात सौ मेरे पास हैं तब तक तो मुझे डर ही नहीं। तब तक बाकी लेने-देने में मुझे कुछ हर्ज नहीं, क्योंकि अगर कहीं पिताजी से मिलना हो गया—पिताजी तो जा चुके थे—तो सात सौ रुपये, कह दूंगा कि तुमने जितने दिए थे उतने मैंने बचाए हैं, उससे ज्यादा का सवाल भी नहीं है। इसलिए जब तक सात सौ हैं तब तक मुझे चिंता नहीं है। बाकी सब खो जाएं तो कोई फिकर नहीं—आए और गए! न अपने थे, न रोक रखने का कोई सवाल था।

और वे कहने लगे: इतना पक्का है कि सात सौ नहीं जाएंगे। इतने तो बच ही जाएंगे। उस हालत में भी जब बहुत नुकसान था, मैं सोचता था कि शायद अब यह भोज और लोगों को बुलाना और लोगों को खीर खिलाना और मिठाइयां बुलवाना, यह बंद हो जाएगा। मगर वह बंद नहीं हुआ। मैंने उनसे कहा कि अब थोड़ा हाथ सिकोड़ें। उन्होंने कहा कि छोटे-मोटे नुकसान के लिए कोई बड़ा नुकसान उठाऊं? ये छोटे-मोटे नुकसान हैं, लगते रहते हैं। लेकिन बांटने की जो प्रक्रिया है वह चलती रहे। जो है वह हम बांटते रहें।

फिर इधर तो निखार बहुत आया था, क्योंकि इधर दस वर्षों से निरंतर वे ध्यान में गहरे से गहरे उतर रहे थे।

कुछ बातों में उनका रस प्रथम से था। मुझे जो उनकी पहली याद आती है, वह यही कि वे मुझे सुबह तीन बजे उठा लेते थे। जब मैं बहुत छोटा था, जब तीन बजे सोने का वक्त, जब आंखें बिलकुल नींद से भरी होतीं, उठने का बिलकुल सवाल न उठता, जो उठाता वह दुश्मन मालूम पड़ता, वे मुझे तीन बजे उठा लेते और ले चले मुझे घुमाने। वह उनकी मुझे पहली भेंट थी—ब्रह्ममुहूर्त। पहले-पहले तो बहुत परेशानी होती थी। जबरदस्ती घिसटता हुआ मैं जाता था, क्योंकि आंखों में नींद का खुमार। मगर धीरे-धीरे सुबह के सौंदर्य से संबंध जुड़ा। धीरे-धीरे समझ में आया कि वे सुबह की घड़ियां खोने जैसी नहीं हैं। उन सुबह की घड़ियों में परमात्मा जितना निकट होता है पृथ्वी के, शायद फिर कभी और नहीं होता। सुबह जब सारी प्रकृति जागती है, पौधे जागते हैं, पक्षी जागते हैं, पशु जागते हैं, सूरज जागता है—वह जागरण की वेला है। उस घड़ी को खो देना ठीक नहीं। उसी घड़ी तुम भी जाग सकते हो। जब सारा अस्तित्व जाग रहा है, तो जागने की उस बाढ़ में तुम्हारे भीतर का अंतः जागरण हो सकता है।

उनकी भेंट भूल नहीं सकूंगा, यद्यपि कठिन थी बहुत। जो भी इस जीवन में सुंदरतर है, श्रेष्ठतर है, शिवतर है, सत्यतर है, वह पहले-पहले कड़वा होता है, पीछे-पीछे मिठास होती है। और जो भी असत्य है, अशिव है, असुंदर है, ऊपर-ऊपर मीठा होता है, अंततः जहर। इस सूत्र को याद रखना। नहीं तो पहली मिठास में ही लोग भटक जाते हैं। और एक बार उस मिठास में तुम गटक गए जहर को तो फिर जहर धीरे-धीरे तुम्हारे सारे शरीर को, तुम्हारे मन-प्राण को विनष्ट करने लगता है। सत्य कड़वा भी हो तो भी डरना मत, जल्दी ही मीठा हो जाएगा।

मैं छोटा था तो अपने ननिहाल रहा बहुत दिनों तक। मेरे पिता और ननिहाल के बीच कोई बत्तीस मील का फासला था। न ट्रेन, न बस, न टैक्सी, उन दिनों वहां कुछ भी न था, रास्ता भी न था। वे बत्तीस

मील साइकिल चला कर मुझे देखने आते थे, मिलने आते थे। वर्षा के दिनों में तो बड़ी मुश्किल हो जाती, क्योंकि आधी दूर साइकिल को उन्हें कंधे पर खींचना पड़ता। जहां-जहां कीचड़ होती वहां साइकिल चलाना तो असंभव है, जहां कीचड़ न होती वहां साइकिल चला लेते, जहां कीचड़ होती वहां उलटे साइकिल को खुद पर ढोना पड़ता! मगर मुझे मिलने वे बत्तीस मील साइकिल से तय करके आते।

मैंने उनसे कहा भी इतना कष्ट न करें। मगर वह उनकी अंतर्भावना थी। प्रेम उनका स्वभाव था; उसके लिए कुछ भी सहना पड़े, कितना भी कष्ट सहना पड़े। उन्हें प्रेम में रस था। प्रेम के लिए कोई भी कीमत चुकाने को वे राजी थे। उसी प्रेम के पकते-पकते ही यह बुद्धत्व बन सका। यह कुछ एक दिन में नहीं घट जाता है। धीरे-धीरे, शनैः-शनैः तुम्हारे भीतर तैयारी होती है, बीज टूटता है, अंकुर निकलते हैं, पत्ते आते हैं, फूल लगते हैं, फिर फल आते हैं। बुद्धत्व तो फल है।

तुमने जैसा उन्हें पाया उससे कुछ सीखो।

'लवलीन हो गए थे वे परमात्म-भाव में
या उनमें वही ज्योति-रूप व्यक्त हो उठा।'

एक ही बात है, चाहे कहो बूंद सागर में गिर गई और चाहे कहो सागर बूंद में गिर गया।

कबीर कहते हैं:

हेरत-हेरत हे सखी, रह्या कबीर हिराइ।
बुंद समानी समुंद में, सो कत हेरी जाइ।।

और फिर कहते हैं:

हेरत-हेरत हे सखी, रह्या कबीर हिराइ।
समुंद समाना बुंद में, सो कत हेरी जाइ।।

बूंद समुद्र में समाए कि समुद्र बूंद में समाए, एक ही बात को कहने के दो ढंग हैं। तुम परमात्मा में लीन हो जाओ कि परमात्मा को अपने में लीन हो जाने दो, एक ही बात है। लेकिन सोचते ही मत रहो, विचारते ही मत रहो। कदम उठाओ।

'सारल्य में समा गया बुद्धत्व दौड़ कर
ऐसा लगा भगवान स्वयं भक्त हो उठा।'

निश्चित ही वे सरल व्यक्ति थे। लगभग आधी सदी मैं उनके साथ रहा। सिर्फ एक बार मुझे चांटा मारा उन्होंने। बहुत मुश्किल है ऐसा पिता खोजना। उन्होंने सिर्फ एक बार मुझे चांटा मारा; वह भी कुछ खास चांटा नहीं था, एक चपत। फिर कभी नहीं मुझे मारा, क्योंकि वे बात समझ गए। और उन्हें बड़ा पछतावा हुआ, मुझसे क्षमा मांगी। कौन पिता अपने बच्चे से क्षमा मांगता है! वे समझ गए कि मैं उन घोड़ों में से नहीं हूं जिनको पीटना पड़ता है; कोड़े की छाया काफी है।

मैं छोटा था तो मुझे बाल बड़े रखने का शौक था—इतने बड़े बाल कि मेरे पिता को अक्सर झंझट होती थी, क्योंकि उनके ग्राहक उनसे पूछते कि लड़का है कि लड़की? और उन्हें बड़ी झंझट होती बार-बार यह बताने में कि भई लड़का है। मुझे तो कोई चिंता नहीं होती थी। लड़की होने में क्या बुराई थी! मुझसे तो कभी उनका ग्राहक कह देता कि बाई जरा पानी ले आ, तो मैं ले आता। मगर उनको बहुत कष्ट होता,

वे कहते कि बाई नहीं है। मेरे लड़के को तुम लड़की समझ रहे हो। तो लोग कहते, लेकिन इतने बड़े-बड़े बाल! तो उन्होंने मुझसे एक दिन कहा कि ये बाल काटो, कि दिन भर की झंझट है, और या फिर तुम दुकान पर आया मत करो।

घर-दुकान एक थे, तो जाने का कहीं कोई उपाय भी न था। और छुट्टी के दिन तो उनको बहुत मुश्किल हो जाती, वे कहते कि सुबह से सांझ तक मैं यह समझाऊं कि दूसरा काम करूं? क्योंकि लोग पूछते हैं कि फिर इतने बड़े बाल क्यों? तो आप कटवा क्यों नहीं देते? तो तुम बाल कटवा डालो। मैंने उनसे कहाः बाल तो नहीं कटेंगे। तो उन्होंने मुझे चपत मार दी। बस उस दिन मेरे उनके बीच एक बात निर्णीत हो गई, फैसला हो गया। मैं गया और मैंने सिर घुटवा डाला। जब मैं लौट कर आया, बिलकुल घुटमुंडा, चोटी भी नहीं। उन्होंने कहाः यह तूने क्या किया? मैंने कहाः मैंने बात जड़ से ही मिटा दी, अब दुबारा बाल नहीं बढ़ाऊंगा। उन्होंने कहाः लेकिन इस तरह सिर घुटाया तब जाता है जब पिता मर जाते हैं। मैंने कहाः जब आप मरेंगे तो मैं नहीं घुटाऊंगा। बात खत्म हो गई।

सो तुम देख रहे हो, वे मर गए, मैंने नहीं घुटाया। एक वायदा था वह निभाना पड़ा। वे भी समझ गए कि मुझसे सोच-समझ कर बात करनी चाहिए। ऐसा चांटा मारना आसान नहीं है!

अब लोग उनसे पूछने लगे कि यह क्या हुआ? क्योंकि गांव, छोटा गांव, वहां सिर घुटाया ही तब जाता है जब पिता मर जाए। लोग कहने लगे, आप जिंदा हैं और यह आपके लड़के को क्या हुआ? अब मैं और वहीं बैठने लगा दुकान पर जाकर। उन्होंने मुझसे कहा कि मैं हाथ जोड़ता हूं। इससे तो बाल ही बेहतर थे, कम से कम मैं जिंदा तो था, अब ये मुझसे पूछते हैं कि आप क्या मर गए! यह लड़के ने बाल क्यों घुटाए?

मगर उस दिन बात निर्णय हो गई, मेरे और उनके बीच हिसाब साफ हो गया। एक बात पक्की हो गई कि मेरे साथ और बच्चों जैसा व्यवहार नहीं किया जा सकता। या तो इधर या उधर, या तो इस पार या उस पार। मैंने उनसे कहा, या तो बाल बड़े रहेंगे या बिलकुल नहीं रहेंगे। आप चुन लो उन्होंने कहा, जो तेरी मर्जी। अब यह मैं बात ही नहीं उठाऊंगा। मैंने कहाः यही बात नहीं, आप और बातों के संबंध में भी साफ कर लो।

जब मैं विश्वविद्यालय से वापस लौटा तो मित्र उनसे पूछने लगे कि बेटे का विवाह कब करोगे? तो उन्होंने कहाः मैं नहीं पूछ सकता। क्योंकि अगर उसने एक दफे नहीं कह दिया तो बात खत्म हो गई, फिर हां का कोई उपाय न रह जाएगा। तो वे अपने मित्रों से पुछवाते थे। अपने मित्रों से कहते कि तुम पूछो, वह एक दफे हां भरे, कुछ हां की थोड़ी झलक भी मिले उसकी बात में, तो फिर मैं पूछूं। क्योंकि मेरा उससे निपटारा एक दफे अगर हो गया, नहीं अगर हो गई तो बात खत्म हो गई।

सो आप देखते हैंः न उन्होंने मुझसे पूछा, तो परिणाम यह हुआ कि अविवाहित रहना पड़ा। उन्होंने पूछा ही नहीं। मित्र उनके पूछते थे, मैं उनसे कहता कि उनको खुद कहो कि पूछें। यह बात मेरे और उनके बीच तय होनी है, तुम्हारा इसमें कुछ लेना-देना नहीं है, तुम बीच में मत पड़ो। सो न उन्होंने कभी पूछा, न झंझट उठी।

सरल थे, बहुत सरल थे। और सरलता चीजों को समग्रता से ले लेती है। एक ही छोटी सी घटना ने, वह चांटा मारने ने एक बात उन्हें साफ कर दी कि मेरे साथ साधारण बच्चों जैसा व्यवहार नहीं

किया जा सकता। मुझे डांटना-डपटना भी हो तो सोच लेना पड़ेगा। मुझसे यह नहीं कहा जा सकता कि ऐसा करो वैसा करो। तो फिर वे अगर मुझसे कभी कुछ कहते भी तो कहते, ऐसा मेरा सुझाव है, कर सको तो करना, नहीं कर सको तो मत करना। मैं कोई आज्ञा नहीं दे रहा हूं। फिर उन्होंने मुझे कोई आज्ञा नहीं दी।

मेरे उनके बीच जो संबंध बनता चला गया, वह साधारण पिता और बेटे का संबंध नहीं रहा। वह बहुत जल्दी खत्म हो गया—साधारण बेटे और पिता का संबंध। शरीर का संबंध बहुत जल्दी समाप्त हो गया, आत्मा का संबंध निर्मित होता चला गया।

सरल थे बहुत। लोग उनसे कहते थे कि इतने लोग संन्यास ले लिए—मेरी मां ने भी संन्यास ले लिया—आप क्यों संन्यास नहीं लेते? वे कहते, मैं प्रतीक्षा कर रहा हूं। जिस दिन यह सहज भाव उठेगा उसी क्षण ले लूंगा। और सुबह छह बजे एक दिन लक्ष्मी भागी हुई आई। वे यहीं ठहरे थे, लक्ष्मी के कमरे में ही रुके थे, पीछे जो कमरा है मुझसे उसमें ही रुके हुए थे। छह बजे लक्ष्मी भागी आई, उसने कहा कि वे कहते हैं—संन्यास, इसी क्षण, अभी! क्योंकि वे तीन बजे से रोज ध्यान करने बैठ जाते थे। और उस दिन अंतर्भाव उठा। तो सुबह ठीक छह बजे संन्यास लिया। बहुत मैंने उन्हें रोका कि मेरे पैर मत छुएं। कुछ भी हो, मैं आखिर बेटा हूं। पर उन्होंने कहा, वह बात ही मत उठाओ। जब मैं संन्यस्त हो गया तो मैं शिष्य हो गया। अब बेटे और बाप की बात खत्म हो गई।

फिर उन्होंने मुझे पैर नहीं छूने दिए उस दिन के बाद। वे मेरे पैर छूते थे। शायद ही किसी पिता ने इतनी हिम्मत की हो—इतनी सरलता, इतनी सहजता! फिर वे मुझसे पूछ कर जीते थे छोटी-छोटी बात में भी—ऐसा करूं या न करूं? और जो मैंने उनसे कह दिया वैसा ही उन्होंने किया, उससे अन्यथा नहीं। और इसीलिए यह अपूर्व घटना घट सकी, अन्यथा जन्मों-जन्म लग जाते हैं। मैंने अगर उनको कहा कि ध्यान करना है, ऐसा करना है, तो बस फिर उन्होंने दुबारा नहीं पूछा। फिर वैसा ही करते रहे। फिर यह भी मुझसे नहीं पूछा कि अभी तक कुछ हुआ नहीं, कब होगा कब नहीं होगा, ऐसा ही करता रहूं जिंदगी भर? दस साल तक उन्होंने ध्यान किया लेकिन एक बार मुझसे यह नहीं कहा कि अभी तक कुछ हुआ क्यों नहीं! ऐसी उनकी श्रद्धा और आस्था थी। एक बार मुझे नहीं कहा कि इसमें कुछ अड़चन हो रही है, कुछ और विधि तो नहीं है, इसमें कुछ सुधार तो नहीं करने हैं, कुछ अन्यथा प्रकार का ध्यान तो नहीं करना है! इसको कहते हैं, छोड़ देना—समर्पण! इसलिए एक महत घटना घट सकी।

मैं चिंतित था कि कहीं वे बिना बुद्धत्व को प्राप्त हुए विदा न हो जाएं। क्योंकि उन जैसा व्यक्ति अगर बिना बुद्धत्व को प्राप्त किए विदा हो जाए तो फिर तुम्हारे संबंध में मुझे बहुत आशा कम हो जाती। लेकिन वे तुम सबके लिए आशा का दीप बन गए।

पूछा तुमने योग प्रीतम:

'ऐसा लगा भगवान स्वयं भक्त हो उठा
वे भक्ति में निमग्न एक नृत्य-गीत थे।'

और भी मित्रों ने पूछा है कि वे किस मार्ग से बुद्धत्व को उपलब्ध हुए—ध्यान से या भक्ति से? क्योंकि करते तो वे ध्यान थे लेकिन रस उन्हें कीर्तन में था। तो ध्यान से या कीर्तन से?

उनके लिए कीर्तन मार्ग नहीं था, सिर्फ अभिव्यक्ति थी। वह जो उन्हें ध्यान में मिलता था उसे कीर्तन में लुटाते थे। कीर्तन से वे बुद्धत्व को उपलब्ध नहीं हुए। बुद्धत्व को उपलब्ध तो वे ध्यान से ही हुए। लेकिन ध्यान में जो मिले, उसे बांटो कैसे? ध्यान गूंगा है, बोल नहीं सकता; भक्ति बोल सकती है, डोल सकती है। इसलिए ज्ञानी को भी, ध्यानी को भी एक दिन अगर प्रकट करना हो तो भक्ति के सिवाय और कोई उपाय नहीं रह जाता। भक्ति की वह गरिमा है। ध्यान तो रेगिस्तान जैसा है। भक्ति उपवन है। उसमें खूब फूल खिलते हैं और कोयल कूक देती है और पपीहा पी-कहां, पी-कहां पुकारता है।

मार्ग तो उनका ध्यान था, उपलब्ध तो वे ध्यान से ही हुए। लेकिन जैसे-जैसे ध्यान की गहराई बढ़ी, उनकी अड़चन बढ़ी कि वह जो भीतर इकट्ठा होने लगा, अब उसे क्या करें क्या न करें? मुझसे उन्होंने पूछा, क्या करूं? अब भीतर इतना इकट्ठा होता है, इसे कैसे बांटूं?

तो मैंने उन्हें कहा कि कीर्तन करें। उन्होंने यह भी सवाल न उठाया कि कीर्तन और ध्यान तो दो अलग मार्ग हैं। श्रद्धा सवाल उठाती ही नहीं। उन्होंने यह भी नहीं पूछा कि पहले ध्यान कहा, अब कीर्तन? उन्होंने कभी मुझसे पूछा नहीं। मैंने कहा कि अब इसको कीर्तन में लुटाएं, तो उन्होंने कीर्तन शुरू कर दिया। कीर्तन उनकी अभिव्यक्ति थी। ध्यान से जो पा रहे थे वे, ध्यान में जो फूल खिल रहे थे, कीर्तन में उनकी सुगंध उठ रही थी।

तुम ठीक कहते होः

'वे भक्ति में निमग्न एक नृत्य-गीत थे
या मोद भरे छलकते हसीन मौन थे।'

उनके गीत उनके मौन से जन्म रहे थे। मौन भीतर घना हो रहा था, गीत बाहर प्रकट हो रहे थे। जब वृक्ष पर फूल आते हैं तो ऊपर फूल दिखाई पड़ते हैं, जड़ें नीचे जमीन में गहरी गई होती हैं। ऐसे ही ध्यान में गहरे जाओ तो तुम्हारे जीवन में भी बहुत फूल खिलेंगे—रंग-रंग के, अलग-अलग ढंग के, अलग-अलग गंध के!

'वे जोड़ ही गए हैं महोत्सव में बहुत कुछ
मैं कैसे कहूं स्वामी देवतीर्थ भारती कौन थे!'

तुम नहीं कह सकोगे, मैं भी नहीं कह सकता हूं, कोई भी नहीं कह सकता है। कहने का कोई उपाय नहीं है। श्रद्धा थे! आस्था थे! ध्यान थे! भक्ति थे! और इन सबके जोड़ का नाम भगवान है।

दूसरा प्रश्नः ओशो, दशहरे के दिन मेरी बेटी की शादी तय हुई थी। सब तैयारियां हो चुकी थीं, कॉर्ड बांट दिए गए थे, और लड़के ने तीन दिन पहले दूसरी लड़की से शादी कर ली। मैंने तो इस दुर्भाग्य के पीछे सौभाग्य को ही देखा, मगर मेरी बेटी के लिए इसमें कौन सा रहस्य छिपा है? संन्यास लेने में उसको अपने पिता का बहुत सामना करना पड़ेगा। हिना के लिए आपका क्या संदेश है?

जया, अच्छा ही हुआ। दुर्भाग्य में सौभाग्य छिपा है, ऐसा नहीं; दुर्भाग्य कहीं है ही नहीं, सौभाग्य ही सौभाग्य है। जो शादी के पहले भाग गया, वह शादी के बाद भागता, वह भागता ही। जो शादी के पहले ही भाग गया, वह शादी के बाद कितनी देर टिकता? और टिकता भी तो उसके टिकने में क्या अर्थ होता?

अच्छा हुआ, एकदम अच्छा हुआ। उत्सव मनाओ। उसको भी निमंत्रण कर लेना उत्सव में, क्योंकि उसके बिना यह सौभाग्य हिना का नहीं हो सकता था। जरा भी दुख न लेना। दुख की बात ही नहीं है। दुख की बातें होती ही नहीं हैं दुनिया में। हम ले लेते हैं दुख, यह दूसरी बात है। यहां जो भी होता है, सब सुख है। जरा देखने की आंख चाहिए, जरा पैनी आंख चाहिए।

और जया, तेरे पास आंख है। और मैंने हिना को भी देखा, उसके पास भी बड़ी संभावना है। शायद संन्यास के बीच जो एक बाधा बन सकती थी वह हट गई। शायद यह संन्यास के लिए अवसर बना। अब हिना को चिंता नहीं करनी चाहिए कि पिताजी को क्या होगा। जब पिताजी को, कॉर्ड बांट दिए, विवाह का इंतजाम कर लिया, ताजमहल होटल बुक कर ली और लड़का भाग गया और कुछ न हुआ, तो हिना के संन्यास से क्या हो जाएगा? यहां कहीं कुछ होता ही नहीं, हम नाहक ही परेशान होते हैं कि कहीं पिता दुखी न हों, कहीं पिता चिंतित न हों! यह तो अच्छा अवसर है, इस अवसर पर पिता भी कुछ कह न सकेंगे। इससे सुंदर अवसर और क्या होगा? हिना के संन्यास की घड़ी आ गई। आती है घड़ी कुछ लोगों के लिए—विवाह की लंबी यातनाएं सहने के बाद। सौभाग्यशाली है, इसको बिना यातना सहे आ गई। और जो किसी दूसरी लड़की के साथ भाग गया, उसके प्रेम का कोई भरोसा था? कोई अर्थ था?

चंदूलाल का आखिरी समय निकट था। उनके मित्र श्री ढब्बू जी उन्हें अंतिम विदा देने आए हुए थे। पता नहीं कब उनका बचपन का साथी सदा के लिए छोड़ कर चला जाए। ढब्बू जी को देख चंदूलाल बोले, भाई ढब्बू, तुम अच्छे वक्त पर आए, जरा मेरी पत्नी गुलाबो के नाम एक पत्र लिख दो। लिखना कि तुम्हारा चंदूलाल मृत्यु की इन अंतिम घड़ियों में भी तुम्हारे दिए गए प्रेम को भूला नहीं है। तुम्हारे साथ बिताए वे सुहाने दिन, वे मधुर यादें मैं कभी नहीं भुला सकता। हमारा प्यार अमर है और अमर रहेगा। तुम्हारा चंदूलाल! और इसी पत्र की एक-एक कॉपी शीला, नीला, कमला, विमला और आशा को भी भेज देना।

अच्छा हुआ हिना, नहीं तो न मालूम कितनी शीलाएं, कमलाएं, विमलाएं और न मालूम किस-किस झंझट में तू पड़ती! जो युवक तुझे छोड़ कर भाग गया है, बड़ा दयालु था। मिलता क्या है, चारों तरफ जरा गौर से तो देखो! क्या मिल गया है लोगों को? हिना, जरा जया से पूछ, उसे क्या मिल गया है विवाह से—अपनी मां से पूछ! सिवाय उपद्रव के और क्या मिला है! जरा अपनी मां की जिंदगी देख। संन्यासिनी है, इसलिए मस्त है सारे उपद्रवों के बीच; नाचती है, गाती है; मगर उपद्रव तो हैं ही मौजूद। तुझे क्या मिल जाता? किसको क्या मिला है?

विवाह उनके लिए है जिनके पास बुद्धि की प्रखरता नहीं है। जैसे जिस छुरी में धार न हो, उसको पत्थर पर घिसना पड़ता है धार देने के लिए। जिस बुद्धि में धार नहीं होती उसको विवाह के पत्थर पर घिस कर धार देना पड़ता है। मगर कई तो ऐसे बुद्धू हैं कि विवाहों में घिस-घिस कर भी उन पर धार नहीं आती। पत्थरों में धार आ जाती है घिसते-घिसते, लेकिन उनमें धार नहीं आती!

ढब्बू जी एक बस में यात्रा कर रहे थे। बस में बड़ी भीड़ थी, बहुत भीड़ थी। अतः उन्हें बैठने के लिए जगह नहीं मिली थी। बस खड़े-खड़े ही यात्रा कर रहे थे। उनके आगे ही एक सुंदर, आकर्षक और कोमलांगी युवती खड़ी हुई थी। अभी-अभी घर से पत्नी से पिट कर आए थे। मगर लोग सीखते कहां! बस की भीड़ के कारण ढब्बू बार-बार उस नवयौवना से टकरा रहे थे, जान-बूझ कर, और उन्हें कुछ आनंद भी आ रहा था उस महिला के संस्पर्श में।

अंत में जब उस युवती ने देखा कि यह व्यक्ति तो उसे जान-बूझ कर धक्के मार रहा है, तो उसे बड़ा क्रोध आया वह क्रोधित होकर बोली, इस तरह महिलाओं को धक्के मारते हुए शर्म नहीं आती? तुम इनसान हो या जानवर?

इस पर ढब्बू जी बोलेः जी, मैं इंसान और जानवर दोनों ही हूं। युवती तो बड़ी चौंकी, उसने आश्चर्य भरे स्वर में पूछा, इनसान हो यह तो समझ में आता है, मगर जानवर कैसे?

ढब्बू जी मुस्कुराते हुए बोलेः तू मेरी जान, मैं तेरा वर!

अभी घर से पिट कर आ रहे हैं! लेकिन कुछ लोगों में बुद्धि आती ही नहीं। अच्छा हुआ हिना, संन्यास का मार्ग प्रशस्त हुआ। और ज्यादा देर मत कर संन्यास लेने में, अन्यथा पिताजी तेरे कोई दूसरा जानवर खोजेंगे। एक जानवर भाग गया, पिताजी इतने से तेरे हताश नहीं हो जाएंगे, वे कोई दूसरा खोजेंगे। तू तो समझ कि झंझट मिटी। हो गया विवाह और हो गई बात खत्म।

विवाह ही करना हो तो परमात्मा से करो। जुड़ना ही है तो उससे जुड़ो। फेरे ही लेने हैं तो उसके साथ, गांठ ही बांधनी है तो उससे! यहां पागलों से गांठ बांध कर भी क्या होगा? इन पागलों के साथ और मुसीबत होगी।

खुश हो! लेकिन बहुत खुश भी न हो जाना, क्योंकि कभी-कभी खुशी भी बरदाश्त करना मुश्किल हो जाता है।

नसरुद्दीन ने तीसरी शादी की। नई दुल्हन के हाथ का बना खाना जब पहले दिन खाया तो सारा मुंह, जीभ, ओंठ, गाल-गला और यहां तक कि दांत भी कड़वे हो उठे। किसी तरह उस सब्जी के कौर को वह निगल गया, सोचा कोई बात नहीं। दूसरा कौर दाल का लिया तो मुंह भनभना गया; मिर्च ही मिर्च थी, दाल का तो नामोनिशान नहीं। पेट में जलन होने लगी और आंखो में आंसू आने लगे। वह अपनी इस नई बीवी को नाराज करना नहीं चाहता था, इसलिए बोला, खाना तो बहुत अदभुत बना है डार्लिंग।

नई दुल्हन ने पूछाः फिर आंखों में ये आंसू कैसे?

कुछ न पूछो प्रिये—मुल्ला ने बात सम्हाल ली—ये तो खुशी के आंसू हैं।

अच्छा तो और सब्जी दूं? या थोड़ी दाल और ले लो।

नहीं डार्लिंग—नसरुद्दीन ने रूमाल से आंखें पोंछते हुए कहा—मैं दिल का मरीज हूं। इतनी ज्यादा खुशी एक साथ बरदाश्त न कर पाऊंगा!

अच्छा हुआ हिना। लोग आएंगे संवेदना प्रकट करने—हंसना और तू उनसे संवेदना प्रकट करना कि दुखी होओ तुम कि तुम्हारा जानवर न भागा। मेरा भाग गया, इसमें दुख का क्या कारण है?

जरूर लोग आ रहे होंगे। लोग बड़े अजीब हैं, ऐसे मौके नहीं छोड़ते। लोग आएंगे, संवेदना प्रकट

करेंगे कि बेटी, घबड़ा मत, दूसरा वर खोजेंगे, इससे भी अच्छा जानवर खोजेंगे! यह तो कुछ भी न था। वे सोचेंगे कि बहुत बड़ी दुर्घटना घट गई तेरे ऊपर। तू हंसना और उनसे कहना कि कोई चिंता न करें। मैं नहीं छूट पाती शायद...।

तेरे थोड़े लगाव थे उस युवक से, इसलिए तू छूट नहीं पाती उससे। वह युवक खुद ही भाग गया। उसका धन्यवाद कर।

अपनी झगड़ालू बीवी से तंग आकर मुल्ला नसरुद्दीन ने एक दिन कहाः तुमसे विवाह करके मुसलमान होते हुए भी मुझे हिंदुओं के धर्मग्रंथों में श्रद्धा उत्पन्न होने लगी है। श्री रामचरितमानस में बाबा तुलसीदास ने सच ही कहा हैः ढोल गंवार शूद्र पशु नारी, ये सब ताड़न के अधिकारी।

रामायण की इस चौपाई में मेरी भी पूरी श्रद्धा है—गुलजान बोली—क्योंकि पांच चीजों में से मैं तो सिर्फ नारी ही हूं, बाकी चार तो आप हैं।

हिना, हंस और आनंदित हो। जान बची और लाखों पाए, लौट के बुद्धू घर को आए! वह ताजमहल और ताजमहल होटल की रंगीनियां और बाराती और मेहमान और फुलझड़ियां और फटाके—उन सब में तू भटक जाती।

इतना हमें विवाह के लिए आयोजन क्यों करना पड़ता है? इतना शोर-शराबा क्यों मचाना पड़ता है? वह जो विवाह की बेहूदगी है उसको छिपाने के लिए। वह जो विवाह ला रहा है कष्टों का एक लंबा सिलसिला, उसको भुलाने के लिए। दूल्हा को बिठा देते हैं घोड़े पर, जो कभी घोड़े पर नहीं बैठा। उसको कहते हैं—दूल्हा राजा! पहना देते हैं मोरमुकुट। कपड़े पहना देते है सम्राटों जैसे, फूलमालाओं से लाद देते हैं। घोड़े पर बैठ कर अकड़ कर वह सोचता है—अहा, क्या जिंदगी शुरू हो रही है! अरे घोड़े से पूछ कि ऐसे कितने बुद्धुओं को पहले भी पार करा चुका है।

इसलिए तुमने देखा कि भारतीय फिल्में, शहनाई बजी, घोड़ा चला, बारात निकली, बैंड-बाजे बजे, पंडित-पुरोहित ने मालाएं पहनाईं, और एकदम से दि एण्ड हो जाता है। क्यों एकदम शहनाई बजती है और फिर दि एंड, अंत आ जाता है? उसका कारण है कि उसके बाद की कथा कहने योग्य नहीं है। उसके बाद जो होता है उससे भगवान ही बचाए।

जया, तू तो चिंतित नहीं है, यह मुझे पता है; लेकिन तेरी चिंता बेटी के लिए स्वाभाविक है। तू तो जीवन के अनुभव से सीखी है, परिपक्व हुई है। तुझे तो एक प्रौढ़ता मिली है। वही प्रौढ़ता तो तुझे मेरे पास ले आई है। उसी प्रौढ़ता ने तुझे संन्यास के जगत में प्रवेश दिलवाया।

और दूसरों का संन्यास इतना कठिन नहीं है जितना जया का है, क्योंकि जया के पति संन्यास के दुश्मन हैं। दुश्मन हैं, इसका मतलब ही है कि कभी न कभी संन्यासी होंगे। दुश्मन हैं, इसका मतलब मुझसे नाता जुड़ गया है। सोचते हैं मेरी, विचार करते हैं मेरी। गालियां देते हैं मुझे। चलो गाली के बहाने ही, लेकिन मेरा नाम तो लेते हैं। उस नाम में खतरा है। ऐसे सोचते रहे, सोचते रहे, तो वह नाम घर कर जाएगा। होंगे संन्यासी एक दिन। मगर जया को जितना कष्ट दिया जा सकता है...एक बार तो घर से ही निकाल दिया तो कोई महीने, पंद्रह दिन जया आश्रम में रही। बिना कुछ लिए-दिए घर से बाहर फेंक दिया, कि अगर संन्यासी रहना है तो इस घर में नहीं रह सकती।

तो जया जानती है कष्ट, लेकिन जया उसके लिए भी राजी थी। तो तू सोच सकती है हिना कि पति को छोड़ने को राजी थी तेरी मां, बच्चों को छोड़ने को राजी थी तेरी मां, जिनसे उसका बहुत प्रेम है—तुझे छोड़ने को राजी थी, और तेरे लिए उसका बहुत लगाव है—लेकिन संन्यास छोड़ने को राजी नहीं थी। तो जो जिंदगी ने नहीं दिया है वह संन्यास ने दिया होगा।

अच्छा हुआ। तू संन्यासी बन। और जब जया को तेरे पिता नहीं हरा पाए तो तुझे क्या हराएंगे! थोड़े परेशान होंगे, शायद न भी हों, शायद तेरा संन्यास उनके जीवन में भी रूपांतरण का कारण बन जाए। निमित्त क्या बन जाए, कुछ कहा नहीं जा सकता। कौन सी छोटी सी बात निमित्त बन जाएगी! एक तिनका, कहते हैं, ऊंट को बिठा देता है। मनों बोझ था और ऊंट नहीं बैठा, और एक तिनका और ऊंट बैठ गया। बस उतने ही तिनके की कमी थी। हो सकता है, तेरा संन्यास उनके जीवन में भी एक नया द्वार खोल दे। इसलिए भयभीत न हो।

और ध्यान रखना कि मेरा संन्यास प्रेम के विरोध में नहीं हैं। मेरा संन्यास जीवन के विरोध में नहीं हैं। संन्यास के बाद भी तेरे जीवन में अभी प्रेम उठे तो प्रेम को जीना, कोई मनाही नहीं है। संन्यासी हो गई तो कभी तू प्रेम को न जी सकेगी, ऐसा नहीं; संन्यासी होने का अर्थ ही है कि अब हम पूरे प्रेम को जीएंगे, समग्रता से जीएंगें। लेकिन विवाह की भाषा में सोचो ही मत। अगर प्रेम की छाया की तरह विवाह घट जाए तो एक बात है; लेकिन यह आशा छोड़ दो कि विवाह के पीछे प्रेम चलेगा। विवाह के पीछे प्रेम नहीं चलता। विवाह से प्रेम का क्या संबंध है? प्रेम के पीछे विवाह चल सकता है। लेकिन इससे उलटा नहीं होता। और हम इससे उलटा ही करने में लगे हैं। हम पहले विवाह करते है; हम सोचते हैं कि विवाह होगा, फिर प्रेम होगा। बस हमने गाड़ी के पीछे बैल जोत दिए! अब न गाड़ी चलेगी, न बैल चलेंगे। बैल नहीं चल सकते गाड़ी की वजह से, क्योंकि गाड़ी आगे जुती है। और गाड़ी कैसे चले, क्योंकि उसके आगे बैल नहीं है। अब एक कलह शुरू हुई। बैल गाड़ी के आगे होने चाहिए, तो गाड़ी चल सकती है।

प्रेम सूत्र है। अगर उसके पीछे विवाह आ जाए तो ठीक; अनिवार्य भी नहीं है। प्रेम बिना विवाह के भी जीआ जा सकता है। सच तो यह है, विवाह कुछ न कुछ प्रेम में अड़चनें डाल देता है, क्योंकि विवाह के साथ आती हैं—अपेक्षाएं। विवाह के साथ आता है—आग्रह। विवाह के साथ आता है—एक-दूसरे पर दावेदारी का रुख। विवाह के साथ आती है—राजनीति, कि कौन मालिक, कौन प्रमुख? पुरुष समझता है कि वह खास है, स्त्री में क्या रखा है! स्त्री तो नरक का द्वार है! और पुरुष समझता है कि वह बलशाली है; इसलिए स्त्री को दबाने की हर चेष्टा करता है, मालकियत जमाने की पूरी कोशिश करता है।

उसी मालकियत जमाने में प्रेम मर जाता है। प्रेम तो फूल जैसी नाजुक चीज है; इस पर जोर से मुट्ठी बांधोगे, मर जाएगा।

और स्त्री भी पीछे नहीं है कुछ पुरुष से। वे उसकी अलग तरकीबें हैं। उसके अपने सूक्ष्म रास्ते हैं पुरुष को झुकाने के। पुरुष के रास्ते थोड़े फूहड़ हैं, थोड़े स्थूल हैं, साफ दिखाई पड़ते हैं। स्त्री के रास्ते सूक्ष्म हैं, स्थूल नहीं हैं, दिखाई भी नहीं पड़ते। और इसीलिए अंततः स्त्रियां जीत जाती हैं और पुरुष हार जाते हैं। देर लगती है स्त्री को जीतने में, लेकिन वह जीत जाती है। जीत जाती है इसलिए कि उसके सूक्ष्म रास्तों के

सामने पुरुष धीरे-धीरे हारा हो जाता है, उसकी समझ में नहीं आता कि मैं क्या करूं, क्या न करूं!

पुरुष को गुस्सा आए तो स्त्री को मारता है; स्त्री को गुस्सा आए तो वह खुद का सिर दीवाल से पीट लेती है। अब जब स्त्री दीवाल से सिर पीट ले तो पुरुष को पछतावा होता है कि यह मैंने झंझट क्यों खड़ी की! नाहक उसको इतना कष्ट दिया! पुरुष को गुस्सा आए तो स्त्री को रोने को मजबूर कर दे; स्त्री को गुस्सा आए तो खुद रो लेती है। ये सूक्ष्म प्रकार हैं कब्जा करने के। धीरे-धीरे यह संघर्ष दोनों को नष्ट करता है। दोनों जिंदगी भर इसी कोशिश में लगे रहते हैं।

जिंदगी और बड़े कामों के लिए है। कुछ और गीत गाने हैं या नहीं? कुछ और संगीत छेड़ना है या नहीं? कोई और महोत्सव खोजना है या नहीं? या बस इसी कलह में गुजार देना है? एक स्त्री और एक पुरुष लड़ते-लड़ते जिंदगी गुजार देते हैं। नब्बे प्रतिशत जीवन उनका इसी कलह में बीतता है। और परिणाम क्या है? हाथ में क्या लगता है? कभी मुश्किल से ही कोई जोड़ा दिखाई पड़ता है जो इस मूढ़ता से बचता हो। बहुत मुश्किल से।

मैं हजारों घरों में ठहरा हूं, हजारों परिवारों का मुझे अनुभव है। कभी हजार में एक जोड़ा ऐसा दिखाई पड़ता है, जिसमें प्रेम है; नहीं तो बस कलह है, संघर्ष है, उपद्रव है।

संन्यास प्रेम-विरोधी नहीं है। इसलिए हिना, संन्यासी बन। और फिर तेरे जीवन में प्रेम उठे...और प्रेम उठ ही तब सकता है जब ध्यान गहरा हो। नहीं तो जिसे तुम प्रेम कहते हो वह सिवाय कामवासना के और कुछ भी नहीं। वह तो सिर्फ एक जैविक जबरदस्ती है। तुम्हारे भीतर प्रकृति का दबाव है; तुम्हारी मालकियत नहीं है। वह कोई प्रेम है? सिर्फ वासना की पूर्ति है। प्रेम कैसे हो सकता है? और जहां वासना की पूर्ति है वहां कलह होगी ही, क्योंकि जिससे हम वासना की पूर्ति करते हैं उस पर हम निर्भर हो जाते हैं।

और इस दुनिया में कोई भी किसी पर निर्भर नहीं होना चाहता। जिस पर हम निर्भर होते हैं, उसे हम कभी क्षमा नहीं कर पाते। क्योंकि जिस पर हम निर्भर होते हैं उसके हम गुलाम हो गए। पति पत्नी से बदला लेता है इस गुलामी का। पत्नी पति से बदला लेती है इस गुलामी का। जहां वासना है वहां बदला होगा। और जहां वासना है वहां पश्चात्ताप भी होगा, क्योंकि वासना हीन तल की बात है। जीवन का सबसे निम्नतम जो तल है वही वासना का है।

तो जब पुरुष किसी स्त्री की वासना में पड़ता है तो उसे ऐसा लगता है: इसी दुष्ट ने मुझे इस हीन तल पर उतार दिया! तो जब उसे पश्चाताप होता है, उसकी सारी जिम्मेवारी वह स्त्री पर थोपता है। इसीलिए तो तुम्हारे ऋषि-मुनि लिख गए कि स्त्री नरक का द्वार है।

स्त्री नरक का द्वार नहीं है, न पुरुष नरक का द्वार है। कोई दूसरा तुम्हारे लिए नरक का द्वार है ही नहीं; तुम ही अपने लिए नरक का द्वार बन सकते हो या स्वर्ग का द्वार बन सकते हो।

और जब स्त्री देखती है कि पति के कारण उसे वासना में उतरना पड़ता है...और स्त्रियां ज्यादा देखती हैं, क्योंकि स्त्री की वासना निष्क्रिय वासना है, पुरुष की वासना सक्रिय वासना है। इसलिए तो पुरुष बलात्कार कर सकता है, स्त्री बलात्कार नहीं कर सकती। उसकी वासना निष्क्रिय वासना है। चूंकि उसकी वासना निष्क्रिय है, इसलिए पुरुष जब तक उसको उकसाए न, भड़काए न, तब तक उसकी

वासना सोई रहती है। तो स्वभावतः स्त्री को ज्यादा लगता है कि इस पुरुष के कारण ही मुझे वासना में उतरना पड़ता है।

मुझे कितनी स्त्रियों ने नहीं कहा है कि हम कब छूटेंगे इस क्षुद्रता से! इस देह की दौड़ कब बंद होगी, क्योंकि पति को तो तृप्ति ही नहीं है! और पति की मांग मिटती ही नहीं है! और पति के कारण हमें बार-बार इस गर्त में उतरना पड़ता है। कब छुटकारा होगा?

स्त्री को कठिनाई ज्यादा होती है और पश्चात्ताप भी ज्यादा होता है। इसलिए कोई स्त्री अपने पति को आदर नहीं कर सकती। किसी ऐरे-गैरे-नत्थू-खैरे को आदर कर सकती है। आ जाएं कोई मुनि महाराज गांव में, उनको आदर कर सकती है। कोई महात्मा, कोई बाबा, कोई भी, किसी को भी आदर कर सकती है, मगर अपने पति को नहीं कर सकती। हांलाकि कहती है औपचारिक रूप से कि पति परमात्मा है, मगर वे कहने की बातें हैं। जानती तो यह है कि यह पति के कारण ही मैं बार-बार नीचे उतारी जा रही हूं। अगर यह पति से छुटकारा हो जाता, अगर यह पति की वासना मिट जाती, तो मैं भी ऊपर उड़ सकती, मेरे भी पंख लग सकते!

स्त्री बहुत पछताती है। और पछताएगी तो जिम्मेवार पति को ठहराएगी। इसलिए फिर अनजाना क्रोध भड़केगा, चौबीस घंटे परेशानी रहेगी। और यह सब अचेतन होगा। यह चेतन में हो तो तुम समझ भी जाओ। यह अचेतन तल पर हो रहा है। इसलिए इसकी साफ-साफ तुम्हें पकड़ भी नहीं आती; धुंधला-धुंधला सा समझ में आता है, स्पष्ट कभी नहीं हो पाता कि यह खेल क्या है, यह गणित क्या है!

और जब स्त्री बचना चाहती है पति से, इसकी वासना से, तो स्वभावतः पति की वासना सक्रिय है, वह आस-पास की स्त्रियों में उत्सुक होने लगता है। फिर एक दूसरा उपद्रव शुरू होता है। फिर ईर्ष्या का और जलन का और वैमनस्य का उपद्रव शुरू होता है। फिर पत्नी अगर पति की वासना में सहयोगी भी होती है तो सिर्फ इसलिए कि कहीं वह किसी और स्त्री में उत्सुक न हो जाए।

मगर यह कोई प्रेम है? यह तो व्यवसाय हुआ, वेश्यागिरी हुई। यह तो यह ग्राहक कहीं किसी और दुकान पर न चला जाए, इस ग्राहक को बचाने का उपाय हुआ। और जहां प्रेम नहीं है वहां यह ग्राहक कितने दिन टिकेगा? यह ग्राहक अगर केवल शरीर के कारण टिका है तो शरीर से जल्दी ऊब जाएगा, क्योंकि एक ही शरीर बार-बार, एक ही ढंग, एक ही रंग, एक ही रूप—कौन नहीं ऊब जाता! तुम भी रोज एक ही भोजन करोगे तो ऊब जाओगे और एक ही कपड़ा पहनोगे तो परेशान हो जाओगे। थोड़ी बदलाहट चाहिए। एक ही फिल्म को रोज-रोज देखने जाओ तो ऊब जाओगे। चाहे मुफ्त ही क्यों न दिखाई जा रही हो तो भी घबड़ा जाओगे। वही फिल्म रोज-रोज देखना, वही स्त्री रोज-रोज!

पुरुष की वासना सक्रिय है, इसलिए वह जल्दी ऊब जाता है। वह इधर-उधर तलाश करने लगता है। और जब वह तलाश करता है तो उसकी स्त्री ईर्ष्या से जलती है। और वह ईर्ष्या का बदला लेगी, वह हजार तरह से पुरुष को कष्ट देगी। और जितना ही ईर्ष्या से जलेगी वह स्त्री और पुरुष को कष्ट देगी, उतना ही धक्का दे रही है कि वह किसी और दूसरी स्त्री के चक्कर में पड़ जाए। यह एक बड़ा उपद्रव का जाल है। और इस सब जाल के पीछे एक बात है कि हमारा प्रेम सच्चा प्रेम नहीं है। हमारा सच्चा प्रेम तो तभी हो सकता है जब प्रेम ध्यान से आविर्भूत हो।

मैं पहले ध्यान सिखाना चाहता हूं, फिर ध्यान के पीछे आना चाहिए प्रेम। आता है, निश्चित आता है। और तब एक और ही लोक का प्रेम आता है, एक और ही जगत का प्रेम आता है। एक ऐसा प्रेम आता है, जो परमात्मा की गंध जैसा है! उस प्रेम में न पीड़ा है, न दंश है, न कांटे हैं, न जहर है। उस प्रेम में कोई राजनीति नहीं है, ईर्ष्या नहीं, जलन नहीं। उस प्रेम में कोई पछतावा नहीं, दूसरे पर दावेदारी और मालकियत नहीं है।

हिना, बन संन्यासिन! सीख ध्यान और फिर उठने दे प्रेम को।

तीसरा प्रश्न: ओशो, आप जो कहते हैं वह न तो मैं समझता ही हूं और न सुनता ही हूं। मैं क्या करूं?

जयानंद, तुम समझते भी हो, सुनते भी हो; मगर करने से बचना चाहते हो। और करने से बचने की सबसे सुगम तरकीब यह है कि समझ में ही नहीं आता तो करें कैसे? अरे समझना तो दूर, सुन भी नहीं पाते, तो करें कैसे?

मेरी बातें तो सीधी-साफ हैं। मैं कोई बहुत कठिन शब्दों का प्रयोग नहीं कर रहा हूं, बोलचाल! यह कोई प्रवचन थोड़े ही है, बातचीत है। जैसे दो मित्र गुफ्तगू करें, गपशप करें। मेरा बोलना कोई शास्त्रीय तो नहीं है। मेरा बोलना तो बिलकुल लोकभाषा में है। शास्त्र का मुझे ज्यादा ज्ञान भी नहीं है। तुम्हारी भाषा बोल रहा हूं; अगर यह भी न समझ सकोगे तो और क्या समझोगे?

समझते तो तुम हो, समझना नहीं चाहते हो! सुनते भी तुम हो, लेकिन सुनना नहीं चाहते, क्योंकि सुनने में खतरा मालूम पड़ता है। सुना तो फिर बचना मुश्किल हो जाएगा। यह सवाल तुम्हारे कान के बहरेपन का नहीं है; यह तुम्हारी तरकीब है; यह तुम्हारी होशियारी है; यह तुम्हारा बचाव है, सुरक्षा है।

पूछो कि मैं क्यों आपकी बात नहीं सुनना चाहता? तुम पूछते हो, क्यों नहीं सुनता? वह मैं राजी नहीं होऊंगा। बात तुम्हें बिलकुल सुनाई पड़ रही है। बात तुम्हें ठीक-ठीक सुनाई पड़ रही है। लेकिन मेरी बात सुनने के लिए हिम्मत चाहिए, क्योंकि सुनी अगर तो समझ आएगी ही आएगी। मेरी बात सीधी और सरल है कि सुन लो तो समझ में आएगी ही। और समझ लो तो करनी भी पड़ेगी।

मैं कह रहा हूं यह रहा दरवाजा और तुम हमेशा दीवाल में से निकलने की कोशिश करते रहे हो। तुम्हें सुनाई भी पड़ता है कि मैं चिल्ला रहा हूं कि यह रहा दरवाजा, मगर दीवाल से निकलने में तुम्हें मजा आने लगा है, रस आने लगा है। दीवाल से सिर टकराना तुम्हारी जिंदगी की शैली हो गई है। तुम कैसे सुनो कि यह रहा दरवाजा! तुम तो दीवाल से ही निकलते रहोगे। और फिर तुमने दीवाल पर खूब सोना मढ़ लिया है—दरवाजा समझ कर; हीरे-जवाहरात से सजा लिया है; बंदनवार बना लिया है; स्वागत लिख दिया है। जीवन भर मेहनत करते रहे दीवाल पर, अब अगर एकदम से मेरी बात सुनो कि वहां दीवाल है, दरवाजा यहां है, तो तुम्हारी जीवन भर की मेहनत का क्या होगा! वह सब पानी में गई, अकारथ!

इतनी तुम्हारी हिम्मत नहीं है जयानंद। इसलिए सुनते हो, निश्चित सुनते हो। मैं राजी नहीं होऊंगा कि तुम सुनते नहीं। ये बातें तो ऐसी है कि बहरे भी सुन लें। ये बातें तो ऐसी हैं कि अंधे भी देख लें। लेकिन तुम्हारे न्यस्त स्वार्थ हैं, वे अड़चन डाल रहे हैं।

चंदूलाल के पिता लाला बसेसर नाथ जसलोक हास्पिटल में भर्ती थे। उनकी किडनी का ऑपरेशन होना था। चंदूलाल ने अपने लंगोटिया यार ढब्बू को पूना फोन किया। हाल-चाल पूछने के बाद चंदूलाल बोले, यार ढब्बू, पिताजी के ऑपरेशन के लिए एक हजार रुपये की जरूरत है। अच्छा हो यदि तुम भेज दो।

ढब्बू जी: क्या कह रहे हो चंदू? जरा जोर से बोलो, कुछ सुनाई नहीं दे रहा है।

चंदूलाल: पिताजी के ऑपरेशन के लिए एक हजार रुपये की जरूरत है। यदि हो सके तो भेज दो।

ढब्बू जी: पता नहीं यार, तुम क्या कह रहे हो! कुछ भी समझ नहीं आ रहा है। आखिर तुम क्या कह रहे हो?

टेलीफोन ऑपरेटर जो कि दोनों की बातें सुन रहा था, ढब्बू जी से बोला: आपको क्या समझ में नहीं आ रहा है? आपके मित्र चंदूलाल कह रहे हैं कि पिताजी के ऑपरेशन के लिए एक हजार रुपये का इंतजाम कर दो। क्या सुनाई नहीं दे रहा?

ढब्बू जी बोले: तुझे अगर सुनाई दे रहा है तो तू ही क्यों नहीं भेज देता!

सुनना नहीं चाहते, क्योंकि सुनो तो वे हजार रुपये भेजने पड़ेंगे! अब अभी-अभी मैंने हिना से कहा, सब सुन लिया होगा उसने। अब अगर संन्यास से बचना हो तो समझेगी: सुना ही नहीं। क्या कह रहे हो, कुछ समझ में नहीं आ रहा!

सुन भी लो तो फिर कहते हो, समझ में नहीं आ रहा।

ये कोई उलझी-उलझी बातें नहीं हैं, सीधी सुलझी बातें हैं।

तुम कुछ और कारणों से आते हो। कोई आता है यहां, वह कहता है बेटा नहीं होता। अब उसे मेरी बातें क्या खाक सुनाई पड़ेंगी! वह बैठा है इस इशारे में कि कब मैं मौका दूं कि वह अपनी असली बात जाहिर कर दे। लक्ष्मी परेशान है, दफ्तर में इतने लोगों को लौटाना पड़ता है रोज! क्योंकि कोई आता है बीमारी है; कोई कहता है बेटा नहीं है; कोई कहता है नौकरी नहीं है। लोग आकर पूछते हैं कि क्या संन्यास लेने से बेटा हो जाएगा?

यह तो खूब रही! बेटों के होने के कारण लोग संन्यास ले लेते थे; मगर संन्यास के कारण बेटा! यह तो तुम बिलकुल ही उलटी नाव चलाने की कोशिश कर रहे हो! नदी को नाव में चलाने की कोशिश कर रहे हो!

कोई कहता है, नौकरी नहीं लगती, क्या संन्यास लेने से नौकरी लग जाएगी?

अरे नौकरी नहीं लगने से संन्यास लोग लेते हैं। दीवाला निकल जाए, नौकरी न लगे, पत्नी मर जाए, बेटा न हो, तो लोग कहते हैं कि चलो संन्यास ही ले लें। इसी तरह अब तक संन्यास लेते रहे हैं।

उनको समझा-बुझा कर भेजना पड़ता है। अब वे नाराज होते हैं बहुत कि हम संन्यास लेने आए हैं, हमें संन्यास क्यों नहीं दिया जा रहा है? मगर उनके कारण गलत हैं।

तुम कुछ और सुनने आते हो, मैं कुछ और कह रहा हूं। तुम आते हो कि मैं तुम्हारे संसार को और थोड़ा प्यारा सपना दूं; तुम्हारी जहर हो गई जिंदगी पर थोड़ी मिठास की पर्त चढ़ा दूं। और मैं सारी पर्तें उतार रहा हूं। मेरा बस चले तो तुम्हारी चमड़ी उखाड़ कर तुम्हें भीतर के अस्थिपंजर का दर्शन कराऊं! तुम आते हो कि जिंदगी थोड़ी और सफल हो जाए।

लोग चुनाव में खड़े होते हैं, वे आ जाते हैं कि आशीर्वाद चाहिए।

अब जो चुनाव के लिए आशीर्वाद लेने आ गया है, उसको कैसे मेरी बातें सुनाई पड़ेंगी? सुनाई तो पड़ेंगी, मगर वह समझेगा कैसे? और समझ लेगा तो फिर चुनाव कैसे लड़ेगा? वह तो कान में अंगुली डाल कर बैठा रहेगा, इधर-उधर देखता रहेगा कि मेरे मतलब की कुछ बात हो। या कुछ लोग यह भी अफवाह उड़ा देते हैं कि वहां सिर्फ बैठने से ही लाभ हो जाएगा।

अभी कई अखबारों में एक सज्जन ने पत्र लिखने शुरू किए हैं। पहले एक में निकला तो मैंने कहा चलो ठीक; अब दूसरे-तीसरे में भी निकल आया वही पत्र कि वह बीमार था, भर्ती होने गया था जहांगीर नर्सिंग होम में। और मैं वहां दद्दा जी को देखने गया था। बाहर निकला तो उसने नमस्कार किया। मैंने उसे आशीर्वाद दिया। उसकी बीमारी रफा-दफा हो गई। फिर वह भर्ती ही नहीं हुआ जहांगीर अस्पताल में। जरूरत ही क्या रही, बीमारी खत्म हो गई! वर्षों से जो बीमारी पीछा नहीं छोड़ रही थी, वह आशीर्वाद से पीछा छोड़ दिया उसने। उसने अपना कमरा कैंसिल करवाया और वापस लौट आया घर। अब वह ठीक है बिलकुल। अब वह अखबारों में खबरें छाप रहा है। अब जरूर अनेक लोग आना शुरू हो जाएंगे। वे इस नजर से आ रहे हैं कि जहांगीर अस्पताल से बचें। वे मेरी बातें सुनेंगे? वे मेरी बातें समझेंगे?

यह हो सकता है उसको हो गया हो। उसको अगर कुछ हो गया हो ऐसा, तो उससे सिर्फ एक ही बात सिद्ध होती है कि उसकी बीमारी झूठी रही होगी। उस पागल को यह तो सोचना चाहिए कि अगर मेरे आशीर्वाद से वह अच्छा होता तो अपने पिता को अच्छा नहीं कर लेता! इतना भी नहीं देख रहा है कि मेरे पिता जहांगीर अस्पताल में बंद हैं, मैं उनको देखने आया हूं, उनको अच्छा नहीं कर लेता! और यही नहीं कि उनको अच्छा नहीं कर पाया, वे चले भी गए, रोक भी नहीं पाया—यह भी नहीं देख रहा है! मगर उसकी बीमारी ठीक हो गई।

बीमारी झूठी रही होगी, काल्पनिक रही होगी, मानसिक रही होगी। सौ में से सत्तर बीमारियां मानसिक हैं। और मानसिक बीमारियां ठीक हो जाती हैं, सिर्फ भरोसा चाहिए—सिर्फ भरोसा। श्रद्धालु किस्म का आदमी रहा होगा। थक चुका होगा डॉक्टरों से। पता नहीं कितने साल से बीमारी परेशान कर रही थी। बड़ी श्रद्धा से हाथ जोड़े होंगे।

और मुझे तो यह भी शक है कि उसने मुझे हाथ जोड़े, क्योंकि जो समय उसने दिया है उस समय मैं गया ही नहीं था जहांगीर अस्पताल। उसने समय दिया है रात साढ़े आठ बजे। मैं गया था दिन साढ़े तीन बजे। साढ़े आठ बजे तो वहां स्वभाव थे और बहुत संभावना यह है कि उसने स्वभाव को ही समझा कि मैं हूं। अब स्वभाव स्वभाव, दे दिया होगा आशीर्वाद! आशीर्वाद देनें में क्या लगता है! अब कोई हाथ ही जोड़ रहा है तो दे ही देना चाहिए, आशीर्वाद देनें में क्या हर्जा है! और किसी का लाभ हो जाए, अपना कुछ जाए नहीं। और स्वभाव का क्या गया, उसका लाभ हो गया!

मगर अगर ये सज्जन तुम्हें कहीं मिल जाएं तो बताना मत कि मैंने क्या कहा, नहीं तो बीमारी वापस लौट सकती है। अगर उनको पक्का हो जाए कि वे स्वभाव थे, अरे यह तो भूल हो गई! तत्क्षण बीमारी वापस आ जाएगी, क्योंकि बीमारी मन की है, खयाल है। खयाल से परेशान है।

ऐसा हुआ, एक युवक एक रात—मैं जबलपुर रहता था—मेरे पास आकर बैठ गया। कोई दस बजे थे। मैंने उससे कहा कि भाई, तू ज्यादा से ज्यादा ग्यारह बजे तक बैठ सकता है, ग्यारह बजे मैं सोने चला जाता हूं। उसने कहा: मैं यहां से हटूंगा नहीं पूरी रात, जब तक आप मुझे अपने हाथ से एक गिलास पानी नहीं देंगे। मैंने कहा, किसलिए लेकिन? उसने कहा कि मेरे पेट में दर्द रहता है और मैं सब डॉक्टरों से हार चुका हूं। बड़े-छोटे सब डॉक्टर मुझसे भी हार चुके हैं! अब तो मैं किसी डॉक्टर के पास कहता हूं तो वह कहता है कि भैया, तू किसी और डॉक्टर के पास जा, क्योंकि यह तेरी बीमारी हमसे ठीक होने वाली नहीं। एक गांव में नये डॉक्टर आए हैं, आज दो महीने से उनका इलाज कर रहा हूं, अब वे भी मुझसे थक गए हैं। उन्होंने मुझे आपके पास भेजा है कि भैया, तेरी बीमारी तो कोई पहुंचा हुआ फकीर ही ठीक कर सकता है। तो मैं तो नहीं छोडूंगा। आपको एक गिलास पानी देना पड़ेगा।

मैंने कहा कि मैं यह धंधा करता नहीं, क्योंकि यह धंधा खतरनाक है। खतरा यह नहीं है...तेरी बीमारी ठीक न हो तो मुझे कोई खतरा नहीं, मगर कहीं ठीक हो जाए तो फिर मेरी मुसीबत। फिर मेरी बीमारी कौन ठीक करेगा? तू ठेका लेता है? फिर और जितने बीमार हैं गांव में, वे यहां आने लगें, तो मैं एक झंझट में पडूंगा। इसलिए मैं पानी तुझे देने वाला नहीं।

ग्यारह बज गए, वह भी अपनी जिद पर, मैं भी अपनी जिद पर। बारह बज गए। जिनके घर मैं मेहमान था, उन गृहिणी ने आकर कहा कि अब इसको दो भी एक गिलास पानी। आखिर कब तक यह चलेगा? क्या रात भर जगना है? और यह भी हटने वाला नहीं है।

और जितना मैं मना करूं उतनी उसकी श्रद्धा बलवती होती जा रही है। वह कहे कि आप इतना मना क्यों करते हैं? अरे आपकी कोई फीस हो तो मैं देने को तैयार हूं।

मैंने कहा: मेरी कोई फीस नहीं है।

तो फिर एक गिलास पानी देने में आपका क्या बिगड़ा जा रहा है?

वह गृहिणी तो एक गिलास पानी ही ले आई। नहीं मानी, उसने मेरे हाथ में छुला कर गिलास और उसको दे दिया। वह गटागट पी गया और एकदम पीकर एकदम आदमी दूसरा हो गया। उसने कहा: अरे, मेरा दर्द कहां! उसके पेट में दर्द रहता था निरंतर। इधर देखा उधर पेट टटोला एकदम मेरे पैरों पर गिर पड़ा साष्टांग।

अब मैंने कहा: खतरा शुरू हुआ। अब खा कसम कि किसी को नहीं कहेगा।

उसने कहा कि यह मैं नहीं कसम खा सकता। अरे आप यहां मौजूद हैं और हजारों लोग तड़फ रहे हैं! मेरी मां को भी यह तकलीफ है। उसने जल्दी से एक बोतल निकाली अपने झोले में से कि इस बोतल में पानी भर दें। मैं आपको नहीं सताऊंगा, मैं ही बांट दूंगा।

मैंने कहा: यह बात जंचती है, तू ही बांट देना, यहां किसी को मत भेजना। उसकी बोतल भर दी मैंनें। वह हर सातवें दिन आकर बोतल भरवाने लगा। कई लोग उसकी बोतल के पानी से ठीक हुए! लोग

भी खूब हैं, लोग भी गजब के हैं! इसी तरह के लोग तो साधु-महात्माओं के पास इकट्ठे हो जाते हैं। इनकी बीमारी झूठी, इनके लिए झूठे इलाज चाहिए, झूठे उपचार चाहिए।

अब अगर तुम इसलिए यहां आ गए हो तो मेरी बातें तुम्हें लगेंगी, मैं कहां की बातें कर रहा हूं। सुनोगे ही नहीं। सुन भी लोगे तो समझोगे नहीं। समझ भी लोगे तो कभी करोगे नहीं।

कंजूसी में मारवाड़ियों को भी मात कर देने वाले चंदूलाल परेशान सूरत लिए एक दिन मटकानाथ ब्रह्मचारी के पास पहुंचे और बोले, मेरी मदद कीजिए। पिछले दो सप्ताहों से लगातार मुझे एक सपना आ रहा है कि सौ-सौ रुपये के नोट आसमान से बरस रहे हैं, साथ में कुछ दस-दस और पांच-पांच के नोट भी हैं। लेकिन हवा इतनी जोर से चलती है कि सारे रुपये उड़ जाते हैं, जमीन पर गिर ही नहीं पाते। मैं तो इस सपने से बहुत ही परेशान हो गया हूं। रोज-रोज वही का वही बेहूदा सपना। आखिर हर चीज की एक सीमा होती है। मैं तंग आ गया हूं, कृपा कर मेरी समस्या को सुलझाइए!

ब्रह्मचारी मटकानाथ ने अपने घड़े जैसी तोंद पर हाथ फेरते हुए कहा, धैर्य रखो भाई चंदूलाल। यह कोई विकट समस्या नहीं है। मैंने कई लोगों के एक से एक बेहूदे और भयानक दुख-स्वप्न तक समाप्त कर दिए हैं। इस तरह के रोगों की एक ही रामबाण दवा है—हनुमान-चालीसा। जैसे ही स्वप्न आए, बस हनुमान जी की जय बोलो और चालीसा पढ़ो। और फिर देखना चमत्कारिक प्रभाव बजरंग बली का! एक पल में नोट बरसने बंद हो जाएंगे।

क्या कहा—चंदूलाल ने गुस्से में कहा—अबे, मेरे तो प्राण ही निकल जाएंगे। अबे साले, नोटों का बरसना बंद नहीं करवाना, तेज हवा का चलना बंद करवाना है।

लोगों के प्रयोजन अलग-अलग हैं। तुम सच में जीवन बदलना चाहते हो? तुम सच में अपने को बदलना चाहते हो?

नहीं; लेकिन लोग इसलिए आते हैं कि और लोग बदल जाएं, सारी दुनिया बदल जाए। मैं जैसा हूं वैसा ही रहूं; दुनिया बदल जाए और मेरे योग्य हो जाए। मैं जैसा हूं वैसा ही रहूं; दुनिया मुझसे समायोजित हो जाए, मेरे अनुकूल हो जाए। तो फिर मेरी बात नहीं सुनाई पड़ेगी। दुनिया तुम्हारे अनुकूल नहीं होगी, नहीं हो सकती है। तुम्हें ही जागना होगा।

कुछ चीजें हैं जिनके अनुकूल तुम्हें होना पड़ेगा। कुछ चीजें हैं जो प्रतिकूल हैं और प्रतिकूल ही रहेंगी, उनकी प्रतिकूलता स्वीकार करनी होगी। और अनुकूलता और प्रतिकूलता दोनों छोटी बातें हैं। इन दोनों के पार एक और जगत है, मैं उसी तरफ इशारा कर रहा हूं। तुम्हें अनुकूलता और प्रतिकूलता दोनों के पार उठना सीखना होगा, दोनों का अतिक्रमण करना होगा।

वह अतिक्रमण ही ध्यान है। वह द्वंद्वातीत अवस्था—जहां सुख और दुख के आदमी ऊपर उठ जाता है, बीमारी और स्वास्थ्य के ऊपर उठ जाता है, शरीर और मन के ऊपर उठ जाता है—वह द्वंद्वातीत अवस्था ही मेरा संदेश है। उसे ध्यान कहो—अंतरंग में ध्यान है वह, बहिरंग में वही संन्यास है। ध्यान आत्मा है उसकी और संन्यास उसकी देह है।

बातें सीधी-साफ हैं जयानंद, तुम्हारें प्रयोजन कुछ गड़बड़ होंगे, इसलिए अड़चन आ रही है। तुम मुझे अपने प्रयोजन छोड़ कर सुनो। ऐसे सुनो जैसे कोई सुबह पक्षियों के गीत सुनता है। ऐसे सुनो जैसे

कोई बांसुरी की धुन सुनता है—प्रयोजनरहित, बेशर्त। तुम अपनी धारणाएं अलग रखो, पक्षपात अलग रखो। तुम यहां कुछ मांगने मत आओ। मेरे पास देने को सिर्फ परमात्मा है, और कुछ भी नहीं। अगर तुम परमात्मा ही पाने को आए हो तो मेरी बात भी सुनाई पड़ेगी, समझ में भी आएगी और तुम भूल कर न पूछोगे कि अब मैं क्या करूं। क्योंकि जिसको समझ में आ गया, दृष्टि मिल गई, वही दृष्टि उसे बताएगी कि क्या करना उचित है।

आज इतना ही।

3

क्या तू सोया जाग अयाना

सूत्र

जो दिन आवहि सो दिन जाही। करना कूच रहन थिरु नाही।।
संगु चलत है हम भी चलना। दूरि गवनु सिर ऊपरि मरना।।
क्या तू सोया जाग अयाना। तै जीवन जगि सचु करि जाना।।
जिनि दिया सु रिजकु अंबरावै। सब घट भीतरि हाटु चलावै।।
करि बंदिगी छांड़ि मैं मेरा। हिरदे नामु सम्हारि सबेरा।।
जनमु सिरानो पंथु न संवारा। सांझ परी दह दिसि अंधियारा।।
कह रविदास नदान दिवाने। चेतसि नाही दुनिया फनखाने।।

ऊंचे मंदिर, सालि रसोई। एक घरी पुनि रहन न होई।।
इह तनु ऐसा जैसे घास की टाटी। जलि गयो घास रलि गयो माटी।।
भाई बंधरू कुटुंब सहेरा। ओई भी लागे काढु सबेरा।।
घर की नारि उरहि तन लागी। उह तौ भूतु भूतु करि भागी।।
कहि रविदास सबै जग लूटया। हम तौ एक राम कहि छूटया।।

हरि-सा हीरा छांड़िकै, करै आन की आस।
ते नर जमपुर जाहिंगे, सत भाषै रैदास।।
अंतरगति रांचै नहीं, बाहर कथै उदास।
ते नर जमपुर जाहिंगे, सत भाषै रैदास।।

रफ्ता-रफ्ता यह जमाने का सितम होता है
एक दिन रोज मेरी उम्र से कम होता है
बाग रोता है असीराने-कफस को शायद
दामने-सब्जा-ओ-गुल सुबह को नम होता है

मनुष्य सोचता है कि जी रहा है; सच्चाई कुछ और है; हम रोज मर रहे हैं। यह प्रक्रिया, जिसे हम जीवन कहते हैं, मृत्यु की प्रक्रिया है। जिस दिन हम जन्मे उसी दिन से मरना शुरु हो गया है। रोज एक-एक दिन चुकता जाता, प्रतिपल जीवन क्षीण होता। घट खाली हो रहा है, भर नहीं रहा है। और बूंद-बूंद खाली हो तो सागर भी खाली हो जाता है। और हम तो केवल गागर हैं।

रफ्ता-रफ्ता यह जमाने का सितम होता है

लेकिन इतने धीरे-धीरे होती है यह बात कि पता नही चलती। इतने आहिस्ता-आहिस्ता होती है यह बात कि जो बहुत सचेत हैं, जो बहुत जागरूक हैं, बहुत सावधान हैं, उन्हीं के अनुभव में आती है, बाकी तो धोखा खा जाते हैं।

रफ्ता-रफ्ता यह जमाने का सितम होता है
एक दिन रोज मेरी उम्र से कम होता है
बाग रोता है असीराने-कफस को शायद
दामने-सब्जा-ओ-गुल सुबह को नम होता है

सुबह जाकर बगीचे में देखा है—फूलों की पंखुड़ियां, घास की पत्तियां, पत्तियों के किनारे गीले होते है। शायद बगीचा रो रहा है, बगीचे की आंखों में आंसू हैं—जान कर यह बात कि ये फूल अभी हैं, अभी नहीं हो जाएंगे; जान कर यह बात कि यहां सभी कुछ पिंजड़े में बंद कैदियों जैसे हैं।

पिंजड़ों में बंद पक्षी ही नहीं हैं—आदमी भी, जो पिंजड़ों में बंद दिखाई नहीं पड़ता; क्योंकि उसके पिंजड़े सूक्ष्म हैं, अदृश्य हैं। वह भी बंद है। वह भी कैदी है। कोई हिंदू पिंजड़े में बंद है, कोई मुसलमान

पिंजड़े में बंद है, कोई जैन पिंजड़े में बंद है। ये सब पिंजड़े हैं। पक्षपात अर्थात पिंजड़ा। बिना जाने किसी बात को मान लेना अर्थात पिंजड़ा। बिना अनुभव किए आस्था बना लेना अर्थात अंधापन।

शायद बगीचा भी हमारे लिए रोता है; रोज सुबह फूलों के, पत्तियों के कोर-किनारे गीले होते हैं। लेकिन हमें होश नहीं; हम दौड़े चले जाते हैं अपनी बेहोशी में। हम वही किए चले जाते हैं जो हमने कल किया था, परसों किया था; जो हमने पिछले जन्मों में अनंत बार किया है।

हजार तरह तखय्युल ने करवटें बदलीं
कफस-कफस ही रहा, फिर भी आशियां न हुआ

कैद तो कैद ही रहेगी, घर नहीं बन सकती। तुम्हारी कल्पनाएं कितनी ही करवटें बदलें—और यही हमने किया है जन्मों-जन्मों में। कल्पनाओं ने करवटें बदलीं। कभी यह थे तो वह होना चाहा, कभी वह थे तो यह होना चाहा—ऐसे हमने चौरासी करोड़ योनियों में यात्रा की है। कल्पनाओं की करवटें हैं, और कुछ भी नहीं।

गरीब अमीर होना चाहता है और अमीर सोचता है, गरीबी में बड़ा अध्यात्म है। अमीर सोचता है, गरीबी में बड़ी स्वतंत्रता है। अमीर सोचता है, गरीब जानता है कैसे घोड़े बेच कर सोना, मैं तो सो ही नहीं पाता। शय्या है सुंदर तो क्या होगा, भवन है सुंदर तो क्या हो गया—नींद तो खो गई है! भोजन है स्वादिष्ट तो क्या करूं, भूख तो खो गई है! भूख तो है गरीब के पास, भोजन है अमीर के पास। गरीब तड़फता है कि भोजन हो अमीर जैसा; और अमीर तड़फता है कि भूख हो गरीब जैसी। जो जहां है वहीं अतृप्त है। जिनके पास धन है उनकी चिंता का अंत नहीं। और जिनके पास धन नहीं है उनकी एक ही चिंता है कि धन कैसे हो। जिनके पास है वे डरे हैं कि कहीं खो न जाए, जिनके पास नहीं है वे पीड़ित हैं कि कब होगा। जिनके पास है वे चाहते हैं कि और हो। तृप्ति कहीं भी नहीं है। आपा-धापी है, असंतोष है,अतृप्ति है।

ये सब हमारे पिंजड़े हैं जिनमें हम बंद हैं। ये अदृश्य हैं पिंजड़े। इसलिए हम चलते हैं, उठते हैं, बैठते हैं; फिर भी हम पिंजड़ों में बंद हैं। ठीक से समझो तो शरीर भी पिंजड़ा है, मन भी पिंजड़ा है। शरीर है हड्डी-मांस-मज्जा से बना पिंजड़ा; मन है विचार,धारणाएं, पक्षपात, इनसे बना पिंजड़ा। मन और शरीर से जो मुक्त है, वही मुक्त है; वही जानता है जीवन के परम सौंदर्य को, जीवन के अर्थ को—अर्थवत्ता को, जीवन की भगवत्ता को! वही जानता है जीवन की शाश्वतता को। वही परिचित होता है—वह जो रहस्यों का रहस्य है, परमात्मा-उससे। उससे परिचित होते ही मृत्यु मिट जाती है, दुख मिट जाते है, पीड़ाएं मिट जाती हैं। आंनद की अहर्निश वर्षा होने लगती है, अमृत की झड़ी लग जाती है। फिर सावन ही सावन है, फिर कोई दूसरी ऋतु ही नहीं है।

आग थे इब्तिदाए-इश्क में हम
हो गए खाक, इन्तिहा है यह

शुरू-शुरू में तो सभी को लगता है आग हैं, अंगारे हैं। यह तो बहुत देर में पता चलता है कि सब अंगारे राख हो जाते हैं। जिसको अंगारा रहते हुए यह पता चल जाए कि मैं राख हो जाऊंगा, उसके जीवन में संन्यास का पदार्पण होता है; उसके जीवन में ध्यान की किरण उतरती है, समाधि की तलाश शुरू होती है।

अंगारे तो सभी राख हो जाएंगे। जब तक अंगारे हो तब तक उस गरमी का कुछ उपयोग कर लो; तब तक उस जीवन की उष्मा का कोई सदुपयोग कर लो, कोई सृजन कर लो। उससे बना लो कुछ ऐसा जो मिटेगा नहीं। मत गंवाओ उसे उसमें जो कि मिट ही जाने वाला है। रेत के भवन मत बनाओ, कागज की नावें मत चलाओ।

एक नाव ऐसी भी है जो पार ले जाती है; लेकिन वह नाव ध्यान की है। एक ऐसा भी भवन है जो परमात्मा का मंदिर बन जाता है; लेकिन वह भवन चैतन्य का है, बोध का है, बुद्धत्व का है। उसे जिसने नहीं पाया उसने जीवन को गंवाया—व्यर्थ गंवाया!

रंगे-निशात देख मगर मुत्मइन न हो
शायद कि यह भी हो कोई सूरत मलाल की
गुलशन बहार पर है, हंसो ऐ गुलो हंसो
जब तक खबर न हो तुम्हे अपने मआल की
अहसास अब नही है मगर इतना याद है
शक्लें जुदा-जुदा थीं उरूजो-जवाल की
रंगे-निशात देख...

देखो चारों तरफ लोग हंस रहे, मुस्करा रहे, जीवन को जीने की चेष्टा कर रहे। हारें आखिर में भला, मगर चेष्टा में कोई कमी नहीं है। मुस्कुराहटें चाहे झूठी हों, ऊपर से चिपकाई गई हों, मगर हैं तो बहुत।

रंगे-निशात देख...

देखो ये रंगीनियां! देखो यह उल्लास! यह ऊपर-ऊपर का उल्लास, ये ऊपर-ऊपर की रंगीनियां, यह ऊपर-ऊपर की बहार, यह झूठी बहार, ये झूठे वसंत!

रंगे-निशात देख मगर मुत्मइन न हो

लेकिन खयाल रखना, धोखा मत खा जाना, आश्वस्त मत हो जाना। लोगों को हंसते देख कर यह मत समझ लेना कि उनकी जिंदगी में हंसी है। हंसी तो कभी कुछ थोड़े से लोगों की जिंदगी में होती है—कोई बुद्ध, कोई जीसस, कोई कबीर, कोई नानक, कोई रैदास। इस जगत में बहुत थोड़े से लोग हंस सके हैं। हंस सके हैं वे ही जिन्होंने अपने को जाना है। उनके भीतर फव्वारे फूटे हैं—आंनद के, उल्लास के, उत्सव के। बाकी सब हंसियां झूठी हैं, थोथी हैं—भीतर के खालीपन को छिपाने के उपाय हैं, भीतर की रिक्तता को भुलाने की व्यवस्थाएं हैं।

आंसू हैं भीतर, और आंसू किसको दिखाओ! आंसुओं को छिपाना पड़ता है, कोई क्या कहेगा? क्यों अपनी भद्द कराओ! अंहकार कहता है, छिपा लो आंसुओं को; हंसो, मुस्कुराओ। नहीं भीतर मुस्कुरा सकते, कम से कम बाहर मुस्कुराओ। नहीं हो सत्य तुम्हारे पास, कोई फिकर नहीं; कम से कम सत्य का पाखंड तो करो! फूल असली न मिलें न सही, प्लास्टिक के भी फूल तो उपलब्ध हैं! कम से कम पड़ोसी तो धोखा खा जांएगे!

रंगे-निशात देख मगर मुत्मइन न हो

देखो चारों तरफ लोगों की हंसियां, मुस्कुराहटें, उल्लास, उत्सव, तमाशे—शहनाइयां बज रही हैं, बांसुरियां बज रही हैं, गीत गाए जा रहे हैं, नाच हो रहे हैं। देखो सब, मगर आश्वस्त मत हो जाना, मान मत लेना कि यह सच है!

रंगे-निशात देख मगर मुत्मइन न हो
शायद कि यह भी हो कोई सूरत मलाल की

खयाल रहे कि शायद यह भी दुख को प्रकट करने का एक ढंग है।

फ्रेड्रिक नीत्शे से किसी ने पूछा: तुम सदा हंसते रहते हो, तुम्हारी हंसी का राज?

नीत्शे ने कहा: अगर सच पूछो तो मैं इसीलिए हंसता हूं कि कहीं रोने न लगूं। अगर न हंसूंगा तो रो पड़ूंगा। वह जो ऊर्जा आंसू बनने को तत्पर खड़ी है, उसे किसी तरह मुस्कुराहट बनाता हूं। ऐसे औरों को धोखा देता हूं और औरों की आंखों में देखता हूं कि वे धोखा खा गए, तो उनके धोखे से खुद धोखा खाता हूं।

जिंदगी बड़ी बेबूझ है! यहां तुम दूसरे को धोखा देते-देते अपने को धोखा देने लगते हो।

मुल्ला नसरुद्दीन सांझ को टहलने निकला था। अंधेरी संध्या होने लगी। राजमहल के करीब ही था कि कुछ बदमाश छोकरे उसे परेशान करने लगे। कोई उसका कोट खींचने लगा, कोई उसके कोट के खीसे में हाथ डालने लगा। किसी ने उसकी छड़ी छीनने की कोशिश की। छोकरों की भीड़ थी। मुल्ला बूढ़ा आदमी। उसने कहा: इनसे बचना मुश्किल है। लेकिन उसने कुछ धूप में बाल नहीं पकाए, अनुभव से बाल पकाए हैं। पूछा कि तुम्हें पता है, मैं कहां जा रहा हूं? राजमहल जा रहा हूं। आज भोज है राजमहल में, तुम यहां क्या कर रहे हो? सारा गांव निमंत्रित है, तुम्हें पता नहीं?

जैसे ही लड़कों ने यह सुना वे भागे मुल्ला को छोड़ कर राजमहल की तरफ। जब सारे लड़के भागे तो मुल्ला भी उनके पीछे भागने लगा। उसने सोचा, हो न हो बात सच ही हो। मैंने तो झूठ कहा था, मगर कौन जाने भूल से झूठ सच ही हो! किसको पता, आज राजमहल में निमंत्रण हो ही! इतने लोग धोखा खा गए तो चल कर देख ही लेना ठीक है।

तुमने खुद भी पाया होगा कि तुम अगर झूठ बोलते रहो तो धीरे-धीरे अपने ही झूठ पर तुम्हें विश्वास आ जाता है। फिर तय करना मुश्किल हो जाता है कि जो मैं बोला था वह झूठ था या सच था? अगर लोग मान लें तो उनके मानने के कारण तुम भी उसे सच मान लेते हो।

रंगे-निशात देख मगर मुत्मइन न हो
शायद कि यह भी हो कोई सूरत मलाल की

यह भी शायद दुख का एक आवरण हो, एक ढंग हो, एक सूरत हो।

गुलशन बहार पर है, हंसो ऐ गुलो हंसो

वसंत आ गया है, तो फूलो, हंसो!

जब तक खबर न हो तुम्हें अपने मआल की

तब तक तुम्हें अपने भविष्य का कुछ पता नहीं है, हंस लो। देर नहीं है पतझड़ के आने में। सुबह खिला फूल सांझ गिर जाएगा। जो पत्ता अभी हरा है, जल्दी ही पीला पड़ जाएगा। जो अभी ऐसा गरूर से भरा था, जो अभी ऐसा मगरूर था, हवाओं से जूझता था, कि सूरज की किरणों से टक्कर लेने की

सामर्थ्य समझता था, कि पक्षियों के गीत के साथ नाच रहा था—उसे पता भी नहीं कि सूरज ढल भी न पाएगा और जिंदगी ढल जाएगी! सुबह जो खिला था वह सांझ मुरझा जाएगा।

गुलशन बहार पर है, हंसो ऐ गुलो हंसो
जब तक खबर न हो तुम्हे अपने मआल की
अहसास अब नहीं है मगर इतना याद है
शक्लें जुदा-जुदा थीं उरूजो-जवाल की

आखिर में तुम पाओगे कि जिसको तुमने उत्थान कहा और जिसको तुमने पतन कहा, वह एक ही चीज थी; शक्लें अलग-अलग थीं। जिसको तुमने दुख कहा और जिसको तुमने सुख कहा, वह एक ही चीज थी; शक्लें अलग-अलग थीं। मगर यह पता इतनी देर से चलता है कि फिर कुछ किया नहीं जा सकता। सांझ आ गई, और पंखुड़ियां झरनें लगीं, और पत्ते पीले पड़ गए; फिर कुछ करना भी चाहोगे तो न कर सकोगे।

इस देश की परंपरा थी सदियों तक कि संन्यास लिया जाए पचहत्तर साल के बाद। महावीर और बुद्ध ने वह परंपरा तोड़ दी और उन्होंने बड़ी अनुकंपा की कि उस परंपरा को तोड़ दिया। वह परंपरा चालबाज थी। उस परंपरा में होशियारी थी। वह परंपरा बेईमानों की ईजाद थी, पंडित-पुरोहितों का तर्क था कि अंतिम चरण में, जब संध्या आ जाएगी और सूरज डूबने लगेगा और जब पंखुड़ियां बिखरने को हो जाएंगी और पत्ते पीले पड़ने लगेंगे, जब पतझड़ द्वार पर दस्तक देने लगेगी—तब संन्यास ले लेना।

लेकिन उस संन्यास का क्या मूल्य? अर्थहीन होगा वह संन्यास, व्यर्थ होगा वह संन्यास!

हुआ अहसास पैदा मेरे दिल में तर्के-दुनिया का
मगर कब, जब कि दुनिया को जरूरत ही न थी मेरी

तब दुनिया छोड़ने का खयाल पैदा हुआ—कब! जब दुनिया को मेरी जरूरत ही न थी! यह कोई छोड़ना हुआ, यह कोई त्याग हुआ, यह कोई संन्यास हुआ! बुद्ध और महावीर ने मनुष्य-जाति को जो दान दिया वह था युवा-संन्यास—बड़े से बड़ा दान! लोग कहते हैं, उन्होंने बड़े से बड़ा दान—अंहिसा। वह कुछ भी नहीं है। उनका बड़े से बड़ा दान है—इस बात का बोध कि जितने जल्दी हो सके उतने जल्दी अपनी तरफ मुड़ आओ। देर नहीं है सांझ के होने में, कब हो जाएगी पता नहीं, सूरज कब ढल जाएगा पता नहीं। यह घड़ी हाथ में है, अगली घड़ी हाथ में होगी पता नहीं। कल पर भरोसा न करो।

महावीर और बुद्ध को हिंदू समाज माफ नहीं कर सका। माफ न करने का सबसे बड़ा कारण यह था कि उन्होंने युवकों को संन्यास दिया! उन्होंने बच्चों को भी संन्यास दिया। बच्चे और युवक संन्यासी हो जाएं तो जो समाज का ढांचा है बना-बनाया, सदियों पुराना, वह बिखर जाए। ब्राह्मण-पुरोहित का क्या हो? वह चाहता है कि जन्म से लेकर मृत्यु तक तुम्हारा सारा क्रियाकांड करे। वह चाहता है कि जन्म के दिन से लेकर मरने तक तुम्हारा शोषण करे। उसने इस तरह का जाल फैलाया है कि पैदा हो तो उसकी जरूरत, नामकरण हो तो उसकी जरूरत, यज्ञोपवीत हो तो उसकी जरूरत, विवाह हो तो उसकी जरूरत; फिर तुम्हारे बच्चे पैदा हों तो उसकी जरूरत, फिर तुम बूढ़े होओ तो उसकी जरूरत, तुम मरो तो उसकी जरूरत।

उसने तुम्हारी पूरी जिंदगी को कस लिया है; एक कोने से दूसरे कोने तक उसने कुछ छोड़ा नहीं है। मर जाने के बाद भी तुम्हारा पीछा नहीं छोड़ता। तीसरा करवाएगा, तेरहवीं करवाएगा, इतने से ही काम नहीं है, हर साल पितृ-पक्ष में तुम्हारा शोषण करेगा। मर गए, उनको भी नहीं छोड़ता। जिंदा हैं उनको तो कैसे छोड़ सकता है!

बुद्ध और महावीर ने उसकी ये चार आश्रमों की व्यवस्था तोड़ दी। संन्यासी का अर्थ ही होता है कि जो ब्राह्मण, पंडित, पुरोहित से मुक्त हो गया। और संन्यासी वर्णातीत है। ब्राह्मणों की व्यवस्था वर्ण पर खड़ी है—चार वर्ण—ब्राह्मण, क्षत्रिय, वैश्य, शूद्र। लेकिन संन्यासी का कोई वर्ण नहीं होता। जैसे ही कोई व्यक्ति संन्यासी हुआ कि वह वर्ण के अतीत हो जाता है, वह वर्ण के बाहर हो जाता है। उस पर फिर कोई मर्यादा और नियम लागू नहीं होते। वह अतिक्रमण है।

तो आश्रम की व्यवस्था तोड़ दी, क्योंकि युवकों को संन्यास दिया; और वर्ण की व्यवस्था तोड़ दी, क्योंकि संन्यासी किसी वर्ण का नहीं होता। संन्यासी होते ही उसका एक वर्ण रह जाता है—संन्यास। फिर वह ब्राह्मण रहा हो पहले, कि शूद्र रहा हो, कि क्षत्रिय रहा हो, कोई फर्क नहीं पड़ता। दोनों तरह से हिंदुओं की जड़ व्यवस्था थी उसको तोड़ दिया बुद्ध और महावीर ने। क्षमा नहीं कर सकते हिंदू उन्हें।

लेकिन उन्होंने बात तो बड़ी क्रांतिकारी की। जब जीवन हाथ में है, ऊर्जा है, उमंग है, कुछ कर गुजरने का सामर्थ्य है, चुनौतियां लेने का साहस है। जब तुम पर्वत चढ़ सकते हो तब चढ़ो। जब सागर तैर सकते हो तब तैरो। जब अस्थिपंजर हो जाओगे तब संन्यास लोगे? तो संन्यास तो फिर मुर्दों का हुआ। उस मुर्दा संन्यास में फूल नहीं लग सकते। जिसमें पाप करने की क्षमता नहीं रह जाती उसमें पुण्य करने की क्षमता भी नहीं रह जाती, इस गणित को याद रखना। क्षमता तो एक ही है, चाहे पाप कर लो चाहे पुण्य। क्षमता तो एक ही है, चाहे संसार बसा लो चाहे संन्यास। क्षमता तो एक ही है, चाहे धन कमा लो चाहे ध्यान। उर्जा तो एक ही है, चाहे शाश्वत को खोज लो चाहे क्षणभंगुर में गंवा दो, चाहे मरुस्थल में भटक जाओ या सागर पर पहुंच जाओ।

रैदास के सूत्र—

जो दिन आवहि सो दिन जाही।

जो दिन आया है, जाएगा। जो जीवन मिला है, छिन जाएगा। अवसर है यह। यह सदा के लिए नहीं मिल गया है। इसकी सीमा है। इसकी सीमा के भीतर कुछ कर लो—कुछ ऐसा जो कि शाश्वत से जोड़ दे, तो तुम असीम हो जाओ। जीवन की सीमा है लेकिन एक और जीवन है, परम जीवन, जिसकी कोई सीमा नहीं। देह में जो जीवन है वह तो आज है, कल नहीं हो जाएगा। इसकी मृत्यु तो सुनिश्चित है। मृत्यु से बचा नहीं जा सकता। आश्चर्यजनक है मगर सत्य है कि इस जगत में इस जीवन में एक ही बात सुनिश्चित है, और वह है मृत्यु। जन्म के बाद अगर कोई चीज बिलकुल सुनिश्चित है, सौ प्रतिशत, तो वह मृत्यु।

करना कूच रहन थिर नाही।।

कूच तो करना पड़ेगा। यह काफिला तो उठेगा। यह सब ठाठ पड़ा रह जाएगा। यह सराय है; रात ठहर गए ठीक, सुबह तो बोरिया-बिस्तर बांध ही लेना होगा। इस सराय को घर न समझ लो।

करना कूच रहन थिर नाही।।

कूच तो करना ही है। रहना थिर नहीं है। तो इस सराय की दीवालों को रंगते रहोगे रात भर? दीवालों पर तस्वीरें टांगते रहोगे रात भर? इस सराय की सफाई करते रहोगे रात भर? इस सराय के इंतजाम में ही गवां दोगे सारा समय? और सुबह आएगी और सराय छिन जाएगी!

नहीं; सराय का उपयोग कर लो। सराय में ही सब समय मत गंवा दो। इस शरीर में ही मत उलझे रहो। थोड़े सुलझो। इस शरीर से थोड़े जागो। इस शरीर से थोड़े ऊपर उठो। माना कि सत्तर-अस्सी साल इस शरीर में रहना है, मगर अनंतकाल की तुलना में सत्तर-अस्सी साल का क्या मूल्य है! एक रात से भी कम। और दिन जाते देर कहां लगती है—दिन यूं जाते हैं! पकड़ में तो समय आता नहीं, मुट्ठी में तो समय आता नहीं। सुबह हुई कि सांझ हो जाती है। सुबह होती शाम होती, उम्र यूं ही तमाम होती!

कल भी वही किया था, आज भी वही कर लोगे, परसों भी वही कर लोगे, कल भी वही करोगे। एक दिन मौत द्वार पर खड़ी हो जाएगी, क्या उत्तर दोगे! सिर झुका कर खड़ा होना पड़ेगा, हाथ खाली होंगे। भीख मांगोगे कि थोड़ा समय और, थोड़ा जीवन और, क्योंकि यह तो बेकार गया। और उस भीख का परिणाम है कि फिर तुम्हें जन्म मिलेगा। तुम जो मांगोगे सो मिलेगा। तुम अगर फिर जन्म मांगते हो, फिर जन्म मिलेगा, फिर किसी गर्भ में पैदा हो जाओगे। मगर तुम दोहराओगे वहीं भूलें जो तुमने पहले दोहराई थीं, शायद और भी आश्वस्त होकर दोहराओगे कि कोई फिकर नहीं, जन्म तो फिर-फिर मिल जाता है, जल्दी क्या है!

इसीलिए तो भारत में इतना आलस्य है। जन्म ही जन्म तो हैं, जल्दी क्या है! फिर मिलेगा जन्म, फिर मिलेगा जन्म, कर लेंगें आगे। मगर तुम तुम ही हो; आज नहीं करोगे, कल भी तो तुम तुम ही रहोगे। सच तो यह है कि अगर आज नहीं किया तो कल तो तुम और थोड़े ज्यादा तुम हो जाओगे, क्योंकि एक दिन और तुमने जी लिया, आदतें और मजबूत हो गईं।

मैंने सुना है, महामहिम मटकानाथ ब्रह्मचारी, मुल्ला नसरुद्दीन, ढब्बू जी और चंदूलाल एक बार चारों जुआ खेलते पकड़े गए। छापा मारने वाला पुलिस अफसर खुशी से फूला न समाया। चारों से उसने कहा कि चलो थाने, आज तुम्हें मजा चखाएं! वे चारों मजे से साथ हो लिए।

एक चौराहे पर पहुंच कर मुल्ला नसरुद्दीन ने कहाः माई-बाप, आधी फर्लांग की दूरी पर ही बढ़िया चाय-पान की दुकान है। कल हमें सजा हो जाएगी, फिर पता नहीं वह बढ़िया चाय पीने को हमें मिले या न मिले! और वे मीठे और जायकेदार पान फिर खाने को मिलें या न मिलें! यदि आप आज्ञा दें तो हम चारों जाकर आखिरी बार चाय-पान कर आएं, साथ में आपके लिए भी लेते आएंगे।

विचार तो बढ़िया है—पुलिस अफसर बोला—जाओ, जल्दी से वापस आना और मेरे लिए पान जरा बढ़िया लगवा कर लाना।

वे चारों गए सो गए। बेचारा पुलिस अफसर दो-तीन घंटे तक उनके लौटने की राह देखता रहा।

एक वर्ष बाद दीवाली के दिन फिर वही घटना घटी। चारों के चार फिर जुआ खेलते पकड़े गए। पुलिस अफसर बोलाः बच्चू, अब न छोड़ूंगा। बुरे फंसे हो इस बार। पिछली बार तो धोखा देकर निकल गए थे, अब चलो थाने, तुम्हें अच्छा मजा चखाता हूं।

चारों फिल्मी गाने की धुन गुनगुनाते हुए फिर साथ हो लिए। फिर रास्ते में वही चौराहा पड़ा। और

नसरुद्दीन ने फिर वही पुरानी बात दोहराईः माई-बाप, जैसा कि आपको पता ही है, पास ही चाय-पान की दुकान है, यदि आज्ञा दें तो हम लोग जाते-जाते एक बार चाय-पान कर आएं और आपके लिए भी श्रेष्ठतम पान लगवा लाएंगें।

पुलिस अफसर तो क्रोध से लाल होकर बोला, चालबाजो, मैं तुम्हारी एक-एक चालबाजी से अच्छी तरह परिचित हूं। मुझसे फिर वही चालाकी करने की कोशिश! बदमाशो, क्या तुम सोचते हो कि मैं निरा मूर्ख हूं? अरे लोमड़ी की औलादो, मैंने भी घाट-घाट का पानी पीया है। बाल धूप में नहीं पकाए। तुम सब यहीं रुको, मैं खुद जाता हूं, तुम्हारे लिए पान लेकर आता हूं।

तुम तो तुम्हीं हो! इधर से नहीं उधर से, भूल तुम वही करोगे। इस जन्म में जो की है वही अगले जन्म में करोगे, वही और अगले जन्म में करोगे।

ऐसे नहीं चलेगा। इस बात को तीर की तरह भीतर चुभ जाने दो—

जो दिन आवहि सो दिन जाही। करना कूच रहन थिर नाही।।

संगु चलत है हम भी चलना।

खयाल रखना, जब भी किसी अरथी को निकलते देखो तो स्मरण रखना—संगु चलत है हम भी चलना। अरथी को तो पहुंचाने जाते हो मरघट तक, उतनी दूर तक संग जाते हो वह तो ठीक; यह भी याद रखना कि हमें भी चलना है देर-अबेर?

एक भ्रांति है मनुष्य के मन में कि सदा दूसरे लोग मरते हैं। और एक तरह से बात जंचती भी है, क्योंकि तुम तो अभी तक मरे नहीं। तुम दूसरों को मरघट पहुंचा आते हो, फिर घर आ जाते हो। तुम सोचते हो कि मैं तो सिर्फ काम लोगों को मरघट पहुंचाने का करता हूं, मैं थोड़े ही मरता हूं। मगर जिनको तुम पहुंचा आते हो वे भी ऐसा ही सोचते रहे। वे भी पहुंचाते रहे। एक दिन दूसरे लोग तुम्हें पहुंचा आएंगे और यही सोचते हुए घर लौट जाएंगे कि बेचारा मर गया! यह खयाल ही नहीं आता कि मैं भी बेचारा हूं, मुझे भी मरना है!

अंग्रेजी में प्रसिद्ध कहावत है कि जब चर्च की घंटियां बजें—क्योंकि गांव में जब कोई मर जाता है यूरोप में तो चर्च की घंटियां बजती हैं ताकि गांव भर को खबर हो जाए—कि जब चर्च की घंटियां बजें तो यह पूछने मत भेजना कि कौन मर गया है, जानना कि तुम्हीं मर गए।

यह कहावत प्रीतिपूर्ण है, अर्थपूर्ण है, गहन है, गहरी है, इसमें डुबकी मारो। जब चर्च की घंटियां बजें तो यह पूछने मत भेजना कि कौन मर गया। जब रास्ते से अरथी निकले तो यह पूछने मत भेजना कि कौन मर गया। जानना कि तुम्हीं मरे। ये सब तुम्हारी ही शक्लें हैं। मगर लोग तो अदभुत हैं।

एक सुबह-सुबह अरथी निकली। सर्दी के दिन। मुल्ला नसरुद्दीन अपने आंगन में सूरज की तरफ मुंह किए धूप ले रहा है। उसकी पत्नी ने कहाः नसरुद्दीन, कोई मर गया। और जो मर गया है, मालूम होता है कुछ खास आदमी रहा होगा, क्योंकि अरथी में बहुत लोग हैं। रास्ते से अरथी गुजर रही है।

नसरुद्दीन ने कहाः बड़े बेवक्त मरा और बड़े बेवक्त अरथी गुजर रही है। अभी मैं उस तरफ मुंह नहीं किए हूं, अभी मैं धूप ले रहा हूं। तू ही देख ले और हाल-चाल मुझे बता देना।

आदमी पीठ तक बदलने को राजी नहीं है कि लौट कर देख ले, तो क्या खाक स्मरण करेगा कि

यह मृत्यु मेरी मृत्यु है! हर मृत्यु तुम्हारी मृत्यु है! मनुष्यों की ही नहीं, पीला पत्ता जब वृक्ष से गिरता है तो याद करना कि तुम गिरे। फूल जब सांझ को कुम्हला जाए और झर जाए, उसकी पंखुड़ियां धूल में पड़ जाएं, तो जानना कि तुम धूल में पड़े हो। जब पैरों के नीचे उसकी पंखुड़ियां दब जाएं, कुचल जाएं, तो जानना कि तुम कुचले गए हो।

ऐसा जब तुम समझने लगोगे, ऐसा जब तुम्हारे भीतर प्रगाढ़ भाव हो जाएगा, तो धर्म की क्रांति होती है, अन्यथा नहीं। मंदिर-मस्जिदों में जाने से नहीं। ये सब खेल-खिलौने हैं।

संगु चलत है हम भी चलना।

पहुंचा आना अरथी को मरघट तक, मगर कह आना कि हम भी आते हैं। देर-अबेर आना ही है।

दूरि गवनु सिर ऊपरि मरना।।

थोड़ी देर सही। थोड़ा और चलेंगें जिंदगी में; मगर सिर पर मौत लटकी हुई है, उससे बचा नहीं जा सकता। कितने ही तेजी से भागो, मौत से बचने का कोई उपाय नहीं है।

एक सूफी फकीर के शिष्य ने सपना देखा कि रात मौत ने उसके कंधे पर हाथ रखा। नींद में भी घबड़ा गया। पूछा कि क्या बात है, किसलिए मेरे कंधे पर हाथ रख रही हो? तो मौत ने कहा कि मैं तुझे बताने आई हूं कि आज संध्या सूरज के डूबने के साथ मैं आ रही हूं। चूंकि तू इस बड़े फकीर का शिष्य है, तेरे लिए यह विशेष छूट कि तुझे मैंने पहले से खबर दे दी। नियम नहीं है यह खबर देने का, अचानक आना ही नियम है, अनायास पकड़ लेना ही नियम है। क्योंकि खबर दे दो तो लोग बचें, भागें, इंतजाम करें। मगर तू इस बड़े फकीर का शिष्य है, तुझ पर दया करके मैं कह देती हूं, कुछ करना हो तो कर ले। ज्यादा देर नहीं बची है।

आधी रात ही उसकी नींद खुल गई, घबड़ा गया बहुत। फकीर से पूछा कि मैं क्या करूं? फकीर ने कहाः अब करने को और क्या है! अब तो एक ही उपाय है कि ले मेरा घोड़ा और जितने दूर निकल जा सके निकल जा। इस जगह रुकना अब एक क्षण ठीक नहीं।

फकीर मजाक कर रहा था। मगर शिष्य मजाक को समझ न सका। उसने तो ले लिया घोड़ा और भागा। जी-जान छोड़ कर भागा। रास्ते में पानी पीने तक को नहीं रुका। भागता ही गया, भागता ही गया। मीलों भागने के बाद सांझ होते-होते दमिश्क शहर के बाहर जाकर एक आम की बगिया में ठहरा। बड़ा प्रसन्न था कि इतने दूर निकल आया, अब मौत वहां खोजती फिरेगी! अपनी ही पीठ ठोकी। अपनी ही नहीं ठोकी, फिर घोड़े की भी पीठ ठोकी। और घोड़े से कहा कि तू भी दमदार है, क्योंकि उसको भी न दिन भर चारा मिला न पानी मिला। और कहाः तेरी चाल भी तेज है। हो भी क्यों न, है मेरे गुरु का घोड़ा! तूने मुझे बचा लिया। सूरज ढल रहा है, हम इतने दूर निकल आए। अब कहां मौत पता लगाएगी!

यह बात ही वह घोड़े से कर रहा था, और तो कोई था भी नहीं वहां। मगर बात करनी ही थी तो घोड़े से ही कर रहा था। तभी वह हाथ, जो रात सपने में उसके कंधे पर पड़ा था, फिर उसके कंधे पर पड़ा। घबड़ा कर देखा, पीछे मौत खड़ी है। मौत खिलखिला कर हंस रही है। उसने कहाः धन्यवाद तो घोड़े को मैं भी दूंगी कि ठीक वक्त पर ठीक जगह ले आया। यही वह वृक्ष है जिसके नीचे तुम्हें मरना है। असल में रात मुझे इसीलिए आना पड़ा, मैं बहुत चिंतित थी कि तुम इस वृक्ष तक बारह घंटे में कैसे

पहुंचोगे? इसलिए तुम्हें पूर्व से सूचना देनी पड़ी। क्योंकि जब तक तुम यहां न पहुंच जाओ तब तक मैं नहीं आ सकती। घोड़ा दमदार है और तुम भी आदमी हिम्मत के हो। मैं तक चिंतित थी, कि शक था मुझे कि तुम पहुंच पाओगे सांझ होते-होते, मगर तुम पहुंच गए और मैं आ गई। यही जगह है जहां तुम्हें मरना है।

कहां भागोगे? कितने ही तेज घोड़ों को ले लो, हवाई जहाज पर सवार हो जाओ, कहां भागोगे? मौत से नहीं भाग पाओगे।

दूरि गवनु सिर ऊपरि मरना।।

कितनी ही दूर निकल जाओ, मगर ध्यान रखना कि मौत सदा सिर पर है। जहां भी होओगे वहीं मरोगे। मृत्यु तो होनी ही है।

क्या तू सोया जाग अयाना।

मृत्यु जैसी घटना घेरे हुए है और फिर भी तुम कैसे अज्ञानी हो कि सो रहे हो! जागो!

यह सूफी फकीर का शिष्य नहीं पूछा गुरु से कि अभी बारह घंटे बचे हैं, अमृत का स्वाद चखा दो। जिंदगी तो गई ही गई, सांझ मौत आएगी सो आएगी, बड़ी कृपा है कि पहले खबर दे दी उसने। अब तक तो ध्यान नहीं हुआ, अब सारी शक्ति लगा देता हूं बारह घंटों में, क्योंकि अब बचाने को भी क्या है! अब दांव पर सब लगा देता हूं।

यह नहीं पूछा। यह पूछा कि अब क्या करूं, मौत से कैसे बचूं? गुरु ने तो मजाक किया था कि तू घोड़ा ले ले और निकल भाग। लेकिन अगर शिष्य में थोड़ी भी समझ होती तो वह कहता, घोड़ा मुझे कहां ले जाएगा? मौत का जाल बड़ा है, सारे जगत को घेरे हुए है, वह कहीं भी मुझे पकड़ लेगी। आप मुझे इस तरह धोखा न दें। घोड़ा क्या खाक मुझे बचाएगा, घोड़े की भी मौत होने वाली है। यह देह तो गई, अब तो मुझे कुछ शाश्वत को पाने का रास्ता दें।

ध्यान के लिए पूछा होता, परमात्मा के लिए पूछा होता! लेकिन लोग वह नहीं पूछते।

चार आदमी बात कर रहे थे। एक ने कहा कि अगर पता चल जाए, डाक्टर तुम्हारा कह दे कि बस अब तीन महीने से ज्यादा नहीं बचोगे तो तुम क्या करोगे? जहां तक मेरी बात है—उसने कहा—कि अगर मुझे डाक्टर कह दे कि तीन महीने से ज्यादा मैं नहीं बचूंगा तो मैं सब धंधा-वंदा बेच कर दुनिया के चक्कर पर निकल जाऊंगा; वह मेरी दिली आकांक्षा है कि सारी दुनिया देख डालूं—ताजमहल, और खजुराहो, और कोणार्क, और बोरोबूदर। दुनिया पड़ी है! हिमालय, और आल्प्स, और स्विटजरलैंड, और कश्मीर। देखा नहीं, जिंदगी भर धंधें में ही पड़ा रहा, यह दुकान पर ही बैठा रहा। अगर मेरा डाक्टर मुझसे कह दे कि तीन महीने बचे हैं, सब दुकान बेच कर बाल-बच्चों को नमस्कार करके मैं तो दुनिया के चक्कर पर निकल जाऊंगा।

दूसरे ने कहा कि अगर मुझे पता चल जाए कि तीन महीने ही बचूंगा तो पहला काम तो मैं यह करूंगा कि पत्नी को तलाक दूंगा, जो कि मैं जिंदगी भर से सोच रहा हूं। और फिर जितनी स्त्रियां मिल सकती हैं, भोग ही लूंगा। फिर जो भी खर्चा हो जाए, फिर हर रात एक नई स्त्री को ले आऊंगा। जब तीन ही महीने बचे तो अब क्या लोक-लज्जा, अब क्या नीति-अनीति! अब मौत ही आ रही है तो कौन फिकर करे!

तीसरे ने कहा, अगर मेरा डाक्टर मुझसे कह दे कि तीन महीने ही बचे हैं तो मैं सब बेच-बाच कर

बस शराब पीकर पड़ा रहूंगा। मस्ती। तीन महीने ही बचे तो फिर कमी नहीं करूंगा, फिर फिकर नहीं करूंगा कि शराब से बीमारी होती है, शराब से यह होता है वह होता है। फिर ये बेवकूफी की बातें छोड़ दूंगा। मौत ही आ रही है, तो फिर तो पीए ही पड़ा रहूंगा; जैसे ही होश आएगा फिर पी लूंगा; जैसे ही होश आएगा फिर पी लूंगा।

चौथा था एक यहूदी; या समझो कि मारवाड़ी। उसने कहाः अगर मेरा डॉक्टर मुझसे कहे कि तीन महीने ही बचे हैं तो मैं दूसरे डॉक्टर के पास जाकर सलाह लूंगा। इतनी आसानी से मरने वाला नहीं हूं।

मगर चारों में से एक ने भी मतलब की बात न कही, बेमतलब बातें। चलो तीन महीने नहीं छह महीने जी लोगे, तब भी क्या फर्क पड़ता है? समय की मात्रा बढ़ जाने से कोई फर्क नहीं पड़ता, तुम्हारी चेतना का गुण बदलना चाहिए।

इसलिए कहते हैं रैदासः क्या तू सोया जाग अयाना।

तुम्हारी चेतना का गुण बदलना चाहिए—सोने से जागने की तरफ यात्रा होनी चाहिए।

अपनी हालत का खुद अहसास नहीं है मुझको
मैंने औरों से सुना है कि परेशान हूं मैं

ऐसी हमारी बेहोशी है! हमें अपनी हालत का खुद ही पता नहीं हैं। औरों से सुना है कि परेशान हूं मैं! लोग कहते हैं कि तुम सोए हो। तुम्हें पता नहीं कि तुम सोए हो। आते हैं बुद्ध और चिल्लाते हैं तुम्हारे कानों में कि तुम सोए हो, लेकिन तुम नींद में भी जागने का सपना देख रहे हो। तुम हर तरह से बचने की कोशिश में संलग्न हो—नींद न टूटे, नींद बनी रहे। तुमने नींद में इतने न्यस्त स्वार्थ जोड़ दिए हैं, तुमने इतने मीठे-मधुर सपने सजा लिए हैं कि तुम्हें डर लगता है कि कहीं सच में ही यह नींद न हो। नहीं तो इस महल का क्या होगा—सोने का महल जो मैंने बनाया! ये जो अप्सराएं उतरी हैं, इनका क्या होगा!

क्या तू सोया जाग अयाना। तै जीवन जगि सचु करि जाना।।

क्योंकि जो जागे हैं उन्होंने ही जीवन के सत्य को जाना है। उन्होंने ही जीवन को सत्य कर लिया है। बाकी सब का जीवन तो असत्य है।

मुझे अहसास कम था वरना दौरे-जिंदगानी में
मेरी हर सांस के हमराह मुझमें इंकलाब आया

होश कम था, नहीं तो हर श्वास के साथ क्रांति आ रही थी, जा रही थी।

मुझे अहसास कम था...

चेतना कम थी, चैतन्य कम था, जागृति कम थी।

मुझे अहसास कम था वरना दौरे-जिंदगानी में
मेरी हर सांस के हमराह मुझमें इंकलाब आया

हर श्वास के साथ क्रांति घट सकती थी। इसलिए बुद्ध ने तो श्वास के ऊपर निरीक्षण करने पर बहुत जोर दिया है; विपस्सना उसी विधि का नाम है। आती श्वास को देखो, जाती श्वास को देखो। देखते-देखते आती-जाती श्वास को, तुम जाग जाओगे। क्योंकि श्वास तुम्हें जोड़े है शरीर से। जब तुम श्वास को देखोगे तो तुम अचानक पाओगे, तुम श्वास से भिन्न हो, तुम द्रष्टा हो। और जिसने जान लिया

कि मैं श्वास से भिन्न हूं उसने जान लिया कि मैं शरीर से भिन्न हूं। क्योंकि शरीर से जोड़ने वाली गांठ श्वास है। अगर मैं श्वास से ही भिन्न हूं तो श्वास ने जिस शरीर से जोड़ दिया है उससे तो मैं भिन्न हूं ही। इसमें फिर कोई संदेह नहीं रह जाता।

मुझे अहसास कम था वरना दौरे-जिंदगानी में
मेरी हर सांस के हमराह मुझमें इंकलाब आया

प्रतिपल क्रांति तुम्हारी श्वास के साथ आ रही है, जा रही है—जरा अहसास बढ़ाओ, जरा चैतन्य जगाओ, जरा जागो।

ध्यान की सारी विधियां जागरण की विधियां हैं। कैसे भी हो, जागना है। कोई अलार्म लगा कर जाग जाता है, कोई पड़ोसी से कह देता है द्वार पर दस्तक दे देना। कोई अपनी पत्नी से कह देता है कि आंख पर ठंडे पानी के छींटे मार देना। और कोई जिसे पता है, समझ है थोड़ी, अपने से ही कह कर सो जाता है; अगर नाम उसका राम है तो कहता है—राम, मुझे ठीक पांच बजे उठा देना! और तुम चकित होओगे कि ठीक पांच बजे नींद खुल जाएगी। अगर तुम समग्र भाव से यह विचार करके सो गए हो कि पांच बजे मुझे उठा देना, तो ठीक पांच बजे तुम्हारी नींद खुल जाएगी, क्योंकि तुम्हारे शरीर के भीतर भी एक घड़ी है जो काम कर रही है।

अब तो वैज्ञानिक शरीर की इस घड़ी से राजी हो गए हैं। तभी तो तुम्हें ठीक वक्त पर भूख लग आती है, और ठीक समय पर नींद आ जाती है, और ठीक समय पर नींद खुल जाती है। अगर जरा देर हो जाए तो पेट कुड़बुड़ाने लगता है; वह शरीर की घड़ी कहने लगती है कि अब बहुत देर हुई जा रही है। अगर जरा देर हो जाए तो आंखों में झपकी आने लगती है। शरीर कहता है, समय हो गया, अब बिस्तर लो। ज्यादा देर बिस्तर पर पड़े रहो, नींद खुलने का समय हो गया हो, तो सिर भारी हो जाता है। फिर दिन भर सुस्ती पकड़े रहती है।

शरीर की एक घड़ी है। चौबीस घंटे शरीर की घड़ी काम कर रही है। अगर थोड़ा होश हो तो तुम अपने से ही कह कर सो जा सकते हो, वही जागरण हो जाएगा।

लेकिन अगर इतना होश न हो तो किसी गुरु को खोजो कि तुम्हारे द्वार पर दस्तक दे दे। किसी ऐसे गुरु को खोजो कि दस्तक देकर ही न लौट जाए; अगर न उठो तो सिर पर डंडा भी मारे। अगर छीना-झपटी भी करना पड़े तो करे, मगर खींच कर बिस्तर के बाहर निकाल ले। लेकिन जागना तो होगा, अन्यथा जीवन व्यर्थ जा रहा है। प्रतिपल हाथ से तुम गंवा रहे हो एक परम संपदा।

और कैसे-कैसे धोखे आदमी अपने को दे लेता है! पहला तो सबसे बड़ा धोखा यह है कि आदमी सोचता है, मैं जागा ही हुआ हूं। यह सबसे बड़ा धोखा है। अब और क्या जागना है! आंख खुली है, दुनिया को देख रहा हूं। चलता हूं, उठता हूं, बैठता हूं, सड़क से गुजरता हूं, घर आता हूं, दफ्तर जाता हूं, हर किसी से टकरा नहीं जाता—तो जागा ही हुआ हूं। यह सबसे बड़ा धोखा है, क्योंकि जिसने मान लिया मैं जागा ही हुआ हूं, अब वह जागने का कोई उपाय न करेगा।

गुरजिएफ कहता था एक कहानी बार-बार कि एक जादूगर के पास बहुत सी भेड़ें थीं। और उसने पाल रखा था भेड़ों को भोजन के लिए। रोज एक भेड़ काटी जाती थी; बाकी भेड़ें देखती थीं, उनकी छाती

थर्रा जाती थी। उनको खयाल आता था कि आज नहीं कल हम भी काटे जाएंगे। उनमें जो कुछ होशियार थीं, वे भागने की कोशिश भी करती थीं। जंगल में दूर निकल जाती। जादूगर को उनको खोज-खोज कर लाना पड़ता। यह रोज की झंझट हो गई थी। और न वे केवल खुद भाग जातीं, और भेड़ों को भी समझातीं कि भागो, अपनी नौबत भी आने की है। कब हमारी बारी आ जाएगी पता नहीं! यह आदमी नहीं है, यह मौत है! इसका छुरा देखते हो, एक ही झटके में गर्दन अलग कर देता है!

आखिर जादूगर ने एक तरकीब खोजी, उसने सारी भेड़ों को बेहोश कर दिया और उनसे कहा, पहली तो बात यह कि तुम भेड़ हो ही नहीं। जो कटती हैं वह भेड़ है, तुम भेड़ नहीं हो। तुममें से कुछ सिंह हैं, कुछ शेर हैं, कुछ चीते हैं, कुछ भेड़िए हैं। तुममें से कुछ तो मनुष्य भी हैं। यही नहीं, तुममें से कुछ तो जादूगर भी हैं।

सम्मोहित भेड़ों को यह भरोसा आ गया। उस दिन से बड़ा आराम हो गया जादूगर को। वह जिस भेड़ को काटता, बाकी भेड़ें हंसती कि बेचारी भेड़! क्योंकि कोई भेड़ समझती कि मैं मनुष्य हूं! और कोई भेड़ समझती कि मैं तो खुद ही जादूगर हूं, मुझको कौन काटने वाला है! कोई भेड़ समझती मैं सिंह हूं, ऐसा झपट्टा मारूंगी काटने वाले पर कि छठी का दूध याद आ जाएगा। मुझे कौन काट सकता है? यह बेचारी भेड़ है, रें-रें करके काटी जा रही है! और यह भेड़ भी कल तक यही सोचती रही थी जब दूसरी भेड़ें कट रही थीं कि मैं सिंह हूं, कि मैं मनुष्य हूं, कि मैं जादूगर हूं, कि मैं यह हूं कि मैं वह हूं। उस दिन से भेड़ों ने भागना बंद कर दिया।

गुरजिएफ कहता था: आदमी करीब-करीब ऐसी हालत में है। तुम सोए हो, गहन निद्रा में सोए हो।

आध्यात्मिक अर्थों में सोने का अर्थ समझ लेना। सोने का अर्थ यह नहीं होता कि जब तुम रात को बिस्तर पर आंख बंद करके सोते हो तभी सोते हो। वह शारीरिक निद्रा है। आध्यात्मिक निद्रा का अर्थ होता है, जिसको स्वयं का पता नहीं हैं वह सोया है।

महावीर से किसी ने पूछा है: मुनि की क्या परिभाषा? तो मुनि की परिभाषा में महावीर ने कहा: असुत्ता मुनि। जो सोया नहीं है वह मुनि। और फिर उसने पूछा कि अमुनि की क्या परिभाषा? तो महावीर ने कहा: सुत्ता अमुनि। जो सोया है वह अमुनि।

प्यारी परिभाषा की। इसमें जैन धर्म कहीं आया ही नहीं। असल में महावीर जैसे व्यक्तियों के पास जैन, बौद्ध, ईसाई जैसी बातें नहीं आतीं, होती ही नहीं।

किसी जैन मुनि से पूछो कि मुनि यानी कौन? तो अगर वह मुंह-पट्टी वाला है तो पहले तो कहेगा—जो मुंह पर पट्टी बांधता हो। अगर वह दिगंबर है तो कहेगा—जो नग्न हो, जो एकाहारी हो, जो भिक्षा मांग कर लाता हो, जो तीन वस्त्रों से ज्यादा पास न रखता हो। श्वेतांबर है तो—जो सफेद कपड़े पहनता हो। इस तरह की परिभाषाएं करेंगे ये लोग। महावीर की परिभाषा इनसे न हो सकेगी। ये खुद ही जागे नहीं हैं, ये क्या खाक कहेंगे—असुत्ता मुनि—कि जिसकी नींद टूट गई है वह मुनि; और जो अभी भी सो रहा है वह अमुनि। फिर चाहे तुम नंगे ही क्यों न सो रहे हो, इससे क्या फर्क पड़ता है! इसका मतलब हुआ कि दिगंबर सो रहे हो।

बहुत से लोग सोते हैं नंगे। पश्चिम में तो सारे लोग नंगे ही सोते हैं। इधर शायद भारत को छोड़ कर दुनिया में कोई कौम नहीं है जो नंगी न सोती हो। क्योंकि कपड़े पहने सोना, यह भी कोई सोना है! पजामा बंधा है जोर से, धोती बंधी है। वह तो तुम बड़ी कृपा करते हो कि टोपी और जूते उतार देते हो। और स्त्रियां बांधे हुए हैं कपड़ों पर कपड़े और सो रही हैं। शरीर को विश्राम तक नहीं लेने देते।

तो कोई दिगंबर हो, इससे कुछ फर्क नहीं पड़ता। नंगा सो रहा है। कोई कपड़ों में सो रहा है। कोई सफेद कपड़ों में सो रहा है—श्वेतांबर। कोई मुंह पर पट्टी बांध कर सो रहा है। पता नहीं किसको धोखा दिया जा रहा है! इतने सस्ते अगर कोई मुनि हो सकते होते तो दुनिया मुनियों से भर गई होती। इतनी आसानी से कोई मुनि नहीं होता।

मुनि की परिभाषा महावीर की ठीक हैः जागो! फिर जागने का क्या अर्थ लें? तुम्हें और सब तो दिखाई पड़ता है, सिर्फ तुम ही नहीं दिखाई पड़ते। देखने वाला भर दिखाई नहीं पड़ता। इसलिए जागने की परिभाषा हैः देखने वाले को जो देख ले; जो स्वयं को पहचान ले; जो अंतर्मुखी हो जाए।

दूसरों को देख रहे हो और सोच रहे हो कि तुम जागे हो। वे तुम्हें देख रहे हैं और सोच रहे हैं कि जागे हैं। न उन्हें उनका पता है, न तुम्हें अपना पता है। कोई अगर पूछता है, आप कौन? तो जल्दी से नाम बता दिया, जाति बता दी, देश बता दिया, पासपोर्ट निकाल कर बता दिया, आइडेंटिटी कॉर्ड बता दिया। ये तुम कोई भी नहीं हो। ये सब सांयोगिक बातें हैं कि तुम भारत में पैदा हुए। पाकिस्तान में हो सकते थे, चीन में हो सकते थे। यह सांयोगिक बात है कि तुम्हारे मां-बाप ने तुम्हारा नाम राम रख दिया; तुम्हारा नाम कृष्ण हो सकता था।

एक हिंदू को मैं जानता हूं, उनका नाम है रामप्रसाद; था कहना चाहिए। फिर वे मुसलमान हो गए, उनका नाम हो गया—खुदाबख्श। वे मुझसे मिलने आए। मैंने पूछाः कहो रामप्रसाद कैसे हो? उन्होंने कहाः रामप्रसाद अब मेरा नाम नहीं मैं मुसलमान हो गया। बहुत दिन रह लिया शूद्र हिंदुओं में, बरदाश्त के बाहर हो गया। बहुत अत्याचार हुआ मेरे ऊपर।

तो मैंने कहाः अब तुम्हारा नाम? उन्होंने कहाः खुदाबख्श। मैंने कहाः बड़ी हैरानी की बात है। खुदाबख्श का वही मतलब होता है जो रामप्रसाद का। राम का प्रसाद कहो या खुदा की बख्शीश कहो, एक ही बात है। क्या खाक बदले तुम भी—रामप्रसाद से बदले तो खुदाबख्श हो गए! कुएं से निकले तो खाई में गिर गए।

नाम बदलने से क्या होगा? नाम तुम हो ही नहीं, तो कितना ही बदल लो। न तुम नाम हो, न तुम जाति हो, न तुम वर्ण हो, न तुम धर्म हो। मंदिर जाओ कि मस्जिद, अगर सोए हो तो सोए-सोए मंदिर जाओगे, सोए-सोए मस्जिद जाओगे। सवाल जागने का है। तुम्हें पता ही नहीं कि तुम कौन हो। लेकिन धोखा दे दिया गया है। नाम पकड़ा दिया तो तुम सोचते हो कि यही नाम मैं हूं। उसी नाम को लेकर जिंदगी भर गुजार लोगे। कभी सोचोगे भी कि नहीं, नाम मैं कैसे हो सकता हूं?

अनाम पैदा होते हैं सभी बच्चे। किसी बच्चे से तो पूछो पैदा होते से ही कि भई तेरा नाम? कहां से आ रहे हो? कौन हो? जाति? वह चुप ही रहेगा। उसको नाम, जाति, धर्म इत्यादि सीखने में दो-चार साल लग जाएंगे।

तुमने एक मजे की बात देखी—छोटे-छोटे बच्चे शुरू-शुरू में एक बड़े महत्व की बात कहते हैं। जैसे तुमने बच्चे का नाम मुन्ना रख दिया, तो जब बच्चे को भूख लगती है तो वह कहता है, मुन्ना को भूख लगी है। यही बड़ी महत्वपूर्ण बात है। अभी उसका तादात्म्य नहीं हुआ है मुन्ना से। अभी वह मुन्ना को अलग मानता है। वह कहता है, मुन्ना को भूख लगी है। वह यह नहीं कहता, मुझे भूख लगी है। अभी मैं और मुन्ना में भेद है। धीरे-धीरे भेद मिट जाएगा। जब भी मुन्ना को भूख लगेगी बाद में, तब तक वह मुन्नालाल हो जाएगा, तो वह कहेगा, मुझे भूख लगी है। लेकिन सच यह है कि बच्चा ज्यादा ठीक कह रहा था कि मुन्ना को भूख लगी। मैं तो देखने वाला हूं कि मुन्ना को भूख लगी।

स्वामी राम ऐसे ही बोलने लगे थे। वे यह नहीं कहते थे, मुझे प्यास लगी है; वे कहते थे, राम को प्यास लगी है, राम को भूख लगी है। एक जगह अमरीका में कुछ लोगों ने उन्हें बहुत गालियां दीं, अपमान किया। वे खड़े हंसते रहे। एक आदमी ने पूछा कि आप हंस क्यों रहे हैं? आपकी समझ में नहीं आ रहा, हम गाली दे रहे हैं?

उन्होंने कहा: राम को तुम जितनी चाहो गाली दो, मेरा क्या लेना-देना? मेरा कोई नाम ही नहीं है। अनाम पैदा हुआ, अनाम हूं, अनाम जाऊंगा। राम से अपना लेना-देना क्या है? तुम दे रहे हो गाली, मैं मस्त हो रहा हूं। मैं देख रहा हूं कि अजीब हैं ये लोग भी, किसको गाली दे रहे हैं जो है ही नहीं! किस राम की बात चल रही है? तुम मुझे गाली दे ही नहीं सकते, क्योंकि तुम्हें मेरा नाम ही पता नहीं है। तुम मेरा अपमान नहीं कर सकते, क्योंकि तुम्हें मेरा नाम ही पता नहीं है। तुम मेरे मुंह पर भी अगर कालिख पोत दो तो वह मुझ पर नहीं लगेगी, क्योंकि मैं शरीर नहीं हूं। मेरा अंतर्तम तो वैसा ही उज्जवल रहेगा, वैसा ही स्वच्छ। तुम्हारे हाथ ही खराब होंगे। अब तुम अपनी जबान ही खराब कर रहे हो गालियां देकर। मैं देख रहा हूं कि बेचारे कितनी मेहनत कर रहे हैं, किसको गाली दे रहे हैं—जो है ही नहीं; जो केवल एक कल्पनामात्र है!

नाम सब कल्पित हैं। मगर हम कल्पनाओं को अपना मान लेते हैं। हमारा जागना कल्पित है। और इस कल्पना में ही हम भटक लेते हैं और इसी कल्पना में जीते जी मर जाते हैं।

क्या तू सोया जाग अयाना। तै जीवन जगि सचु करि जाना।।

जो जागा उसने ही जीवन के सत्य को जाना है।

जिनि दिया सु रिजकु अंबरावै।

जीवन मिला है और तुम केवल जीविका ही जुटा रहे हो! जीवन बस जीविका जुटाने में बिता दोगे? रोटी-रोजी-कपड़ा-मकान...और मैं नहीं कहता कि यह जरूरी नहीं है। रोटी भी जरूरी है, कपड़ा भी जरूरी है, मकान भी जरूरी है; मगर और भी जरूरतें हैं, इससे भी बड़ी जरूरतें हैं। ये सीढ़ियां हैं, इनका उपयोग कर लो, लेकिन मंदिर को मत भूल जाना! जीविका कमा लेना जीवन नहीं है। जीविका तो शरीर के लिए जरूरी है और जीवन तो आत्मा का होता है।

सब घट भीतरि हाटु चलावै।।

जरा उसको तो देखो जो सबके घटों के भीतर श्वास को चला रहा है, जीवन को चला रहा है। उस चलाने वाले को पहचानो, कि बाहर ही उलझे रहोगे?

युद्ध के समय सेना में जबरदस्ती लोगों को भर्ती किया जा रहा था। उन्हीं लोगों में मुल्ला नसरुद्दीन को भी पकड़ लाया गया था। मुल्ला को सभी परीक्षणों से गुजारा गया और उसने सभी परीक्षणों से बचने की कोशिश की। गलत-सही जवाब दिए, उलटे-सीधे उत्तर लिखे, मगर फिर भी उसे खरा साबित कर दिया गया। उन्हें तो भर्ती करना ही था। मुल्ला परेशान था, क्योंकि वह सेना में भर्ती नहीं होना चाहता था। अंतिम परीक्षण नेत्र-परीक्षण था। मुल्ला को एक बड़े बोर्ड के समक्ष ले जाया गया, जिस पर वर्णमाला के अनेक अक्षर, अनेक चिह्न, अनेक प्रकार के निशान बने हुए थे।

अच्छा यह तो बताओ जरा नसरुद्दीन कि यह कौन सा अक्षर है? चुनाव अधिकारी ने एक अक्षर की ओर इशारा करते हुए नसरुद्दीन से पूछा। मुल्ला ने इनकार में सिर हिलाते हुए कहाः महोदय, मुझे कुछ भी स्पष्ट दिखाई नहीं दे रहा कि वह क्या है। अधिकारी ने पूछा कि तुम्हें दिखाई नहीं पड़ रहा है अक्षर? मुल्ला ने कहाः अक्षर! मुझे बोर्ड नहीं दिखाई पड़ रहा। अधिकारी ने बड़े बोर्ड बुलवाए। बड़े-बड़े अक्षरों वाले बोर्ड। मगर वह हमेशा यही कहे, मुझे कुछ दिखाई नहीं पड़ रहा—कहां बोर्ड है? कहां अक्षर है?

हार कर अधिकारियों ने...कुछ सूझा नहीं तो अंततः एक थाली बुलवाई और चिढ़ कर मुल्ला से पूछा, नसरुद्दीन! हाथ में रखो, देखो इसको, अब तो बता दो कि यह क्या है? या कि इसे भी नहीं पहचानते? नसरुद्दीन ने गौर से देखा थाली को और कहाः अरे, यह मेरी अठन्नी कहां मिली आपको! इसे मैं तीन दिन से खोज रहा हूं।

सिर ठोक लिया अधिकारियों ने—कहा, ठीक है। छुट्टी पाई वहां से। नसरुद्दीन बाहर निकला प्रसन्नता में, पास ही जाकर एक मेटिनी शो में बैठ गया। जब इंटरवल हुआ और प्रकाश हुआ तो वह देख कर चकित हुआ कि बगल में वही अधिकारी बैठा हुआ है। उसके तो प्राण निकल गए! इसके पहले कि अधिकारी कुछ कहे—कि तुम्हें थाली अठन्नी दिखाई पड़ती थी और इतने दूर बैठ कर तुम्हें फिल्म मजे से दिखाई पड़ रही है; और बोर्ड तुम्हें दिखाई नहीं पड़ता था, अक्षर की तो बात ही क्या थी—इसके पहले कि अधिकारी कुछ कहे, अधिकारी कहने ही कहने को था कि नसरुद्दीन ने कहा कि महोदय, यह बस कहां जा रही है?

धोखा ही देने पर तुले हो तो बात दूसरी है। और दूसरों को दे रहे होते धोखा तो भी ठीक था, अपने को ही दे रहे हो; और दिए चले जाते हो। रोज-रोज नये-नये धोखे ईजाद करने पड़ते हैं, क्योंकि पुराने धोखे बासी पड़ जाते हैं। एक पत्नी से ऊब गए तो दूसरी स्त्री में रस लेने लगते हो। एक पति से ऊब गए तो दूसरे पुरुष में रस लेने लगते हो। एक भोजन से ऊब गए तो दूसरा भोजन, एक मकान से ऊब गए तो दूसरा खरीदने का सोचने लगते हो।

एक धोखा टूट नहीं पाता कि तुम नये धोखे खड़े कर लेते हो। अगर धोखा देना ही तय कर रखा है, तब तो बात और है। मगर तब खयाल रखना, यह धोखे की आदत जन्मों-जन्मों तक भटकाएगी, सड़ाएगी, गलाएगी।

जिनि दिया सु रिजकु अंबरावै। सब घट भीतरि हाटु चलावै।।

उस मालिक को पहचानो, जो सब घटों के घट में विराजमान है।

करि बंदिगी छांड़ि मैं मेरा।

रैदास कहते हैं: मैंने तो एक ही प्रार्थना जानी—जिस दिन मैंने 'मैं' और 'मेरा' छोड़ दिया। वही बंदगी है।

करि बंदिगी छांड़ि मैं मेरा। हिरदे नामु सम्हारि सबेरा।।

यह बड़ा प्यारा वचन है। कहते हैं: जिस दिन मैंने मैं और मेरा छोड़ दिया। क्योंकि मैं भी धोखा है और मेरा भी धोखा है। जब मैं भी नहीं रहता और कुछ मेरा भी नहीं रहता, तब जो शेष रह जाता है तुम्हारे भीतर, वही तुम हो, वही तुम्हारी ज्योति है—शाश्वत, अंनत, असीम। तत्वमसि! वही परमात्मा है। बंदगी की यह परिभाषा कि मैं और मेरा छूट जाए, तो सच्ची बंदगी।

हिरदे नामु सम्हारि सबेरा।।

इसलिए जल्दी करो। हृदय में सम्हालना ही हो तो परमात्मा के नाम को सम्हालो, अपने नाम को छोड़ो। अपने को छोड़ो और परमात्मा को सम्हालो। अंहकार छोड़ो, परमात्मा को विराजमान करो।

इस वाक्य के दो अर्थ हो सकते हैं। सबेरा का अर्थ जल्दी भी होता है कि जल्दी करो। और सबेरा का अर्थ सबेरा भी होता है—सुबह।

हिरदे नामु सम्हारि सबेरा।।

जिस दिन तुमने अपने भीतर प्रभु को सम्हाल लिया उसी दिन सुबह हो गई; उसके पहले तुम रात में ही रहे—रात ही रात थी, लंबी रात थी, जन्मों-जन्मों की रात थी। यह जो रोज सूरज ऊगता है, इससे सुबह नहीं होती।

जब तक तुम्हारे भीतर प्रभु का पर्दापण न हो तब तक सुबह के धोखे में मत पड़ना। बाहर की सुबह सुबह नहीं है, बाहर का सबेरा सबेरा नहीं है। बाहर का सबेरा तुम्हारा अंधेरा नहीं काट सकेगा। भीतर का सबेरा चाहिए।

बंदगी में तुम क्या करते हो लेकिन? मैं और मेरा तो छोड़ते ही नहीं, मैं और मेरा बढ़ाने के लिए प्रार्थना करते हो। तुम्हारी बंदगी भी अजीब है। तुमने उलटी बंदगी कर ली। खोपड़ी ही जैसे लोगों की उलटी है। प्रार्थना करने जाते हैं तो मांगते हैं कि और धन दे, और दौलत दे, यश मिले, सम्मान मिले, चुनाव जीत जाऊं, लाटरी का नंबर खुल जाए। लोग प्रार्थना में भी प्रार्थना नहीं करते—वही पुरानी मूढ़ता, उसी की पुनरुक्ति। जिसने बंदगी जानी है वह कुछ और ही तरह की बात जान लेता है।

अपने ही हाथ से दे-दे जो तुझे देना है
मेरी तशहीर न फर्मा मुझे साइल न बना

जिसने बंदगी जानी वह कहता है: जो तुझे देना हो अपने ही हाथ से दे देना; न देना हो न देना।

अपने ही हाथ से दे-दे तुझे जो देना है
मेरी तशहीर न फर्मा...

नाहक मुझसे ढिंढोरा न पिटवा।

...मुझे साइल न बना

और मुझे भिक्षु न बना, मुझे भिखारी न बना, मुझे मांगने को मजबूर मत कर। हो तेरी मर्जी तो दे

दे, जो देना हो दे दे। तू जो दे दे मैं उसमें राजी हूं, क्योंकि जो तू देगा वही शुभ है। और जो मैं मांगूंगा—अंधेरे में, अंधेपन में, बेहोशी में—वह अशुभ होगा। मेरे मांगे का क्या! मेरे मांगे में तो गलतियां ही होने वाली हैं।

जनमु सिरानो पंथु न संवारा।

मैं क्या मांगूं तुझसे! जन्म बीत गया, अभी तक अपना पथ भी नहीं खोज सका, अभी तक पंथ भी न संवार सका।

सांझ परी दह दिसि अंधियारा।।

और सांझ होने के करीब आने लगी, जल्दी ही दसों दिशाओं में अंधेरा छा जाएगा। क्या मांगूं तुझसे? मैं जो मांगूंगा, क्षुद्र ही होगा, व्यर्थ ही होगा। इसी क्षुद्र में डूबा-डूबा तो समाप्त हुआ हूं।

थोड़ी तंबाकू और डालिए, ढब्बू जी बोले। पनवाड़ी ने पान में कहे अनुसार तंबाकू डाल दी। यार जरा लौंग और पिपरमेंट भी थोड़ा तेज। पान वाले ने वैसा ही किया। ढब्बू जी बोलेः अरे गुलकंद लगाना तो भूल ही गए भाई! पान वाले ने अनमने भाव से गुलकंद लगा दिया। अब ऐसा करो एक इलायची और डालो, कुछ स्वाद तो आए कम से कम—ढब्बू जी बोले। इलायची डाले जाने पर उन्होंने पुनः प्रार्थना की, अरे पनवाड़ी जी, यदि पान-बहार मसाला हो तो थोड़ा वह भी डालिए न और जरा चमन-बहार तेज! दुकानदार से अब रहा न गया। गुस्से में किड़किड़ाते हुए बोलाः और जनाब यदि आप आदेश दें तो आपका यह पच्चीस पैसे का सिक्का भी इसी में डाल दूं!

मांगोगे क्या? मांगने योग्य तुम्हारे पास समझ कहां? तुम जो मांगोगे गलत होगा। तुम्हारी सब मांगें गलत हैं। और जो तुम पाओगे वह भी बस यही होगा जो तुम मांगोगे। पच्चीस पैसे का सिक्का आखिर में हाथ लगेगा।

लोग यही मांग रहे हैं। मंदिरों में जाकर लोगों की प्रार्थनाएं सुनो, मस्जिदों में उनके उठे हुए हाथ देखो। झोली फैलाए हुए हैं, भिखारी बने हैं।

नहीं, परमात्मा से कुछ भी मांगना नहीं है। उससे तो कहनाः जो तेरी मर्जी हो वह कर! तेरी मर्जी पूरी हो! तो मेरा पंथ संवर जाए!

सांझ परी दह दिसि अंधियारा।।

अंधियारा घिरने लगा है, सांझ होने लगी है। कुछ सम्हाल नहीं पाया। नहीं कि शास्त्र नहीं पढ़े—पढ़े। नहीं कि गुरुओं के वचन नहीं सुने—सुने। मगर शास्त्र हों कि गुरु हों, अर्थ तो तुम अपने निकाल लेते हो। और तुम्हारे अर्थ बस तुम्हारे अर्थ हैं। न उसका कृष्ण से कोई संबंध है, न बुद्ध से, न जीसस से, न मोहम्मद से।

एक दिन मटकानाथ ब्रह्मचारी अपने मित्र भोंदूमल को ज्ञान-दान कर रहे थे। भोंदूमल की जीवनचर्या की बहुत आलोचना कर रहे थे। उसने उसे अनेक उपदेश दिए, धर्मोपदेश दिए। अंत में उन्होंने जीवन में ब्रह्मचर्य का महत्व और ब्रह्ममुहूर्त में जागने के आध्यात्मिक लाभों पर प्रकाश डालने के बाद पूछाः सच-सच कहो भोंदूमल, तुम सोकर कब उठते हो?

उपदेश और सलाह-मशवरे सुन-सुन कर थक चुके भोंदूमल ने रोती सी आवाज में जवाब

दिया, आप मानेंगे नहीं, लेकिन सच कहता हूं, जैसे ही सूरज की किरणें मेरे कमरे में प्रवेश करती हैं मैं फौरन जाग जाता हूं।

फिर झूठ बोले—मटकानाथ ब्रह्मचारी का क्रोध भड़क उठा—सरासर झूठ बोलते हुए तुझे शर्म नही आती? वाह रे निशाचर, सारा गांव जानता है कि तुम दिन भर सोते हो और शाम को चार बजे सोकर उठते हो। अरे कुंभकरण, कुछ तो लाज करो!

ईश्वर की सौगंध खाकर कहता हूं मैं झूठ नहीं बोलता—भोंदूमल ने सफाई दी। मेरे कमरे के दरवाजे-खिड़कियों का मुंह पश्चिम दिशा की ओर है, मैं क्या करूं! उठता हूं तभी जब सूरज की किरणें मेरे मुंह पर पड़ती हैं। अब मकान ही गलत बना है तो उसमें मेरा क्या कसूर है?

अर्थ तो तुम निकालोगे अपने! ब्रह्ममुहूर्त शब्द में क्या अर्थ होगा? तुम अपना अर्थ डालोगे। ब्रह्मचर्य में तुम अपना अर्थ डालोगे। प्रार्थना तुम अपनी गढ़ लोगे। पूजा तुम अपनी बना लोगे। भगवान गढ़ लिए हैं तुमने। मिट्टी-पत्थर के खिलौनों की तुम पूजा कर रहे हो। और तुम्हें कभी समझ भी नहीं आती, सोच भी नहीं आता कि हम क्या करने में लगे हैं। संसार में धोखा खा रहे हो, धोखा दे रहे हो; धर्म के नाम पर भी धोखा दे रहे हो और धोखा खा रहे हो।

अब जागो! कहीं ऐसा न हो कि सांझ आ जाए और दसों दिशाओं से अंधेरा घिर जाए। सांझ आ ही रही है और अंधेरा भी घिरेगा ही।

कह रविदास नदान दिवाने।

ऐ पागल, ऐ नादान!

चेतसि नाही दुनिया फनखाने।।

यह दुनिया तो नाशवान है, तू चेतता नहीं!

तुम टालते हो। तुम कहते हो, चेतेंगे, जरूर चेतेंगे! तो पहला तो धोखा यह कि कुछ लोग मानते हैं कि वे चेत ही गए हैं। यही नहीं, वे दूसरों को चेताने में लगे हैं। खुद तो चेत ही गए हैं, अब दूसरों को चेताना है। दूसरा धोखा यह कि अगर आज नहीं चेतें हैं तो कल चेत जाएंगे, अभी जल्दी क्या है? अभी कोई सांझ हुई नहीं जाती। और ऐसे ही तुम कल भी कह रहे थे; ऐसे ही तुम आज भी कह रहे हो; और ऐसे ही तुम कल भी कहोगे। चेताने वाले हार-हार जाएं तो भी तुम अपनी आदतों में जड़ हो गए हो।

इलाहाबाद के पंडित बड़े ही प्रसिद्ध हैं। एक इलाहाबादी पंडित अपने जजमान के यहां भोजन करने पहुंचे। वह जजमान उन्हें बुला कर तो बड़ी परेशानी में पड़ गया, क्योंकि पंडित जी धीरे-धीरे पूरी रसोई साफ कर गए। घर के सारे भोज्य पदार्थ खत्म होने लगे। अब जजमान बड़ी मुसीबत में; यह बात कैसे छिपाए कि अब घर में भोजन खत्म होने को है! तो उसने पंडित जी से कहा: पंडित जी, पानी-वानी भी तो पीजिए। पानी तो आपने अभी तक पीआ ही नहीं!

पंडित जी हंसते हुए बोले: हें-हें-हें! जजमान, पानी तो मैं आधा भोजन करने के बाद ही पीता हूं।

तुम भी टाले जाते हो। अभी आधा भोजन ही नहीं हुआ है, अभी जागने का सवाल क्या! अभी तो तुम्हारा मन कहता है, अभी तो मैं जवान हूं! अभी जागने की बात! ये तो बुढ़ापे की बातें हैं, ये तो वृद्धावस्था की बातें हैं। जब जिंदगी हाथ से छूटने लगती है तब जाग लेंगे; अभी तो भोग लें। दो घड़ी की

जिंदगी है—खा लें, पी लें, मौज कर लें। अभी कहां जागना है! अभी यह कहां जागने की झंझट! कहीं जाग गए तो फिर कैसे खाएंगे-पीएंगे, मौज कैसे करेंगे?

ऐसे ही खाते-पीते, मौज करते तुम कितनी बार जीए और कितनी बार मरे! और मौज भी क्या कर रहे हो? खाने-पीने में भी तुम्हारी क्या मौज हो सकती है? मौज तो सिर्फ एक है जो भीतर जगती है और भीतर जगे मौज तो खाने में भी होती है फिर, पीने में भी होती है फिर, उठने-बैठने में भी होती है। श्वास-श्वास लेना आनंद का एक अदभुत अनुभव हो जाता है। लेकिन मौज तो भीतर नहीं है।

अब यह जो पंडित जी हैं, जो आधा भोजन करने के बाद पानी पीएंगे, यह कुछ मौज कर रहे हैं?

एक ऐसी कहानी मैंने और सुनी है। एक युवती विवाहित होकर आई। जिससे विवाह हुआ था वह भी पहुंचे हुए पंडित थे। लेने आए अपनी पत्नी को ससुराल, तो वे एक पूरी का एक ही कौर करते थे। इधर पूरी परसी नहीं गई कि उधर खत्म। वह परसने वाली जब तक लौट कर देखे, पूरी नदारद! पत्नी छुप कर देख रही थी, बेचारी को शर्म आने लगी कि लोग क्या कहेंगे कि ऐसा पति मिला। तो उसने वहीं कोने से इशारा किया दो अंगुली का, कि कम से कम दो टुकड़े तो करो! पंडित जी समझे कि वह यह कह रही है कि यह रिवाज ठीक नहीं है, हमारे यहां तो दो पूरी एक साथ...। सो वे दो पूरी का एक कौर करने लगे।

उनकी पत्नी ने तो सिर ठोक लिया। रात जब पत्नी मिली तो उसने कहाः तुमने तो हद कर दी! पहले ही ठीक थे। कम से कम एक कौर तो कर रहे थे एक पूरी का। मैंने कहा था कि दो कौर करो और तुमने दो पूरियों का एक कौर करना शुरू कर दिया!

पति ने कहाः तुझे पता नहीं कि हम किस परिवार से हैं। रघुकुल रीति सदा चलि आई! मैं तो कुछ भी नहीं हूं, मेरे स्वर्गवासी पिता थे कि जब भी कहीं किसी के यहां भोजन करने जाते थे तो उनको बैलगाड़ी में डाल कर वापस घर लाना पड़ता था। एक बार तो उनकी हालत इतनी खराब हो गई थी कि जब बैलगाड़ी में उनको किसी तरह डाल कर घर लाया गया तो वैद्य बुलाना पड़ा। वैद्य ने गोली दी तो उन्होंने आंख खोल कर कहा कि वैद्यराज, अगर गोली ही खाने की जगह होती तो एक लड्डू और न खा लेते! अब जगह कहां!

इस तरह के लोग तुम सोचते हो भोग रहे हैं? सड़ रहे हैं भोग के नाम पर! इनके चेहरों पर कोई आनंद तो दिखाई नहीं पड़ता। इनकी आंखों में कोई रस तो नहीं बहता मालूम होता। इनके आस-पास कोई तरंग तो नहीं है उल्लास की, उत्सव की। खाए जा रहे हैं, क्योंकि भीतर खालीपन लगता है, उसको किसी तरह भरना है। और कितना ही खाओ, भीतर का खालीपन भरेगा नहीं, क्योंकि खालीपन तुम्हारी आत्मा में है, वह केवल परमात्मा के उतरने से भरेगा और किसी तरह नहीं भर सकता। कोई अपनी तिजोड़ी में धन इकट्ठा कर रहा है और सोच रहा है इस तरह भर जाएगा। कोई बड़े मकान बनाता जा रहा है और सोच रहा है इस तरह जीवन में अर्थ आ जाएगा।

नहीं; अर्थ तो सिर्फ एक ही तरह से आता है—सिर्फ एक ही तरह से और केवल एक ही तरह से—कि तुम किसी तरह परमात्मा से संयुक्त हो जाओ! और संयुक्त होने का एक ही उपाय हैः चेतो।

चेतसि नाहीं दुनिया फनखाने।।

यहां तो अंधेरा ही अंधेरा है, सपने ही सपने हैं। सब नाशवान है, सब झूठ है। इस परिभाषा को खयाल में रखना। मनीषियों ने सत्य उसे कहा है जो सदा रहे और असत्य उसे कहा है जो क्षणभंगुर हो।

बुझा दे ऐ हवाए-तुंद मदफन के चिरागों को
सियह-बस्ती में ये एक बदनुमा धब्बा लगाते हैं
मुरत्तब कर गया इक इश्क का कानून दुनिया में
वो दीवाने हैं जो मजनू को दीवाना बताते हैं
उसी महफिल से मैं रोता हुआ आया हूं ऐ 'आसी'
इशारों में जहां लाखों मुकद्दर बदले जाते हैं
बुझा दे ऐ हवाए-तुंद...

ऐ तेज हवा, बुझा दे।

...मदफन के चिरागों को

ये समाधि पर जो चिराग जलाए हैं, ऐ तेज हवा, इनको बुझा दे।

सियह-बस्ती में ये एक बदनुमा धब्बा लगाते हैं

इस अंधेरे की दुनिया में इन चिरागों से धब्बा लगता है। ये चिराग अच्छे नहीं लगते इस अंधेरी दुनिया में।

और लोग भी अजीब हैं, समाधि पर चिराग जलाते हैं! जब आदमी मर गया तब उसकी समाधि पर चिराग जलाते हैं। अरे चिराग जलाओ अपने भीतर—जब जिंदा हो तब! जिंदगी का चिराग बनाओ।

बुझा दे ऐ हवाए-तुंद मदफन के चिरागों को
सियह-बस्ती में ये एक बदनुमा धब्बा लगाते हैं
मुरत्तब कर गया इक इश्क का कानून दुनिया में
वो दीवाने हैं जो मजनू को दीवाना बताते हैं

और जिन्होंने मजनू को दीवाना बताया है, वे दीवाने हैं; उन्हें पता ही नहीं जीवन के सत्य का। मजनू नहीं है दीवाना—उसे प्रेम का राज पता चल गया है।

स्मरण रखना, लैला और मजनू की कहानी एक सूफी कहानी है। गलत लोगों के हाथ में पड़ कर बदनाम हो गई। लैला प्रतीक है परमात्मा का और मजनू प्रतीक है साधक का, खोजी का। यह एक सूफी कहानी है, लेकिन बरबाद हो गई।

गलत लोगों के हाथ में श्रेष्ठतम चीजें पड़ जाएं तो बरबाद हो जाती हैं। गंदे हाथों में सुगंधित फूल भी दुर्गंध से भर जाते हैं। अब तो लैला-मजनू की कहानी साधारण प्रेम की कहानी हो गई है। यह असाधारण प्रार्थना की कहानी है।

उसी महफिल से मैं रोता हुआ आया हूं ऐ 'आसी'
इशारों में जहां लाखों मुकद्दर बदले जाते हैं

रोते हुए मत जाना इस महफिल से। जाग सको तो मुकद्दर बदल जाए, चेत सको तो भाग्य बदल जाए।

ऊंचे मंदिर, सालि रसोई।

बनाओ बड़े-बड़े मंदिर, चढ़ाओ बड़े-बड़े पकवान—सब झूठ! जब तक चेतना का मंदिर न हो, जब तक ध्यान का भोजन न हो, तब तक तुम्हारी मंदिर से कोई पहचान ही नहीं है, तीर्थ से तुम्हारा कोई संबंध ही नहीं है।

एक घरी पुनि रहन न होई।।

ये मंदिर गिर जाएंगे। ये मंदिर भी मिट्टी-रेत के बने हैं। ये मूर्तियां भी बिखर जाएंगी।

इह तनु ऐसा जैसे घास की टाटी।

यह शरीर तो घास-पात है।

जलि गयो घास रलि गयो माटी।।

जल्दी ही घास जल जाएगा और मिट्टी में मिल जाएगा।

भाई बंधरू कुटुंब सहेरा।

भाई-बंधु, परिवार के लोग, संगी-साथी, सखा...।

ओई भी लागे काढु सबेरा।।

जैसे ही श्वास उड़ी, पंछी उड़ा, पिंजड़ा पड़ा रह गया कि वे भी सब कटने लगेंगे, भागने लगेंगे। इतना ही नहीं...

घर की नारि उरहि तन लागी।

तुम्हारी प्रेयसी, तुम्हारी पत्नी, जो तुम्हारे अंग लगने को पागल होती थी, तुम्हारे आलिंगन के लिए दीवानी होती थी, अगर उसके पास आओगे जब शरीर मिट्टी में मिल जाएगा...

उह तौ भूतु भूतु करि भागी।।

वह भी भूत-भूत कह कर चिल्ला कर भागेगी।

मुल्ला नसरुद्दीन की पत्नी मरने के करीब थी। दोनों बैठे बात कर रहे थे। नसरुद्दीन की पत्नी ने कहा कि तुम्हें आत्मा में विश्वास नहीं, लेकिन मुझे है। और अब मैं मर रही हूं तो मैं वायदा करती हूं कि मरने के बाद तुम्हें दर्शन दूंगी।

पत्नी तो जब मरेगी, मरेगी, मुल्ला के प्राण-पखेरू आधे उसी वक्त उड़ गए। उसने कहा कि फिर दो बात का खयाल रखनाः एक—रात कभी दर्शन मत देना; और तू दे भी दर्शन तो रात को घर में मैं रहूंगा भी नहीं। तेरी ही वजह से लौटता हूं। फिर घर लौटने की जरूरत भी क्या है मुझे! और रात तो तू दर्शन देना ही नहीं, दर्शन देना हो तो दिन में देना। और तब देना जब दस-पांच आदमी मेरे साथ हों, अकेले में मत देना। क्योंकि तू जानती है कि मैं हृदय-दुर्बलता से पीड़ित हूं। और अच्छा तो यह हो कि दर्शन देना ही मत, मैं बिलकुल मान लेता हूं कि आत्मा होती है, कोई मुझे झगड़ा नहीं है।

तुम जिनको प्रेम करते हो वे भी अगर शरीर-रहित तुम्हारे सामने आकर खड़े हो जाएं तो तुम्हारे प्राण कंप जाएंगे, तुम घबड़ा उठोगे। तुम्हारा प्रेम तो देह से था। तुमने तो देह के भीतर जो छिपा है उसे कभी पहचाना भी नहीं था, उससे जान-पहचान भी नहीं थी; वह तो अपरिचित है, अनजान है, अजनबी है। ये सब संगी-साथी छूट जाएंगे, साथ छोड़ देंगे, कन्नी काट जाएंगे।

कहि रविदास सबै जग लूटया। हम तौ एक राम कहि छूटया।।

रैदास कहते हैं: धोखे-धड़ी ने, माया ने, मृत्यु ने सारे जगत को लूटा है। तो हम पर राम की कृपा हो गई है।

हम तौ एक राम कहि छूटया।

हमने तो राम को स्मरण किया, इसलिए छूट सके। हमने तो प्रभु पर सब समर्पित किया, इसलिए छूट सके। नहीं तो यहां सिर्फ लुटना ही होता है और कुछ हाथ लगता नहीं।

यह तुम्हारे ऊपर निर्भर है—लुट कर जाओगे कि कुछ लेकर जाओगे? भिखारी की तरह मरोगे कि सम्राट की तरह? संन्यासी वही है जो सम्राट की तरह मरे। संसारी तो भिखारी की तरह ही मरता है।

हरि-सा हीरा छांड़िकै, करै आन की आस।

भीतर हीरे भरे हैं और तुम बाहर कंकड़-पत्थर बीन रहे हो—औरों से आशा लगाए बैठे हो!

हरि-सा हीरा छांड़िकै, करै आन की आस।
ते नर जमपुर जाहिंगे, सत भाषै रैदास।।

रैदास कहते हैं: सच कहता हूं तुमसे। अनुभव से कहता हूं तुमसे। साक्षात्कार करके कहता हूं तुमसे। साक्षी हूं, जो मैं कह रहा हूं उसका। इसे यूं ही उपदेश मत समझ लेना। तुम मृत्यु के चंगुल में फंसे हो, नरकों में भटकोगे, नरकों में भटक ही रहे हो।

अंतरगति रांचै नहीं, बाहर कथै उदास।

और जब तक तुम्हारा अंतर्तम प्रेम से न भीग जाए परमात्मा के, तब तक बाहर से कितने ही उदास बने बैठे रहो, उदासीन बने बैठे रहो, विरागी बने बैठे रहो—कुछ काम नहीं आएगा।

ते नर जमपुर जाहिंगे, सत भाषै रैदास।।

रैदास फिर-फिर कहता हैं कि मृत्यु तुम्हें लूटेगी, मृत्यु तुम्हारे सब धोखे तोड़ देगी—अगर तुमने उदासी ऊपर-ऊपर थोप रखी है; अगर तुम्हारा प्रेम प्रभु-रस में नहीं पगा है; अगर तुम्हारे प्राण प्रभु-रस में नहीं डूबे हैं।

हजारों तरह अपना दर्द हम उनको सुनाते हैं
मगर तस्वीर को हर हाल में तस्वीर पाते हैं

मंदिर-मस्जिदों में क्या है? तस्वीरें हैं, सुनाओ अपने हाल! तस्वीरों से क्या पाओगे? भीतर पुकारो उसे! भीतर सोया है वह, भीतर जगाओ उसे! हीरा भीतर पड़ा है, खोदो वहां!

उम्मीदे-अम्न क्या हो याराने-गुलिस्तां से
दीवाने खेलते हैं अपने ही आशियां से
बिजली कहा किसी ने, कोई शरार समझा
इक लौ निकल गई थी, दागे-गमे-निहां से
नाकूस बनके मैंने चौंका दिया हरम को
पत्थर सनमकदे के जागे मेरी अजां से
मदारे-हर-अमले-नेको-बद है नीयत पर

अगर गुनाह की नीयत न हो गुनाह नहीं
नकाब उलट दिया मूसा ने तूर पर उनका
अगर गुनाह सलीके से हो, गुनाह नहीं

सच्चा परमात्मा मिल सकता है, उसका घूंघट भी उठाया जा सकता है—उठाने की तरकीब आनी चाहिए।

नाकूस बनके मैंने चौंका दिया हरम को

शंख का नाद कर दिया मैंने काबा में। काबा में शंखनाद नही किया जाता।

नाकूस बनके मैंने चौंका दिया हरम को

काबे में जाकर मैंने शंख बजा दिया और काबे के पत्थर को चौंका दिया।

पत्थर सनमकदे के जागे मेरी अजां से

और मैंने मंदिरों में जहां पत्थरों की मूर्तियां थीं, अजान पढ़ी, नमाज पढ़ी और मुर्दा मूर्तियों में प्राण डाल दिए।

असल में तुम्हारे भीतर प्राण हों तो तुम जहां हो वहीं तीर्थ है। तुम काबे में बैठ जाओ तो काबा तीर्थ है। और तुम कहीं और बैठ जाओ तो वहीं काबा आ जाए। काबा वहां है जहां प्रेम से भरा हुआ हृदय है, परमात्मा के प्रति समर्पित है।

अदब-आमोज है मैखाने का ज़र्रा-ज़र्रा
सैकड़ों तरह से आ जाता है सिज्दा करना
इश्क पाबंदे-वफा है, न कि पाबंदे-रसूम
सर झुकाने को नहीं कहते हैं सिज्दा करना

सिर झुकाने मात्र को सिज्दा करना नहीं कहते, प्रार्थना करना नहीं कहते।

इश्क पाबंदे-वफा है...

इश्क में एक श्रद्धा तो है।

...न कि पाबंदे-रसूम

लेकिन किसी परंपरा और लीक में नहीं बंधा है प्रेम। प्रेम तो लीक से मुक्त है, परंपरा से मुक्त है। प्रेम तो स्वतंत्रता है, परतंत्रता नहीं।

अदब-आमोज है मैखाने का ज़र्रा-ज़र्रा

पीना आता हो, पियक्कड़ होना आता हो—तो फिर मैखाने का ज़र्रा-ज़र्रा भी अदब सिखाने वाला है, विनय सिखाने वाला है।

अदब-आमोज है मैखाने का ज़र्रा-ज़र्रा
सैकड़ों तरह से आ जाता है सिज्दा करना

जरा प्रेम की मदिरा पीओ! किसी सदगुरु के मदिरालय में बैठो! हृदय को खोलो! उसकी शराब में डूबो! और सिज्दा करना आ जाएगा।

सैकड़ों तरह से आ जाता है सिज्दा करना

इसकी कोई बंधी-बंधाई व्यवस्थाएं नहीं है। प्रार्थना कोई बंधा-बंधाया सूत्र नहीं है। मुक्ति किन्हीं बंधे-बंधाए सूत्रों से मिल भी नहीं सकती।

अदब-आमोज है मैखाने का ज़र्रा-ज़र्रा
सैकड़ों तरह से आ जाता है सिज्दा करना
इश्क पाबंदे-वफा है, न कि पाबंदे-रसूम
सर झुकाने को नहीं कहते हैं सिज्दा करना

आज इतना ही।

4

मन माया है

प्रश्न-सार

ओशो, इस देश में आपका सर्वाधिक विरोध आपके काम, सेक्स संबंधी विचारों के गिर्द खड़ा हुआ है। पंडित-पुरोहित विरोध करें, यह बात समझ में आती है, लेकिन सच्चाई यह है कि आधुनिक मनोविज्ञान से सुपरिचित सुधीजन भी यह स्वीकारने में घबड़ाते हैं कि काम और राम जुड़े हैं। क्या इस संदर्भ में हमें स्पष्ट दिशा-बोध देने की कृपा करेंगे!

ओशो, 'गुरु' और 'सदगुरु' दो अलग शब्द होने का क्या कारण है, जब कि गुरु ही सदगुरु है?

ओशो, मैं बड़ा संदेहग्रस्त व्यक्ति हूं। क्या इससे छुटकारे का कोई उपाय है?

ओशो, संत कहते हैं कि संसार माया है, फिर भी इतने लोग क्यों संसार में ही उलझे रहते हैं?

पहला प्रश्न : ओशो, इस देश में आपका सर्वाधिक विरोध आपके काम, सेक्स संबंधी विचारों के गिर्द खड़ा हुआ है। पंडित-पुरोहित विरोध करें, यह बात समझ में आती है, लेकिन सच्चाई यह है कि आधुनिक मनोविज्ञान से सुपरिचित सुधीजन भी यह स्वीकारने में घबड़ाते हैं कि काम और राम जुड़े हैं।

क्या इस संदर्भ में हमें स्पष्ट दिशा-बोध देने की कृपा करेंगे!

आनंद मैत्रेय, पहली बात: अतीत में पंडित-पुरोहित जो काम कर रहा था वही काम वर्तमान में तथाकथित मनोवैज्ञानिक कर रहा है। वह आधुनिक युग का पंडित-पुरोहित है। पंडित-पुरोहित धर्म की भाषा बोलते थे, मनोवैज्ञानिक विज्ञान की भाषा बोलता है। बस भाषा का भेद है। बोतल बदल गई है, शराब नहीं। और बोतल हजार बार बदल जाए, अगर शराब वही है तो कोई अंतर नहीं पड़ता।

धर्म के नाम पर पंडित-पुरोहितों ने सदियों तक मनुष्य का शोषण किया; अब मनोविज्ञान वही कर रहा है। मनोविज्ञान भाषा तो आधुनिक बोलता है, लेकिन उसके सोचने-समझने का ढंग, जीवन के संबंध में उसकी पकड़ बड़ी पुरानी है। दिखाई नया पड़ता है, लेकिन नया नहीं है। इसलिए मेरा विरोध पंडित-पुरोहित भी करेंगे और तथाकथित मनोवैज्ञानिक भी करेंगे। असल में मनोवैज्ञानिक तो और भी ज्यादा विरोध करेंगे। क्योंकि पंडित-पुरोहित तो पिटी हुई हालत में हैं; वह तो मरणासन्न है। वह जो भी कह रहा है, सन्निपात है। मनोवैज्ञानिक की दुकान नई है। उसे खतरा ज्यादा है। जैसे मैं पंडित-पुरोहित के ग्राहक छीन रहा हूं, वैसे ही मनोवैज्ञानिक के ग्राहक भी छीन रहा हूं। और स्वभावतः, नई दुकान जिसकी हो वह ज्यादा क्रुद्ध हो उठेगा। इसलिए मनोवैज्ञानिक भी क्रुद्ध हैं।

लेकिन वे मनोवैज्ञानिक भारतीय ही हैं; गैर-भारतीय मनोवैज्ञानिक मेरे विरोध में नहीं हैं। उसका भी कारण है। भारत हर चीज में पीछे घसिटता है। भारत में मनोविज्ञान का अर्थ अभी भी फ्रायड का मनोविज्ञान ही होता है। और पश्चिम में फ्रायड तो जा चुका, विदा हो चुका। उसके दिन लद गए; फ्रायड

के ही दिन नहीं लद गए; एडलर, जुंग, उनके भी दिन लद गए। पश्चिम में प्रभाव है अब असागोली का और नये मानवतावादी मनोवैज्ञानिकों का—फ्रोम, रोजर, फ्रिट्ज...। भारतीय मनोवैज्ञानिकों को तो इनसे अभी कोई संबंध ही नहीं है।

मैं विश्वविद्यालय में विद्यार्थी भी रहा हूं, अध्यापक भी रहा हूं। मनोविज्ञान मेरा विषय था। मैं जानता हूं भारत के मनोवैज्ञानिकों को जिन्होंने किताबें लिखी हैं, विश्वविद्यालय में जिनकी किताबें पाठ्यक्रम में अंगीकृत हैं। उनसे मैं भलीभांति परिचित हूं। वे पचास साल पहले जैसा मनोविज्ञान था वही बोल रहे हैं। और उसका भी कारण है: क्योंकि कभी तीस साल, चालीस साल, पचास साल पहले विश्वविद्यालय में उन्होंने जो शिक्षा पाई थी, उसी शिक्षा पर वे रुक गए हैं। विश्वविद्यालय छोड़ने के बाद इस देश में कोई कुछ पढ़ता थोड़े ही है। विश्वविद्यालय में रह कर भी कौन पढ़ता है; लोग कुंजियां पढ़ते हैं। फिर किसी तरह विश्वविद्यालय से निकल भागे, फिर तो कोई लौट कर किताब की तरफ नहीं देखता।

पश्चिम में मनोवैज्ञानिक मेरे विरोध में नहीं हैं। मेरे संन्यासियों में जिस व्यवसाय से सर्वाधिक लोग आए हैं वह मनोविज्ञान है। प्रतिष्ठित मनोवैज्ञानिक संन्यासी हुए हैं। लेकिन भारतीय मनोवैज्ञानिक तो फ्रायड की सड़ी-गली भाषा बोल रहा है। फ्रायड को समझोगे तो भारतीय मनोवैज्ञानिक का विरोध समझ में आ जाएगा। यह बात थोड़ी समझने जैसी है।

सदियों तक धर्मगुरुओं ने समझाया कि राम है, काम नही; आकाश है, पृथ्वी नहीं। पृथ्वी माया, आकाश सत्य। जगत मिथ्या, ब्रह्म सत्य। शरीर झूठ है, आत्मा सत्य है। दृश्य, जो दिखाई पड़ता है, वह नहीं है; और अदृश्य, जो दिखाई नहीं पड़ता, वही है।

ऐसा उलटा पाठ चला—जीवन-अस्वीकार का, जीवन-निषेध का, जीवन-विरोध का। इसके दुष्परिणाम जो होने थे, हुए। क्योंकि कैसे झुठलाओगे जो है उसे! और झुठलाओगे तो एक ही उपाय है कि आंख बंद कर लो, शुतुरमुर्ग जैसी आंख बंद करके खड़े हो जाओ; न दिखाई पड़ेगा दुश्मन, समझ लेना मन में कि नहीं है।

तो पंडित-पुरोहितों ने काम, सेक्स के प्रति मनुष्य को अंधा बनाया। और जितना मनुष्य अंधा हुआ उतने ही काम के प्रभाव में हुआ। क्योंकि आंख वाला तो बच भी निकले, अंधा कैसे बचेगा? अंधे को तो सूझता ही नहीं है, बचे तो कैसे बचे! और फिर जिसको इनकार ही कर दिया उससे बचने का सवाल कहां है? जो माया है उससे बचने की जरूरत क्या है?

ऐसा माया कह कर तुमने जीवन के एक महत्वपूर्ण सत्य को ठुकराने की कोशिश की। उस सत्य ने बदला लिया। सारी मनुष्य-जाति काम-पीड़ित हो उठी। तुम्हारी कहानियां, तुम्हारी कविताएं, तुम्हारी फिल्में, तुम्हारे उपन्यास, तुम्हारे नाटक—और आधुनिक ही नहीं, प्राचीन से प्राचीन, फिर चाहे कालिदास हों चाहे भवभूति हों—इन सब की अभिव्यक्तियां कामवासना से भरी-पूरी हैं। कालिदास को भी वृक्षों में लटके हुए फलों को देख कर स्त्री के उरोजों का खयाल आता है और कुछ खयाल नहीं आता। तुम्हारे मंदिर, तुम्हारे पूजा-स्थल—जरा गौर से तो देखो—कामवासना की रुग्ण अभिव्यक्तियां हैं। तुम्हारे भगोड़े संन्यासी—कामवासना जैसे शीर्षासन कर रही हो!

यह होना था, क्योंकि किसी भी सत्य को कभी भी इनकारा नहीं जा सकता। सत्यों का रूपांतरण

हो सकता है, दमन नहीं। जो दबाएगा बहुत पछताएगा। क्योंकि जिसको तुम दबाओगे वह तुमसे बदला लेगा, बुरी तरह बदला लेगा। जो तुम दबाते हो वह तुम्हारे अचेतन में बैठ जाता है—बारूद की तरह, और कभी भी कोई चिंगारी पड़ जाएगी तो विस्फोट होगा।

सदियों-सदियों में पंडित-पुरोहितों की मूढ़ता के कारण ही मनुष्य-जाति कामवासना से मुक्त नहीं हो सकी है। कामवासना से मुक्त हुआ जा सकता है—कामवासना की छाती पर बैठ जाने से नहीं; कामवासना को समझने से; कामवासना पर ध्यान करने से; कामवासना को साक्षीभाव का अनुभव बनाने से; कामवासना को ऊर्ध्वगमन का मार्ग देने से। कामवासना ही एक दिन राम तक पहुंचाने का आधार बनती है।

तुम्हारे पास उर्जा ही एक है—जब नीचे की तरफ बहती है तो उसका नाम काम; जब ऊपर की तरफ बहती है तो उसका नाम राम। जब तुम्हारी काम-ऊर्जा से केवल बच्चों का ही जन्म होता है तो उसका नाम काम; और जब उससे तुम्हारा जन्म होने लगता है, तुम्हारी आत्मा का जन्म होने लगता है, तो उसी ऊर्जा का नाम राम।

पंडित-पुरोहितों ने इनकार किया—काम से, पृथ्वी से, पार्थिव से। इसके इतने दुष्परिणाम हुए कि फ्रायड ने दूसरी अति कर दी। इस सदी को जिन लोगों ने सर्वाधिक प्रभावित किया है, उनमें दो व्यक्ति हैं फ्रायड और मार्क्स और तीसरा व्यक्ति नीत्शे। इन तीनों ने ईश्वर को इनकार किया। इस सदी के तीन बड़े मनीषियों ने एक संबंध में सहमति प्रकट की कि तीनों ने ईश्वर को इनकार किया, राम को इनकार किया।

फ्रायड ने इनकार किया राम को, क्योंकि राम के नाम पर मनुष्य की कामवासना का जो दमन किया गया उससे मनुष्य रुग्ण हुआ, विक्षिप्त हुआ। और फ्रायड तलाश कर रहा था कि मनुष्य स्वस्थ कैसे हो। तो उसने राम को इनकार कर दिया। पंडित-पुरोहितों ने काम को इनकार किया था राम को स्वीकार करने के लिए, फ्रायड ने काम को स्वीकार करने के लिए राम को इनकार कर दिया। बात वही रही, फिर दूसरी अति हो गई।

और यही किया मार्क्स ने। पंडित-पुरोहित ने लोगों को दीन और दरिद्र रखने के लिए कर्म के, भाग्य के न मालूम कैसे-कैसे सिद्धांत गढ़े थे, जिनके आधार पर शोषण चलता रहा सदियों तक, कोई क्रांति नहीं हो सकी। तो मार्क्स ने इसलिए इनकार कर दिया ईश्वर को, क्योंकि न होगा बांस न बजेगी बांसुरी। ईश्वर के आधार पर भाग्य-कर्म इत्यादि का यह जो जाल फैलाया था, जब केंद्र को ही तोड़ देंगे तो जाल टूट जाएगा—इस आशा में उसने ईश्वर को इनकार किया।

और नीत्शे ने ईश्वर को इनकार किया इस आशा में कि ईश्वर के कारण ही मनुष्य में एक तरह की दासता की वृत्ति पैदा हुई है, दास-भाव पैदा हुआ है—कि हम कुछ नहीं, तुम सब कुछ! और जिस मनुष्य में दास भाव पैदा हो जाए, वह कैसे आत्मा को उपलब्ध होगा?

इन तीनों मनीषियों ने अलग-अलग कारणों से ईश्वर को इनकार किया; मगर एक बात पर वे सहमत हैं कि ईश्वर असत्य, जगत सत्य। पुराना सूत्र था—जगत मिथ्या, ब्रह्म सत्य। इन तीनों ने कहाः ब्रह्म मिथ्या, जगत सत्य। लेकिन मेरे देखे, दोनों ही बातें अधूरी हैं। एक ने आकाश को स्वीकार किया था, पृथ्वी को इनकार कर दिया था; दूसरे ने आकाश को इनकार कर दिया, पृथ्वी को स्वीकार कर लिया। मगर आदमी आधा था सो आधा रहा।

आदमी बनता है आकाश और पृथ्वी के मिलन से, पार्थिव-अपार्थिव के मिलन से, आलिंगन से अदृश्य और दृश्य के। मनुष्य के आधे अंग को अस्वीकार करना हर हालत में उसे रुग्ण रखना है।

तो पुराना एक तरह का रोग था, वह तो बदला। फ्रायड ने हिम्मत करके उस पुराने रोग को तो बदला, लेकिन एक नया रोग पैदा हुआ। राम को अस्वीकार कर देने से मनुष्य के जीवन में अर्थहीनता छा गई, एक रिक्तता हो गई, मंदिर खाली हो गया।

ऐसा समझो कि पंडित-पुरोहित फूलों को स्वीकार करते थे, जड़ों को इनकार करते थे। जड़ों के बिना फूल नहीं हो सकते। और फ्रायड ने, मार्क्स ने, नीत्शे ने फूलों को इनकार कर दिया—पंडित-पुरोहितों के विरोध में, प्रतिक्रिया में—और जड़ों को स्वीकार कर लिया। लेकिन जड़ें अकेली, उनकी क्या सार्थकता है जब तक वे फूल न बनें? जड़ें तभी सार्थक हैं जब आकाश में फूल खिलें और फूल तभी खिल सकते हैं जब पृथ्वी में जड़ें प्रवेश करें।

मैं जड़ों को भी स्वीकार करता हूं और आकाश के फूलों को भी। इसलिए मुझे दो तरफ से विरोध सहना पड़ेगा—पंडित-पुरोहित मेरा विरोध करेंगे, क्योंकि मैं जड़ों को स्वीकार करता हूं; और तथाकथित मनोवैज्ञानिक मेरा विरोध करेंगे। क्यों? क्योंकि मैं फूलों को स्वीकार करता हूं। इसलिए इसमें कुछ आश्चर्य नहीं है।

लेकिन ये मनोवैज्ञानिक जो मेरा विरोध कर रहे हैं, वे भारतीय हैं। उनको मनोविज्ञान में जो नई-नई विधाएं, नई-नई उमंगें, नई-नई लहरें उठी हैं, उनका कुछ भी पता नहीं है। पश्चिम से तो मनोवैज्ञानिक मेरी तरफ खिंचा हुआ आ रहा है। सैकड़ों मनोवैज्ञानिक संन्यासी हुए हैं—प्रतिष्ठित, ख्यातिनाम। लेकिन भारतीय मनोवैज्ञानिक आखिर भारतीय मनोवैज्ञानिक है! उसका मनोवैज्ञानिक होना कुछ बहुत मूल्य का है भी नहीं। सब सड़ी-गली धारणाएं उसके भीतर भरी रहती हैं; ऊपर से वह मनोविज्ञान का पलस्तर कर लेता है।

ढब्बू जी का नया छाता देख चंदूलाल बोले: मित्र, यह नया छाता कहां से पा गए? अभी तो अपना सीजन भी शुरू नहीं हुआ। अभी तो मंदिरों में भीड़-भाड़ भी नहीं रहती। ढब्बू जी बोले: अरे चंदू, यह छाता नया नहीं। अरे यह तो बीस साल पुराना है। चंदूलाल ने आश्चर्य से पूछा: बीस साल! अरे, लेकिन यह तो बिलकुल नया लगता है। ढब्बू जी बोले: अरे बीसों बार तो इसे रिपेयर करवा चुका हूं और न जाने कितनी बार धोखे में मित्रों के छातों से बदल चुका हूं; मगर है यह बीस साल ही पुराना।

ऐसा ही भारतीय मन है। कितना ही रिपेयर करो, कितना ही अदलो-बदलो, ठोको-पीटो; मगर वह रहता है पुराना का पुराना, वह नया नहीं हो पाता। पुराना रहना हमारी आदत हो गई है, हमारा स्वभाव हो गया है। जरा-जीर्ण रहने से हमें प्रीति हो गई है। जितनी पुरानी बात हो, हम उसका उतना ज्यादा सम्मान करते हैं।

इसलिए हरेक धर्मगुरु इस देश में सिद्ध करने की कोशिश करता है—हमारा धर्म सबसे ज्यादा पुराना। हिंदू कहते हैं, वेद सबसे ज्यादा पुराने। पांच हजार साल पुराने तो निश्चित ही, क्योंकि इसको पश्चिम के इतिहासज्ञ भी मानते हैं कि पांच हजार साल पुराने हैं। लेकिन हिंदुओं का मन पांच हजार साल से नहीं भरता।

लोकमान्य तिलक ने सिद्ध करने की कोशिश की है कि नब्बे हजार साल पुराने कम से कम, ज्यादा की तो बात ही मत करो!

क्या जरूरत है इतना पीछे खींचने की? यहां प्रतिष्ठा है पुराने की, साख है पुराने की। और जैनों से पूछो तो वे कहते हैं कि वेद बहुत पुराने हैं, मगर जैन धर्म उससे भी ज्यादा पुराना है। क्योंकि ऋग्वेद में जैनों के पहले तीर्थंकर आदिनाथ के नाम का उल्लेख है, तो निश्चित ही आदिनाथ ऋग्वेद से पुराने हैं। और बड़े सम्मान से उल्लेख है। जीवित सदगुरुओं का इतने सम्मान से उल्लेख होता ही नहीं। इसलिए जैनों के कहने में बल है कि आदिनाथ को मरे कम से कम पांच सौ या हजार साल तो बीत ही चुके होंगे, जब उनका उल्लेख ऋग्वेद में हुआ है। क्योंकि इतने सम्मान से कोई समसामयिक लोगों का उल्लेख करता ही नहीं। समसामयिक को तो हम गाली देते हैं। हमारे कुछ अजीब रिवाज हैं! जिंदा को हम गाली देते हैं और मरते से ही उसकी प्रशंसा करने लगते हैं।

एक व्यक्ति में और रूसो में बड़ा विरोध था। दोनों जीवन भर दुश्मन रहे और एक-दूसरे को गाली देने के, आलोचना करने के सिवाय उन्होंने कभी कोई दूसरा काम नहीं किया। जानी दुश्मन। एक दिन सुबह-सुबह रूसो को एक आदमी ने आकर खबर दी कि तुम्हारा जो जानी दुश्मन था वह मर गया रात। तो रूसो ने कहा कि यदि यह खबर सच है तो मैं कह सकता हूं कि वह आदमी बहुत महान था—अगर यह खबर सच है, प्रोवाइडेड दैट ही इज़ रियली डेड, तो मैं कह सकता हूं कि वह आदमी महान था! और अगर अभी जिंदा हो तो मैं अपने शब्द वापस लेता हूं। जिंदा हो तो दुश्मनी चलेगी।

एक गांव में एक नेताजी मरे। सारा गांव उनसे परेशान था। कितनी बार मन ही मन में लोग प्रार्थना नहीं कर चुके थे कि नेताजी मर जाएं, छुटकारा मिले! गांव की जिंदगी को बुरी तरह बरबाद कर दिया था। गांव को चूस ही लिया था।

एक नागरिक से
हमने प्रश्न किया,
आप नेताजी की तरह
सिर के बाल
कब मुंडा रहे हैं?
वह तुनक कर बोला,
भाई साहब,
आप हमारी हंसी
क्यों उड़ा रहे हैं?
वैसे ही
मंहगाई की जूतियों के
निरंतर प्रहार के बीच
बड़ी मुश्किल से

खोपड़ी पर
दो-चार बाल
उग पाते हैं...
जिन्हें
राजनीतिक गुर्गे
और उनके
पाले हुए मुर्गे
चुग जाते हैं।
उस पर भी
उनकी नजर बचा कर
अगर हम
अपनी खोपड़ी पर
कुछ बाल
बचा लेते हैं
तो वे
चुनाव खर्च का
उलटा उस्तरा चला कर
उन्हें भी
ठिकाने लगा देते हैं।
इसी कारण
इस खल्वाट खोपड़ी पर
एक भी बाल
नजर नहीं आता है!
हमारा तो
बिना मुंडन करवाए ही
मुंडन हो जाता है!

ऐसी उस गांव की दशा थी। नेताजी मरे तो गांव में खुशी की लहर दौड़ गई। ऐसे ऊपर से तो सब लोग उदास। मरघट पर पहुंचे। सारा गांव इकट्ठा हुआ। उस गांव का रिवाज था, करीब-करीब सभी जातियों में ऐसा रिवाज है—जब कोई मर जाए तो उसके संबंध में दो शब्द उसकी प्रंशसा में, स्तुति में कहे जाएं। लेकिन नेताजी में ऐसा कोई गुण ही नहीं था। गांव के लोगों ने बहुत सिर पटका कि कौन से दो शब्द उनकी स्तुति में कहे जाएं। लोग एक-दूसरे की तरफ देखें। बड़े-बड़े बक्काड़ थे गांव में, वे भी एक-दूसरे की तरफ देखें कि अब स्तुति में क्या कहें, कुछ हो तो कहें! कुछ था ही नहीं इस आदमी में स्तुति के योग्य तो।

आखिर मुल्ला नसरुद्दीन से उन्होंने प्रार्थना की कि आप ही मुल्ला कुछ बोलें। आप ही सूझ-बूझ के आदमी हैं इस गांव में, कुछ निकालें रास्ता। क्योंकि जब तक कोई व्याख्यान न दे स्तुति में, तब तक चिता में आग नहीं लगाई जाएगी। आखिर मुल्ला खड़ा हुआ और उसने कहा कि भाई, नेताजी के मर जाने से हमें बड़ा दुख है। वे जैसे थे वैसे थे, मगर मैं तुम्हें याद दिलाऊं कि वे अपने पीछे अपने पांच भाई छोड़ गए हैं, उनके मुकाबले वे देवता थे।

इस तरह नेताजी की प्रशंसा करनी पड़ी!

भारतीय मनोवैज्ञानिक मनोवैज्ञानिक नहीं है। हां, मनोविज्ञान का अध्यापक होगा, मनोविज्ञान का लेखक होगा, लेकिन मनोवैज्ञानिक नहीं है। अभी उन प्रक्रियाओं से नहीं गुजरा है भारतीय मन, जहां मनोविज्ञान का जन्म हो सके। भारतीय मन अत्यंत जरा-जीर्ण रूढ़ियों से ग्रस्त है। इसलिए मेरी बातों का तथाकथित भारतीय मनोवैज्ञानिक तो विरोध करेंगे। इस कारण भी विरोध करेंगे कि उन मनोवैज्ञानिकों के पास पश्चिम से कोई एक मनोवैज्ञानिक नहीं आ रहा है। वे ही दौड़े पश्चिम जाते हैं और पश्चिम के जाकर चरण दबाते हैं। वहां से कुछ भी, जो मिल जाते हैं रूखे-सूखे रोटी के टुकड़े टेबल से गिर गए, उनको बीन लाते हैं, उन्हीं पर जीते हैं। मेरे पास कतार बंधी है पश्चिम से मनोवैज्ञानिकों की, उससे उनके मन में ईर्ष्या भी पैदा हो रही है, बेचैनी भी हो रही है, हैरानी भी हो रही है। उनको भरोसा ही नहीं आता।

कम से कम दो सौ पीएच.डी. मनोविज्ञान के मेरे संन्यासी हैं पश्चिम में। उनमें से कुछ तो यहां अभी मौजूद हैं। उनमें से कुछ तो आश्रमवासी हो गए हैं। उन्होंने किताबें लिखी हैं। उनका नाम है वहां, उनकी चर्चा है वहां। और यहां उनमें से कोई बगीचे में काम कर रहा है, गड्ढा खोद रहा है, या कोई टॉयलेट साफ कर रहा है, या कोई बुहारी लगा रहा है। भारतीय मनोवैज्ञानिक को तो भरोसा ही नहीं आता कि यह क्या हो रहा है, क्यों इतने मनोवैज्ञानिक यहां आ रहे हैं और क्यों इस तरह से समर्पित हुए जा रहे हैं? उसे ईर्ष्या पकड़ रही है। उसे कठिनाई हो रही है।

अभी चार-छह दिन पहले ही एक प्रसिद्ध भारतीय लेखक श्री मुल्कराज आनंद आश्रम आए। सुंदर किताबें उन्होंने लिखी हैं। लक्ष्मी से उन्होंने कहा कि भगवान पहले व्यक्ति हैं जिनको मैं सुनने आया हूं, मैं कभी किसी को सुनने नहीं जाता। और सुनने इसीलिए आया हूं कि उनके विचार ठीक वही हैं जो मेरे विचार हैं। वे जैसे मेरी ही बातें कह रहे हैं।

लक्ष्मी ने उनसे कहा: उनकी बातों की तरंगें दुनिया के कोने-कोने तक पहुंची हैं। लाखों लोग आंदोलित हुए हैं। अगर आप भी यही बातें कह रहे हैं और आप तो उम्र में उनसे बड़े हैं, आपके पास कितने लोग आए?

तब वे सिर झुका कर बैठ गए, क्योंकि एक आदमी कभी आया नहीं। स्वभावतः बेचैनी होगी। और यह आने का ढंग उलटा ही हो गया! वे मुझसे प्रभावित नहीं हैं, वे अपने से प्रभावित हैं। उनको लग रहा है कि मैं वही कह रहा हूं जो वे कह रहे हैं, इसलिए यहां आना हुआ है।

मैं वही नहीं कह रहा हूं। शायद उन्होंने पढ़ा भी नहीं होगा, सोचा भी नहीं है, समझा भी नहीं है। शायद उड़ती बातें उनके कानों में पड़ गई होंगी।

एक प्रसिद्ध मनोवैज्ञानिक भारत के—श्री लालजी राम शुक्ल। मैं तो विद्यार्थी था। आज से कोई

तीस साल पहले की बात। वे काशी विश्वविद्यालय में मनोविज्ञान विभाग के अध्यक्ष थे। मैं काशी विश्वविद्यालय में एक वाद-विवाद प्रतियोगिता में भाग लेने गया था। लालजी राम शुक्ल के घर में एक युवक रहते थे, जिनसे मेरा परिचय था। उन्होंने लालजी राम को मेरे संबंध में कहा। तो उन्होंने कहा कि मुझे मिल कर खुशी होगी। तो दूसरे दिन सुबह, सर्द सुबह थी, छत पर धूप में वे बैठे थे। उनके दस-पच्चीस शिष्य वहां बैठे थे, सब इकट्ठे हो गए थे, क्योंकि मेरे और उनके बीच कुछ वार्ता होगी, क्या वार्ता होगी! और मैं तो अभी नया-नया विश्वविद्यालय में विद्यार्थी था, वे बुजुर्ग प्रोफेसर थे, ख्यातिनाम थे, बहुत किताबों के लेखक थे। शायद भारत में जितनी ख्याति उनकी थी मनोविज्ञान की दृष्टि से, किसी और की नहीं। कुछ अध्यापक भी इकट्ठे हो गए थे। जिन्होंने मुझे सुना था वाद-विवाद में, उन्हें लगा था कि कुछ बात काम की हो सकती है।

ईश्वर की बात शुरू हुई। लाल जी राम शुक्ल ने कहा कि मुझे ईश्वर में भरोसा है। मैंने कहाः भरोसा है या अनुभव? बस बात बिगड़ गई। बन ही नहीं पाई और बिगड़ गई। मैंने कहाः छाती पर हाथ रख कर, कसम खाकर ईश्वर की कहो कि भरोसा है या अनुभव? अगर भरोसा ही है और अनुभव नहीं है तो भरोसा गलत हो सकता है। भरोसा उधार है। भरोसे का क्या भरोसा? अनुभव का ही भरोसा हो सकता है।

वे तो यहां-वहां देखने लगे। छाती पर हाथ रख कर ईश्वर की कसम खाकर कहने की हिम्मत भी उनकी नहीं थी। उन्होंने कहा कि नहीं, मुझे तो विश्वास है, अनुभव नहीं है। मैंने कहाः अनुभव नहीं है तो विश्वास वैसा ही है जैसे अंधा आदमी विश्वास करे कि प्रकाश है। आपकी बात का मूल्य क्या? मैं कहता हूं, मुझे अनुभव है। आप तखत से नीचे उतर आएं, अब मैं तखत पर बैठता हूं। इतना शिष्टाचार तो बरतें!

बस वे तो एकदम आगबबूला हो गए। एकदम खड़े हो गए कि यह बात ही मुझे नहीं करनी। मैं इस चर्चा को एक शब्द और आगे नहीं बढ़ाना चाहता।

मैंने कहाः ईश्वर की चर्चा, इसमें इतना आगबबूला होने की क्या बात है! इतने परेशान क्यों हुए जाते हैं? चलो बैठो, आप ही बैठो तखत पर, मैं नीचे ही बैठा रहूंगा, क्योंकि मैं जहां बैठा हूं वहीं तखत है। मगर एक बात साफ है कि मैं अनुभव से कह रहा हूं, आप बस भरोसे से कह रहे हैं। इसलिए भरोसे की बात तो केवल संभावना मात्र हो सकती है—हो भी, न भी हो, शायद! मैं कहता हूं है! और मैं यह भी कह देना चाहता हूं कि ईश्वर कोई व्यक्ति नहीं है। अस्तित्व भगवत्ता से भरा हुआ है, भगवान कहीं भी नहीं है।

अध्यापक और विद्यार्थी जो इकट्ठे हुए थे, वे मुझ में उत्सुक हो गए। वे मेरी बातें सुनने लगे। जितनी वे गौर से मेरी बातें सुनने लगे, उतने लालजी राम उबलने लगे। उनकी सीमा के पार हो गई बात। आखिर उन्होंने एकदम खड़े होकर मुझे कहा कि इसी वक्त मेरे घर से निकल जाओ!

मैंने कहाः आपने बुलाया था तो मैं आ गया; आप जाने को कहते हैं तो चला जाता हूं, क्योंकि आपका घर है। आपने बुलाया तब मैंने कुछ भला नहीं माना; अब जब आप जाने को कहते हैं तो कुछ बुरा नहीं मानता। नमस्कार!

मैं उतरा उनकी सीढ़ियां। उनके विद्यार्थी और अध्यापक जो इकट्ठे हो गए थे, उन सबको इससे बड़ी पीड़ा हुई कि उन्होंने मेरे साथ दुर्व्यवहार किया है। एक तो मुझे निमंत्रित किया, फिर बातचीत में भी

शालीनता न रखी और बातचीत में भी तर्कों का ठीक से जवाब न दे सके। और बजाय इसके कि स्वीकार करते, क्रोधित हो उठे, उद्विग्न हो उठे—जो कि पराजय का लक्षण है। फिर मुझे घर से निकलने के लिए कह देना! बाकी सब पश्चात्ताप के कारण मेरे साथ नीचे उतरे। लालजी राम अकेले रह गए छत पर। इससे उनको बड़ा क्रोध आया। जब सब मुझे नीचे विदा दे रहे थे, तब उन्होंने ऊपर से छत पर से चिल्ला कर कहा कि उनके साथ ठीक तुम चले गए हो नीचे, वे तो कल चले जाएंगे, मैं यहां रहूंगा। और मेरे विद्यार्थी होकर मुझे दगा दिया, मुझे धोखा दिया, मेरे साथ तुमने गद्दारी की!

वे जिंदगी भर फिर मेरे दुश्मन रहे। दुबारा तो कोई मौका फिर आया ही नहीं, आ ही नहीं सकता था—असंभव हो गया आना। मगर दुश्मनी बन गई सो बन गई। और दुश्मनी बनी सीधी-सादी बात पर, जिस पर बनने का कोई सवाल न था।

भारतीय मनोवैज्ञानिक की तो स्थिति तुम मत पूछो। और ऐसा एक के साथ नहीं हुआ, बहुतों के साथ हुआ है। उनकी नाराजगी के कारण हैं। उनकी आदतें बुद्धों से बातें करने की नहीं है। और बुद्धों के वचन समझने की उनकी सामर्थ्य भी नहीं है। फिर उनका भारतीय कूड़ा-करकट भी भीतर भरा है, वह भी छूटता नहीं है। फ्रायड की भी बात करते हैं और रामायण की चौपाइयां भी दोहराते हैं। कुछ खिचड़ी पकाते हैं। कहां फ्रायड और कहां तुलसीदास! इनका कहां तालमेल? लेकिन तुलसीदास की चौपाइयां तो रग-रग में भरी हैं और फ्रायड की शिक्षा ऊपर-ऊपर से पोत ली है। इन दोनों में जो घोलमेल पैदा हुआ है, उससे एक बड़ी विचित्र दशा भारतीय मनोवैज्ञानिक की है। उसकी परंपरा, उसके वेद, उसके उपनिषद, उसकी गीता, उसकी रामायण, वे सब मौजूद हैं और साथ ही फ्रायड भी जुड़ गए, जिनमें की बुनियादी विरोध है। उस बुनियादी विरोध को भी वह नहीं देखता। उसको वह झुठलाता है; उसको आंख से ओझल करता है।

मैं किसी चीज को आंख से ओझल नहीं करना चाहता और किसी चीज को झुठलाना नहीं चाहता। तथ्य जैसे हैं वैसे ही कह देना चाहता हूं।

सत्य को सुनने की हमारी आदत ही छूट गई है। सदियां हो गईं, हमने सत्य सुनने की आदत छोड़ दी है। हमें सुहावने झूठ चाहिए, सांत्वना देने वाले झूठ चाहिए। हमारी छाती में इतने घाव हैं कि हम मलहम-पट्टी की तलाश में रहते हैं; क्रांति की हमें आकांक्षा नहीं है। हम मुर्दा हैं और हम किसी तरह जिंदगी ढो लें तो बस बहुत कर पाए, बहुत पा लिया!

इसलिए आनंद मैत्रेय, जिनको तुम आधुनिक मनोविज्ञान के सुपरिचित सुधीजन कह रहे हो, न तो वे सुपरिचित हैं आधुनिक मनोविज्ञान से और न सुधीजन हैं। अभी सुधि नहीं आई, अपनी ही सुध नहीं है, क्या खाक सुधीजन होंगे!

आधुनिक मनोविज्ञान फ्रायड से बहुत आगे जा चुका। आधुनिक मनोविज्ञान धर्म के बहुत करीब आने लगा है। आधुनिक मनोविज्ञान पुनः सोचने लगा है कि मन पर ही आदमी समाप्त नहीं होता, इसके पार भी कुछ है, आत्मा भी कुछ है और कौन जाने परमात्मा भी कुछ हो! इसकी पहली झलकें मनोविज्ञान को मिलने लगी हैं। और आधुनिक मनोविज्ञान नई-नई दिशाओं में विकास कर रहा है।

जो इस आश्रम में हो रहा है वह भारत के किसी आश्रम में नहीं हो रहा है। यहां कोई साठ मनोवैज्ञानिक थेरेपी ग्रुप चल रहे हैं। इस देश के ही आश्रम की बात छोड़ दो, दुनिया के किसी भी केंद्र

पर, मनोविज्ञान के भी किसी केंद्र पर, साठ चिकित्सा के ग्रुप नहीं चल रहे हैं। धीरे-धीरे, शनैः-शनैः, बिना शोरगुल मचाए यह आश्रम दुनिया का सबसे बड़ा मनोवैज्ञानिक केंद्र हो गया है। इससे ईर्ष्या होती है, इससे बेचैनी होती है, इससे तकलीफ होती है।

ऐसा नहीं है कि पश्चिम में कुछ मनोवैज्ञानिक मेरा विरोध नहीं कर रहे हैं। कुछ मनोवैज्ञानिक मेरा विरोध पश्चिम में भी कर रहे हैं—दस प्रतिशत। वह कोई बड़ा प्रतिशत नहीं है। विरोध करने वाले वे लोग हैं जिनको डर पैदा हो रहा है कि मैं उनके ग्राहक लिए ले रहा हूं । जिन बीमारों को वे वर्षों में ठीक नहीं कर पाए हैं, वे यहां आकर ध्यान से महीनों में ठीक हो गए हैं।

हालैंड के एक बहुत प्रसिद्ध मनोवैज्ञानिक और लेखक देव अमृतो, स्वयं भी मनोवैज्ञानिक, स्वयं भी पीएच.डी. हैं मनोविज्ञान के, और फिर बड़े से बड़े मनोवैज्ञानिकों से उन्होंने चिकित्सा ली और जीवन का कोई समाधान न मिला। और यहां आकर ध्यान में डूबे कि सारी समस्याएं ऐसे बह गई जैसे बाढ़ में नदी के तट का कूड़ा-करकट बह जाता है। लौट कर उन्होंने किताब लिखी। हालैंड के घर-घर में वह किताब पहुंच गई है। तीन सप्ताह में साठ हजार प्रतियां किताब की बिकीं। सारे रिकॉर्ड टूट गए! स्वभावतः बेचैनी पैदा हुई, क्योंकि बहुत से मरीज बहुत से मनोवैज्ञानिकों को छोड़ कर पूना की तरफ यात्रा शुरू कर दिए। जिन-जिन मनोवैज्ञानिकों को उनके मरीजों ने छोड़ दिया है, उनके धंधे को मुझसे—बिना मेरे चाहे—नुकसान पहुंचा, चोट पहुंची।

तो मनोवैज्ञानिकों के एक गिरोह ने एक स्त्री को यहां भेजा, मनोवैज्ञानिक वह भी, मेरे खिलाफ किताब लिखने को, ताकि अमृतो की किताब के विपरीत कोई किताब होनी चाहिए जो लोगों के प्रवाह को भारत जाने से रोके। क्योंकि हालैंड के घर-घर में नाम पहुंच गया है। आज यहां हालैंड से जितने लोग हैं, उतने किसी देश से नहीं हैं। और कारण है अमृतो और उसका आंनद। उसको लोगों न पहले भी देखा है और अब भी देखा है।

वह महिला यहां आई। कब आई कब गई, न उसने किसी को खबर दी, न किसी थेरेपी ग्रुप में सम्मिलित हुई, न कोई ध्यान किया। ऐसे ही चक्कर मार कर आश्रम देखा होगा। फिर वहां लौट कर मुझे पत्र लिखा कि यद्यपि मैं आई थी, आपको मिल भी नहीं सकी, आश्रम का ज्यादा हाल भी नहीं देख सकी क्योंकि मैं तो ब्लू डायमंड में बैठी आश्रम के संबंध में किताब लिखने में संलग्न रही, मुझे समय नहीं मिला।

इस तरह कोई किताब लिखी जाएगी आश्रम के संबंध में! आश्रम आने का समय नहीं मिला और आश्रम के संबंध में किताब ब्लू डायमंड के कमरे में बैठ कर वह लिखती रही! अब उसकी किताब इस महीने छप रही है, जो उसने मेरे विरोध में लिखी है। यह विरोध किस बल का होगा? इस विरोध की क्या कीमत होगी? उसको भेजा गया। भेजना तो सिर्फ बहाना है। वह पक्षपात लेकर ही आई। जब किताब ब्लू डायमंड में बैठ कर ही लिखी जा सकती थी तो हालैंड में ही लिखी जा सकती थी, यहां आने की जरूरत क्या थी? वह सिर्फ दिखावा है, ताकि कहने को हो कि वह देख कर आई है। लेकिन ऐसे देखना नहीं हो सकता। विपस्सना नहीं किया, झाझेन नहीं किया, सूफी नृत्य नहीं किया, नाची नहीं, गाई नहीं। यहां गैरिक जो मदिरालय है इसमें एक घूंट भी न पीआ। मेरे खिलाफ किताब लिखने का क्या प्रयोजन होगा? उस किताब में कितना बल होगा? नपुंसक होगी वह किताब।

अमृतो अभी-अभी वापस लौटा हालैंड, तो अमृतो से लोगों ने पूछा कि तुम इस किताब के संबंध में क्या कहते हो जो खिलाफ में लिखी गई है? अमृतो ने कहा कि बहुत किताबें पक्ष में लिखी जाएंगी और बहुत खिलाफत में लिखी जाएंगी। यह एक ऐसा आदमी है जो सारी दुनिया को दो हिस्सों में विभाजित करके रहेगा—पक्ष या विपक्ष।

अमृतो ने ठीक कहा। अमृतो ने यह भी कहा कि आगे और-और उपद्रव आने वाले हैं।

तटस्थ तो हम किसी को छोड़ ही नहीं सकते—या तो मेरे पक्ष में या मेरे विपक्ष में, इसमें से निर्णय करना होगा। दोनों हालत में तुम मुझसे जुड़ोगे। और जब जुड़ना ही हो तो पक्ष में जुड़ना, क्या विपक्ष में जुड़ने से पाओगे?

भारतीय मनोवैज्ञानिक तो अभी भी बैलगाड़ी की दुनिया में जी रहा है। या अगर बैलगाड़ी से बहुत ऊपर भी उठा तो समझ लो कि भारतीय बस!

मुल्ला नसरुद्दीन पहली बार हवाई जहाज से यात्रा कर रहा था। जहाज अभी रवाना नहीं हुआ था। मुल्ला बार-बार एअर होस्टेस को बुला-बुला कर पूछ रहा था, सब कल-पुर्जे ठीक हैं न? पेट्रोल पूरा डाल लिया है न? इंजन ठीक काम कर रहा है न? एअर होस्टेस परेशान हो गई, बार-बार...उसने कहाः आप इतने परेशान क्यों हो रहे हैं? सब ठीक-ठाक है। आपको कल-पुर्जों और पेट्रोल और इंजन, इन सबकी चिंता करने की जरूरत नहीं। मुल्ला नसरुद्दीन ने कहा कि मैं इसलिए कह रहा हूं कि अभी पहले ही सारी देख-भाल कर लेना उचित है, वरना ऊपर जाकर तुम मुझसे धक्का लगाने को मत कहना। क्योंकि कई बार बसों में मैं बैठ कर देख चुका हूं कि बीच में खड़ी कर देते हैं, फिर कहते हैं धक्का लगाओ।

भारतीय मनोवैज्ञानिक को मैं कोई बहुत मूल्य नहीं देता। अभी तक मैंने भारतीय मनोवैज्ञानिक जैसा व्यक्ति देखा भी नहीं। हां, अध्यापक हैं मनोविज्ञान के, मगर अध्यापक और मनोवैज्ञानिक में भेद है। दर्शनशास्त्र का अध्यापक होना और दार्शनिक होना बड़ी और बातें हैं। धर्मशास्त्र का अध्यापक होना और धार्मिक होना बड़ी और बातें हैं। काव्यशास्त्र का अध्यापक होना और कवि होना बड़ी और बातें हैं।

और जो कुछ थोड़े-बहुत लोग बंबई और दिल्ली जैसी जगहों में मनोचिकित्सा का काम करते हैं, उनके पास भी बड़ी पिटी-पिटाई तीस-चालीस साल पुरानी धारणाएं हैं, जिनका पश्चिम में कोई मूल्य नहीं रह गया है। पश्चिम उनसे कभी का छुटकारा पा चुका। वहां उनकी अब कोई स्थिति नहीं है। लेकिन हमारा दुर्भाग्य ऐसा है कि हम हर चीज में पीछे घसिटते हैं। जो चीज पश्चिम में बेकार हो जाती है, जब तक वह वहां बेकार होती है, तब तक हमें उसकी खबर मिलती है। हमारे और उनके बीच कम से कम तीस साल का फासला है—हर काम में। जो वहां कचरे में फेंक दी जाती है, उसकी हम पूजा करते हैं। उनकी गति तीव्रता से आगे बढ़ती जाती है। और हम जहां रुक गए वहीं रुक गए!

मुझे कालेजों से निकाल दिया गया, जब मैं विद्यार्थी था, विश्वविद्यालय से निकाल दिया गया। कारण? क्योंकि मेरे अध्यापक कहते कि मैं झंझटें खड़ी करता हूं। और झंझटें क्या थीं? झंझटें नहीं थीं; अगर अध्यापक होते तो सम्मान देते जो मैं कह रहा था। मैं सिर्फ यही कह रहा था कि आप जो कह रहे हैं वह तीस-चालीस साल पहले ठीक समझा जाता था। उसको जमाने गुजर गए। आपको कुछ नई किताबें

देखनी चाहिए। मैं नई किताबें लेकर उपस्थित होता था कि ये नई किताबें हैं, ये नये उल्लेख हैं। मगर कोई यह मानने को तो राजी होता नहीं कि वह अज्ञानी है, कि उसे पता नहीं है। और अध्यापक तो मान कर चलता है कि उसे सब पता है।

एक कालेज से मुझे निकाल दिया गया, क्योंकि कालेज के जो प्रोफेसर थे, वे ह्यूम और लाक और बर्कले—इंग्लैंड के तीन पुराने विचारक—उन पर उन्होंने थीसिस लिखी थी कोई चालीस साल पहले जब वे विश्वद्यिालय में पढ़ते रहे होंगे, वे वही पढ़ाए चले जाते। मैंने उनसे कहा कि ह्यूम की हालत वही हो गई है जो ह्यूम पाईप की है। अब कौन ह्यूम से लेना-देना है! और जबलपुर में मैं पढ़ता था तो वहां ह्यूम पाईप की फैक्ट्री थी। तो मैंने कहा कि आपको ह्यूम, ह्यूम, ह्यूम...आप ह्यूम पाईप की फैक्ट्री आप क्यों नहीं खोल लेते! अब पश्चिम विचार कर रहा है विट्गिन्सटीन पर, जेस्पर्स पर, हाइडेगर पर, ज्यां पाल सार्त्र पर, मार्सेल पर, बर्दिएव पर। उन्होंने ये नाम भी नहीं सुने थे। उन्होंने कहाः तुम ये कहां के नाम...तुम अपने मन से ही ईजाद कर लाते हो!

इस देश के बड़े दुर्भाग्यों में एक दुर्भाग्य यह है कि हम जगत के साथ पैर मिला कर नहीं चल पा रहें हैं। पश्चिम का विज्ञान चांद पर चल रहा है और हमारी दशा? हमारी दशा कोई तीन हजार साल पुरानी है। चांद पर चलना तो दूर, जमीन पर ही ठीक से रहना मुश्किल हुआ जा रहा है। वही मनोविज्ञान में हो रहा है। बड़ी उड़ान भरी जा रही है पश्चिम में। बड़े नये और क्रांतिकारी विचार पश्चिम का मनोवैज्ञानिक प्रस्तावित कर रहा है।

रोनी लैंग इस समय पश्चिम में शिखर पर है। लैंग मुझसे प्रभावित है। संन्यासियों को मिला है, लंदन के संन्यासी सेंटर पर आया है। लैंग ने अपनी किताबें मुझे भेजी हैं कि मैं उनकी किताबें देख जाऊं। कभी आना चाहता है। लेकिन जिसको तुम भारतीय मनोवैज्ञानिक कहते हो, उसको शायद लैंग का नाम भी पता न हो।

ऐसी असुविधा है। इस असुविधा के कारण पंडित और पुरोहित तो विरोध में हैं ही, तथाकथित मनोवैज्ञानिक भी विरोध में हैं। और विरोध का मूल आधार पुनः दोहरा दूंः मैं जीवन को उसकी समग्रता में स्वीकार करता हूं—जड़ों से लेकर फूलों तक, काम से लेकर राम तक, पदार्थ से लेकर परमात्मा तक। जो पदार्थवादी हैं वे मेरा विरोध करते हैं, क्योंकि मैं परमात्मा को क्यों बीच में लाता हूं; और जो परमात्मवादी हैं वे मेरा विरोध करते हैं, वे कहते हैं मैं पदार्थ को क्यों बीच में लाता हूं। मैं क्या करूं? पदार्थ है और परमात्मा है। पदार्थ और परमात्मा एक ही सिक्के के दो पहलू हैं; उनमें से एक को भी छोड़ा नहीं जा सकता। और जो उनमें से एक को भी छोड़ेगा, वह अधूरा रह जाएगा। और अधूरा आदमी रुग्ण होता है। पूरा आदमी चाहिए, समग्र आदमी चाहिए। समग्र मनुष्य ही संन्यासी है। समग्रता को ही मैं पवित्रता कहता हूं।

इसलिए मेरा विरोध बहुत तरह से होगा। आस्तिक मेरा विरोध करेंगे, क्योंकि उनको बहुत सी बातें मेरी नास्तिक जैसी लगेंगी। और नास्तिक मेरा विरोध करेंगे, क्योंकि मेरी बहुत सी बातें आस्तिक जैसी लगेंगी। मेरे साथ तो केवल वही खड़ा हो सकता है जो आस्तिकता और नास्तिकता के ऊपर देख सके; जो दोनों का अतिक्रमण कर सके; जो द्वंद्वातीत हो सके। जो द्वंद्व से घिरे हैं वे मुझे नहीं समझ

पाएंगे। जो द्वंद्व से घिरे हैं वे मुझे केवल गलत ही समझ सकते हैं। और उन्हें मुझ में वही दिखाई पड़ेगा जो वे देखना चाहते हैं।

चंदूलाल एक बार पेंटिंग्स की प्रदर्शनी देखने गए। उस प्रदर्शनी में अनेक प्रसिद्ध पेंटिंग्स रखी हुई थीं जिन्हें कि ख्यातिनाम चित्रकारों ने बनाया था। चंदूलाल ने जब उन पेंटिंग्स को देखा तो उसे तो वे सारी की सारी पेंटिंग्स बिलकुल फूहड़ लगी। उन्हें देख कर ऐसा लगता था जैसे किसी बच्चे ने कागज पर रंग फैला दिए हों। वह जैसे-जैसे आगे बढ़ता गया, उन चित्रकारों की मूढ़ता पर उसे मन ही मन बड़ा क्रोध आया जिन्होंने ऐसे बेहूदे चित्र बनाए थे। जब वह प्रदर्शनी के अंतिम कोने पर पहुंचा तो एक गंजे व्यक्ति के चित्र को देख कर तो उसके क्रोध की सीमा न रही। उसने प्रदर्शनी के संचालक को बुलाया और उससे कहा कि महानुभाव, भला इस गंजे और खूसट व्यक्ति की पेंटिंग यहां लगाने की क्या जरूरत थी? भला यह भी कोई लगाने जैसी पेंटिंग है?

संचालक बोला: श्रीमान जी, आप दर्पण के सामने खड़े हैं। यह पेंटिंग नहीं, दर्पण है।

दूसरा प्रश्न: ओशो, 'गुरु' और 'सदगुरु' दो अलग शब्द होने का क्या कारण है, जब कि गुरु ही सदगुरु है?

मुकेश भारती, 'गुरु' तो तटस्थ शब्द है। गुरु असदगुरु भी हो सकता है, सदगुरु भी हो सकता है। गुरु मिथ्या भी हो सकता है, सच्चा भी हो सकता है। इसलिए गुरु शब्द से काम नहीं चलता। सदगुरु का अर्थ है: सच्चा गुरु।

क्या भेद है मिथ्या गुरु में और सदगुरु में? मिथ्या गुरु वह है जो बातें तो सुंदर कर रहा है, लेकिन बातें सब उधार हैं—अपनी नहीं, निज की नहीं, स्वानुभव की नहीं। मिथ्या गुरु वह है जो हिंदू है, मुसलमान है, ईसाई है; कुरान दोहरा रहा है, बाइबिल दोहरा रहा है, वेद दोहरा रहा है। मिथ्या गुरु वह है जो किसी परंपरा को पीट रहा है। सदगुरु वह है जो अपने अंतःकरण से बोल रहा है, जिसकी अंतस-चेतना आविर्भूत हुई है, फूली है; जिसके अंतर्तम में वसंत आया है; जो किसी वेद का या किसी धम्मपद का या किसी कुरान का उद्धरण नहीं दे रहा है; जो जो भी कह रहा है अपने बलबूते पर कह रहा है; जो स्वयं अपनी बातों का प्रमाण है, गवाह है।

लिखा-लिखी की है नहीं, देखा-देखी बात—कबीर के इस वचन को स्मरण करो। जो देखा-देखी कह रहा है, लिखा-लिखी की नहीं। जिसने अपनी आंखों से स्वयं का साक्षात्कार किया है; जो उतरा है अपने अंतरतम की सीढ़ियों पर; जिसने अपने भीतर छिपे हुए जीवन का स्वाद लिया है—वह सदगुरु है। जिसके भीतर का दीया जला है।

असदगुरु वह है जो हाथ में एक जले हुए दीये की तस्वीर लिए है और सदगुरु वह है जिसके हाथ में जला हुआ दीया है। और कभी-कभी ऐसा हो सकता है कि दोनों एक जैसे लगते हों। और यह भी हो

सकता है कभी-कभी कि तस्वीर जले हुए दीये की, जले हुए दीये से भी खूबसूरत लगती हो, उसमें खूब रंग भरे गए हों। कभी-कभी तस्वीर असली को मात करे, ऐसी हो सकती है। थ्री डाइमेन्शनल हो सकती है, तीन आयामी हो सकती है।

जब पहली दफे तीन आयामी फिल्में आईं और लंदन में उनका पहली दफा प्रदर्शन हुआ, तो बड़ी हैरानी हुई। क्योंकि तीन आयामी जो फिल्म होती है—साधारण फिल्म में तो तस्वीरें दिखाई पड़ती हैं तस्वीरों की भांति—तीन आयामी फिल्म में तस्वीरें दिखाई पड़ती है व्यक्तियों की भांति। उनमें लंबाई होती है, चौड़ाई होती है, मोटाई होती है, गहराई होती है। जैसा व्यक्ति होता है वैसी। जब पहली दफा तीन आयामी फिल्म लंदन में दिखाई गई तो दूसरे दिन जो खबरें अखबारों में छपीं वे हैरानी की थीं। उस फिल्म में एक घुड़सवार एक भाला लिए हुए दौड़ता हुआ आता है। सारे लोग जो फिल्म के कक्ष में बैठे हैं, एकदम से सिर झुका लेते हैं, क्योंकि वह जो भाला फेंकता है, कि अपनी खोपड़ी में न लग जाए। और बीच में से बिलकुल एक रास्ता बन जाता है—कुछ लोग इस तरफ झुक जाते है और कुछ लोग उस तरफ, क्योंकि घोड़ा एकदम चला ही आ रहा है, तो वह निकल जाए बीच से! है सिर्फ फिल्म, लेकिन इतनी सजीव मालूम होती है।

तस्वीरें जिनके हाथ में हैं, वे असदगुरु हैं। सदगुरु के हाथ में दीया है। फिर दीया चाहे मिट्टी का ही क्यों न हो और तस्वीर चाहे सोने की ही क्यों न हो, तो भी मिट्टी के दीये से रोशनी मिलेगी, तस्वीर से नहीं।

सम्राट सोलोमन की परीक्षा लेने एक महारानी आई, उसने अपने एक हाथ में झूठे फूलों का गुलदस्ता ले रखा था और एक हाथ में असली फूलों का। सम्राट सोलोमन के संबंध में कहा जाता था कि वह दुनिया का सबसे प्रतिभाशाली व्यक्ति है। उस महारानी ने बहुत सी परीक्षाएं लीं, उनमें एक परीक्षा यह भी थी कि वह महल में प्रविष्ट हुई, दरबार में गई। उसने कहा, महाराज, आपकी बुद्धिमत्ता की बहुत कहानियां सुनी हैं। क्या आप बता सकते हैं, इन फूलों में कौन असली हैं कौन नकली?

सोलोमन भी थोड़ा झंझट में पड़ा। फूल बिलकुल एक से लगते थे—बिलकुल एक से लगते थे। सोलोमन ने कहा कि मैं बूढ़ा हो गया, आंखों से मुझे थोड़ा धुंधला दिखाई पड़ता है। थोड़ी करीब आओ। करीब भी महिला आ गई, तब भी तय करना मुश्किल था कि कौन असली हैं, कौन नकली हैं? तब सम्राट ने कहा, ऐसा करो द्वार-दरवाजे, खिड़कियां सब खोल दो, क्योंकि मुझे ठीक से दिखाई नहीं पड़ता। थोड़ा यहां अंधेरा है। द्वार-दरवाजे, खिड़कियां खोल दी गई। और दो मिनट में ही सम्राट ने कह दिया कि तेरे बाएं हाथ में असली फूल है।

महिला तो दंग रह गई। बहुत बड़े चित्रकार से उसने फूल बनवाए थे और फूल ऐसे थे कि वह खुद ही भूल जाती थी कि किस हाथ में मैं असली लिए हूं और किस में नकली लिए हूं। उसने अपने हाथ पर लिख छोड़ा था—इसमें असली, इसमें नकली—कि मैं खुद ही न भूल जाऊं, नहीं तो फिर तय कैसे होगा! कैसे सम्राट पहचान गया?

उसने सोलोमन से कहाः क्या मुझे राज बताएंगे, कैसे आपने पहचाना?

उसने कहाः राज सीधा-सादा है। इसलिए खिड़की-दरवाजे खुलवाए, एक मधुमक्खी भीतर आ गई उड़ती हुई बगीचे से। वह जिस फूल पर बैठ गई तेरे हाथ में, वह असली। आदमी को धोखा दिया जा

सकता है, मधुमक्खी को थोड़े ही धोखा दे सकते हो। मधुमक्खी तो असली को पहचान ही लेगी जिसमें रस होगा, झूठे में रस तो नहीं हो सकता।

सदगुरु वह है, जिसके हाथ में असली फूलों का गुलदस्ता है। असदगुरुओं के हाथ में झूठे फूलों के गुलदस्ते हैं; यद्यपि असदगुरुओं के हाथ में परपंरा से पूजित गुलदस्ते हैं, सदियों से सम्मानित गुलदस्ते हैं। और तुम सब परंपरा-पूजक हो, इसलिए स्वभावतः तुम्हें नकली गुरुओं के चक्कर में पड़ जाना आसान पड़ता है। सदगुरु से संबंध जोड़ने के लिए बड़ा साहस चाहिए, बड़ी हिम्मत चाहिए, क्योंकि हो सकता है वह जो बातें कहे वे परंपरा के विपरीत जाएं। जाएंगी ही! क्योंकि वह परंपरा का सहारा लेकर तुम्हारा शोषण नहीं करना चाहता। उसकी बातें औपचारिक नहीं हैं। उसकी बातें तात्विक हैं। वह सत्य का उदघाटन करना चाहता है। वह केवल शिष्टाचार नहीं निभाना चाहता।

तुम्हारे पंडित-पुरोहित असदगुरु हैं, शिष्टाचार निभा रहे हैं। मंदिर में घंटी भी बजा आते हैं, पूजा का थाल भी उतार लेते हैं—न हृदय में कोई पूजा है, न प्राणों में कोई भाव है। या हो सकता है, भाव भी हो तो ठीक उलटा हो पूजा से।

भरी हुई बस में एक युवती भारी सूटकेस के साथ चढ़ी और सूटकेस को सीटों के ऊपर बनी सामान रखने की जगह पर रख दिया। इसके बाद वह बीच में खड़ी हो गई। इतने में सीट से एक युवक उठा और वह बहुत विनम्रता से युवती से बोला, आप यहां बैठ जाइए। थोड़ा सा ना-नुकुर करने के बाद युवती बैठ गई और एक मादक मुस्कान के साथ पूछा, आप मुझ पर इतनी मेहरबानी क्यों कर रहे हैं। बात यह है कि आपने इस सीट के ऊपर जो सूटकेस रखा है, बस चलने पर मुझे उसके गिरने की आशंका है—युवक ने स्पष्ट किया।

ऊपर से जो दिखाई पड़ रही हो बात, वही जरूरी नहीं है कि भीतर हो। युवती को जगह देने के लिए वे सज्जन उठे नहीं हैं। वह सूटकेस गिरे नहीं, इस डर से उठे हैं।

मुकेश, सदगुरु का अर्थ होता है—सत्य को अनुभूत, प्रबुद्ध, जाग्रत; जो जिन हो गया, जिसने अपने को जीता; जो बुद्ध हो गया, जिसने अपने को पहचाना। असदगुरु का अर्थ होता है—शास्त्रीय, पाखंडी, औपचारिक। उसके पास कोई संपदा नहीं है।

मुल्ला नसरुद्दीन एक दोपहर बैंक से निकल रहा था। एकदम से उसने आवाज लगाई, किसी के नोटों की गड्डी तो नहीं गिर गई? कोई दस-पच्चीस आदमी एकदम दौड़ पड़े, उन्होंने कहाः हमारी गिरी! हमारी गिरी! उसने कहाः भाई, इतने परेशान न होओ, मुझे तो अभी गड्डी को बांधने का धागा ही मिला है, अभी गड्डी नहीं मिली।

असदगुरु, बस धागा ही है हाथ में। गड्डी वगैरह कहां गिर गई है, किसके हाथ लग गई है—कुछ पता नहीं है। संपदा अपनी नहीं है—बासी है, उधार है।

इसलिए दोनों शब्दों की सार्थकता है।

असदगुरु ने स्वयं अनुभव नहीं किया है, लेकिन एक बात उसकी समझ में आ गई है कि सत्य की लोगों में प्यास है और सत्य का व्यवसाय किया जा सकता है। और असदगुरु सस्ते में सत्य देने को राजी हो जाता है।

एक गांव में मेला भरा। दो छोटे बच्चे शरबत बेच रहे हैं। दोनों जुड़वां भाई लगते हैं। एक एक आना गिलास बेच रहा है और दूसरा दो पैसे गिलास, और शरबत एक जैसा। स्वभावतः, दो पैसे गिलास वाले की बिक्री खूब हो रही है, डट कर हो रही है; भीड़ वहीं लगी हुई है। आखिर एक आदमी ने पूछा, जो एक आना गिलास बेच रहा था, कि बात क्या है! तुम दोनों जुड़वां भाई हो; यह शरबत भी एक जैसा है; तुम्हारी दुकान पर भीड़ बिलकुल नहीं, उस दुकान पर इतनी भीड़ लगी है। तुम एक आना गिलास क्यों बेच रहे हो, वह दो पैसा गिलास क्यों बेच रहा है?

उसने कहा: अब आपसे क्या बताना, उसके शरबत में रात एक चूहा गिर गया था, सो वह सस्ता बेच रहा है। अब उसका शरबत किसी काम का नहीं है। मेरा शरबत तो हम घर में भी पी लेंगे।

लोग सस्ते की तरफ जाते हैं। सस्ते में एक आकर्षण है। असदगुरु सस्ता बेचता है—मुफ्त करीब-करीब। हल्दी लगे न फिटकरी, रंग चोखा हो जाए। कुछ खर्च तुम्हें करना नहीं पड़ता। लेकिन सदगुरु के पास जाओगे तो जीवन दांव पर लगाना होगा। जुआरियों के लिए है सदगुरु, व्यवसायियों के लिए नहीं।

दरवाजे पर बैठे हुए एक खूंखार अल्सेशियन को देख कर ढब्बू जी द्वार के बाहर ही ठिठक कर खड़े हो गए। आ जाओ, आ जाओ ढब्बू, डरो मत—चंदूलाल ने अपने मित्र ढब्बू जी को साहस बंधाते हुए कहा।

ढब्बू जी: क्या यह कुत्ता काटता नहीं?

चंदूलाल: अरे मित्र, यही देखने के लिए तो तुम्हें बुला रहा हूं, कि देखें कैसा कुत्ता है! कल ही मैंने खरीदा है।

तुम्हारे पंडित-पुरोहित तुम पर जिन मंत्रों-तंत्रों-यंत्रों के प्रयोग कर रहे हैं, तुम्हें सिर्फ परीक्षण स्थल बनाया हुआ है। उन्हें खुद भी अनुभव नहीं है। सोच रहे हैं, शायद तुम पर काम कर जाए तो फिर कभी अपने पर भी काम करके देख लेंगे। जब तुम पर ही काम नहीं किया तो किसी काम न रहा होगा, बेकाम होगा।

सदगुरु वह है जिसने स्वयं अनुभव किया है और अब अपने अनुभव की संपदा को बांट रहा है। लेकिन उसकी संपदा लेने के लिए कुछ तैयारी दिखानी पड़ती है; उसी तैयारी को मैं संन्यास कहता हूं। कुछ पात्रता दिखानी पड़ती है; उसी पात्रता को मैं संन्यास कहता हूं।

संन्यास का इतना ही अर्थ है कि तुम राजी हो झुकने को। असदगुरु तुम्हें झुकाता नहीं; असदगुरु तो तुम्हारे पैर दबा दे, वह खुद ही झुके, वह तुम्हारी खुद खुशामद करे। सदगुरु तुम्हें मिटाने को तत्पर है, क्योंकि तुम मिटो तो परमात्मा प्रकट हो। यह अंहकार जाए, सिंहासन खाली हो, तो परमात्मा आए।

दोनों शब्दों का अर्थ है। अकारण नहीं है, मुकेश, गुरु और सदगुरु शब्द का प्रयोग। गुरु तटस्थ है; उससे कुछ पक्का पता नहीं चलता—मिथ्या भी हो सकता है, सच्चा भी हो सकता है। सदगुरु से सुनिश्चित घोषणा है।

तीसरा प्रश्नः ओशो, मैं बड़ा संदेहग्रस्त व्यक्ति हूं। क्या इससे छुटकारे का कोई उपाय है?

कृष्णराज, मैं जो भी कहूंगा उस पर भी तुम संदेह करोगे, या कि नहीं? अगर सच में ही संदेहग्रस्त हो तो मैं जो भी कहूंगा उस पर भी संदेह आएगा ही आएगा। मेरे कहने से क्या होगा? सलाहें तो तुम्हें पहले भी बहुत दी गईं होंगी। सदवचन तो तुमने पहले भी बहुत सुने होंगे। मेरे पास तुम पहली दफे तो नहीं आए हो, और-और न मालूम किन-किन के पास गए होओगे। जन्मों-जन्मों की लंबी यात्रा है।

इसलिए पहली बात तुमसे मैं यह कहना चाहता हूं कि अगर संदेहग्रस्त हो तो उस से छूटने का कोई उपाय न करो, नहीं छूट सकोगे। क्योंकि छूटने का जो भी उपाय तुम्हें दिया जाएगा, संदेह उसी पर अड्डा जमा लेगा। संदेह बड़ी जटिल प्रक्रिया है और बड़ी सूक्ष्म।

इसलिए मैं तुम्हें कुछ नहीं कहूंगा कि ऐसा करो वैसा करो, इससे तुम संदेह से मुक्त हो जाओगे। पहले तो तुम यही सोचोगे कि इससे होऊंगा कि नहीं? इससे कैसे होऊंगा? हजार संदेह उठेंगे। मैं तो तुमसे यह कहना चाहूंगा कि तुम संदेह को ही श्रद्धा खोजने का उपाय बनाओ। यही रास्ता है। संदेह से छुटकारा नहीं पाना है। संदेह का इतना उपयोग कर लेना है कि संदेह ही तुम्हें श्रद्धा तक ले आए।

डर क्या है? ईश्वर पर संदेह है? बेफिकरी से संदेह करो। स्वर्ग पर संदेह है? जरूर संदेह करो। नरक पर संदेह है? खूब करो। तुम्हारे संदेह से न तो स्वर्ग बनता है न मिटता है। तुम्हारे संदेह से न तो ईश्वर होता है, न न होता है। इसलिए डर क्या है? कोई ऐसा थोड़े ही है कि तुम संदेह करोगे तो ईश्वर की सांसें अटक जाएंगी या ईश्वर मर जाएगा। तुम्हारा संदेह इतना कारगर नहीं है। जो है वह तो है; जो नहीं है वह नहीं है। न तुम्हारे विश्वास करने से होगा न तुम्हारे संदेह करने से कुछ मिटेगा।

लेकिन संदेह का एक प्रक्रिया की तरह उपयोग किया जा सकता है। तुम संदेह करो, जिन चीजों पर संदेह कर सकते हो। करते ही जाओ। सिर्फ एक चीज ऐसी है जिस पर तुम पाओगे एक दिन कि संदेह नहीं कर सकते—वही तुम स्वयं हो। अपने पर संदेह नहीं किया जा सकता।

मुल्ला नसरुद्दीन होटल में बैठा था। जरा ज्यादा पी गया और ज्यादा पी गया तो ज्यादा हांकने लगा। बात बढ़ते-बढ़ते यहां तक पहुंच गई कि मुल्ला ने कहा कि मुझसे ज्यादा सहृदय आदमी, उदार आदमी इस नगर में दूसरा नहीं है। लोगों ने कहाः यह तो हद हो गई! तुम किस तरह के सहृदय, कैसे उदार! अरे कभी घर, इतने दिन हो गए, चाय-पानी के लिए भी नहीं बुलाया। वर्षों हो गए, कभी मित्रों को भोजन के लिए भी निमंत्रित किया होता! और कितनी बार हमारे घर भोजन कर गए हो? उसके उत्तर में भी कभी जवाब नहीं दिया।

मुल्ला ने कहाः तो आज ही हो जाए। पीए था तो होश तो पक्के थे नहीं। कहा कि चलो, सब चलो, आज भोजन मेरे घर!

तीस-पैंतीस का जत्था, पूरी मधुशाला चल पड़ी। जैसे-जैसे घर करीब आने लगा, होश भी आने लगा। क्योंकि पतियों को होश आता है, पत्नियां जैसे ही करीब आती हैं। जैसे ही पत्नी की याद आनी शुरू हुई, कि अब झंझट खड़ी होगी, अब फंसे बुरे! तीस-पैंतीस आदमियों को लेकर जा रहा हूं और दिन

भर से नदारद हूं। तब याद आया कि अरे, सुबह भिंडी लेने बाजार भेजा गया था और भिंडी तो खरीदी नहीं। घर ही लौटे नहीं! पत्नी तो बैठी होगी लिए मूसल। और देख कर पैंतीस मुस्तंडों को...आज आई मुसीबत! और इन पैंतीस के सामने भद्द होगी। और यह तो मैं किस मुंह से कहूंगा कि इनको भोजन करवाओ! यह तो सवाल ही नहीं उठता। वह मुझे मारे न, पीटे न इनके सामने, यही बहुत है। कोई रास्ता तो निकालना पड़ेगा।

दरवाजे पर जाकर उसने मित्रों से कहाः तुम चुपचाप खड़े रहो। भई तुम भी सब शादीशुदा हो, सो ज्यादा कुछ कहना नहीं है। कहा कम ज्यादा समझना। तुम चुपचाप यहीं खड़े रहो। मैं भीतर जाकर पहले जरा पत्नी को राजी कर लूं।

लोगों ने कहाः यह हम समझते हैं। वही तो हम भी सोच रहे थे कि पैंतीस को लेकर जा रहे हो, तुम्हारे साथ हम तक की झंझट न हो। तुम्हारी पत्नी को हम जानते हैं।

उनको बाहर कहा कि बिलकुल चुपचाप रहना, शोरगुल करना ही मत, आवाज भर नहीं करना, शांत रहना। और भीतर गया सो गया। उनको कह गया चुप रहना, शांत, तो वे आवाज भी न कर सकें, दस्तक भी न दे सकें। और अपनी पत्नी से जाकर कहा कि आज बड़ी मुश्किल में पड़ गया, माफ कर मुझे। पैर पर पड़ गया एकदम, कि वह भिंडी तो मैं भूल ही गया और इन दुष्टों के संग में पड़ गया, तो ज्यादा पी गया। पीने में अल्ल-बल्ल बक गया। इनको साथ लिवा लाया, भोजन का निमंत्रण दे दिया।

पत्नी ने कहाः भोजन! भोजन तो अपने दो के लिए भी घर में नहीं है। तुम्हें भेजा ही किसलिए था? सब्जी नहीं आटा नहीं, घी नहीं। दो के लिए भोजन नहीं, पैंतीस के लिए भोजन कहां होगा?

मुल्ला ने कहाः कोई फिकर ही मत कर। मैंने तो उनको कह दिया है कि बिलकुल चुपचाप खड़े रहो। आखिर कब तक खड़े रहेंगे! आवाज भर की कि नियम तोड़ दिया।

घंटा बीत गया, मगर पैंतीस भी पीए थे, वे भी खड़े रहे। दो घंटे बीत गए, आधी रात होने के करीब होने लगी। आखिर उन्होंने कहा कि कब तक खड़े रहेंगे, ऐसे तो सुबह ही हो जाएगी। दस्तक दी। मुल्ला ने पत्नी को भेजा और कहा कि कह दो कि मुल्ला घर पर नहीं हैं। पत्नी ने आकर कह दिया कि मुल्ला घर पर नहीं हैं।

उन्होंने कहाः यह तो हद हो गई! और हम यहां तीन घंटे से खड़े हैं और वह हमारे सामने दरवाजे के भीतर गया है। और पैंतीस आदमी की आंखें धोखा नहीं खा सकतीं; ये गवाह हैं सब। वह घर के भीतर है, कहीं छिपा होगा। हमें घर के भीतर आने दो, हम उसे निकाल बाहर करेंगे।

पत्नी ने कहा कि नहीं है भाई, वे सुबह से ही गए हुए हैं भिंडी खरीदने तो लौटे ही नहीं। मैं खुद ही परेशान होकर बैठी हूं। मगर वे भी जिद किए हुए रहे कि हम तो अंदर आकर देखेंगे। अब पैंतीस आदमी घर में घुसें तो मुल्ला फंस ही जाए। विवाद करने लगे तो मुल्ला को भी जोश आ गया। उसने ऊपर की एक खिड़की खोली, दूसरी मंजिल से बोला कि सुनो जी, आधी रात को किसी की स्त्री से विवाद करते शरम नहीं आती? और मैंने तुमसे कहा था, चुप रहना। और फिर यह भी तो हो सकता है कि मुल्ला तुम्हारे साथ आया हो, मकान के भीतर गया हो और पीछे के दरवाजे से कहीं निकल गया हो।

खुद ही मुल्ला कह रहा है।

यह सूफियों की एक प्यारी कहानी है। सूफी इसका बहुत उल्लेख करते हैं, क्योंकि महत्वपूर्ण है। तुम घर में रह कर यह नहीं कह सकते कि मैं घर में नहीं हूं। कैसे कहोगे? तुम्हारा वक्तव्य कि मैं घर में नहीं हूं, सिद्ध करेगा कि तुम घर में हो। यह वक्तव्य नहीं दिया जा सकता कि मैं नहीं हूं, क्योंकि यह वक्तव्य देने के लिए भी तुम्हारा होना जरूरी है।

तो सिर्फ एक सत्य है जो संदेहशील व्यक्ति को हराता है और वह सत्य है—स्वयं का होना। मैं तुमसे कहता नहीं कि आत्मा पर विश्वास करो। मैं तो कहता हूं, तुम कोशिश करो संदेह करने की। मगर तुम संदेह नहीं कर पाओगे। एक ही असंदिग्ध तथ्य है—आत्मा। मैं हूं, इस पर संदेह नहीं किया जा सकता। संदेह करो तो भी यही सिद्ध होता है कि मैं हूं—कम से कम संदेह करने वाला तो चाहिए संदेह करने को! अगर कोई भी नहीं है तो संदेह कौन करेगा?

इसलिए कृष्णराज, मत पूछो कि संदेह से छुटकारा कैसे हो। छुटकारे की चेष्टा ही छोड़ दो। जितना छूटना चाहोगे उतने उलझ जाओगे। जो भी विधि दी जाएगी उसी विधि पर संदेह खड़ा हो जाएगा। अच्छा तो यही हो, संदेह की सीढ़ी बना लो।

और मेरे लेखे, मेरे देखेः संदेह और श्रद्धा विपरीत नहीं हैं। चौंकना मत। शास्त्रों में यही लिखा है कि संदेह और श्रद्धा विपरीत हैं और तुम्हारे तथाकथित गुरु तुमसे यही कहते हैं कि संदेह और श्रद्धा विपरीत हैं। लेकिन मैं तुमसे कहता हूं कि संदेह श्रद्धा की सीढ़ी है। संदेह कर-कर ही, संदेह करते-करते ही, प्रगाढ़ रूप से संदेह करते-करते ही एक दिन वह सूत्र हाथ लगता है, जिस पर संदेह नहीं हो सकता। तब श्रद्धा का जन्म होता है। जहां संदेह असंभव हो जाता है वहां श्रद्धा का आविर्भाव होता है।

नहीं, मैं तुम्हें कोई विधि नहीं दे सकता। विधि काम नहीं पड़ेगी।

मुल्ला नसरुद्दीन बड़ा शक्की स्वभाव का था। जब उसने नई-नई कार खरीदी तो यार-दोस्तों ने समझाया कि नसरुद्दीन, ड्राइवर जरा सोच-समझ कर रखना, बड़े बदमाश होते हैं ये लोग। मौका पाते ही आंखों में धूल झोंक कर नई गाड़ी के सामान बदल लेते हैं और कबाड़खाने से खरीद कर पुराने कल-पुर्जे डाल देते हैं।

नसरुद्दीन ने कहाः बिलकुल ठीक, मैं ड्राइवर की बराबर निगरानी रखूंगा।

पास ही के मुहल्ले में रहने वाले और ईमानदार समझे जाने वाले मियां महमूद को नसरुद्दीन ने ड्राइवर रखा। पहला ही दिन था, सुबह-सुबह मुल्ला शहर घूमने निकला। घर से चलने के पहले महमूद बोलाः मालिक एक स्क्रू-ड्राइवर भी साथ रख लीजिए, वक्त-बेवक्त कहीं काम आ सकता है। नसरुद्दीन ने गरज कर कहाः बड़े मियां, कमाल है! वक्त पर स्क्रू-ड्राइवर ही काम आना है तो मैने तुम्हें किसलिए ड्राइवर रखा है? यह भी खूब रही, ड्राइवर भी रखूं, ऊपर से स्क्रू-ड्राइवर भी रखूं! तुमने अभी गाड़ी को हाथ नहीं लगाया और धोखा देना शुरू किया!

बेचारे मियां महमूद ने बामुश्किल नसरुद्दीन को समझाया कि स्क्रू-ड्राइवर कोई ड्राइवर नहीं होता, यह तो पेचकस का नाम है। मुल्ला का संदेह विश्वास में परिणत हो उठा कि जरूर यह चालबाज नवजवान उसकी नई कार के बेशकीमती कल-पुर्जे बदलने की फिराक में है, वरना पेचकस की क्या जरूरत आ पड़ी अभी-अभी, शुरू-शुरू, पहले ही दिन! खैर, मन ही मन अपने संदेह को दबाए वह घर

से निकला और मियां महमूद की एक-एक हरकत को शरलक होम्स की जासूसी निगाहों से नसरुद्दीन देख रहा था। जब महमूद ने खटाक से कुछ किया तो इंजन की आवाज तेज हो उठी।

मुल्ला ने सीट से उचक कर पूछाः मियां, क्या किया तुमने? यह आवाज कैसी हुई? जवाब मिला, हुजूर, मैंने अभी-अभी गेयर बदला, इसी कारण यह आवाज हुई। मेरे दोस्तों ने सच कहा था—मुल्ला नसरुद्दीन ने गरीब ड्राइवर की गर्दन पकड़ कर कहा—मगर तुम्हारा भी जवाब नहीं बड़े मियां! अरे जब दिन-दहाड़े मेरी आंखों के सामने ही गेयर बदल रहे हो तो न जाने मेरी पीठ पीछे क्या-क्या न करोगे!

थोड़ी दूर जाकर घरघराहट की आवाज के साथ कार खड़ी हो गई। महमूद बोला, मालिक, गाड़ी में पेट्रोल खत्म। अब गाड़ी आगे नहीं जा सकती। नसरुद्दीन ने मन ही मन सोचा, जरूर इस बदमाश ने ही कुछ गड़बड़ की है। कल से मैं दूसरा आदमी रख लूंगा। मगर प्रकट में वह बोला, पेट्रोल नहीं है तो न रहे और यदि गाड़ी आगे नहीं जा सकती तो सुनो मियां, गाड़ी पलटाओ और वापस घर चलो।

संदेह करने वाला व्यक्ति तो किसी भी चीज पर संदेह करेगा। अगर तुम्हारा सच में ही संदेहशील मन है तो मैं नहीं कहूंगा कि तुम संदेह से इस तरह मुक्त हो सकते हो। मैं तो यही कहूंगाः जल्दी न करो, संदेह का उपयोग करो, संदेह का साधन बनाओ। संदेह करो। घबड़ाहट क्या है? डर क्या है? संदेह से इतने भयभीत क्यों हो?

सच तो यह है, जो आदमी कभी नास्तिक नहीं हुआ ठीक अर्थों में वह कभी ठीक अर्थों में आस्तिक नहीं हो सकता है। और जिस आदमी में नहीं कहने की हिम्मत नहीं है उसकी हां नपुंसक होती है, लचर होती है, उसमें कोई बल नहीं होता। मैं तो कहता हूं : नहीं कहना सीखो। क्योंकि जो नहीं कह सकता है, अगर कभी हां कहेगा तो प्राणपण से कहेगा।

मैं तो कहता हूं : संदेह करो, जी भर कर करो, समग्रता से करो, क्योंकि जरूर अस्तित्व में कुछ है जो संदेहातीत है। संदेह करते ही करते एक दिन तुम उस पर पहुंच जाओगे जिस पर संदेह नहीं किया जा सकता। फिर तुम क्या करोगे? संदेह किया ही नहीं जा सकता तो फिर तुम क्या करोगे? संदेह आत्मघात कर लेगा। और श्रद्धा का तभी जन्म होता है जब संदेह अपना आत्मघात कर लेता है।

संदेह को दबा मत लेना। यही लोग करते हैं—संदेह को दबा लेते हैं। ऊपर-ऊपर आस्तिक, भीतर-भीतर नास्तिक। जरा कुरेदो और नास्तिकता निकल आए। ऊपर-ऊपर मंदिर जाते हैं, भीतर-भीतर सोचते हैंः पता नहीं, भगवान है या नहीं। लोग कहते हैं तो होगा ही। और न भी हुआ तो क्या हर्ज, अपना क्या बिगड़ जाएगा! एक नारियल गया और क्या हर्जा है? अगर हुआ तो कहने को बात रह जाएगी कि याद करो, नारियल चढ़ाया था! अब स्वर्ग में जगह चाहिए!

मेरे एक मित्र हैं—कृष्णमूर्ति के पुराने भक्त, ईश्वर-विरोधी। कोई ईश्वर नहीं, कोई विश्वास की जरूरत नहीं, कोई ध्यान नहीं, कोई पूजा नहीं, कोई पाठ नहीं, कोई विधि नहीं, कोई विधान नहीं—जैसा कृष्णमूर्ति कहते हैं—सब विधि-विधान छोड़ दो, सबसे मुक्त हो जाओ, तो तुम्हारे भीतर ही चैतन्य का आविष्कार होगा।

मैंने उनसे पूछा कि ठीक है, आधी तो बात तुमने कर दी—कोई विधि-विधान नहीं, कोई ध्यान

नहीं, कोई पूजा नहीं, कोई प्रार्थना नहीं—चैतन्य का आविष्कार हुआ या नहीं? उन्होंने कहाः वह तो नहीं हुआ। तो फिर मैंने कहा कि कुछ कमी है। फिर तुम्हारे इनकार करने में कुछ कमी है। उन्होंने कहा कि नहीं, मेरा इनकार पूरा है। तो फिर मैंने कहा कि कृष्णमूर्ति में कोई गलती होगी। अगर तुम्हारा इनकार पूरा है तो चैतन्य का आविष्कार होना चाहिए। अगर तुम्हारा संदेह पूरा है तो मैं कहता हूं कि श्रद्धा का जन्म होना ही होना चाहिए, बचा ही नहीं जा सकता। और या फिर कृष्णमूर्ति से जाकर कहना कि मेरा संदेह तो पूरा है, मेरा अस्वीकार पूरा है, मैंने निषेध कर दिया, नेति-नेति पूरी कर दी।

नेति-नेति की विधि यही है—यह भी नहीं, यह भी नहीं—कहते जाओ, कहते जाओ। आखिर में वही बच रहेगा; सिर्फ कहने वाला बच रहेगा, नेति-नेति कहने वाला बच रहेगा, सब छूट जाएगा। और वही तो है—कहो आत्मा, कहो परमात्मा, कहो निर्वाण, समाधि।

मगर वे नहीं माने। उन्होंने कहा कि नहीं, मेरा विधि-विधानों से तो पूरा का पूरा छुटकारा हो गया है, मगर चैतन्य का आविर्भाव नहीं हुआ।

एक दिन उनका बेटा भागा हुआ आया और उसने कहा कि आप चलें, मेरे पिता की हालत बहुत खराब है। हालत जरूरत से ज्यादा खराब होनी चाहिए। मैंने पूछाः क्यों? उसने कहा कि वे लेटे हैं बिस्तर पर और राम-राम, राम-राम, राम-राम जप रहे हैं! हृदय का दौरा पड़ गया था। मैं गया तो वे राम-राम, राम-राम जप रहे हैं। मैंने उनका सिर हिलाया। मैंने कहाः आंख खोलो! यह क्या कर रहे? यह मरते वक्त यह क्या कर रहे? अरे आखिरी वक्त सब डुबाए दे रहे? बंद करो यह राम-राम! न कोई विधि है, न कोई मंत्र है, न कोई साधन—छोड़ो यह सब! यह क्या कर रहे हो? यही तो मैं तुमसे कहता था कि कुछ न कुछ अटका होगा।

उन्होंने कहा, अब आप यह बात न करें। अब मरते वक्त क्या पता राम हो ही। अपना बिगड़ता भी क्या है!

देखते हैं बनिया का मन—अपना बिगड़ता भी क्या है! अरे राम-राम कहने से अपना बिगड़ता क्या है! नहीं हुआ तो अपना कुछ बिगड़ नहीं गया। थोड़ी देर समझो मेहनत ही हुई, कवायद ही हुई। सो वैसे ही पड़े थे बिस्तर पर, कोई दूसरा काम कर भी नहीं सकते हैं। और अगर हुआ तो कहने को बात रह जाएगी कि देखो, मरते वक्त राम-राम किया।

अजामिल की याद करो। मरते वक्त...उसके बेटे का नाम नारायण था। अजामिल तो हत्यारा था, चोर-डकैत। उसने तो कभी नारायण की कोई खबर ही नहीं ली थी। मरते वक्त उसने अपने बेटे को बुलाया कि नारायण, नारायण! शायद बताना चाहता होगा कुछ राज कि धन कहां गड़ा रखा है—चोरी का, डकैती का; या शायद कहना चाहता हो कि कुछ दुश्मन मेरे छूट गए हैं, जब मैं चला जाऊं तो इनका खात्मा कर देना। कुछ इस तरह की बातें बताना चाहता होगा; जिंदगी भर की कहानी उसकी यही थी। लेकिन कहानी कहती है कि ऊपर जो नारायण हैं आकाश में बैठे, वे धोखा खा गए। उन्होंने समझा मुझे बुला रहा है। अजामिल तो मर गया नारायण पुकारते-पुकारते, बेटा तो आया नहीं। अजामिल का ही बेटा था, वह भी किसी उलझन में उलझा होगा। मगर अजामिल स्वर्ग गया, क्योंकि उसने मरते वक्त नारायण को पुकारा।

जिन बेईमानों ने ये कहानियां गढ़ी हैं, उनसे जरा सावधान रहना। वे ही मिथ्या गुरु हैं। वे तुम्हें धोखा दे रहे हैं। वे तुम्हें आश्वासन दे रहे हैं कि घबड़ाओ मत, मरते वक्त अगर एक दफे नारायण भी कह दिया तो काम चल जाएगा। मरते वक्त गंगाजल मुहं में डाल देना। मरते वक्त अगर तुम न कह सको तो पंडित तुम्हारे कान में राम-राम कह देगा। मंत्र फूंक देगा, गायत्री पढ़ देगा, काम हो जाएगा।

इतना सस्ता! नहीं, अगर तुम्हारे भीतर संदेह की कहीं भी कोर भी रह गई, एक रेखा भी रह गई, तो वह रेखा काफी है, श्रद्धा निर्मित नहीं हो पाएगी। इसलिए मैं तुमसे कहता हूं कि संदेह का उपयोग करो, दबा मत लेना। संदेह को धार दो, संदेह की तलवार बनाओ। डरो मत। संदेह उसी को काट सकता है जो नहीं है। जो है, संदेह उसे नहीं काट सकता। इसलिए तो उपनिषद के ऋषि नेति-नेति की बात कह सके।

नेति-नेति का अर्थ है: परम नास्तिकता। नेति-नेति का अर्थ है: संदेह की पराकाष्ठा। यह भी नहीं है, यह भी नहीं है—कहते ही जाओ। जो भी सामने आए, इनकार करते जाओ। आखिर में कुछ भी सामने न रह जाएगा। आखिर में तुम ही बचोगे—कोरे दर्पण! वह कोरा दर्पण, चैतन्य का वह कोरा दर्पण, कोरा आकाश—वही है! फिर श्रद्धा उमगेगी। फिर श्रद्धा के कमल खिलेंगे उस निर्मल झील में।

आखिरी प्रश्न: ओशो, संत कहते हैं कि संसार माया है, फिर भी इतने लोग क्यों संसार में ही उलझे रहते हैं?

रामपाल, संत लाख कहें संसार माया है, सौ में से निन्यानबे संत तो खुद ही माया में उलझे रहते हैं। लोग भी कुछ अंधे नहीं हैं। लोग भी देखते हैं कि महाराज हमें तो समझा रहे हैं कि संसार माया है और खुद? खुद माया में ही जी रहे हैं।

संसार माया है भी नहीं, संसार तो सत्य है। झूठी बात कहोगे, उसके परिणाम कैसे होंगे? झूठी बात में कहीं सत्य की सुगंध उठ सकती है? सदियों से संत दोहरा रहे हैं कि संसार माया है। दोहराते रहो। लोग भी दोहराना सीख गए हैं; वे भी दोहराते हैं कि संसार माया है। मगर यह दोहराने की बात एक, जीने की बात और; कहने की बात एक, होने की बात और। दिखाने के दांत और, खाने के दांत और।

कैसे मानते हो कि संसार माया है? संसार माया नहीं है, संसार वास्तविक है। वास्तविक परमात्मा से वास्तविक संसार ही पैदा हो सकता है। वास्तविक से अवास्तविक कैसे पैदा होगा, थोड़ा सोचो तो! अगर ब्रह्म सत्य है तो जगत मिथ्या कैसे हो सकता है? क्योंकि ब्रह्म का ही तो अवतरण है जगत; उसी की तो तरंगें हैं। उसी ने तो रूप धरा, उसी ने तो रंग लिया। वही निर्गुण तो सगुण बना। वही तो निराकार आकार में उतरा। उसने देह धरी। अगर परमात्मा ही असत्य हो तो संसार असत्य हो सकता है।

लेकिन न परमात्मा असत्य है न संसार असत्य है; दोनों सत्य के दो पहलू हैं—एक दृश्य, एक अदृश्य। माया फिर क्या है? मन माया है। मुझसे पूछो तो मैं संसार को माया नहीं कहता, मन को माया

कहता हूं। मन है एक झूठ, क्योंकि मन है जाल—वासनाओं का, कामनाओं का, कल्पनाओं का, स्मृतियों का। मन माया है।

काश, हमने लोगो को समझाया होता कि संसार माया नहीं, मन माया है, तो यह दुनिया आज कुछ और होती! इस दुनिया का सौंदर्य कुछ और होता! इस दुनिया का उल्लास कुछ और होता! इस दुनिया में धार्मिकता होती!

संसार माया है, तो लोग संसार को छोड़ कर भागने लगे। संसार को छोड़ कर कहां जाओगे? जहां जाओगे वहीं संसार है।

एक आदमी भाग गया—क्रोधी था। किसी साधु से सत्संग किया, साधु ने कहाः संसार तो माया है। इसमें रहोगे तो ये क्रोध, माया, लोभ, मोह, काम, कुत्सा, ये सब घेरेंगे। छोड़ दो संसार। यहां तो क्रोध स्वाभाविक है। मैं भी क्रोधी था जब संसार में था। जब से संसार छोड़ा, क्रोध आता ही नहीं। हट ही गए वहां से तो क्या क्रोध!

उस आदमी ने कहाः ठीक है। वह जंगल में जाकर एक झाड़ के नीचे बैठ गया। एक कौए ने उसके ऊपर बीट कर दी। अब कौए को क्या पता कि महाराज यहां नीचे बैठे ध्यान कर रहे हैं। कौए तो कौए, धार्मिक-अधार्मिक में भेद भी उनको क्या! साधु-संत में फर्क भी क्या करें! संसारी है कि संन्यासी है, इतना हिसाब भी उनको कहां! रहा होगा कोई नास्तिक कौआ। उसने एकदम बीट कर दी! उनके ऊपर बीट गिरी, उठा लिया डंडा कि हद हो गई, संसार इसीलिए तो छोड़ कर आया। इस दुष्ट कौए को अगर पाठ नहीं पढ़ाया तो जिंदगी मेरी अकारथ है।

अब कौआ उड़ा फिरे और वह आदमी भागा फिरे। पत्थर मारे, डंडा फेंके।

संसार से भाग जाओगे, क्या होगा? आखिर उसने कहाः यह जंगल भी किसी काम का नहीं। झाड़ के नीचे बैठना ठीक नहीं, क्योंकि झाड़ पर कौआ बीट कर सकता है। नदी के किनारे जहां झाड़ वगैरह नहीं थे, वह रेत में जाकर बैठ गया। इतना उदास हो गया था, इतना हताश हो गया था, अपने क्रोध से ऐसा जल चुका था—उसने सोचा यह जीवन अकारण है, अकारथ है। और जब संसार माया ही है तो क्या जीना, जीना कहां? तो उसने लकड़ियां इकट्ठी करके चिता बनानी शुरू की, कि चिता बना कर उस पर चढ़ जाऊंगा, खत्म करूं, मामला ही खत्म कर दूं। जैसे ही चिता में आग लगाने को था कि मोहल्ले के लोग, आस-पास के लोग आ गए। उन्होंने कहाः महाराज, आप कहीं और यह कृत्य करें तो अच्छा, नहीं तो पुलिस हमें सताएगी। और फिर आप जलेंगे तो बास भी हमें आएगी। और जिंदा आदमी को जलते देखें, हम पर भी पाप पड़ेगा। आप कहीं और जाएं महाराज! अगर कहें तो हम ये लकड़ियां ढोकर आपकी और कहीं पहुंचा दें, जहां आपको जाना हो।

उस आदमी के क्रोध की सीमा न रही। उसने कहाः हद हो गई! अरे न जीने देते हो न मरने देते हो! सिर खोल दूंगा एक-एक का!

भागोगे कहां? यहां जीना भी मुश्किल, मरना भी मुश्किल। संसार से भाग नहीं सकते हो। लेकिन संसार माया है, इस धारणा ने लोगों को गलत संन्यास का रूप दे दिया। मैं कहता हूं : संसार माया नहीं है, संसार तो परमात्मा का व्यक्त रूप है। यह तो परमात्मा का मंदिर है। यह तो उसका प्रसाद है। ये फूल उसी

के सौंदर्य की कथा कहते हैं! ये पक्षी उसी की प्रीति के गीत गाते हैं! ये तारे उसी की आंखों की जगमगाहट हैं! यह सारा अस्तित्व उससे भरपूर है, लबालब है!

लेकिन फिर भी मैं जानता हूं, एक चीज माया है—वह है मन। इसलिए मन से छूट जाना संन्यास है। मन से मुक्त हो जाना संन्यास है। इसके लिए कहीं पहाड़ों में, आश्रमों में, गुफाओं में जाने की कोई जरूरत नहीं है। दुकान पर, बाजार में, घर में—जहां हो वहीं मन से छूटा जा सकता है।

मन से छूटने की सीधी सी विधि हैः अतीत में मन को न जाने दो। जब भी जाए, वापस लौटा लाओ कि भैया, वापस। अतीत में नहीं जाते। जो गया गया। जो हो गया हो गया, अब पीछे नहीं लौटते। जब भविष्य में जाने लगे तो कहना, भइया उधर नहीं। अभी आया नहीं, जाकर क्या करोगे? यहीं, अभी और यहीं रहो; यह क्षण तुम्हारा सर्वस्व हो। बस, सब माया मिट गई, सब मोह मिट गया। मन मिटा तो सब जंजाल मिटा।

और जैसे ही मन मिटता है, अंधकार चला जाता है; रोशनी हो जाती है। क्योंकि अतीत और भविष्य दोनों ही अभाव हैं, उनका अस्तित्व नहीं है। वे अंधकार जैसे हैं; जैसे अंधकार का कोई अस्तित्व नहीं है। वर्तमान ज्यातिर्मय है!

जिन ऋषियों ने कहा हैः हे प्रभु! हमें तमस से ज्योति की ओर ले चलो—तमसो मा ज्योतिर्गमय—वे यही कह रहे हैं। वे उस अंधेरे की बात नहीं कर रहे हैं जो रात अमावस को घेर लेता है। वे उस अंधेरे की बात कर रहे हैं जो तुम्हारे अतीत और भविष्य में डोलने के कारण तुम्हारे भीतर घिरा है। और वे किस ज्योतिर्मय लोक की बात कर रहे हैं? वर्तमान में ठहर जाओ, ध्यान में रुक जाओ, समाधि का दीया जल जाए—अभी रोशनी हो जाए। और तुम्हारे भीतर रोशनी हो, तब तुम जो देखोगे वही सत्य है।

रात के दो बजे मुल्ला नसरुद्दीन घर वापस लौट रहा था। उसने देखा कि एक मोटा-तगड़ा आदमी सड़क के किनारे एक पेड़ के नीचे खड़ा किसी स्त्री को प्रेम कर रहा है। यद्यपि अंधेरा बहुत था, फिर भी नसरुद्दीन की तेज निगाहों को यह समझने में देर न लगी कि वह इनसान कोई और नहीं, उसी का मित्र मटकानाथ ब्रह्मचारी है।

मुल्ला थोड़ी देर तक तो छिपा-छिपा यह रासलीला देखता रहा। जब उसे पक्का भरोसा हो गया कि यह मटकानाथ ही है, तो उसने जोर से आवाज लगाई, क्यों रे पाखंडी! खुलेआम सड़क पर रास रचा रहा है। ठहर बेटा, पूरे गांव में खबर कर दूंगा कल सुबह।

ऐसा सुनते ही मटकानाथ ब्रह्मचारी अपनी दुम दबा कर पास की गली में अदृश्य हो गया। अब वहां सिर्फ वह स्त्री बची और नसरुद्दीन। जो होना था सो हुआ। मुल्ला ने देखा कि स्त्री अत्यंत सुंदर और मोहक है। वैसे तो अंधेरा था, मगर फिर भी नसरुद्दीन ठहरा सौंदर्य का पारखी! दूर से ही पहचान गया। पास गया तो स्त्री के कपड़ों में लगे इत्र की सुगंध से मदहोश हो गया। स्त्री भी राजी हो गई। मुल्ला ने उसे अपने आलिंगन में ले लिया। ऐसी अदभुत, कामोत्तेजक और मनमोहक स्त्री मुल्ला ने कभी देखना तो दूर, सोची भी न थी। उसे लगा कि जरूर मटकानाथ की साधना को भ्रष्ट करने के लिए स्वर्ग से इंद्र ने किसी अप्सरा को भेजा है।

जब प्रेम-क्रीड़ा करते-करते करीब पंद्रह मिनट बीत गए तब एक दुष्ट पुलिस का सिपाही न जाने

कहां से कबाब में हड्डी बन कर आ टपका। उसने जोर से आवाज लगाई, कौन है? इतनी रात को यहां क्या हो रहा है? मुल्ला ने डरते-डरते कहा: अरे हवलदार जी, मुझे नहीं पहचानते! मैं हूं मुल्ला नसरुद्दीन, यहीं पास के ही मकान में रहता हूं।

अरे, आप हैं भाईजान! पुलिसमैन ने टार्च की रोशनी में उसे पहचानते हुए कहा, मगर इतनी रात को आप यहां क्या कर रहे हैं?

कुछ न पूछो दोस्त, जरा रोमांस का दिल हो आया तो अपनी बीवी को प्यार कर रहा हूं।

अरे माफ करना भाईजान, मुझे क्या पता कि आप अपनी बीवी को प्यार कर रहे हैं! क्षमा करना मुल्ला।

क्षमा मांगने की कोई बात नहीं भाई—नसरुद्दीन बोला—जब तक तुमने टार्च की रोशनी नहीं डाली थी तब तक तो मुझे ही कहां पता था कि मैं अपनी ही बीवी से प्यार कर रहा हूं।

आज इतना ही।

5

गाइ गाइ अब का कहि गाऊं

सूत्र

गाइ गाइ अब का कहि गाऊं।
गावनहार को निकट बताऊं।।
जब लगि है इहि तन की आसा, तब लगि करै पुकारा।
जब मन मिल्यौ आस नहिं तन की, तब को गावनहारा।।
जब लगि नदी न समुंद समावै, तब लगि बढ़ै हंकारा।
जब मन मिल्यौ रामसागर सौ, तब यह मिटी पुकारा।।
जब लगि भगति मुकति की आसा, परमतत्व सुनि गावै।
जहं-जंह आस धरत है इहि मन, तहं-तहं कछू न पावै।।
छांड़ै आस निरास परमपद, तब सुख सति कर होई।
कहि रैदास जासौ और करत है, परमतत्व अब सोई।।

राम-भगत को जन न कहाऊं, सेवा करूं न दासा।
जोग जग्य गुन कछू न जानूं, ताते रहूं उदासा।।
भगत भया तो चढ़ै बड़ाई, जोग करूं जग मानै।
जो गुन भया तो कहै गुनीजन, गुनी आपको जानै।।
ना मैं ममता मोह न महिया, ये सब जाहिं बिलाई।
दोजख भिस्त दोउ सम करि जानूं, दुहुं ते तरक है भाई।।
मैं अरु ममता देखि सकल जग, मैं से मूल गंवाई।
जब मन ममता एक-एक मन, तबहि एक है भाई।।
कृस्न करीम राम हरि राघव, जब लगि एक न पेखा।
वेद कितेब कुरान पुरानन, सहज एक नहिं देखा।।
जोइ-जोइ पूजिय सोइ-सोइ कांची, सहज भाव सति होई।
कहि रैदास मैं ताहि को पूजूं, जाके ठांव नांव नहिं होई।।

स्वामी कृष्णानंद भारती ने यह गीत भेजा है—

प्राण-पाहुन! दिव्य लोचन दो
कि तुमको देख पाऊं।
बंद पलकें हों, मगर दिलबर!
तुझे मैं देख पाऊं!
अश्रु से धो, प्यार का
जीवन-कमल चरणन चढ़ाऊं।
प्यार के गा गीत प्यारे!
मैं हृदय में ही समाऊं।
जिंदगी के गीत छेड़ो,
बांसुरी प्रियतम बजाऊं।
आज मधुबन बीच प्यारे!
रास प्रियतम संग रचाऊं।
तुम मिले, प्रियतम मिला,
जन्नत मिला, क्या और चाहूं ?
प्यारे के ये गीत तेरे
अधर पर मैं गुनगुनाऊं।
दूर हूं तुमसे पिया!
पर गीत तो उर में छिड़े हैं।
धड़कते दिल में तुम्हीं,
पर देख तो सकते नहीं हैं।

प्राण पाहुन! दिव्य लोचन दो,
कि तुमको देख पाऊं।

गीत उठते हैं भक्त के हृदय में—अनंत गीत उठते हैं! जैसे वसंत में फूल ही फूल खिल जाते हैं, डाली-डाली फूलों से लद जाती है—वैसे ही भक्त के हृदय में भी गीतों की झड़ी लगती है! अनूठे स्वर छिड़ते हैं! नहीं सुने जो स्वर कभी, वे सुनाई पड़ते हैं! नहीं देखा जो रूप, आंखें और हृदय उस रूप में नहाते हैं!

पर यह घड़ी भी दूर की है, रैदास कहते हैं। अभी भी पास आना नहीं हुआ। यह घड़ी भी फासले की है। अभी द्वैत कायम है। भक्त और भगवान अभी भिन्न-भिन्न हैं। अभी ऐक्य नहीं सधा।

बन गीत अधरों से सदा छिड़ते तुम्हीं,
बन अश्रु नयनों से ढलकते हो तुम्हीं,
गीत के हर रंग में, हर ढंग में,
कसक बन प्रियतम! सदा ढलते तुम्हीं।

साज हो, श्रृंगार जीवन के तुम्हीं,
प्रीत की मूरत तुम्हीं बस एक हो
प्यास जीवन की, कसक उर की पिया!
आस जीवन की तुम्हीं बस एक हो।

छोड़ तुमको और कुछ चाहूं नहीं,
एक तुम ही जिंदगी की प्यास हो।
अश्रु नयनों के, अधर का हास भी,
हृदय की धड़कन, तुम्हीं संसार हो।
हृदय में प्रियतम! बसो तुम हर घड़ी,
क्या कहूं दिलबर! तुम्हीं हर सांस हो।

मैं बुलाऊं या नहीं, तुम हो सदा,
ओ निठुर प्रियतम! कहो क्यों छिपे हो?
हृदय में प्रियतम! बसो तुम हर घड़ी,
क्या कहूं दिलबर! तुम्हीं हर सांस हो।

श्वास-श्वास भी उसी के साथ डोलती मालूम होती है, लेकिन फिर भी अभी फासला है। रैदास के सूत्र समझने जैसे हैं। क्योंकि साधारणतः लोग समझ लेते हैं कि आ गई यह मस्ती, गीत का गुंजन उठने

लगा, पैर में नृत्य समा गया, तो बस मंजिल आ गई। मंजिल करीब आ गई, इसका तो लक्षण हैं ये गीत, मगर मंदिर में अभी प्रवेश नहीं हुआ। शायद सीढ़ियों तक पहुंच गए हो। लेकिन लोग सीढ़ियों तक पहुंच कर भी लौट गए हैं, इसे मत भूल जाना। मंदिर के द्वार पर दस्तक देते-देते भी लौट गए हैं, इसे मत विस्मरण करना। उसका दामन हाथ में आते-आते भी छूट गया है, इसे क्षण भर को, पल भर को न भूलना। बहुत बार लगता है कि करीब आ गए, और फिर फासले अनंत हो जाते हैं। क्योंकि करीब होना भी एक फासला है, निकट होना भी दूरी का ही एक नाम है।

ऐक्य सधना चाहिए, निकटता नहीं। निकटता काफी नहीं। सुंदर है, सुखद है, मधुमय है—पर्याप्त नहीं। भक्त जब तक भगवान न हो जाए, भगवान जब तक भक्त न हो जाए, तब तक ठहरना मत। तब तक जानना सराय है, मुकाम है। रुक लेना, दुपहरी हो तो, क्षण भर वृक्ष की छाया में, मगर भूल मत जाना, घर मत बना लेना। चलना है अभी और, यात्रा अभी शेष है।

बन गीत अधरों से सदा छिड़ते तुम्हीं,
बन अश्रु नयनों से ढलकते हो तुम्हीं,
गीत के हर रंग में, हर ढंग में,
कसक बन प्रियतम! सदा ढलते तुम्हीं।

ये लक्षण अच्छे हैं। जैसे आषाढ़ के मेघ घिरने लगे। अब होगी वर्षा। अब हुई अब हुई! अब प्यासी धरती की प्यास बुझेगी। मगर जरूरी नहीं कि मेघ बरसें ही। हवाएं उड़ा ले जा सकती हैं। आए मेघ फिर छितर जा सकते हैं। जब तक मिलन पूरा नहीं हो गया है तब तक सावचेत रहना।

और अक्सर ऐसा होता है कि जब मंजिल करीब आती है तो लोग इतने आश्वस्त हो जाते हैं कि अब तो आ ही गए, कि उनके पैर ढीले हो जाते हैं। दूर होते हैं तो गति से चलते हैं; पास आ जाते हैं तो गति भूल जाते हैं। मीलों जो चल आते हैं वे भी मंजिल जब करीब आ जाती है तो सुस्ताने बैठ जाते हैं—इस भरोसे में कि अब क्या डर, अब तो आ ही गए! मीलों चले आए, नहीं थके; कोसों चले आए, नहीं थके—क्योंकि दूर का तारा पुकारे जाता था। अब तो तारा हाथ में है—आया आया; अब हाथ बढ़ाने तक में मुश्किल मालूम होती है, इतना श्रम करना भी कठिन मालूम होता है।

और अक्सर दूरी के कारण लोग नहीं चूकते, निकटता के कारण चूकते हैं। हैरानी होगी यह बात जान कर। दूर जो हैं वे तो शायद पा जाएंगे, लेकिन बहुत पास जो हैं—डर है, खतरा है। मनुष्य के मन का बड़ा अजीब गणित है; वह कहता है, अब तो हाथ में बात आ ही गई। ऐसा जब तुम कहते हो तभी डर है, तभी खतरा है।

दीप मंदिर के जला लो,
आंख में अंजन लगा लो,
अश्रु से धो नयन अपने,
पलक में प्रियतम बसा लो।

प्यार के वह गीत बन कर,
हर अधर पर गा रहा है।
हर हृदय के तार पर,
झंकार बन कर छा रहा है।

शुभ घड़ी है—जब प्रभु तुम्हारा गीत बनता है; जब तुम्हारी हृदय-तंत्री पर उठता है; जब तुम्हारी मृदंग बजती है प्राणों की; जब तुम उसकी ताल में ताल मिलाने लगते हो, उसके छंद में छंद, उसकी गति में गति; जब तुम्हारे पैर उसके साथ चलते हैं! सुंदर है, अति सुंदर है! बहुत कम सौभाग्यशालियों को ऐसा क्षण मिलता है कि उसके हाथ नाचें। मगर ध्यान रहे, डूब जाना है उसमें। नाचने में तो दूरी बनी रहेगी। हाथ में भी हाथ रहा तो भी फासला है। और हाथ में जो हाथ है वह छूट सकता है। एकता ही सध जानी चाहिए।

रैदास के आज के सूत्र बड़े अनूठे हैं। वे एकता के सूत्र हैं। रैदास कहते हैं: इतने से सच्चे खोजी की तृप्ति नहीं होती कि मस्ती आ गई, आनंद आ गया, मदहोशी आ गई, एक स्वतंत्रता की सुवास उठने लगी, झलक मिलने लगी परमात्मा की। नहीं; इतने से सच्चा खोजी नहीं रुकता। इतने से सच्चे खोजी की गति और बढ़ जाती है, क्योंकि खतरा अब है। मझधार में तो बहुत कम नावें डूबती हैं। नावें डूबती हैं साहिल से टकरा कर, किनारे से टकरा कर डूब जाती हैं। किसी तरह मझधार से तो बचा लाते हैं लोग, क्योंकि मझधार में लोग बहुत सावचेत होते हैं, बहुत सावधान होते हैं। जब तूफान उठा हो और सागर की लहरें चांद-तारों को छूने की कोशिश करती हों, सागर विक्षिप्त हो, विक्षुब्ध हो—तब तो तुम पूरी सावधानी बरतोगे। तब तो तुम्हारा रोआं-रोआं जागा हुआ होगा। तब तो तुम पहरे पर रहोगे। तब तो पतवार तुम्हारे हाथ में होगी। लेकिन तूफान जा चुका, मझधार भी पीछे छूट गई, डूबने का खतरा भी न रहा, उथला किनारा करीब आने लगा—यह रहा, यह रहा! अब किनारे पर पहुंचे ही पहुंचे!...हाथ से पतवार भी धीमी पड़ जाती है, छूट जाती है। वह पुराना होश भी खो जाता है, वह पुरानी जागरूकता भी बंद हो जाती है, सो जाती है। फिर तुम नींद में पड़ने लगे। अब खतरा है। अब किनारे से नाव टकरा सकती है।

ऐसी बेबूझ घटना बहुत बार घटी है। लोग मझधार से बच आए और किनारों पर टकरा गए और डूब गए।

महावीर की मृत्यु का दिन आया। महावीर का सबसे प्रमुख शिष्य गौतम पास के ही गांव में उपदेश देने गया था। महावीर ने जान कर ही भेजा था। महावीर अस्वस्थ थे—छह महीने से अस्वस्थ थे। दीया टिमटिमाता-टिमटिमाता सा था। कब ज्योति उड़ जाएगी, कोई कह नहीं सकता था। सारे शिष्य इकट्ठे हो गए थे, दूर-दूर से आ गए थे, सैकड़ों मील की यात्रा करके महावीर के अंतिम दर्शन को उपस्थित हो गए थे। और गौतम, जो कि जीवन भर साथ रहा; जो छाया की तरह साथ रहा; जिसने महावीर की वैसी अथक सेवा की, जैसी शायद ही कभी किसी ने किसी की होगी—एक ही दिन पहले महावीर ने उससे कहा: गौतम, तू पास के गांव में जा। भिक्षा भी मांग लाना और गांव के लोगों को उपदेश भी दे आना। महावीर ने जान कर ही गौतम को भेजा। सोच-समझ कर भेजा। एक उपाय की भांति भेजा।

गौतम तो दूसरे गांव गया और महावीर ने देह छोड़ दी। जब गौतम वापस आ रहा था तो रास्ते पर राहगीरों ने गौतम से कहा कि अब कहां जा रहे हो, अब किसके लिए जा रहे हो? दीया तो बुझ गया! पिंजड़ा पड़ा है, पक्षी तो उड़ गया। फूल तो धूल में गिर गया, सुवास आकाश में समा गई। अब कहां जा रहे हो?

गौतम तेजी से चला जा रहा था। महावीर बीमार हैं। भेजा था तो आज्ञा पूरी करनी थी, लेकिन जल्दी भिक्षा मांग, जल्दी उपदेश दे, भाग रहा था कि वापस पहुंच जाए। वहीं बैठ कर रोने लगा। और उसने उन यात्रियों से पूछा कि एक बात भर मुझे पूछनी है: अंतिम समय में उन्होंने मुझे स्मरण किया था या नहीं? और यदि स्मरण किया था तो मेरे लिए कोई संदेश छोड़ गए हैं या नहीं?

और वह संदेश बहुत महत्वपूर्ण है; रैदास के आज के सूत्रों को समझने में बड़ा सहयोगी है।

उन यात्रियों ने कहा: हां, अंतिम संदेश तुम्हारे लिए ही छोड़ गए हैं। कहा कि गौतम को मैंने दूर भेजा है, क्योंकि पास रहते-रहते वह भूल ही गया था कि एक होना है। इतने पास था कि उसे विस्मरण हो गया था कि एक होना है। उसे दूरी की याद दिलाने के लिए, कि पास भी एक दूरी है, मैंने दूर भेजा है। और यह मेरा सूत्र है, गौतम को कह देना, कि हे गौतम, तू पूरी नदी तो तैर गया, अब किनारे पर आकर क्यों रुक गया है? पूरी नदी तो तैर चुका, अब किनारे को भी छोड़! अब किनारे से भी उठ आ!

जैसे कोई आदमी नदी पार कर जाए और फिर किनारे को पकड़ कर भी नदी में ही बना रहे—इस आशा में कि अब तो किनारा मिल गया, अब क्या करना है! मगर है वह नदी में ही, किनारे को पकड़े है।

महावीर के संदेश का अर्थ था: गौतम, तूने सब छोड़ दिया—घर-द्वार, परिवार—सब छोड़ कर तू मेरे साथ हो लिया। लेकिन अब तूने मुझे पकड़ लिया है। अब तू सोचता है कि अब मुझे क्या करना है! अब सदगुरु मिल गए, अब उनकी सेवा करता हूं। मेरा काम पूरा हो गया। अब तू किनारे को पकड़ कर रुक गया है। मुझे भी छोड़ दे!

क्योंकि बाहर कुछ भी पकड़ो तो बंधन है। अंततः सदगुरु भी बंधन बन जाता है। सदगुरु और सारे बंधनों से छुड़ा देता है और अंत में स्वयं से भी छुड़ा देता है। वही सदगुरु है।

इस वचन को सुनते ही गौतम समाधि को उपलब्ध हो गया। जो समाधि जीवन भर छलती रही, वह एक क्षण में उपलब्ध हो गई। चोट गहरी थी। आघात ऐसा था कि पहुंच गया होगा प्राणों के अंतरतम तक।

आज के सूत्र खूब हृदयपूर्वक समझना।

गाइ गाइ अब का कहि गाऊं।

रैदास कहते हैं: बहुत गाया, गाता ही रहा, लेकिन अब क्या कह कर गाऊं? यह परम दशा है। यह परमावस्था है। यह निर्वाण की स्थिति है। अब तक गाया, अब शब्द भी नहीं मिलते गाने को। अब शब्द छोटे पड़ते हैं, ओछे पड़ते हैं। जो गीत गाना है उनमें समाता नहीं। शब्दों के पात्र बहुत छोटे हैं, गीत का सागर बहुत बड़ा। शब्द रह गए गागर जैसे, गीत हो गया सागर जैसा। अब कैसे कोई सागर को गागर में भरे?

गाइ गाइ अब का कहि गाऊं।

कितना गाया! रैदास कहते हैंः जिंदगी भर हो गई नाचते, गीत गाते, उसकी मस्ती को बिखराते, उसकी रोशनी को छितराते; मगर अब सब शब्द छोटे पड़ने लगे, सब गीत कचरा मालूम होने लगे। अब स्वर उस निःस्वर को प्रकट नहीं कर पाते। अब शब्द उस निःशब्द को प्रकट नहीं कर पाते। अब भाषा उस मौन को कहने में असमर्थ है। अब वीणा चाहे भी तो उस अनाहत को उठाने की सामर्थ्य नहीं रखती है। वीणा का सब नाद आहत नाद है।

ये 'आहत' और 'अनाहत' शब्द समझ लेने जैसे हैं! आहत नाद का अर्थ होता है किसी चीज को छेड़ने से जो पैदा हो; जैसे वीणा के तार छेड़े तो नाद पैदा हुआ। इस नाद को कहते हैं आहत नाद। मृदंग पर थाप दी, नाद पैदा हुआ। यह आहत नाद। कि बांसुरी में फूंक मारी, चोट पड़ी, चोट से स्वर जगे—यह आहत नाद।

आहत नाद का अर्थ हैः दो की जरूरत है। एक, जिस पर चोट मारी जाए; और एक, जो चोट मारे। वीणा चाहिए और वीणावादक चाहिए, तो आहत नाद पैदा होगा। आहत नाद द्वंद्व का नाद है। कितना ही सुंदर हो, लेकिन द्वंद्व तो मौजूद है, दुई तो मौजूद है, फासला तो मौजूद है। वीणाकार वीणा नहीं हो गया है। वीणाकार अलग है, वीणा अलग है।

इसलिए चीन में रहस्यवादियों की एक पुरानी उक्ति है कि जब वीणावादक अपने वादन में पूर्ण कुशल हो जाता है तो वीणा को तोड़ देता है; और जब धनुर्धर अपनी धनुर्विद्या में पारंगत हो जाता है तो धनुष को तोड़ देता है। क्योंकि उतनी दुई भी फिर सही नहीं जाती। उतना द्वैत भी फिर बरदाश्त नहीं होता—खलता है, अखरता है।

यही तो प्रेम की पीड़ा है। प्रेमी चाहते हैं एक हो जाएं और हो नहीं पाते। नहीं हो पाते इसलिए कलह है; हो जांए तो कलह मिट जाए। सारी दुनिया में प्रेमी निरंतर कलह में लगे रहते हैं। प्रेम की घड़ियां तो कभी-कभार होती हैं, कलह ही ज्यादा होती है। कलह की रात में कभी एकाध प्रेम का दीया थोड़ी-बहुत देर को जगमगा उठता है, फिर बुझ जाता है, फिर अंधेरी रात।

प्रेम की पीड़ा यही है कि प्रेमी चाहते हैं एक हो जाएं, मगर एक हो जाने में एक बुनियादी भूल काम कर रही है इसलिए एक नहीं हो पाते। प्रेमी चाहता है प्रेयसी मेरे साथ एक हो जाए और प्रेयसी चाहती है कि प्रेमी मेरे साथ एक हो जाए; मैं तो रहूं, दूसरा खो जाए। यही कलह है! दोनों की यही आकांक्षा है। यह कैसे पूरी हो? यह तो असंभव है। दोनों चाहते हैं मैं तो रहूं, तू खो जा। जब दोनों यही चाहते हैं तो फिर कलह ही होगी।

और प्रार्थना में यही भेद है। प्रेमी चाहते हैं कि दूसरा खो जाए और प्रार्थी चाहता है कि मैं खो जाऊं। इसलिए मैं प्रेम को प्रार्थना की उलटी अवस्था कहता हूं और प्रार्थना को प्रेम का सीधा हो जाना। प्रार्थना को मैं प्रेम की पराकाष्ठा कहता हूं। प्रेम, जिसको आंखें मिल गई हैं, प्रार्थना बन जाता है। कहते हैं प्रेम अंधा है; निश्चित ही अंधा है, लेकिन उसके पास आंखें भी हो सकती हैं। और जिस दिन प्रेम के पास आंखें होती हैं उस दिन प्रार्थना का जन्म होता है।

प्रेम शीर्षासन कर रहा है, सिर के बल खड़ा है; इसलिए चल नहीं पाता, गति नहीं है। पैर के बल खड़ा हो जाए, गति आ जाती है। और एक कदम जो चलता है, वह एक हजार मील चल सकता है,

क्योंकि एक ही कदम एक बार में चला जाता है। कदम-कदम चल कर—लाओत्सु ने कहा है—दस हजार मीलों की यात्रा भी पूरी हो जाती है।

प्रार्थना अस्तव्यस्त हो तो उसका नाम प्रेम है और प्रेम व्यवस्थित हो जाए तो प्रार्थना। प्रेम ऐसे है जैसे नया-नया सिक्खड़ वीणा बजाए और प्रार्थना ऐसे है जैसे वीणा किसी उस्ताद के हाथों में हो।

प्रेम की पीड़ा यही है कि दोनों एक होना चाहते हैं, मगर गलत आकांक्षा है कि दूसरा मुझमें डूब जाए। और प्रार्थना का रस यही है—प्रार्थना भी एक होना चाहती है, मगर हिसाब और है प्रार्थना का—मैं डूब जाऊं, मैं मिट जाऊं! प्रेमी दूसरे को मिटाना चाहते हैं, पोंछ डालना चाहते हैं। पति चाहता है पत्नी मेरी छाया हो जाए। पतियों ने पत्नियों को समझाया है सदियों-सदियों में कि हम परमात्मा हैं, कि मैं परमात्मा हूं । तुम मेरी छाया हो जाओ, तुम मुझ पर समर्पित हो जाओ। तुम अपना निजी अस्तित्व न रखो।

मगर कैसे कोई अपना अस्तित्व खो दे! और जब कोई जबरदस्ती कर रहा हो कि खो अपना अस्तित्व, तब तो खोना और भी मुश्किल हो जाता है, और भी असंभव हो जाता है। तो पत्नी भी अपनी सुरक्षा में लग जाती है; वह भी अपने दांव-पेंच चलाने लगती है। एक राजनीति शुरू होती है। प्रेम जो प्रार्थना बन सकता था, प्रार्थना बनना तो दूर रहा, एक राजनीति बन जाती है, एक कलह बन जाती है, एक संघर्ष बन जाता है।

प्रेम प्रार्थना बन जाए तो गृहस्थ संन्यासी हो गया—गृहस्थ रहते-रहते संन्यासी हो गया। फिर कहीं संन्यास खोजने की और जरूरत नहीं है।

आहत नाद है द्वंद्व से पैदा हुआ नाद। दो हैं और दो में टकराहट होती है। प्रेम आहत नाद है और प्रार्थना अनाहत नाद। अनाहत का अर्थ हैः जहां दो नहीं है; वीणा और वीणावादक एक हैं। जैसे वीणा खुद ही अपने को बजा रही है! जैसे स्व-स्फूर्त बज रही है, बजाने वाला नहीं है! जैसे तीर खुद चल रहा है, चलाने वाला नहीं है! या कि चलाने वाला ही है और तीर नहीं है! या कि बजाने वाला ही है और वीणा नहीं है, वाद्य नहीं है! जो मर्जी हो। मगर एक बात खयाल रखना—अद्वैत, एक बचा, दो लीन हो गए।

इस एक के भीतर जो संगीत उठता है उसका नाम अनाहत, ओंकार। यह संगीत अस्तित्व का संगीत है। इस संगीत को कैसे भाषा में बांधें? इसको कैसे गीतों में ढालें? कैसे पद्य बनाएं? कैसे गद्य बनाएं? यह कैसे मात्राओं और छंदों में आबद्ध होगा? असंभव है!

इसलिए रैदास कहते हैंः गाइ गाइ—खूब गाया, खूब नाचा—गाइ गाइ अब का कहि गाऊं! अब क्या करूं? अब गाते नहीं बनता। जबान ही नहीं लड़खड़ा गई है, प्राण भी लड़खड़ा गए हैं। असीम हाथ में लग गया है। अब किसके बूते में है कि असीम को सीमा में ढाल दे? निराकार का स्वाद आ गया, अब इसे आकार में अभिव्यक्त करने का कोई उपाय नहीं है। और अगर गाना भी चाहूं तो उसका नाम नहीं है कोई, अब किसके गीत गाऊं? राम के गीत गाए पहले, कि कृष्ण के गीत गाए, कि अल्लाह के। मगर अब किसके गीत गाऊं? जानने के बाद अब किसके गीत गाऊं? उसका कोई नाम नहीं है, उसका कोई पता नहीं, उसका कोई ठिकाना नहीं। और अब ज्ञाता और ज्ञेय एक हो गए, गायक और गेय एक हो गए। अब कौन तो गाए और कौन सुने?

भक्त पहले गाता है—गाना ही पड़ता है। भक्ति की शुरुआत गीत से है। भक्ति का रास्ता गीतों से पटा है, पत्थरों से नहीं। भक्ति के मार्ग पर दोनों तरफ वृक्षों में गीत लगते हैं।

मैं नालाए-दिल से काम लूंगा मुझी से होगा यह काम मेरा
सबा को है क्या गरज कि उन तक वो ले के जाए पयाम मेरा

भक्त कहता है: मुझे तो गाना ही पड़ेगा, अपनी ही आवाज पर भरोसा करना पड़ेगा। हवाएं मेरे पैगाम को उन तक न ले जा सकेंगी। यह मेरा प्रेम का संदेश कौन पहुंचाएगा?

सबा को है क्या गरज कि उन तक वो ले के जाए पयाम मेरा
मैं नालाए-दिल से काम लूंगा मुझी से होगा यह काम मेरा

शुरुआत में तो, प्रथम चरणों में तो भक्त गुंजार बन जाता है, नृत्य बन जाता है, पैरों में घुंघरू बांध लेता है, बांसुरी उठा लेता है, कि इकतारा! लेकिन बस यह शुरू की बात है। जल्दी ही बांसुरी भी खो जाती है, घूंघर शांत हो जाते हैं, वीणा बोलती नहीं, इकतारा मौन हो जाता है। जब तक मीरा बुद्ध न हो जाए तब तक कुछ कमी रह गई। मीरा शुरुआत तो ठीक है, प्रारंभ तो सुंदर है, लेकिन अंत तो बुद्धत्व ही है।

गाइ गाइ अब का कहि गाऊं।
गावनहार को निकट बताऊं।।

गा-गा कर कहता था कि परमात्मा पास है, अब कैसे कहूं कि परमात्मा पास है?

क्योंकि पास तो दूरी का एक संबंध है। कोई दो मील दूर है, कोई दो गज दूर है, कोई दो इंच दूर है, मगर ये सब दूरी ही दूरी है। दो इंच जो दूर है वह भी दूर है। रंध्र भी रह गई भक्त और भगवान के बीच तो अनंत फासला है।

गावनहार को निकट बताऊं! अब कैसे कहूं कि वह निकट है। पहले तो कहता था बहुत निकट है—पुकारो और सुन लेगा; आवाज दो और दौड़ा चला आएगा। अब कैसे कहूं कि वह निकट है, क्योंकि वह तो अब मेरे भीतर बैठा है। अब कौन उसके गीत गाए, क्योंकि अब तो वही मुझमें समाया है! अपनी ही स्तुति अब कैसे करूं—अहं ब्रह्मास्मि! जब जाना जाता है कि मैं ही ब्रह्म हूं तो अब कैसी स्तुति, कैसी प्रार्थना!

कबीर ने कहा है: उठूं बैठूं सो परिक्रमा! अब मंदिर की परिक्रमा करने नहीं जाता; मेरा जो उठना-बैठना है वही परिक्रमा है। अब मंदिर में जाकर भोग नहीं लगाता। खाऊं-पीऊं सो सेवा! अब तो खुद ही खा-पी लेता हूं। वह उसकी ही सेवा है। क्योंकि वही मेरे भीतर खाता है, पीता है; वही मेरे भीतर उठता है, बैठता है। अब कबीर बचा कहां! अब वही है!

जब लगि है इहि तन की आसा, तब लगि करै पुकारा।

रैदास कहते हैं: जब तक तुम पुकार रहे हो, प्रार्थना कर रहे हो, तब तक ध्यान रखना, कहीं न कहीं पीछे कोई आशा, कोई वासना, कोई कामना छिपी होगी। प्रार्थना सुंदर है, प्रार्थना अपूर्व है; मगर प्रार्थना के पार भी कुछ है। प्रार्थना से उठोगे तो परमात्मा मिलेगा; प्रार्थना में ही पड़े रहे तो परमात्मा नहीं मिलेगा। यद्यपि बिना प्रार्थना के भी परमात्मा नहीं मिलेगा। प्रार्थना सीढ़ी है—चढ़ो भी, उतरो भी। सीढ़ियां चढ़ गए, सीढ़ियों का काम समाप्त हुआ। प्रार्थना नाव है; बैठो भी इस किनारे, उस किनारे भूल मत

जाना, उतर भी जाना। फिर यह मत कहना कि जिस नाव ने हमें इतनी दूर तक ले आई, जिसकी हम पर इतनी कृपा है, अब इसको कैसे छोड़ दें! फिर नाव को मत पकड़ लेना।

प्रार्थना साधन है, ध्यान साधन है, योग साधन है। स्मरण रहे कि साधनों को पकड़ मत लेना, अन्यथा साध्य से चूक जाओगे।

जब लगि है इहि तन की आसा।

रैदास ठीक कहते हैं। तुम्हारी प्रार्थनाओं में जरा झांकना, परखना, जरा विश्लेषण करना; और तुम पाओगे कहीं न कहीं कोई न कोई आशा छिपी है, कोई मांग—सूक्ष्म होगी, अदृश्य होगी। चाहे तुम यह ही क्यों न कह रहे होओ परमात्मा से कि हे प्रभु, जो तेरी मर्जी हो सो कर, मगर भीतर यह खयाल होगा कि मर्जी तेरी वही होगी जो मेरी है, अन्य कैसे हो सकती है! अब तू कुछ गलत मर्जी तो करेगा नहीं। तुझसे गलत तो हो ही नहीं सकता। भीतर वही भाव बना हुआ है कि मैं जो चाहता हूं वही होगा, क्योंकि परमात्मा अन्यथा कैसे सोचेगा! अरे, क्या उसको पता नहीं है, उसे तो अंतस्तल का बोध है! लाख ऊपर से कहूं कि जो तेरी मर्जी हो सो पूरा कर, मगर वह तो प्राणों के प्राणों में झांकेगा!

जरा तुम गौर करना अपनी प्रार्थना में। तुम जब कहते हो जो तेरी मर्जी हो वही पूरी हो, तब भी तुम्हारी मर्जी है कुछ।

यहां रोज ऐसा होता है। संन्यासी मुझे लिखते हैं कि आप जैसा कहें वैसा हम करें। उनके सामने कोई विकल्प होते हैं। किसी के घर से पत्र आया है कि एक महीने के लिए वापस आ जाओ। अब जाएं कि न जाएं? मुझे पूछते हैं कि जाएं कि न जाएं, जो आपकी मर्जी! मैं उनसे पूछता हूं : सच-सच कह दो, थोड़ी-बहुत भी तुम्हारी मर्जी हो तो प्रकट कर दो।

नहीं-नहीं, वे कहते हैं, जो आपकी मर्जी! तो मैं वही कहता हूं जो उनकी मर्जी नहीं है। और तब तत्क्षण उनके चेहरे उतर जाते हैं। तो मैं कहता हूं : छोड़ो, जाने की जरूरत नहीं। फिर दो दिन में उनकी चिट्ठी आ जाती है कि मन बड़ी बेचैनी में है, बड़ी अशांति में है। रह-रह कर लगता है कि थोड़े दिन के लिए हो आते; वैसे जो आपकी मर्जी। जब तक वे मुझसे कहलवा न लें कि जाओ, तब तक उनके चित्त को शांति नहीं मिलती। तो फिर क्या मतलब है पूछने का? मतलब उनका यह है कि आप वही कहो जो हम चाहते हैं, तो दोहरे काम सधे : अपनी मर्जी भी पूरी हुई और समर्पण का भी मजा रहा कि देखो कितने समर्पित हैं! जब कभी मैं वही कह देता हूं जो वे चाहते हैं तो उनका अहोभाव देखने योग्य होता है! वे अपनी ही पीठ ठोकते हैं जैसे, कि देखो समर्पण हो तो ऐसा हो!

आदमी बहुत चालबाज है। चालबाज इतना कि औरों से करे चालबाजी सो तो ठीक, अपने से भी चालबाजी करता है!

तुम अपनी प्रार्थनाओं में झांकना। तुम्हारी प्रार्थनाएं शुद्ध धन्यवाद हैं या उनमें कोई कामना है—छिपी किसी कोने-कातर में, मन की किसी अचेतन पर्त में, किसी अंधेरे में, कहीं दबी मन की किसी कोठरी में, सरकती कहीं भीतर—कोई वासना है? कोई कामना है? कुछ पूरा कर लेना चाहते हो? कुछ परमात्मा का उपयोग करना चाहते हो?

रैदास कहते हैं और अनुभव से कहते हैं कि जब लगि है इहि तन की आसा, तब लगि करै

पुकारा! प्रार्थना चलती ही तब तक है जब तक इस तन में, इस मन में, इस संसार में कुछ आशा बंधी है, कुछ कामना बंधी है। जिस दिन सब कामना क्षीण हो जाती है प्रार्थना विलीन हो जाती है, एक मौन छा जाता है। फिर मौन ही प्रार्थना है! फिर शून्य ही निवेदन है! निवेदन करने को ही कुछ न बचा।

दिल है तो उसी का है जिगर है तो उसी का
अपने को रहे-इश्क में बरबाद जो कर दे

अपने को मिटा ही डालना है पूरा। यह जो प्रेम की राह है—रहे-इश्क—यह तो दीवानों की राह है, यह तो परवानों की राह है! शमा के पास परवाने का नाच देखा है? वही भक्ति है, वही प्रार्थना है! शमा के पास नाचता हुआ परवाना प्रतिपल करीब आता जाता है; मौत के करीब आ रहा है; अपने को मिटाने के करीब आ रहा है। जल्दी ही जल जाएंगे पंख और राख होकर पड़ा रह जाएगा। लेकिन कोई अनिर्वचनीय आकर्षण, कोई अगम्य आकर्षण उसे खींच रहा है। जीवन से भी ज्यादा मूल्यवान कुछ उसे दिखाई पड़ रहा है।

दिल है तो उसी का है जिगर है तो उसी का
अपने को रहे-इश्क में बरबाद जो कर दे

और तुम्हारी आत्मा ही तब पैदा होगी, तुम्हारे पास दिल ही तब होगा और जिगर भी तुम्हारे पास तभी होगा, जब तुम प्रेम के मार्ग पर परवाने की तरह अपने को लुटा दोगे। सच में ही! किसी छिपी आकांक्षा, आशा से नहीं। भीतर कहीं इस भाव से नहीं कि मिटा लूंगा अपने को तो इतना-इतना पाऊंगा, कि इतना स्वर्ग का आनंद, इतना बैकुंठ का रस...।

क्यों दिल के तकाजे पर बेवक्त दुआ मांगी
कुछ जब्र किया होता, कुछ सब्र किया होता

जब भी तुम मांगते हो, इसी बात की खबर दे रहे हो कि तुम्हें धीरज नहीं है, तुम्हें भरोसा नहीं है। कहते हैं न पलटूः काहे होत अधीर! क्यों इतने अधीर हुए जाते हो? तुम्हारी प्रार्थना तुम्हारे अधैर्य की अभिव्यक्ति है, और क्या! कि जल्दी करो! कि हे प्रभु, बहुत देर हुई जा रही! कि बेईमान आगे निकले जा रहे हैं! कि अधार्मिक पदों पर बैठ गए हैं और मुझ धार्मिक को तो देखो! मैं तुम्हारी प्रार्थना में लीन, हाथ कुछ लगता नहीं! क्या बिलकुल विस्मरण कर दिया है? क्या तुम्हारे लोक में भी अन्याय चलने लगा है? सुना तो था कि देर होती है अंधेर नहीं, लेकिन अब तो अंधेर भी दिखाई पड़ने लगा!

ये सब तुम्हारे भीतर मन में बातें होती हैं। मेरे पास लोग आते हैं। वे कहते हैं, जिंदगी भर नीति से, नियम से, मर्यादा से जीए—पाया क्या? जमाने भर के बेईमान, लुच्चे-लफंगे पदों पर चढ़ गए, प्रतिष्ठा पा रहे हैं—हमें क्या मिला? हम जिंदगी भर नीति से गुजारते रहे, सदाचरण से गुजारते रहे, कभी इंच भर धर्म से यहां-वहां न हुए—हमारी उपलब्धि क्या है?

तो हमें तो शक होता है—लोग मुझसे आकर कहते हैं—कि परमात्मा है भी या नहीं। और अगर है भी तो वह भी बेईमानों का है; अगर है भी तो वह भी उनका है जो उसे रिश्वत खिला सकते हैं। देर ही नहीं है—वे मुझसे आकर कहते हैं—कि अब तो हमें शक होने लगा कि अंधेर भी है। और जब यहां ऐसा हो रहा है तो परलोक का क्या भरोसा! आखिर यह लोक भी तो उसी का है। अगर यहां बेईमानी सफल हो रही है तो हमें तो शक है कि वहां भी बेईमानी ही सफल होगी।

बड़ा अधैर्य है और भीतर मांग तो खड़ी ही है। और तुम आंख के किनारे से देख रहे हो कि कब पूरी हो। ऐसे ऊपर से कहते हो कि मैं कुछ मांगने थोड़े ही आया हूं।

क्यों दिल के तकाजे पर बेवक्त दुआ मांगी

मत मानो मन की इन चालबाजियों को।

क्यों दिल के तकाजे पर बेवक्त दुआ मांगी
कुछ जब्र किया होता, कुछ सब्र किया होता

सच्चा प्रार्थी तो जब्र करता है, सब्र करता है। चुपचाप प्रतीक्षा करता है। उसे जो करना होगा करेगा। और वह जो करेगा वही ठीक है। वह कुछ ठीक करे यह सवाल ही नहीं है; वह जो करता है वही ठीक है।

दिल दिया, दर्द दिया, दर्द में लज्जत दी है
मेरे अल्लाह ने क्या-क्या मुझे दौलत दी है

वह जो प्रार्थना से भरा हुआ हृदय है, वह तो हर चीज के लिए धन्यवादी है।

दिल दिया, दर्द दिया, दर्द में लज्जत दी है

और क्या चाहिए? सुख की तो मांग का सवाल ही नहीं है। वह इसके लिए भी धन्यवादी है कि दिल दिया, दिल में दर्द की क्षमता दी और दर्द में भी एक प्रसाद दिया, एक लज्जत दी, एक सौंदर्य दिया। क्योंकि दर्द न होता तो दिल न होता, दिल न होता तो तुम पत्थर होते। दिल है, दर्द है, तो तुम पत्थर नहीं हो—तुम प्राण हो, तुम प्राणवान हो। तुम्हारे भीतर संवेदनशीलता है। और तुम्हारी संवेदनशीलता ही तुम्हारी एकमात्र संभावना है विकास की।

दिल दिया, दर्द दिया, दर्द में लज्जत दी है
मेरे अल्लाह ने क्या-क्या मुझे दौलत दी है

सच्ची प्रार्थना तो धन्यवाद है, आभार है। उसमें मांग नहीं होती। और जहां मांग नहीं है वहां शब्दों की क्या जरूरत! और जहां मांग नहीं है वहां कहना क्या है, झुक जाना है! मौन जो झुक जाता है उसने जान लिया राज प्रार्थना का। उसे सिज्दा करना आ गया।

जब मन मिल्यौ आस नहिं तन की, तब को गावनहारा।

रैदास कहते हैं: जब मन उससे मिल गया, पाने की कोई इच्छा न रही, मन और तन का विस्मरण हो गया—तब को गावनहारा! तब कौन गाए, क्या गाए, क्या कहे, क्यों कहे, किसलिए? तब एक सहज मौन उतरता है। इस सहज मौन से ही व्यक्ति मुनि होता है—किसी आचरण से नहीं; किसी बाह्य व्यवस्था से नहीं।

मुझसे लोग आकर पूछते हैं कि आप अपने संन्यासी को विस्तारपूर्वक आचरण के नियम क्यों नहीं देते हैं—कैसे उठे कैसे बैठे, क्या खाए क्या पीए, क्या न खाए क्या न पीए?

वे मेरी बात समझ ही नहीं पा रहे हैं। उनके मेरे बीच कोई संवाद ही नहीं हो पा रहा है। सदियों-सदियों से तो आचरण दिया गया है, लेकिन हुआ क्या? मैं आचरण में भरोसा नहीं करता। मेरा भरोसा अंतस में है। तुम्हारे भीतर चेतना का दीया जल जाए बस, फिर शेष उसकी रोशनी में जो तुम्हें ठीक लगे करना। उसकी रोशनी में तुम जो करोगे वही ठीक होगा। और अगर दीया न जले तो तुम लाख व्यवस्था

से चलो, इंच-इंच पांव फूंक-फूंक कर रखो, तुमसे सिर्फ मूढ़ता ही होगी और कुछ भी नहीं।

बौद्ध ग्रंथों में बौद्ध भिक्षु के लिए तैंतीस हजार नियमों का उल्लेख है। उनको याद ही रखना मुश्किल है। और क्यों इतना उल्लेख करना पड़ा? क्योंकि हर छोटी-मोटी चीज का अगर बाहर से ही नियमन होना है तो कोकाकोला कोई पीए कि नहीं, लिखना पड़ेगा; फिर फैंटा, उसके बाबत क्या खयाल है? आदमी ऐसा बेईमान है कि तुम कहो कोकाकोला मत पीओ तो वह कहेगा ठीक है, तो फैंटा पीएंगे। फैंटा से बचाओ तो लिमका पीएगा। तुम बचाए जाओ, वह तरकीबें खोजता जाएगा।

अगर नियम ही बनाने हैं तो तैंतीस हजार नियम भी छोटे पड़ जाएंगे। नियम से काम नहीं हो सकता, बोध से काम हो सकता है—सिर्फ बोध ही सहयोगी हो सकता है।

मैंने सुना है, गांव के ग्रामीण श्री भोंदूमल जी अपना इलाज करवाने बड़े शहर जा रहे थे। दोस्तों ने उन्हें समझाया कि डॉक्टर से सारी बातें विस्तारपूर्वक समझ लेना और जैसा डॉक्टर कहे वैसा करना, अपने मन से कुछ नहीं।

भोंदूमल ने मित्रों की बात गांठ बांध ली। शहर के एक प्रसिद्ध डॉक्टर के यहां पहुंचे, सब हाल बताया। डॉक्टर ने जांज-पड़ताल के बाद दवा दी। चार गोलियां देकर उन्होंने कहा कि ये गोली दूध के साथ लेना है।

भोंदूमल जी ने पूछाः हुजूर, चारों गोली एक साथ गटक जाना है या एक-एक करके खाना है?

जैसी तुम्हारी इच्छा हो—डॉक्टर बोला—इससे कुछ भी फर्क नहीं पड़ता।

मैं तो चारों इकट्ठी ही खाऊंगा—भोंदूमल जी बोले। अच्छा एक बात तो और बता दीजिए कि दूध गर्म होना चाहिए कि ठंडा?

कुनकुना दूध अच्छा रहेगा—डॉक्टर ने जवाब दिया।

अच्छा तो साथ ही यह भी बताने की कृपा करें डॉक्टर साहब कि भैंस का दूध पौष्टिक रहेगा कि गऊ माता का?

अरे भाई तुम्हें जो मिल जाए, वही सबसे अच्छा—डॉक्टर ने झुंझलाते हुए कहा।

नहीं डॉक्टर साहब, सच-सच कहिए न! कौन सा दूध बलवर्धक होता है?

ठीक है, गाय का दूध ठीक होगा।

दूध गिलास मे लेकर पीना या कटोरे में? भोंदूमल ने जिज्ञासा जाहिर की।

डॉक्टर ने गुस्से में कहाः लोटे में पीना।

जो आज्ञा हुजूर—भोंदूमल ने सब बातें विस्तार से पूछ लेना उचित समझा। बोलाः डॉक्टर साहब, दूध खड़े-खड़े पीऊं या बैठ कर?

मुझे दूसरे मरीज भी देखने हैं या तुम्हीं से सिर खपाता रहूं ? जैसा तुम्हें अच्छा लगे वैसा करना।

गुस्सा मत होइए डॉक्टर साहब, एक बात और पूछता हूं मगर शर्म आती है।

क्या बात है? डॉक्टर ने उत्सुकतावश पूछा—बोलो।

भोंदूमल ने डॉक्टर के कान में कहाः दूध का लोटा मैं अपने हाथ से पीऊं या मेरी पत्नी मुझे पिलाए? कोई नुकसान तो नहीं है यदि वह पिलाए।

हां, कोई नुकसान नहीं—डॉक्टर को उसकी बात पर हंसी आ गई। अब लाओ मेरी फीस दस रुपये और अब जाओ!

भोंदूमल जी ने सहजता से बोला, बंधा दूं हुजूर या फुटकर दे दूं?

डॉक्टर का पारा सातवें आसमान पर चढ़ गया। वह चिल्ला कर बोला, अच्छा अब तुम भागो यहां से। फीस रहने दो और मुझसे लो ये दस रुपये, मगर मेरा पिंड छोड़ो! ऐसा कह कर उसने भोंदूमल को दो पांच-पांच के नोट थमा दिए।

हुजूर, यह तो बताइए कि अब पैदल जाऊं या रिक्शे में? कोई खतरा तो नहीं है?

कोई खतरा नहीं है, रिक्शे में जाओ। मगर जल्दी जाओ, मेरा सिर न खाओ। पांच रुपये रिक्शेवाले को दे देना और पांच रुपये में गोलियां खरीद लेना।

दोनों नोट लेकर प्रसन्नता से भोंदूमल जी चले गए। डॉक्टर ने अपने सिर का पसीना पोंछा और एक सिरदर्द की गोली खाई और मन ही मन सोचा कि झंझट टली। लेकिन दो ही मिनट बाद देखा कि भोंदूमल फिर सामने—चेहरे पर चिंता और असमंजस का भाव लिए। भोंदूमल जी बोलेः गुस्सा ने होइए डॉक्टर साहब, मैं आखिर ठहरा गांव का गंवार, सोचा सब-कुछ विस्तार से पूछ लेना ही अच्छा। बस एक आखिरी शंका और, उसका और समाधान कर दीजिए, आपकी बड़ी मेहरबानी होगी। बस यह और बता दीजिए कि कौन से पांच के नोट की दवा खरीदनी है और कौन सा पांच का नोट रिक्शेवाले को देना है?

अगर आदमी के आचरण को एक-एक इंच सम्हालना हो तो विक्षिप्तता पैदा होगी। और वही हुआ। आज जो मनुष्य-जाति इतनी रुग्ण, इतनी विक्षिप्त दिखाई पड़ रही है, उसका कारण है तुम्हारे धर्मगुरुओं की लंबी परंपरा, जिन्होंने हर छोटी बात के लिए तुम्हें नियम दे दिए। रोशनी चाहिए—तुम्हारे पास अपनी रोशनी चाहिए। फिर उस रोशनी से तुम जीओ। तुम्हारा अंतःकरण सजग चाहिए। फिर वह अंतःकरण तुम्हें मार्ग-दर्शन देगा।

सदगुरु का काम है तुम्हारे भीतर सोए हुए गुरु को जगा देना, बस। जब तुम्हारा भीतर का गुरु जाग जाए तो सदगुरु का काम पूरा हो गया। अब वह इंच-इंच तुम्हारे जीवन की अगर व्यवस्था बिठाता रहे तो तुम्हारे जीवन में कभी व्यवस्था आ ही नहीं सकती। और रोज शंकाएं खड़ी होंगी और रोज अड़चनें आएंगी। और अगर तुम बंधे नियमों से जीओगे तो जिंदगी तो रोज बदल जाती है। तुम्हारे नियम होंगे बंधे-बंधाए, उनका जिंदगी से कभी तालमेल नहीं होगा। तुम रोज मुश्किल में पड़ोगे। तुम रोज अड़चन में पाओगे अपने को कि अब क्या करूं!

जिंदगी बदल गई, नियम पुराना। नियम बना था जब तुम बैलगाड़ी में बैठते थे और काम में ला रहे हो अब जब कि तुम हवाई जहाज में उड़ रहे हो। तुम रोज उलझनों में उलझते जाओगे। तुम सुलझोगे नहीं। इसलिए कोई सदगुरु तुम्हें बाह्य व्यवस्था नहीं देता, अंतर-बोध देता है।

रैदास कहते हैंः *जब मन मिल्यौ आस नहिं तन की, तब को गावनहारा।*

तुम्हारा मन परमात्मा से मिल जाए, बस काम हो गया। फिर न कोई गीत है, न कोई गाने वाला है, न गाने का कोई सवाल है। फिर कहने को कुछ भी नहीं। फिर तुम एक सहज-स्फूर्त जीवन जीओगे, जिस पर ऊपर से कुछ भी आरोपित नहीं होता—अंतस से प्रवाहित होता है!

जब लगि नदी न समुंद समावै, तब लगि बढ़ै हंकारा।

नदी जब तक समुद्र में नहीं गिर जाती, तब तक बड़ा शोरगुल मचता है। हंकारा शब्द दो अर्थ रखता है: एक तो शोरगुल और एक अहंकार। दोनों एक ही सिक्के के दो पहलू हैं।

जब लगि नदी न समुंद समावै, तब लगि बढ़ै हंकारा।

जब तक नदी नहीं समा जाती समुद्र में तब तक काफी शोरगुल भी मचाती है और काफी अहंकार से भी भर जाती है। जितना अहंकार होता है उतना शोरगुल मचाती है; जितना शोरगुल मचाती है उतना अहंकार मजबूत होता है कि मैं भी कुछ हूं!

कहते हैं ऊंट पहाड़ों के पास जाना पंसद नहीं करते, शायद इसीलिए रेगिस्तानों में रहते हैं। ऊंट पहाड़ के पास जाए तो अहंकार को चोट लगती है। रेगिस्तान में रहता है तो पहाड़ है खुद ही।

नदी भी समुद्र के पास जाकर ही पहली दफा सचेत होती है कि मेरी स्थिति क्या है। जब तक समुद्र से दूर थी, कर लिया शोरगुल बहुत, अकड़ ली बहुत, कर लिया अहंकार बहुत—बहुत किया हंकारा। और बहुत किया अहंकार।

जब लगि नदी न समुंद समावै, तब लगि बढ़ै हंकारा।
जब मन मिल्यौ रामसागर सौ, तब यह मिटी पुकारा।।

और जब राम के सागर में गिर जाता है व्यक्ति या नदी जब समुद्र में समा जाती है—सब पुकार मिट जाती है, सब मांग मिट जाती है, सब प्रार्थना खो जाती है—तब को गावनहारा? फिर कौन गाए? किसके गीत गाए?

'जोश' बिसाते-शौक में मर्ग है अस्ल जिंदगी
बाजिए-इश्क जीत ले, बाजिए-उम्र हार कर
'जोश' बिसाते-शौक में मर्ग है अस्ल जिंदगी

अगर प्रेम के रास्ते पर चलना है, अगर प्रभु-मिलन की आकांक्षा है—बिसाते-शौक—अगर उसके साक्षात्कार की लगन है तो फिर मरने की तैयारी दिखानी पड़ेगी। उसके साक्षात्कार की लगन है तो मृत्यु की अगन से गुजरना पड़ेगा।

'जोश' बिसाते-शौक में मर्ग है अस्ल जिंदगी

उसके रास्ते पर मरना ही असली जिंदगी को पाना है।

बाजिए-इश्क जीत ले...

जिंदगी का दांव, प्रेम का दांव जीत ले!

...बाजिए-उम्र हार कर

वहां तो सब गंवा देना होगा, जीवन गंवा देना होगा, तो प्रेम की बाजी जीती जा सकती है।

जब मन मिल्यौ रामसागर सौ, तब यह मिटी पुकारा।

मिटने की तैयारी चाहिए।

भक्त का अर्थ है: मिटने की लिए आतुर। भक्त का अर्थ है: जिसे जीवन से भी बड़े जीवन की प्रतीति होने लगी। जो अपने छोटे से जीवन को उस विराट जीवन में लीन कर देना चाहता है। जो बूंद की

तरह अपने को पहचान गया है और अब समुद्र में उतर जाना चाहता है। क्योंकि समुद्र में उतरे बिना समुद्र होने का और कोई उपाय नहीं है।

जब लगि भगति मुकति की आसा, परमतत्व सुनि गावै।

और अगर तुम्हारे भीतर भक्ति की, मुक्ति की इत्यादि आशाएं और आकांक्षाएं हैं, तब तक तुम्हारी पुकार जारी रहेगी, प्रार्थना जारी रहेगी, पूजा जारी रहेगी। तब तक गीत गा सकते हो, स्तुति कर सकते हो—करनी ही पड़ेगी, क्योंकि जब तक मांग है तब तक परमात्मा के साथ तुम्हारा व्यवहार वही है जो किसी भिखारी का किसी धनपति के साथ होता है। भिखमंगा स्तुति करता है, कहता है, हे दाता! हालांकि कर रहा है चालबाजी। दाता तो कह रहा है, लेकिन वह सिर्फ खुशामद है, वह सिर्फ मक्खन लगा रहा है, तुम्हें मूरख बना रहा है। शायद बातों में आ जाओ।

मुल्ला नसरुद्दीन रास्ते से गुजर रहा था। रास्ते के किनारे बैठे एक आदमी ने पुकार दी कि बड़े मियां, मुझ अंधे पर भी कुछ दया करो, दो आने मिल जाएं!

नसरुद्दीन ने गौर से देखा और कहा कि तुम अंधे! तुम्हारी एक आंख तो बिलकुल ठीक मालूम होती है।

तो उसने कहाः मालिक, एक ही आना मिल जाए! मगर कुछ तो मिल जाए। न सही अंधा...।

एक और कहानी मैंने सुनी है कि मुल्ला जा रहा था सिनेमा देखने। सिनेमा के बाहर ही एक भिखमंगे ने हाथ फैलाया और कहा कि सूरदास को कुछ मिल जाए। मुल्ला जल्दी में था, कौन झंझट करे, कौन बकवास करे! उसने एक दस पैसे का सिक्का डाल दिया। उस अंधे ने सिक्के को गौर से देखा और कहा, सिक्का नकली है। मुल्ला ने कहाः हद हो गई! तुम अंधे हो और तुम्हें सिक्का नकली है यह भी पता चल गया!

उसने कहाः अब आपसे क्या छिपाना! असल में आज मैं अपने मित्र की जगह बैठा हुआ हूं। मेरा मित्र अंधा है।

तो मुल्ला ने पूछाः तेरा मित्र कहां है?

कहाः वह सिनेमा देखने गया है। मैं तो असल में बहरा हूं।

भिखमंगा जो व्यवहार कर रहा है वही प्रार्थना करने वाले का होता है—याचक का व्यवहार। कुछ मांग है तो स्तुति कर रहे हो। बड़ा शोरगुल मचाते हैं भक्त जाकर मंदिरों में कि हे पतितपावन, कि हम पापी हैं और तू पापों को क्षमा करने वाला, कि तेरी करुणा का कोई अंत नहीं! वे यह कह रहे हैं कि देखें हमारे पाप भी क्षमा कर पाता है कि नहीं! वे यह समझाने की कोशिश कर रहे हैं परमात्मा को कि अब तेरी इज्जत का सवाल है। हम तो पाप किए रहे, करते रहे, करेंगे, क्योंकि हमें भरोसा है कि हे परवरदिगार, तू रहीम है, रहमान है, तू महा करुणावान है! अरे तेरी करुणा पर हमें इतना भरोसा है, हमारी श्रद्धा तो देख कि हम करते रहेंगे पाप! अरे हमारे पाप क्या—छोटे-मोटे! और तेरी करुणा—अनंत! तू कहीं गिनती करता है इन छोटी-मोटी बातों की!

तुम ईश्वर तक को धोखा देने का आयोजन कर रहे हो। और ध्यान रहे, ईश्वर कोई व्यक्ति नहीं है जिसको धोखा दिया जा सके और ईश्वर तुमसे बाहर नहीं है जो धोखा खा सके। वह तो धोखा देने वाले

के भीतर बैठा हंस रहा है। वह तो तुम्हारे अंतर्तम में बैठा देख रहा है तुम्हारी चालबाजियां। वह जब तुम डुबकी लगाते हो गंगा मैया में तो वह कहता है, हे चार सौ बीस! तू मुझको भी धोखा दे रहा है!

जब लगि भगति मुकति की आसा, परमतत्व सुनि गावै।

जितनी छींटें हैं लहु की सब हैं तारीखे-जुनूं
गौर से नज्जाराए-दीवारे-जिंदा कीजिए

जरा इस जिंदगी के कारागृह की दीवालों पर पड़े हुए खून के छींटे तो देखो! कितने लोग आए और कितने लोग गए! कितने लोग बने और कितने लोग मिटे! यह अस्तित्व का इतिहास तो समझो। यहां थोड़े-बहुत दिन तुम भी शोरगुल करोगे, फिर खून के कुछ छींटे पड़े रह जाएंगे और सब विदा हो जाएगा। राख पड़ी रह जाएगी, अंगारा बुझ जाएगा। मगर चार दिन की जिंदगी में कितने उपद्रव कर लेते हो! उपद्रव ही नहीं कर लेते, फिर उपद्रव से कैसे क्षमा मिले; पाप ही नहीं कर लेते, फिर पाप से कैसे छुटकारा हो—उसका भी आयोजन कर लेते हो! सत्यनारायण की कथा, और यज्ञ, और हवन, और पूजा, और पाठ—ये पापी चित्त की ही चालबाजियां हैं। पाप भी करता है, यज्ञ-हवन भी करता है; ये दोनों एक ही चित्त के दो हिसाब हैं।

जहं-जहं आस धरत है इहि मन, तहं-तहं कछू न पावै।

और मजा क्या है कि जहां-जहां तुमने आशा लगाई इस मन के द्वारा, वहीं-वहीं कुछ भी कभी नहीं पाया। धन में लगाई आशा और राख लगी हाथ। तन में लगाई आशा और राख लगी हाथ। यश, पद, प्रतिष्ठा, जहां जिसने आशा लगाई वहीं कुछ भी नहीं पाया। बस दूर से लगता है कि यह रहा क्षितिज, अब पहुंचे, अब पहुंचे, मगर क्षितिज तक कोई कभी पहुंचता नहीं।

जहं-जहं आस धरत है इहि मन, तहं-तहं कछू न पावै।

कुछ भी मिलता नहीं; मगर यह मन की बेहोशी है कि चले जा रहे हो, भागे जा रहे हो। कब जागोगे?

मुल्ला नसरुद्दीन एक सांझ बहुत पी गया। नशे में धुत्त सड़क के किनारे खड़ा था। एक सिपाही वहां से गुजरा। उसने कहा कि नसरुद्दीन के बच्चे, यहां क्यों खड़ा है?

नसरुद्दीन बोलाः खड़ा हूं ! अरे अपने घर की राह देख रहा हूं।

सिपाही ने कहाः मैं कुछ समझा नहीं तुम्हारा मतलब। इधर खड़े-खड़े घर की राह देखने का क्या मतलब?

नसरुद्दीन ने कहाः इस समय सारा शहर मेरी आंखों के आगे घूम रहा है! अपना घर आते ही उसमें घुस जाऊंगा। जाने की जरूरत क्या? सारा शहर घूम रहा है। बस प्रतीक्षा कर रहा हूं कि जैसे ही मेरा घर आए...।

मन भी बेहोश है। तो किसकी प्रतीक्षा कर रहे हो? घर ऐसे नहीं आएगा। और मन ने जितने घर तुम्हें बताए, कोई भी घर साबित नहीं हुए। कब जागोगे? कितनी बार गड्ढों में गिरते हो! मगर कुएं से बचते हो तो खाई में गिरते हो, खाई से बचते हो तो कुएं में गिरते हो! कब बचोगे गिरने से?

फूल हंस-हंस कर दिखाते हैं जहां को दागे-दिल
मुख्तलिफ शक्लें हैं इजहारे-गमो-आलाम की

फूल हंस-हंस कर कह रहे हैं कि समझो!

फूल हंस-हंस कर दिखाते हैं जहां को दागे-दिल

अपने हृदय के घाव दिखा रहे हैं हंस-हंस कर कि जरा देखो!

मुख्तलिफ शक्लें हैं इजहारे-गमो-आलाम की

दुख-शोक की बहुत शक्लें हैं, बहुत रंग-रूप हैं!

फूल भी बस मुर्झाने के करीब है, अब मुर्झाया तब मुर्झाया। सुबह हो गई, सांझ होने में कितनी देर लगेगी! जन्म आ गया तो मृत्यु भी आती ही होगी। और जवानी आ गई तो बुढ़ापे ने पहले कदम रख दिए। ये सब दुख ही दुख की शक्लें हैं। लेकिन एक शक्ल से जगते हो तो तुम दूसरी शक्ल के धोखे में आ जाते हो। और यहां अनंत शक्लों में है दुख मौजूद। इसलिए अनंत जीवन लग जाते है, फिर भी लोग जाग नहीं पाते हैं।

मेरा दौरे-गुजिश्ता भी यूं ही गुजरा है ऐ हमदम
बना रक्खी थी इक सूरत खुशी की, शादमां क्या था

जिन्होंने जाना उनसे तो पूछो। जो थोड़े पके हैं, जिनके जीवन में थोड़ी परिपक्वता आई है, उनसे तो पूछो। वे कहते हैं—

मेरा दौरे-गुजिश्ता भी यूं ही गुजरा है ऐ हमदम

ऐ मित्र! मेरा भूतकाल भी बस यूं ही गुजरा है—ऐसी ही भ्रांतियों में!

बना रक्खी थी इक सूरत खुशी की, शादमां क्या था

बस किसी तरह से ऊपर से पोत-पात कर एक खुशी की सूरत बना रखी थी, आनंद जैसा कुछ भी न था। शादमां क्या था! आनंद तो जरा भी न था। मगर अहंकार के कारण दिखाते रहे कि बड़ा आनंदित हूं। आखिर किससे कहें अपना दुख! और रोने से भी क्या होगा? सिर्फ अहंकार के कारण दिखलाते रहे कि प्रसन्न हैं, आनंदित हैं, बहुत आनंदित हैं। सिर्फ लोगों को दिखलाते रहे आनंदित हैं, क्योंकि क्यों अपने हृदय के घाव दिखलाएं, क्या सार है?

मगर तुम्हारा सारा अतीत, तुम्हारा सारा जीवन सिवाय घावों की एक कतार के और क्या है! जैसे दीपावली पर दीयों की कतारें लोग जलाते हैं, तुमने जीवन में घावों की कतारें ही जलाई हैं। दीये की कतारें भी जल सकती थीं। यही घाव दीये भी बन सकते थे। यही ऊर्जा जो दुख बनी, आनंद भी बन सकती थी। मगर तुम कला ही न सीखे। उस कला का नाम ही धर्म है।

जहं-जहं आस धरत है इहि मन, तहं-तहं कुछ न पावै।
छांड़ै आस निरास परमपद।

यह कला है धर्म की: छांड़ै आस निरास परमपद, तब सुख सति कर होई।

निश्चय ही आनंद होगा। रैदास कहते हैं: आश्वासन देता हूं, निश्चित ही आनंद होगा! गवाही हूं मैं, साक्षी हूं मैं। बस एक काम तुम करो—छांड़ै आस! यह मन की आशा, यह मन का जाल, ये मन की कल्पनाएं, ये स्वप्न—ये छोड़ो। निरास परमपद! सब आशाएं छोड़ दो। वह जो तुम्हारी भीतर की दशा होगी—आशाशून्य, कामनाशून्य, वासनाशून्य, तृष्णाशून्य—वही परमपद है, वही निर्वाण है।

तब सुख सति कर होई।

तब सुख निश्चित ही होता है।

कहि रैदास जासौ और करत है, परमतत्व अब सोई।

जिसने इतना जान लिया, फिर उसे करने को कुछ नहीं रह जाता, फिर परमात्मा सब करता है।

खुदा और नाखुदा मिल कर डुबो दें यह तो मुमकिन है
मेरी वजहे-तबाही सिर्फ तूफां हो नहीं सकता

तूफान अकेला क्या मेरी नाव को डुबाएगा! हां मेरा मांझी, मेरा खुदा...।

खुदा और नाखुदा मिल कर डुबो दें यह तो मुमकिन है

मांझी में और परमात्मा में कोई सांठ-गांठ हो जाए और वे मेरी नाव को डुबो दें, यह तो मुमकिन है।

मेरी वजहे-तबाही सिर्फ तूफां हो नहीं सकता

इस संसार का कोई तूफान, कोई आंधी मुझे डुबा नहीं सकते।

लेकिन मांझी, परमात्मा तुम्हें क्यों डुबाना चाहेगा? वह तो तुम्हें उबारना चाहता है। तुम उसकी ही संतति हो। कौन मां, कौन बाप अपने बच्चों को डुबाना चाहेगा? डूबते हो तो तुम अपने ही हाथ से डूब रहे हो। तुम जिस नाव में बैठे हो उसी में छेद करते रहते हो।

मुल्ला नसरुद्दीन अपने कुछ मित्रों के साथ मछलियों के शिकार के लिए गया। नाव जब बीच नदी में पहुंची, वह जहां बैठा था वहीं अपने चाकू से छेद करने लगा। उसके मित्र बहुत चौंके। चंदूलाल ने कहा: यह क्या करते हो? ढब्बू जी ने कहा: पागल हो गए हो, होश है?

मुल्ला ने कहा: मैं अपनी जगह पर कर रहा हूं। तुम्हें बीच में बोलने की जरूरत नहीं। तुम्हें जो करना हो अपनी जगह पर तुम करो।

चंदूलाल ने कहा: यह बात ठीक है। ढब्बू जी ने भी कहा यह बात तर्कसंगत है। वह अपनी जगह पर छेद कर रहा है, हम क्यों बोलें? अपना क्या लेता-देता है?

यहां एक आदमी छेद करता है और न मालूम कितने आदमी डूबते हैं! इससे उलटा भी सच है: यहां एक आदमी छेद को भर देता है और न मालूम कितने आदमी उबर जाते हैं! जिंदगी जुड़ी है, जिंदगी संयुक्त है। हम अलग-अलग नहीं हैं। इसलिए एक व्यक्ति जब बुद्धत्व को उपलब्ध होता है तो सारे जगत में बुद्धत्व की लहर फैल जाती है।

जब भारत में बुद्ध हुए, उसी समय महावीर हुए, उसी समय मक्खली गोशाल हुआ, उसी समय प्रबुद्ध कात्यायन हुआ, उसी समय संजय वेलट्ठीपुत्त हुआ, और-और न मालूम कितने बुद्ध ज्ञात-अज्ञात नाम—अचानक जगह-जगह फूल खिल गए। और ऐसा भारत में ही नहीं हुआ, सारी दुनिया में लहर दौड़ी। यूनान में सुकरात हुआ, पाइथागोरस हुआ, हेराक्लाइटस हुआ। ईरान में जरथुस्त्र हुआ; चीन में लाओत्सु हुआ, च्वांगत्सु हुआ, लीहत्सु हुआ। एक ऐसी लहर उठी सारी दुनिया में, जगह-जगह दीये जल गए! एक दीया क्या जला, दीयों की पंक्तियां लग गईं!

तुम जो भी कर रहे हो—सोचना, विचारना, उसका परिणाम सिर्फ तुम पर ही होने को नहीं है। तुम जो भी कर रहे हो उससे पूरा अस्तित्व प्रभावित होता है। एक बार तुम्हें पता चल जाए कि सब आशा गई,

सब आशा व्यर्थ हो गई और तुम निराश...निराश शब्द से घबड़ा मत जाना, क्योंकि निराश शब्द का तुम्हारे मन में बड़ा नकारात्मक अर्थ है। निराश शब्द नकारात्मक नहीं है।

आमतौर से हम कहते हैं, फलां आदमी बड़ा निराश। निराश का मतलब उदास। निराश का मतलब हारा-थका। निराश का मतलब जिंदगी में कोई रस न रहा, बुझा-बुझा। निराश का अर्थ है आत्महत्या करने को उत्सुक, आतुर। हमने नकारात्मक अर्थ दे दिया है, क्योंकि हम आशा से जीते हैं। हमने आशा को बड़ा विधायक अर्थ दिया है, इसलिए हमारा स्वाभाविक कदम हुआ कि हम निराशा को नकारात्मक अर्थ दे दें।

लेकिन बुद्ध ने कहा: धन्य हैं वे जो निराश हैं, क्योंकि परम पद उन्हीं का है। वही रैदास कह रहे हैं: छांड़ै आस निरास परमपद! बुद्ध का वचन ही दोहरा रहे हैं। सभी बुद्ध एक-दूसरे को दोहराते हैं। बुद्धों के पास अलग-अलग बात कहने को है भी नहीं, हो भी नहीं सकती—सत्य एक है।

निराश का अर्थ—थका-मांदा, बुझा-बुझा, ऊबा हुआ—ऐसा नहीं होता। असल में निराश का अर्थ होता है अत्यंत प्रफुल्लित, क्योंकि जब कोई आशा ही न रही तो दुख का कोई कारण ही न रहा। निराश का अर्थ होता है परम सुखी। बुद्ध ने कहा है महा सुख। रैदास ने भी बुद्ध के शब्द का ही उपयोग किया है।

छांड़ै आस निरास परमपद, तब सुख सति कर होई।

सुख होगा, निश्चित सुख होगा! लेकिन एक काम तुम्हें करना होगा: आशा की भ्रांति छोड़ दो। आशा नकारात्मक है, क्योंकि उससे कभी कुछ नहीं मिलता। धोखा है आशा, मृग-मरीचिका है। इसलिए निराशा नकारात्मक नहीं, विधायक अवस्था है! सिर्फ बुद्धत्व ही जानता है निराशा क्या है। ध्यान की परम अवस्था है निराशा, परमपद है। और जिसने यह जान लिया उसने सब जान लिया।

दिल रहीने-आरजू है, आरजू मरहू ने-यास
घर हमें बरबाद करने को बनाना चाहिए

अभिलाषाओं के पास गिरवी है दिल।

दिल रहीने-आरजू है...

दिल तो गिरवी है आशाओं के पास।

...आरजू मरहू ने-यास

और अभिलाषाएं निराशाओं के पास गिरवी हैं।

घर हमें बराबाद करने को बनाना चाहिए

मगर करें क्या, जिंदगी है तो कुछ न कुछ बनाते हैं; जानते हुए भी कि सब बरबाद हो जाएगा! रेत के ही घर बनाते हैं; जानते हैं गिर जाएंगे। ताश के पत्तों के घर बनाते हैं; जानते हैं हवा के झोंके आंएगे और सब भूमिसात हो जाएगा। हमारी जिंदगी ताश के पत्तों का घर—और क्या! मगर क्या करें, कुछ न करें तो क्या करें! कम से कम व्यस्त तो रखती हैं आशाएं हमें, उलझाए तो रखती हैं! कम से कम भ्रांति तो बनी रहती है कि कुछ हो रहा है, कुछ कर रहे हैं! न कभी कुछ हुआ है, न कभी कुछ होता है, न कभी कुछ हो सकता है—जो ऐसा जान लिया वही संन्यासी है।

राम-भगत को जन न कहाऊं, सेवा करूं न दासा।

बड़े क्रांतिकारी वचन हैं। रैदास कहते हैं: अब मैं यह नहीं कह सकता कि मैं राम का भगत हूं। अब कहां भक्त, अब कौन भगवान?

राम-भगत को जन न कहाऊं...

अब मुझे तुम छोड़ दो कहना कि मैं भक्त हूं। वह बात गई, वह द्वैत गया, वह द्वंद्व गया।

...सेवा करूं न दासा।

अब तुम मुझे दास भी मत समझो, क्योंकि मैं सेवा ही नहीं करता अब किसी की—परमात्मा की भी सेवा नहीं करता! सेवक कोई बचा ही नहीं। सेवक और सेव्य एक हो गए; दास और मालिक एक हो गए; भक्त और भगवान एक हो गए।

जोग जग्य गुन कछू न जानूं, ताते रहूं उदासा।

न मुझे योग आता है—अब जरूरत क्या योग की! योग तो प्रक्रिया है, ध्यान तो प्रक्रिया है मिलन की। योग का अर्थ ही होता है जोड़; जो जुड़ा दे वह योग। लेकिन जो जुड़ गया उसके लिए अब क्या योग!

जोग जग्य गुन कछू न जानूं...

न तो मुझे योग का अब कुछ पता है, न यज्ञ का कुछ पता है।

...ताते रहूं उदासा।

उदास को भी फिर खयाल कर लेना। जैसे 'निराश' शब्द नकारात्मक नहीं है, वैसा ही 'उदास' शब्द भी नकारात्मक नहीं है। उद्-आस—जिसकी आशा नहीं बची। उदासीन—जो आशा छोड़ कर थिर हो गया।

लेकिन हमने ये सारे शब्द खराब कर लिए हैं। उदासीन हम उसको कहते हैं जो बिलकुल बैठा है मुर्दे की तरह और जिसके चेहरे पर मक्खियां उड़ रही हैं, उसको कहते हैं उदास। बुद्ध हैं उदास; ये मक्खियां उड़ रही हैं जिनके चेहरों पर, इनको उदास मत समझ लेना। ये तो सिर्फ रुग्ण हैं, उदास क्या खाक! मक्खियां भी नहीं उड़ा सकते—आलसी हैं। उदास क्या खाक! उदासी हमारे अर्थों में उदासी नहीं है; आलस्य नहीं है, प्रमाद नहीं है, सुस्ती नहीं है, काहिलता नहीं है, अकर्मण्यता नहीं है। उदास का अर्थ है जिसकी आशा छूट गई; जिसने देख लिया आशा को आर-पार; पहचान लिया आशा का जाल; छिटक आया आशा के जाल के बाहर।

भगत भया तो चढ़ै बड़ाई...

रैदास ने कहा: भक्त हो जाओ तो लोग बड़ाई करते हैं।

जोग करूं जग मानै।

उलटे-सीधे आसन लगाओ, सिर के बल खड़े हो जाओ, दुनिया आदर देती है।

जो गुन भया तो कहै गुनीजन, गुनी आपको जानै।

अगर किसी तरह का गुण हो, किसी तरह की कला हो, कोई निपुणता हो, कोई कुशलता हो, तो सम्मान मिलता है और अंहकार बढ़ता है।

ना मैं ममता मोह न महिया, ये सब जाहिं बिलाई

मुझे इन सब बातों में न कोई मोह है, न कोई ममता है; क्योंकि एक बात मैने जान लीः इस जगत में सम्मान मिले कि अपमान, आदर मिले कि अनादर, सब बिला जाते हैं। कितने लोग इस जमीन पर आए और गए, कितने लोग मूंछों पर ताव देकर चले—न मूंछें हैं, न लोग हैं! कितने लोग अकड़े हैं, कितने लोगों ने सिकंदर होने के दावे किए हैं, कितने लोगों ने तलवारें चमकाई हैं! कहां हैं तलवारें? कहां हैं सिकंदर? सब धूल में मिल गए! इसे देखो, इसे पहचानो और इस भ्रांति से जागो!

ना मैं ममता मोह न महिया, ये सब जाहिं बिलाई।

मैं माया-ममता, मोह इन सबको नहीं मथता। इन सबसे मक्खन नहीं निकलता। इन सबसे मौत ही निकलती है।

दोजख भिस्त दोऊ सम करि जानूं, दुहुं तें तरक है भाई।

रैदास कहते हैं कि मैं तो स्वर्ग और नरक को एक समान जानता हूं। क्यों? क्योंकि जहां दो है वहीं उपद्रव है। जहां दुई है वहीं संकट है।

दोजख भिस्त दोऊ सम करि जानूं, दुहुं ते तरक है भाई।

इसलिए मैंने दोनों छोड़ दिए, दोनों को तर्क कर दिया। स्वर्ग भी छोड़ दिया, नरक भी छोड़ दिया। अब तो मैं राम में लीन हुआ और राम को अपने में लीन हो जाने दिया।

मैं अरु ममता देखि सकल जग, मैं से मूल गंवाई।

मैंने तो गौर से देखा, समझा, पहचाना और एक बात पा ली कि मैं ही सारे उपद्रव की मूल है—मैं-भाव। मैंने मैं-भाव को जड़ से काट दिया। न धन, न पद, न प्रतिष्ठा, इनको नहीं काटता फिरा। ये तो पत्तियां काटना है। पत्तियां काटने से वृक्ष नहीं नष्ट होते, और घने हो जाते हैं। मैंने तो जड़ ही काट दी।

मैं भी तुमसे जड़ ही काटने को कह रहा हूं! हालांकि तुम्हें सदियों-सदियों से कहा गया है पत्ते काटते रहो। कोई कहता है क्रोध न करो; कोई कहता है कि सप्ताह में एक दिन घी न खाओ; कोई कहता है नमक छोड़ दो; कोई कहता है कि रात पानी न पीओ; कोई कहता है छान कर पानी पीओ; कोई कहता है मुंह पर पट्टी बांध लो।

आचार्य तुलसी अणुव्रत आंदोलन चलाते हैं। जब मेरी उनसे बात हुई तो मैंने उनसे कहाः क्या खाक अणुव्रत! अरे महाव्रत! चलाना ही हो तो महाव्रत। उन्होंने कहाः महाव्रत यानी क्या? मैंने कहाः जड़ से काटो। इसको कहते हैं महाव्रत। ये क्या पत्ते-पत्ते काट रहे हो!

मगर अणुव्रत लोगों को जंचता है, क्योकि उसमें कुछ जीवन में क्रांति करनी ही नहीं पड़ती। अणुव्रत का मतलब यह है कि कुछ थोड़ा सा, रंचमात्र कर लो—अणुव्रती हो गए! क्या अणुव्रत लिया—कि रात पानी नहीं पीएंगे, अणुव्रत हो गया! कोई बड़ी भारी क्रांति कर रहे हो तुम कि रात पानी नहीं पीओगे? दो-चार दिन प्यास लगेगी, फिर अभ्यास हो जाएगा। कि किसी ने नियम बना लिया कि सप्ताह में एक दिन नमक नहीं खाएंगे। बड़ी कृपा की नमक पर! कि कभी एकादशी का व्रत रखेंगे। टुच्ची बातें हैं। मगर आचार्य तुलसी कहे जाते हैं अणुव्रत-अनुशास्ता! टुच्ची बातें, जिनका कोई मूल्य नहीं है, दो कौड़ी की बातें।

एक सज्जन जिनके घर मैं मेहमान होता था, सत्तर साल की उम्र के सज्जन, वे तुलसी जी के भक्त थे। फिर भूल-चूक से मेरे हाथ में पड़ गए। तो मुझसे उन्होंने कहा कि आपका अणुव्रत के संबंध में क्या खयाल है? मैंने कहाः चालबाजियां हैं, धोखाधड़ियां हैं। आदमी सस्ते उपाय चाहता है।

पहले तो उन्हें चोट लगी, फिर उन्होंने कहा कि ऐसे तो मेरे मन को धक्का लगा आपकी बात से, मगर बात ठीक ही है। क्योंकि मैंने सत्तर साल की उम्र में ब्रह्मचर्य का व्रत लिया। अब है यह धोखा ही और मन में अभी भी ब्रह्मचर्य है नहीं। और अब आप से क्या छिपाना, पहले भी मैं चार दफे ले चुका हूं ब्रह्मचर्य का व्रत।

चार दफे ब्रह्मचर्य का व्रत कैसे लोगे? ब्रह्मचर्य का व्रत तो एक ही दफे लिया जा सकता है,चार दफे कैसे लोगे? इसका मतलब हुआ बार-बार टूटता रहा। तो फिर मैंने कहा कि अब और लोगे कि नहीं? उन्होंने कहा कि अब नहीं लूंगा, क्योंकि बार-बार फजीहत होती है। जब भी टूटता है तो मन में ग्लानि होती है, और आत्मग्लानि पैदा होती है। मगर तालियां बज जाती हैं। जब भी लो, लोग कहते हैंः अहा! देखो अणुव्रत ले लिया, ब्रह्मचर्य का अणुव्रत हो गया।

पत्ते काटते रहोगे! जड़ तो एक ही है कि मन ने जहां-जहां भी आशा बांधी वहीं-वहीं राख हाथ लगी। मन को ही काट दो। जड़ को ही काट दो। मूर्च्छा तोड़ो। और यह जीवन का जो वृक्ष है, यह एकदम तिरोहित हो जाएगा, जैसे कभी था ही नहीं।

ध्यान को मैं महाव्रत कहता हूं।

मैं अरु ममता देखि सकल जग, मैं से मूल गंवाई।
जब मन ममता एक-एक मन, तबहि एक है भाई।।

जब उस एक के साथ एकता हो जाए, तभी जानना कि एक है। उसके पहले दोहराते रहो कि एक है—अल्लाह-ईश्वर तेरे नाम, सबको सन्मति दे भगवान—दोहराते रहो, करते रहो बकवास जो भी तुम्हें करनी हो, भजन कहो, कीर्तन कहो, जो भी तुम्हें करना हो करते रहो। मगर जब तक तुम्हें अनुभव न हो जाए उस एक का, उसके साथ एक होने का, तब तक यह सब बातचीत है और भुलावा है।

कृस्न करीम राम हरि राघव,जब लगि एक न पेखा।

जब तक ये सब एक न दिखाई न पड़ें तब तक जानना अभी सत्य को नहीं जाना।

वेद कितेब कुरान पुरानन, सहज एक नहिं देखा।

फिर तुम पढ़ते रहो वेद, फिर तुम पढ़ते रहो बाइबिल, फिर पढ़ते रहो कुरान और पुराण, लेकिन कुछ सार नहीं है—जब तक सहज एक नहिं देखा! सहज भाव से एक की प्रतीति होनी चाहिए, अनुभव होना चाहिए। और सहज भाव कब होता है? सहज भाव होता है जब मन में न अतीत की स्मृतियां होती हैं, न भविष्य की वासनाएं होती हैं, तब सहज भाव होता है।

जोइ-जोइ पूजिय सोइ-सोइ कांची, सहज भाव सति होई।

सुनते हो, रैदास कह रहे हैंः तुमने जो-जो पूजा, सब कच्चा! अब तक तुमने जो भी पूजा की, सब कच्ची!

जोइ-जोइ पूजिय सोइ-सोइ कांची, सहज भाव सति होई।

सच्ची बात तो एक है—सहज भाव।

कहि रैदास मैं ताहि को पूजूं, जाके ठांव नांव नहिं होई।

जिसका न कोई नाम है न कोई ठिकाना; न जो काबा में मिलता है न काशी में; जो न राम के नाम से जाना जाता है और न रहीम के; जिसका कोई नाम नहीं, जो अनाम है, अपरिभाष्य है, अनिर्वचनीय है—उस एक को कैसे पूजोगे? उसकी पूजा की एक ही विधि हैः अपने को उसमें डुबा दो, मिटा दो! परवाने बनो, दीवाने बनो!

जब तक परवाने नहीं हो, दीवाने नहीं हो, तब तक परमात्मा दूर हो कि पास, दूर ही है। जिस दिन तुम परवाने की तरह नाचोगे और आते जाओगे करीब-करीब शमा के, और वह आखिरी घड़ी जब परवाना शमा में कूद पड़ता है और जल कर राख हो जाता है—इधर मिटा परवाना कि उधर परमात्मा प्रकट हुआ!

तुम मिटो तो परमात्मा हो। तुम्हारा होना ही बाधा है। तुम ही हो बीच की दीवाल। तुम जाओ तो दीवार हट जाए, द्वार खुल जाए। तुम्हारे अतिरिक्त और कोई ताला नहीं है।

आज इतना ही।

6

आस्तिकता के स्वर

प्रश्न-सार

ओशो, नास्तिक का क्या अर्थ है?

ओशो, शास्त्र-विदों का कहना है कि स्त्री-जाति के लिए वेदपाठ, गायत्री मंत्र श्रवण और ओम शब्द का उच्चारण वर्जित है। प्रभु, मेरे मुख से अनायास ही ओम का उच्चारण हो जाया करता है, खास कर नादब्रह्म ध्यान करते समय तो उच्चारण करना ही पड़ता है। तो मन में डर सा लगता है कि ऐसा क्यों कहा गया है! क्या स्त्री-जाति को ओम का उच्चार नहीं करना चाहिए? कृपा कर समझाने की दया करें।

पहला प्रश्न : ओशो, नास्तिक का क्या अर्थ है?

देवानंद, नास्तिक का अर्थ है—जो नहीं को जीवन का आधार बना ले, जो नकार को जीवन की शैली बना ले। नास्तिक का अर्थ वैसा नहीं है जैसा साधारणतः समझा जाता है। साधारणतः समझा जाता है जो ईश्वर को इनकार करे वह नास्तिक। वह परिभाषा मूलतः गलत है। क्योंकि बुद्ध ने ईश्वर को इनकार किया और बुद्ध से बड़ा आस्तिक पृथ्वी पर दूसरा नहीं हुआ। महावीर ने ईश्वर को इनकार किया, लेकिन क्या महावीर को नास्तिक कह सकोगे? और जो कह सके वह अंधा है। जो कह सके वह जड़ है।

नास्तिक की पुरानी परिभाषा ओछी पड़ गई, छोटी पड़ गई। इसलिए मैं नहीं कहता कि नास्तिक वह है जो ईश्वर को अस्वीकार करता है। नास्तिक वह है जो अस्वीकार में जीता है। स्वभावतः, मेरे आस्तिक की परिभाषा भी भिन्न हो जाएगी। आस्तिक का अर्थ नहीं है कि जो ईश्वर को स्वीकार करता है; आस्तिक का अर्थ है जो स्वीकार में जीता है। आस्था में जीए, वह आस्तिक। अनास्था में जीए, वह नास्तिक।

साधारणतः सौ में से निन्यानबे प्रतिशत लोग नास्तिक हैं। क्योंकि नहीं उनके जीवन का ढंग है। हर बात में नहीं। नहीं उनको बिलकुल सहज है, जबान पर रखी है; हां कहना बहुत कठिन है। और कारण साफ है। नहीं कहने से अहंकार को पोषण मिलता है और हां कहने से अहंकार की मृत्यु होती है।

तुम जरा देखना, अवलोकन करना, निरीक्षण करना। जब भी तुम नहीं कहोगे, एक अकड़ पैदा होगी—एक सूक्ष्म अकड़, जो किसी और को चाहे दिखाई पड़े या न पड़े, तुम्हें तो जरूर दिखाई पड़ जाएगी। तुम्हारे अंतर्तम में कोई चीज सख्त हो जाएगी पत्थर जैसी। जितना ज्यादा तुम नहीं कहोगे उतना ही लगेगा तुम कुछ हो! और जितना तुम हां कहोगे उतना ही लगेगा मैं कुछ भी नहीं, ना-कुछ हूं।

स्वयं को ना-कुछ जानना आस्तिकता है। स्वयं को शून्य जानना आस्तिकता है। लेकिन स्वयं को शून्य जानने के पहले अहंकार की मृत्यु होनी आवश्यक है। जितना तुम्हारा जीवन हां से भर जाए, स्वीकार

से, उतना ही जल्दी मैं विदा हो जाएगा। जरा हां कहना शुरू करो और तुम चकित होओगे, अहंकार बाधाएं डालेगा। तुम उन बातों में भी नहीं कहते हो जिनमें नहीं कहने की कोई जरूरत न थी और उन बातों में भी हां कहने में अड़चन पाते हो जिन्हें कहने में तुम्हारा भी हित था। जो नहीं कहता है, जो नहीं को अपनी जीवन-विधि बना लेता है, वह नास्तिक है।

ईश्वर कोई व्यक्ति नहीं है, जिस पर तुम्हें आस्था करनी पड़े, या जिस पर तुम अनास्था कर सको। ईश्वर जैसा कोई भी नहीं है—ईश्वरत्व है, भगवत्ता है, दिव्यता है। कोई व्यक्ति नहीं है आकाश में किसी स्वर्ण-सिंहासन पर बैठा हुआ, जो सारे जगत का नियंत्रण कर रहा है। एक व्यवस्था है, एक लयबद्धता है। उस लयबद्धता के साथ तुम भी एक हो जाओ, तो आस्तिक; और अलग-थलग चलो, तो नास्तिक। तुम अपनी ढाई चावल की खिचड़ी अलग पकाओ, तो नास्तिक; और तुम विश्व के विराट आयोजन में सम्मिलित हो जाओ, तो आस्तिक। तुम अपनी बूंद को बचाओ, तो नास्तिक; और तुम अपनी बूंद को सागर में सरक जाने दो, एक हो जाने दो, तो आस्तिक।

इसलिए ईश्वर से नास्तिक-आस्तिक शब्द का संबंध तोड़ लो, उससे कुछ लेना-देना नहीं है। ईश्वर को न मानने वाले आस्तिक हुए हैं और ईश्वर को मानने वाले नास्तिक तो तुम्हें रोज मिलते हैं—मंदिरों में, मस्जिदों में, गुरुद्वारों में, गिरजों में। उनकी कुछ कमी है? ऊपर-ऊपर आस्तिक मालूम होते हैं, क्योंकि मंदिर में दो फूल चढ़ाते हैं, दीया जलाते हैं। और भीतर? और उनके जीवन को गौर से देखो तो उसमें कहीं तुम्हें आस्तिकता की सुगंध मिलती है? कहीं रोशनी दिखाई पड़ती है आस्तिकता की? कहीं श्रद्धा का कोई फूल खिला हुआ दिखाई पड़ता है? ईश्वर पर भरोसा करते हैं—कम से कम कहते हैं कि भरोसा है—और किसी पर भरोसा नहीं करते! पति पत्नी पर भरोसा नहीं करता, पत्नी पति पर भरोसा नहीं करती, मित्र मित्र पर भरोसा नहीं करते। भरोसा कोई करता ही नहीं यहां किसी का। यहां हरेक से हरेक सावधान है। और ये आस्तिक हैं।

एक झेन फकीर के घर रात चोर घुसे। घर में कुछ भी न था। सिर्फ एक कंबल था, जो फकीर ओढ़े लेटा हुआ था। सर्द रात, पूर्णिमा की रात। फकीर रोने लगा, क्योंकि घर में चोर आएं और चुराने को कुछ नहीं है, इस पीड़ा से रोने लगा। उसकी सिसकियां सुन कर चोरों ने पूछा कि भई क्यों रोते हो? न रहा गया उनसे। तो उस फकीर ने कहा कि आए थे—कभी तो आए, जीवन में पहली दफा तो आए! यह सौभाग्य तुमने दिया! मुझ फकीर को भी यह मौका दिया! लोग फकीरों के यहां चोरी करने नहीं जाते, सम्राटों के यहां जाते हैं। तुम चोरी करने क्या आए, तुमने मुझे सम्राट बना दिया! क्षण भर को मुझे भी लगा कि अपने घर भी चोर आ सकते हैं! ऐसा सौभाग्य! लेकिन फिर मेरी आंखें आंसुओं से भर गई हैं, मैं रोका बहुत कि कहीं तुम्हारे काम में बाधा न पड़े, लेकिन न रुक पाया, सिसकियां निकल गईं, क्योंकि घर में कुछ है नहीं। तुम अगर जरा दो दिन पहले खबर कर देते तो मैं इंतजाम कर रखता। दुबारा जब आओ तो सूचना तो दे देना। मैं गरीब आदमी हूं। दो-चार दिन का समय होता तो कुछ न कुछ मांग-तूंग कर इकट्ठा कर लेता। अभी तो यह कंबल भर है मेरे पास, यह तुम ले जाओ। और देखो इनकार मत करना। इनकार करोगे तो मेरे हृदय को बड़ी चोट पहुंचेगी।

चोर तो घबड़ा गए, उनकी कुछ समझ में ही नहीं आया। ऐसा आदमी उन्हें कभी मिला न था।

चोरी तो जिंदगी भर से की थी, मगर आदमी से पहली बार मिलना हुआ था। भीड़-भाड़ बहुत है, आदमी कहां! शक्लें हैं आदमी की, आदमी कहां! पहली बार उनकी आंखों में शर्म आई, हया उठी। और पहली बार किसी के सामने नतमस्तक हुए, मना नहीं कर सके। मना करके इसे क्या दुख देना, कंबल तो ले लिया। लेना भी मुश्किल! इस पर कुछ और नहीं है! कंबल छूटा तो पता चला कि फकीर नंगा है। कंबल ही ओढ़े हुए था, वही एकमात्र वस्त्र था—वही ओढ़नी, वही बिछौना। लेकिन फकीर ने कहाः तुम मेरी फिकर मत करो, मुझे नंगे रहने की आदत है। और तुम तीन मील चल कर गांव से आए, सर्द रात, कौन घर से निकलता है। कुत्ते भी दुबके पड़े हैं। तुम चुपचाप ले जाओ और दुबारा जब आओ मुझे खबर कर देना।

चोर तो ऐसे घबड़ा गए कि एकदम निकल कर बाहर हो गए। जब बाहर हो रहे थे तब फकीर चिल्लाया कि सुनो, कम से कम दरवाजा बंद करो और मुझे धन्यवाद दो!

आदमी अजीब है, चोरों ने सोचा। और ऐसी कड़कदार उसकी आवाज थी कि उन्होंने उसे धन्यवाद दिया, दरवाजा बंद किया और भागे। फिर फकीर खिड़की पर खड़े होकर दूर जाते उन चोरों को देखता रहा और उसने एक गीत लिखा—जिस गीत का अर्थ है कि मैं बहुत गरीब हूं, मेरा वश चलता तो आज पूर्णिमा का चांद भी आकाश से उतार कर उनको भेंट कर देता! कौन कब किसके द्वार आता है आधी रात!

यह आस्तिक है। इसे ईश्वर में भरोसा नहीं है, लेकिन इसे प्रत्येक व्यक्ति के ईश्वरत्व में भरोसा है। कोई व्यक्ति नहीं है ईश्वर जैसा, लेकिन सभी व्यक्तियों के भीतर जो धड़क रहा है, जो प्राणों का मंदिर बनाए हुए विराजमान है, जो श्वासें ले रहा है, उस फैले हुए ईश्वरत्व के सागर में इसकी आस्था है।

फिर चोर पकड़े गए। अदालत में मुकदमा चला, वह कंबल भी पकड़ा गया। और वह कंबल तो जाना-माना कंबल था। वह उस प्रसिद्ध फकीर का कंबल था। मजिस्ट्रेट तत्क्षण पहचान गया कि यह उस फकीर का कंबल है—तो तुम उस गरीब फकीर के यहां से भी चोरी किए हो! फकीर को बुलाया गया। और मजिस्ट्रेट ने कहा कि अगर फकीर ने कह दिया कि यह कंबल मेरा है और तुमने चुराया है, तो फिर हमें और किसी प्रमाण की जरूरत नहीं है। उस आदमी का एक वक्तव्य, हजार आदमियों के वक्तव्यों से बड़ा है। फिर जितनी सख्त सजा मैं तुम्हें दे सकता हूं दूंगा। फिर बाकी तुम्हारी चोरियां सिद्ध हों या न हों, मुझे फिकर नहीं है। उस एक आदमी ने अगर कह दिया...।

चोर तो घबड़ा रहे थे, कंप रहे थे, पसीना-पसीना हुए जा रहे थे—जब फकीर अदालत में आया। और फकीर ने आकर मजिस्ट्रेट से कहा कि नहीं, ये लोग चोर नहीं हैं, ये बड़े भले लोग हैं। मैंने कंबल भेंट किया था और इन्होंने मुझे धन्यवाद दिया था। और जब धन्यवाद दे दिया, बात खत्म हो गई। मैंने कंबल दिया, इन्होंने धन्यवाद दिया। इतना ही नहीं, ये इतने भले लोग हैं कि जब बाहर निकले तो दरवाजा भी बंद कर गए थे।

यह आस्तिकता है। मजिस्ट्रेट ने तो चोरों को छोड़ दिया, क्योंकि फकीर ने कहाः इन्हें मत सताओ, ये प्यारे लोग हैं, अच्छे लोग हैं, भले लोग हैं। फकीर के पैरों पर गिर पड़े चोर और उन्होंने कहाः हमें दीक्षित करो। वे संन्यस्त हुए। और फकीर बाद में खूब हंसा। और उसने कहा कि तुम संन्यास में

प्रवेश कर सको इसलिए तो कंबल भेंट दिया था। इसे तुम पचा थोड़े ही सकते थे। इस कंबल में मेरी सारी प्रार्थनाएं बुनी थीं। इस कंबल में मेरे सारे सिज्दों की कथा थी। यह कंबल नहीं था। जैसे कबीर कहते हैं न—झीनी-झीनी बीनी रे चदरिया! ऐसे उस फकीर ने कहाः प्रार्थनाओं से बुना था इसे! इसी को ओढ़ कर ध्यान किया था। इसमें मेरी समाधि का रंग था, गंध थी। तुम इससे बच नहीं सकते थे। यह मुझे पक्का भरोसा था, कंबल ले आएगा तुमको भी। और तुम आखिर आ गए। उस दिन रात आए थे, आज दिन आए। उस दिन चोर की तरह आए थे, आज शिष्य की तरह आए। मुझे भरोसा था। क्योंकि बुरा कोई आदमी है ही नहीं।

बुरे से बुरे आदमी में भी जिसे भरोसा है, वह आस्तिक। चोर में जो अचोर को देख ले, वह आस्तिक। बेईमान में जो ईमानदार को देख ले, वह आस्तिक। असाधु में भी जो साधुता को खोज ले—हालांकि ढेर है असाधुता का, लेकिन कहीं न कहीं साधुता का हीरा भी दबा पड़ा होगा—वह आस्तिक। और इससे उलटा नास्तिक है। नास्तिक वह है जो गुलाब की झाड़ी के पास जाए तो गुलाब के फूल तो उसे दिखाई ही न पड़ें, कांटों की गिनती कर ले। और कांटों को गिनोगे तो कांटे चुभेंगे भी, हाथ लहूलुहान भी हो जाएंगे, क्रोध भी जगेगा।

कहते हैं कि एक आस्तिक न्यूयार्क में अपनी एक सौ बीस मंजिल के मकान से गिर पड़ा। रास्ते में खिड़कियों में लोगों ने उससे पूछाः क्या हाल है? उसने कहाः अभी तक तो सब ठीक है।

आस्तिक क्षण-क्षण जीता है। अभी तक तो सब ठीक है! पहुंचेंगे जमीन पर तब देखा जाएगा। और जो ऐसा कह सकता है मकान से गिरने के बाद जमीन की तरफ जाता हुआ कि अभी तक सब ठीक है, उसका सदा के लिए ठीक रहने वाला है; वह जमीन पर बिखर भी जाएगा तो सिर्फ देह ही बिखरेगी, उसकी चेतना को बिखेरने का कोई उपाय नहीं है। उसकी चेतना अब अमृत को उपलब्ध हो गई। जिसके पास ऐसी आस्था है, ऐसे व्यक्ति को जगत सौंदर्य से भरा दिखाई पड़ेगा—सत्य से आप्लावित! ऐसे व्यक्ति को पत्ते-पत्ते पर भगवत्ता के लक्षण, फूल-फूल पर भगवत्ता की गंध, लहर-लहर पर भगवत्ता की लीला दिखाई पड़ेगी।

आस्तिकता मंदिरों में पूजा करने का नाम नहीं है। तुम मिट्टी की, पत्थर की मूर्तियां बना कर जो पूजा कर लेते हो, वह सब धोखा है। आस्तिकता बहुत गहन जागरण का नाम है—इतना गहन जागरण, ऐसी गहरी आंख कि अमावस की रात में भी पूर्णिमा का दर्शन हो सके। अंधेरे से अंधेरे में भी ऐसी गहरी आंख कि दीये जल उठें। मृत्यु में भी महाजीवन का सूत्र मिल सके।

नास्तिक वह है जिसे कुछ दिखाई नहीं पड़ता, जो अंधा है। नहीं ने उसकी आंखों पर धूल जमा दी है। नहीं कहते-कहते, नहीं कहते-कहते उसका दर्पण हां कहना भूल गया है। और हां सेतु है, नहीं दीवार है।

तुम जरा एक दिन प्रयोग करो। चौबीस घंटे कुछ भी तुम से कहा जाए, नहीं कहो। मित्रों से संबंध टूट जाएंगे, परिवार से संबंध टूट जाएंगे, परिचितों से संबंध टूट जाएंगे। चौबीस घंटे कुछ भी कहा जाए, तुम नहीं से ही जवाब देना। चौबीस घंटे में तुम पाओगे, तुम बिलकुल अकेले रह गए, सारी दुनिया से विच्छिन्न हो गए। और चौबीस घंटे हां कहने का प्रयोग करना, कुछ भी कहा जाए, हां कहना—और तुम पाओगे संबंध ही संबंध जुड़ गए।

इस दुनिया में जो लोग असली विजेता हैं, उनकी विजय का सूत्र यही है कि वे जानते हैं हां की कला। वे हां कहना जानते हैं। इसलिए हर हृदय को जीत लेते हैं। उनकी विजय का राज इतना ही है।

नास्तिक वह है कि अगर तुम उससे कहो कि फलां आदमी कितनी प्यारी बांसुरी बजाता है, वह उसी क्षण कहेगा : अरे वह क्या बांसुरी बजाएगा—झूठा कहीं का, बेईमान, धोखेबाज! और आस्तिक वह है, अगर तुम उससे कहो कि वह आदमी बड़ा बेईमान है, बड़ा धोखेबाज है, बड़ा झूठा है—तो वह कहेगा : नहीं, यह असंभव है! क्योंकि मैंने उसे बांसुरी बजाते सुना है। इतनी प्यारी वह बांसुरी बजाता है, झूठा हो नहीं सकता।

नास्तिक रातें गिनता है और कहता है : दो रातों के बीच जरा सा दिन है। और आस्तिक दिन गिनता है और कहता है : दो दिनों के बीच जरा सी रात, जरा सा विश्राम। रातें भी वही हैं, दिन भी वही हैं; लेकिन गिनती अलग, गणित अलग, देखने का कोण अलग।

अगर तुम्हें प्रकृति के सौंदर्य में परमात्मा की छवि दिखाई पड़ने लगे, रात चांदनी से भरी हो और तुम्हें परमात्मा से भरी मालूम होने लगे, तो तुम आस्तिक हो। आस्तिक की दृष्टि से धीरे-धीरे पदार्थ खो जाता है और परमात्मा ही शेष रह जाता है। और नास्तिक की दृष्टि में परमात्मा खो जाता है और पदार्थ शेष रह जाता है।

नास्तिक मूढ़ है, क्योंकि अस्तित्व को इनकार करने से सिर्फ अपनी आत्मा को खो रहा है, कुछ कमा नहीं रहा है। नास्तिक दया का पात्र है। उस पर नाराज मत होना। वह भिखारी है। उसे जीवन मिला है, लेकिन जीवन से परिचित होने की कला उसे नहीं आती। वह मंदिर के बाहर ही बाहर दीवारें टटोलता हुआ घूम रहा है; मंदिर के भीतर आने का द्वार उसे नहीं मिलता। और जब द्वार नहीं मिलता तो क्रोध में, अहंकार में वह कहता है : द्वार है ही नहीं, मंदिर है ही नहीं, बस दीवार ही दीवार है!

आस्तिक अपनी हां में से द्वार खोज लेता है। आस्तिक को मस्जिद, मंदिर, काबा, काशी जाने की जरूरत नहीं है। यहां तो नास्तिकों को जाना पड़ता है। यहां तो नास्तिकों की भीड़ ही जाती है। आस्तिक तो जहां है वहां परमात्मा है; जहां बैठता है वहां तीर्थ बन जाता है; जहां उसके कदम पड़ेंगे वहां काबा बनेगा। उसका परमात्मा कोई छोटी-मोटी चीज नहीं कि कहीं कैद हो। उसका परमात्मा फैला है सारे अस्तित्व पर। ब्रह्मांड ही उसका ब्रह्म है।

लेकिन देवानंद, नास्तिक की तुमने जो परिभाषा सुनी होगी, उसके कारण प्रश्न उठ आया है। कोई भी बुद्धिमान व्यक्ति स्वभावतः पूछेगा कि नास्तिक किसको कहें! साक्रेटीज ईश्वर को नहीं मानता, लेकिन मैं कहता हूं आस्तिक है। और करोड़ों-करोड़ों लोग ईश्वर को मानते हैं और आस्तिक नहीं हैं। और ये जो आस्तिक नहीं हैं और ईश्वर को मानते हैं, इनके कारण ही धर्म की नौका डूब रही है। नास्तिक मुखौटे लगाए हैं आस्तिक का।

मैंने सुना : वह बड़े रस के साथ कृष्ण-लीला सुना रहे थे। उनके पान चबाने का ढंग निस्संदेह मोहक था। औरतों की तरफ मुंह करके उन्होंने कहना शुरू किया : हां, तो गोपियों ने देख लिया कि कृष्ण भगवान वृक्ष पर उनके कपड़े लेकर बैठ गए थे! उनके हाथ में इतनी लंबी छड़ी थी कि सीधे नदी तक जाती थी। हमारे कपड़े दे दो न किशन! एक गोपी ने इतरा कर कहा। कृष्णजी महाराज को शरारत सूझी।

उन्होंने गोपी का चोली-घाघरा छड़ी के एक कोने में लपेट कर छड़ी नीचे नदी की तरफ कर दी। गोपी ने छड़ी पकड़ने के लिए हाथ ऊपर किए। उसकी नंगी बांहें बहुत सुडौल और गोरी थीं। किशन भगवान ने छड़ी और ऊपर कर दी। गोरी और ऊपर उठी। उसका जिस्म बड़ा पुष्ट था। छड़ी थोड़ी और ऊपर की। गोपी की कटि बड़ी मनमोहक थी। कृष्णजी महाराज ने छड़ी और ऊपर की।...

बस बे हरामजादे! कालेज के चार-पांच छोकरे चिल्लाए! फिर पंडित की पिटाई के बदले में लड़कों को सारे बाजार में मुंह काला करके घुमाया गया और शहर के तमाम लोगों ने कहा कि ये नास्तिक हैं, इनको पत्थर मार-मार कर मार डाला जाना चाहिए।

कौन नास्तिक है? कौन आस्तिक है? आस्तिकता के नाम पर इतना पाखंड चला है कि अब तो नास्तिक ही कहीं ज्यादा बेहतर आदमी मालूम होता है—कम से कम साफ-सुथरा; कम से कम झूठे, उधार विश्वासों से मुक्त; कम से कम पंडितों के पाखंड से बाहर।

और एक बात और स्मरण रखना कि अगर सच में आस्तिक होना हो तो नास्तिकता की सीढ़ियों से गुजरना होता है। इसलिए मेरे लेखे आस्तिकता और नास्तिकता विरोधी नहीं है; नास्तिकता सीढ़ी है, आस्तिकता मंजिल है। नास्तिकता साधन है, आस्तिकता साध्य है। जिसे हां कहना है उसकी नहीं में भी बल होना चाहिए। अगर तुम्हारी नहीं नपुंसक है तो तुम्हारी हां भी नपुंसक होगी।

अगर तुमने औपचारिकतावश हां कह दिया है, शिष्टाचार के कारण हां कह दिया है, कहना चाहिए था इसलिए हां कह दिया है—उस हां का क्या मूल्य है? उस हां में कितनी ऊर्जा होगी? उस हां के लिए तुम कितनी कुर्बानी कर सकोगे? नहीं कहना भी आना चाहिए। नहीं पर भी कुर्बान होने की हिम्मत होनी चाहिए।

तो अगर तुम्हें सच में आस्तिक होना है देवानंद, तो नास्तिक भी होना पड़ेगा। सच्चा नास्तिक ही सच्चा आस्तिक हो सकता है। सच्चे नास्तिक को सच्चा आस्तिक होना ही पड़ेगा। मेरा गणित तुम्हें बहुत विरोधाभासी लगेगा, क्योंकि अब तक तुमसे यही कहा गया है सदियों-सदियों तक कि अगर आस्तिक होना है तो नास्तिक मत हो जाना। और मैं तुमसे कहता हूं, अगर आस्तिक होना है तो नास्तिकता की प्रक्रिया से गुजरना। नहीं तुम्हें निखार देगी। नहीं तुम्हें धार देगी। नहीं तुम्हारी प्रज्ञा को प्रखर करेगी। और जितनी तुम्हारी प्रज्ञा प्रखर होगी उतना ही हां करीब है, उतना ही तुम्हें हां कहना ही पड़ेगा। एक न एक दिन तुम्हें यह दिखाई पड़ जाएगा कि नहीं तुम्हें हां की मंजिल पर ले आई है।

जीवन तर्क नहीं है। जीवन तर्कातीत है। इतना तर्कातीत है कि जो चीजें साधारणतः विरोधी दिखाई पड़ती हैं वे भी वस्तुतः विरोधी नहीं हैं, बल्कि सहयोगी हैं। रात और दिन एक-दूसरे के दुश्मन नहीं हैं, एक-दूसरे के संगी-साथी हैं, हमजोली हैं। जीवन और मृत्यु एक-दूसरे के विरोधी नहीं हैं। बिना एक के दूसरा नहीं हो सकता; दोनों ऐसे हैं जैसे पक्षी के दो पंख।

ऐसे ही आस्तिकता और नास्तिकता है। जो कभी नास्तिक नहीं हुआ उसकी आस्तिकता ऊपरी-ऊपरी रहेगी, चमड़ी से ज्यादा उसकी गहराई नहीं। शायद भय के कारण आस्तिक होगा। शायद लोभ के कारण आस्तिक होगा। या हो सकता है कभी सोचा ही न हो; बचपन से सिखा दिया गया है जो, उसी को तोतों की तरह दोहरा रहा हो। कभी पुनर्विचार ही न किया हो कि जो मुझे सिखाया गया है, उसमें कितना सच है कितना झूठ है। शायद फुर्सत ही न मिली हो। या इस योग्य भी न समझा हो इस बात को कि सोचने योग्य है।

लोग जब किसी बात को सोचने योग्य नहीं मानते तो हां-हूं करके निपटा लेते हैं।

मैंने सुना है कि एक आदमी ने सिंहों की बोली सीख ली। वह इतना कुशल हो गया सिंहों की बोली में—वर्षों मेहनत करके उसे बोली आई—कि जब वह कुशल हो गया तो जंगल गया। लेकिन जिस सिंह से उसने बात की, लगा कि बिलकुल बुद्धू है। वह पूछे कुछ, वे जवाब कुछ दें। उसने पता लगाया कि कोई बुद्धिमान सिंह भी है या नहीं। एक लोमड़ी ने उसे पता दिया कि अगर बुद्धिमान सिंह चाहिए तो वह तुम्हें गहन से गहन जंगल में मिलेगा; वह सब सिंहों का राजा है, धर्मगुरु भी वही है।

वह आदमी कठिनाइयों को पार करके उस सिंह तक पहुंचा। उससे उसने प्रश्न पूछे। वह पूछे पूरब की, सिंह बोले पश्चिम की। उत्तर कुछ, प्रश्न कुछ। उस आदमी ने तो सिर ठोक लिया, उसने कहा कि मैंने जिंदगी बर्बाद की तुम्हारी भाषा सीखने के लिए और अनेक बुद्धुओं से मैं पहले बात कर चुका हूं। और तुम्हारा पता मिला, इसलिए तुम्हारे पास आया, तुम सबसे गए-बीते मालूम होते हो।

वह सिंह हंसने लगा। उसने कहाः वे बुद्धू नहीं थे, वे सब मुझे मिल-जुल चुके हैं। जिन-जिन से तुमने बात की, वे सब मुझसे बात कर गए हैं। मैं उनका राजा हूं, धर्मगुरु भी। वे सब तुम पर हंस रहे हैं कि एक मूढ़ आदमी आ गया है जंगल में। मूढ़ इसलिए कि अब तक किसी सिंह ने आदमियों की भाषा सीखने की कोशिश नहीं की, क्योंकि इस योग्य ही नहीं समझा। और इस आदमी ने जिंदगी गंवाई सिंहों की भाषा समझने के लिए; अब यह सीख कर आ गया है और उलटे-सीधे प्रश्न पूछता है कि ईश्वर है? आत्मा है? स्वर्ग होता है? नरक होता है? तो जिन-जिन से तुमने बात की है, वे सब बुद्धिमान सिंह हैं। वे तुम्हें उलटे-सीधे जवाब देकर टरका दिए और वही मैं कर रहा हूं। तुम पूछोगे कुछ हम जवाब कुछ देंगे, क्योंकि मूर्खतापूर्ण प्रश्नों का उत्तर सिर्फ मूर्खतापूर्ण ही ढंग से दिया जा सकता है। कुछ बुद्धिमानी की बात पूछो तो हम कुछ बुद्धिमानी की बात कहें। सिंहों की भाषा तो सीख गए, थोड़ी बुद्धिमानी भी सीख कर आओ।

ईश्वर है या नहीं—यह सच में तुम्हारा जीवन का प्रश्न है? इस प्रश्न पर तुम्हारा क्या अटका है? ईश्वर होगा तो फिर तुम क्या करोगे? और ईश्वर नहीं होगा तो फिर क्या तुम करोगे? तुम जैसे थे वैसे ही रहोगे, ईश्वर हो या न हो। उसी तरह दफ्तर जाओगे, उसी तरह पत्नी से लड़ोगे, उसी तरह बच्चों को मारोगे, उसी तरह दीवाली पर जुआ खेलोगे और होली पर गालियां बकोगे—ईश्वर हो तो, और ईश्वर न हो तो! क्या फर्क पड़ेगा? क्योंकि कोई फर्क नहीं पड़ता जिंदगी में, लोग सोचते हैं, इन बातों में पड़ना ही क्या! अगर सभी कहते हैं—है, तो ठीक ही कहते होंगे। मान ही लो। कौन झंझट करे! कौन समय खराब करे!

इसलिए न तो तुम कभी पुनर्विचार करते हो, न कभी अपनी मान्यताओं का ऊहापोह करते हो! न कभी खोद कर देखते हो कि हमने क्या-क्या मान रखा है; उसमें कितना अनुभव है और कितना बासा, उधार है!

सौ में निन्यानबे लोग आस्तिक हैं, मगर उन निन्यानबे में तुम्हें शायद ही एकाध आस्तिक मिले। मिलेंगे तो नास्तिक ही—चेहरे, मुखौटे आस्तिक के हैं। क्योंकि आस्तिक का चेहरा व्यावसायिक रूप से उपयोगी है। होशियार लोग ऐसे चेहरे लगा लेते हैं जिनसे लाभ हो। होशियार लोग नग्न नहीं जीते, वस्त्रों में छिपा कर अपनी जिंदगी को चलाते हैं।

मंत्री जी अपने खान-पान में
गांधीवाद को निभाते हैं।
आइसक्रीम केवल
बकरी के दूध की खाते हैं।

वे गांधी जी की सादगी को
भीतर से अपनाते हैं
ऊपर लकदक
खादी का धोती-कुर्ता है
तो क्या हुआ
नीचे लंगोटी लगाते हैं।

गांधी जी की
अहिंसा का अनुसरण कर
वे मांस को
हाथ नहीं लगाते हैं
उसे छुरी-कांटे से खा जाते हैं।

वे सत्य पर
बहुत जोर देते हैं
ऊपर से झूठ बोल कर
मन ही मन
सच बात कह लेते हैं।

असली बात तो भीतर की है, ऊपर-ऊपर का क्या! आदमी धोखा देने में इतना होशियार है! और सबसे सुंदर धोखे और सबसे आसान धोखे वे हैं जो समाज ही चाहता है कि तुम स्वीकार करो। अगर तुम हिंदू घर में पैदा हुए हो तो यज्ञोपवीत डाल दिया। डाल लिए तीन धागे, क्या बिगड़ जाता है! मगर प्रतिष्ठा मिलती है, सम्मान मिलता है। लगा लिया तिलक-टीका, क्या बिगड़ता है! लेकिन धार्मिक समझे जाते हो। और धार्मिक समझे जाना व्यावसायिक रूप से उपयोगी है। लोग तुम्हारा भरोसा करेंगे। और लोग भरोसा करें तो तुम उन्हें धोखा दे सकते हो। तुम धोखा ही उन्हें दे सकते हो जो तुम्हारा भरोसा करें। जो भरोसा न करें उन्हें तुम धोखा कैसे दोगे?

पश्चिम के बहुत बड़े विचारक इमेनुअल कांट ने अपने नीति के सिद्धांतों में एक सिद्धांत की चर्चा की है, कि मैं उस बात को अनैतिक कहता हूं जिसको सभी लोग मान लें तो जिसका करना असंभव हो

जाए। जैसे सभी लोग तय कर लें कि हम झूठ ही बोलेंगे। उदाहरण के लिए, सारी दुनिया तय कर ले कि हम झूठ ही बोलेंगे, सच कोई बोलेगा ही नहीं। बस झूठ बोलना बेकार हो जाएगा। जब सब ही झूठ बोलेंगे तो झूठ बोलने का सार क्या होगा? तुम भी जानते हो कि दूसरा झूठ बोल रहा है; दूसरा भी जानता है कि तुम झूठ बोल रहे हो। झूठ बोलने का उपयोग तभी तक है जब तक यह भ्रांति बनी रहती है कि झूठ नहीं है यह, सच है; जब तक कोई तुम पर भरोसा करने को राजी होता है। दुनिया में अनीति चल सकती है नीति के ही पैरों पर। झूठ के अपने पैर नहीं होते; उसे सत्य से उधार लेने होते हैं। झूठ का अपना चेहरा ही नहीं होता; उसे सत्य का मुखौटा लगाना पड़ता है।

तो तुम्हारी तथाकथित आस्तिकता मुखौटों से ज्यादा नहीं है। हटाओ ये मुखौटे! इससे बेहतर है अपना चेहरा हो—नास्तिक का ही सही। और हर बच्चा नास्तिक की तरह ही पैदा होता है। यही परमात्मा की प्रक्रिया है। इसलिए बच्चे इस दुनिया में जो सबसे पहला काम करते हैं, वह नहीं कहने का करते हैं। जैसे ही बच्चा थोड़ी उम्र पाता है—चार साल का, पांच साल का हुआ—कि वह नहीं कहने की धुन में पड़ जाता है। तुम जो भी उससे कहोगे, वह उसके विपरीत करेगा। तुम कहोगे कि सिगरेट मत पीना तो वह सिगरेट पीएगा। तुम कहोगे सिनेमा मत जाना तो वह सिनेमा जाएगा। वह तुम्हारी आज्ञा का उल्लंघन करेगा। यह नैसर्गिक प्रक्रिया है। वह नहीं कह रहा है—अस्तित्वगत नहीं। और नहीं कह कर वह अपने व्यक्तित्व को तुमसे मुक्त कर रहा है।

जैसे नौ महीने के बाद बच्चे को मां के गर्भ के बाहर आना पड़ता है—उसके बाद मां के गर्भ में नहीं रह सकता; इतना बड़ा हो गया कि अब उसे गर्भ से मुक्त होना पड़ेगा—ऐसे ही चार-पांच साल का होते-होते नहीं सीखना पड़ता है उसे, क्योंकि अब वह तुम्हारे मनोवैज्ञानिक गर्भ से मुक्त होना चाहता है। अब वह चाहता है अपना व्यक्तित्व हो, अपनी निजता हो। और अपनी निजता तभी हो सकती है जब वह तुम्हारी आज्ञाओं का उल्लंघन करे। धीरे-धीरे नहीं कह-कह कर वह तुमसे अपने को मुक्त कर लेगा। जवान होते-होते वह नहीं में पारंगत हो जाएगा।

इसलिए सभी जवान क्रांतिकारी होते हैं। यह कोई बहुत बड़ी बात नहीं है। जवानी का यह अनिवार्य अंग है। जैसे जवानी में लोग प्रेम करते हैं वैसे ही जवानी में लोग क्रांति भी करते हैं। यह वैसा ही स्वाभाविक है, जैसा प्रेम। क्योंकि क्रांति का अर्थ होता है वे कहेंगे नहीं, हर चीज को नहीं, ताकि उनके अपने व्यक्तित्व की ठीक-ठीक परिभाषा हो सके कि मैं कौन हूं।

लेकिन खतरा यह है कि लोग उसी 'नहीं' में घिरे अगर रह जाएं तो खतरा है; अगर प्रौढ़ ही न हो पाएं। जैसे एक दिन नहीं कहना सीखते हैं वैसे ही एक दिन हां कहना भी सीखना चाहिए।

मेरे हिसाब में चौदह वर्ष की उम्र, अगर ठीक से व्यक्ति को मौका मिले तो उसकी नहीं पूर्ण हो जाती है; और बयालीस वर्ष की उम्र, अगर उसे ठीक से जीवन का मौका मिले तो हां का जन्म शुरू होता है। बहुत बड़े मनोवैज्ञानिक कार्ल गुस्ताव जुंग ने कहा है कि मैंने हजारों मानसिक रोगियों के निरीक्षण के बाद यह निष्कर्ष निकाला है कि बयालीस साल के बाद जो लोग रोगग्रस्त हैं उनका असली रोग मानसिक नहीं है, धार्मिक है। बयालीस साल के हो गए और हां कहने की कला नहीं आई, अभी भी नहीं कहे चले जा रहे हैं—बचपना है!

बचपन में ठीक थी जो बात...जो पाजामा बिलकुल ठीक आता था बचपन में, उसी पाजामे को बयालीस साल में पहन कर चलोगे तो लगेगा कि हनुमान जी का जांघिया पहने हुए हो। और ऐसा नहीं था कि कभी वह काम का नहीं था, कभी काम का था—कभी वह पाजामा था, अब जांघिया हो गया है। वह तो वही है, तुम बदल गए, तुम बड़े हो गए।

एक दिन नहीं की जरूरत होती है। नहीं निखार देती है व्यक्तित्व को, धार देती है। और जो लोग नहीं कहना नहीं सीख पाते या जिनको मौका ही नहीं दिया जाता या जिनकी नहीं बिलकुल मार डाली जाती है, वे गोबर-गणेश रह जाते हैं। देखने भर के आदमी, बाकी भीतर बिलकुल फुस-फुस। उनके भीतर कुछ नहीं होता। उनके भीतर घास-फूस भरा होता है। वे धोखे के आदमी हैं, जैसा खेतों में खड़े रहते हैं। पशु-पक्षियों को शायद डरा लें तो डरा लें, लेकिन उनसे और कुछ नहीं हो सकता। खोपड़ी निकाल कर देखोगे तो हंडी—गांधी टोपी के नीचे हंडी! अचकन-कुर्ता निकाल कर देखोगे तो कुछ नहीं—डंडा! मगर शायद पशु-पक्षी रात के अंधेरे में भय खा जाते हों, डर जाते हों। मुझे तो शक है कि एक दिन धोखा खाएंगे, दो दिन धोखा खाएंगे, कितने दिन धोखा खाएंगे! आखिर पास आकर देखेंगे कि आदमी असली भी है कि गांधीवादी है! और जिस दिन देख लिया कि गांधीवादी है...क्योंकि मैंने ऐसा देखा है, इन्हीं गांधीवादियों के ऊपर पक्षी घोसले तक बना लेते हैं, डरने की तो बात दूसरी!

पक्षियों को भी इतना धोखा देना आसान नहीं है। एक-दो दिन ठीक है।

जो लोग जीवन में नहीं कहना नहीं सीख पाते, उनकी तलवार पर जंग जमी रह जाती है। तो मैं तो कहता हूं नास्तिक होना ही चाहिए। मगर एक उम्र है उसकी। चौदह साल की उम्र में जो नास्तिक नहीं है, वह आदमी गलत है। और बयालीस साल की उम्र के बाद भी जो नास्तिक है वह आदमी गलत है। एक घड़ी आनी चाहिए, जब तुम नहीं कहना सीख लिए, नहीं का लाभ ले लिए, नहीं की खाद बना लिए, अब तुम्हें हां का आनंद भी लेना चाहिए। अब तुम्हें यह भी पता चल जाना चाहिए कि नहीं दूसरों से तो तुम्हें मुक्त कर देती है, लेकिन स्वयं से मुक्त नहीं करती।

और दूसरों से तुम जितने मुक्त होते हो उतना ही स्वयं का अहंकार मजबूत हो जाता है। जरूरी था कि दूसरों से मुक्त होओ, नहीं तो तुम्हारा व्यक्तित्व ही नहीं होता। आज्ञाकारी बच्चों का कोई व्यक्तित्व नहीं होता। जितना आज्ञाकारी बच्चा उतना ही दो कौड़ी का। मां-बाप के लिए सुविधापूर्ण होता है कि कह दिया कोने में बैठो तो कोने में बैठा है; कहो कि होमवर्क करो तो होमवर्क कर रहा है; जो कहो वही करता है। मां-बाप के लिए सुविधापूर्ण है, लेकिन मां-बाप की सुविधा बड़ी कीमत पर मिल रही है—उस बच्चे की आत्मा खोई जा रही है। वह बच्चा मार डाला जा रहा है। उसकी भ्रूण-हत्या हो रही है। शरीर से ही वह रहेगा, आत्मा उसके भीतर नहीं होगी।

अगर सम्यक शिक्षण हो दुनिया में तो हर मां-बाप अपने बच्चे को नास्तिकता की शिक्षा देगा; कहेगा कि नहीं कहना सीखो, क्योंकि नहीं कहोगे तो सोचोगे, विचारोगे। नहीं कहोगे तो जूझना पड़ेगा, संघर्ष करना पड़ेगा। नहीं कहोगे तो अपने पैरों पर खड़े होने का पाठ सीखना होगा। नहीं कहोगे तो तुम समझ पाओगे कि तुम कौन हो, भीड़ से अपने को अलग कर सकोगे, भेड़ होने से मुक्त हो सकोगे।

एक स्कूल में पूछ रहा है शिक्षक बच्चों से कि समझ लो तुम्हारे बाड़े में दस भेड़ें बंद हैं, उनमें से

एक बाड़े की छलांग लगा कर निकल गई तो भीतर कितनी बचेंगी? एक लड़का जोर-जोर से हाथ हिलाने लगा, जो कभी हाथ नहीं हिलाता था! शिक्षक चकित हुआ, उसने कहा कि बोलो-बोलो, तुम तो कभी हाथ नहीं हिलाते! उसने कहा कि आप प्रश्न ही ऐसे पूछते थे, जिनका मुझे कोई अनुभव नहीं। इसका मुझे अनुभव है। एक भी भेड़ नहीं बचेगी।

शिक्षक ने कहा: तेरे को जरा भी अकल है कि नहीं? दस भेड़ें बंद हैं मैंने कहा, एक छलांग लगा कर निकल गई, तो भीतर एक भी नहीं बचेगी? उस बच्चे ने कहा: आपको गणित का अनुभव होगा, मुझे भेड़ों का अनुभव है। मेरे घर में भेड़ें हैं। इसीलिए तो मैं इतने जोर से हाथ हिला रहा हूं कि इसका जवाब कोई दूसरा नहीं दे सकेगा। और गणित के हिसाब से जो सही है वह कोई जिंदगी के हिसाब से सही हो, यह जरूरी थोड़े ही है। जब एक भेड़ निकल जाएगी तो बाकी नौ भेड़ भी उसके पीछे निकल जाएंगी। भेड़ें तो पीछे चलती हैं एक-दूसरे के। भेड़ों में कोई व्यक्तित्व नहीं होता।

तो जिस व्यक्ति ने नहीं कहना नहीं सीखा वह भीड़ का हिस्सा रह जाएगा, वह भेड़ रह जाएगा। भीड़ का जो हिस्सा है वह भेड़ है। भीड़ भेड़ों की है। और इसलिए भीड़ नहीं चाहती तुमसे कि तुम नहीं कहना सीखो। पंडित, पुजारी, राजनेता नहीं चाहते कि तुममें इतनी क्षमता आए कि तुम नहीं कह सको। वे तो तुम्हें पाठ पढ़ाए जाते हैं शुरू से ही—श्रद्धा, आस्था, आस्तिकता, विनम्रता, आज्ञाकारिता। ये शब्द बड़े प्यारे हैं, लेकिन एक खास उम्र के बाद प्यारे हैं, उसके पहले ये जहर हैं।

हर चीज का मौसम होता है, खयाल रखना। और मौसम में अगर पानी दोगे तो कभी फूल आएंगे वृक्षों में; बेमौसम पानी दे दिया तो हो सकता है वृक्ष की जड़ें भी सड़ जाएं। और गणित से मत चलना। जिंदगी गणित नहीं है।

एक गणितज्ञ ने होटल खोली। खूबी यह थी कि होटल में सब्जियों के भाव बहुत ज्यादा थे। श्री भोंदूमल जब खाना खाने के लिए आए तो बिल देख कर घबड़ा गए। उन्होंने जाकर होटल मालिक से कहा, हद हो गई भाई! इतनी महंगी सब्जियों की प्लेट! आखिर बात क्या है, इस सब्जी में ऐसी कौन सी चीज है?

दिखता नहीं भोंदूमल जी, इस सब्जी में पचास प्रतिशत फल और पचास प्रतिशत तरकारी का मिश्रण है! फलों के कारण ही यह इतनी महंगी है।

मगर मुझे तो फल का एक टुकड़ा भी दिखाई नहीं दिया!

वह तो मुझे भी दिखाई नहीं देता—गणितज्ञ होटल मालिक बोला—क्योंकि यह सब्जी एक अंगूर और एक कद्दू को मिला कर जो बनाई गई है।

गणित का एक जगत है, वहां एक कद्दू और एक अंगूर...। जीवन गणित नहीं है और न जीवन विज्ञान है।

मुल्ला नसरुद्दीन ने एक अप्रैल के दिन अपने दोस्तों को अप्रैल-फूल बनाने की सोची। उसने अपने वैज्ञानिक मित्र चंदूलाल को, जो कि एक माह से कश्मीर सैर करने गए थे, एक टेलीग्राम किया। टेलीग्राम में उसने सिर्फ इतना लिखा: प्रिय चंदूलाल, अब मेरी तबीयत ठीक है। घबड़ाने की कोई बात नहीं। तुम्हारा—मुल्ला नसरुद्दीन।

दूसरे ही दिन श्रीनगर से वी.पी.पी. द्वारा एक बहुत बड़ा तथा वजनदार पैकेट आया। नसरुद्दीन को इस पैकेट को छुड़ाने में पांच सौ अस्सी रुपये देने पड़े। जल्दी से उत्सुकतावश उसने पैकेट खोला। पैकेट में एक बड़ा पत्थर का टुकड़ा था, जिसके साथ रखी एक चिट पर लिखा थाः प्रिय नसरुद्दीन, तार पाकर छाती पर से इतना बोझ उतर गया। तुम्हारा—चंदूलाल।

जिंदगी सीधी-साफ नहीं है, जैसा गणित और विज्ञान है। जिंदगी काव्य है, जिंदगी संगीत है। और संगीत बहुत स्वरों से मिल कर बनता है। जिंदगी इंद्रधनुष है—सप्तरंगी है। जिंदगी संगीत है—पूरा सरगम, सातों स्वर!

नास्तिकता से शुरू होती है जिंदगी और आस्तिकता पर पूर्ण होती है। नहीं कहने से शुरू करो और हां जब तक न आ जाए तब तक खोदते चले जाना, खोदते चले जाना। और मैं तुम्हें यह चकित करने वाली बात कहना चाहता हूं कि अगर तुम नहीं से खोदते चले गए तो तुम जरूर हां पर पहुंच जाओगे। नहीं की कुदाली बना लो और खोदो! और एक दिन हां के जलस्रोत तुम्हारे हाथ लग जाएंगे। हां मिले तो तृप्ति हो। हां मिले तो अहंकार जाए।

नहीं से अहंकार मिला; उससे भीड़ से तुम बचे। उसने एक सुरक्षा दी, एक कवच निर्मित हुआ। अब इस कवच में तुम घिर गए। अब इस कवच को भी उतारने की कला सीखनी होगी; वह हां से ही मिलेगी। पहले भीड़ से मुक्त हो जाओ, अहंकार का उपयोग कर लो; फिर अहंकार से मुक्त हो जाना। उस दिन तुम जानोगे अस्तित्व का रहस्य, आनंद, उत्सव! उसका ही दूसरा नाम परमात्मा है। आस्तिक परमात्मा में भरोसा नहीं करता—आस्तिक जानता है जीवन केउत्सव को! वही उसका परमात्म-अनुभव है।

दूसरा प्रश्नः ओशो, शास्त्रविदों का कहना है कि स्त्री-जाति के लिए वेदपाठ, गायत्री मंत्र श्रवण एवं ओम शब्द का उच्चारण वर्जित है। प्रभु, मेरे मुख से अनायास ही ओम का उच्चारण हो जाया करता है, खास कर नादब्रह्म ध्यान करते समय तो उच्चारण करना ही पड़ता है। तो मन में डर सा लगता है कि ऐसा क्यों कहा गया है! क्या स्त्री-जाति को ओम का उच्चारण नहीं करना चाहिए? कृपा कर समझाने की दया करें।

सुमित्रा, शास्त्र लिखे हैं पुरुषों ने और पूरी मनुष्य-जाति का अतीत पुरुष के शोषण का इतिहास है—पुरुष के द्वारा स्त्री के शोषण का। स्त्रियों को पुरुषों ने मौका नहीं दिया, समानता नहीं दी, विकास की सुविधा नहीं दी। और डर था इसलिए, क्योंकि जिस-जिस क्षेत्र में स्त्री और पुरुष साथ-साथ काम करते हैं, स्त्री ज्यादा प्रसादपूर्ण है। और स्त्री के पास एक अंतःप्रज्ञा है, जो पुरुष के पास नहीं है।

पुरुष तर्क से जीता है; स्त्री अनुभूति से। और जब भी अनुभूति और तर्क में दौड़ होगी तो अनुभूति जीत जाती है और तर्क हार जाता है। स्त्री में एक भावप्रवणता है और इसलिए स्त्री अस्तित्व के साथ ज्यादा सहजता से संबंध जोड़ पाती है। पुरुष कठोर है, उसे संबंध जोड़ने में अपने को बहुत पिघलाना

पड़ता है। इसलिए पुरुष स्वभावतः सदियों पहले स्त्री की क्षमताओं से आशंकित हो गया, भयभीत हो गया, डर गया। फिर हर पुरुष को अपने घर में स्त्रियों का अनुभव है, कि बाहर वह चाहे कितना ही छाती फुला कर घूमता रहे, घर आते ही एकदम दब्बू हो जाता है—बहादुर से बहादुर पुरुष! नेपोलियन जैसा व्यक्ति भी अपनी स्त्री के सामने थर-थर कांपता था! तो पुरुषों को स्त्री-जाति का इस तरह का भी अनुभव है कि हरेक स्त्री मजबूत से मजबूत पुरुष को भी झुका लेती है। कुछ बात है। उसका प्रेम, उसके सूक्ष्म अपरोक्ष मार्ग पुरुष को हारने को मजबूर कर देते हैं।

इसलिए पुरुष ने सदियों पहले यह तय कर लिया कि स्त्री को कम से कम घर में कैद कर दो। वह घर में ही कब्जा जमाए रखे, ठीक; उसे अगर बाहर मौका दिया तो वह बाहर भी कब्जा जमा लेगी। भय के कारण, आंतक के कारण—स्त्री को शिक्षा मत दो, वेद मत पढ़ने दो, मंत्र मत पढ़ने दो, गायत्री मत पढ़ने दो, ओंकार का नाद न करने दो, ध्यान न करने दो, स्त्री को संन्यासिन मत होने दो; स्त्री को तो उलझाए रखो चौके में, चूल्हे में।

पुरुषों ने आत्म-रक्षा के लिए ये उपाय किए। और ध्यान रखना, आत्म-रक्षा का उपाय हमेशा कमजोर करता है। इसलिए फिर तुमसे एक विरोधाभास कहना चाहूंगा। लोग सोचते हैं कि पुरुष स्त्री को सता पाया क्योंकि स्त्री कमजोर है। लोग सोचते हैं कि पुरुष स्त्री पर हावी हो सका क्योंकि स्त्री कोमल है, कमनीय है। यह बात एकदम गलत है। निश्चित ही स्त्री कोमल है, कमनीय है, मगर कमजोर नहीं। उसका बल और ढंग का है, यह बात सच है। उसकी शक्ति पुरुष जैसी नहीं है; उसकी शक्ति परुष नहीं है, कठोर नहीं है।

लाओत्सु ने कहा है: पुरुष की शक्ति है चट्टान जैसी और स्त्री की शक्ति है जल की धार जैसी। मगर गिरने दो जलधार चट्टान पर—और चट्टान की सब अकड़ धूल हो जाएगी, रेत हो जाएगी। पहले-पहले पता नहीं चलेगा, पहले-पहले तो चट्टान अकड़ी खड़ी रहेगी। लेकिन समय चाहिए, समय दो, और धीरे-धीरे आहिस्ता-आहिस्ता चट्टान कब बह गई पता नहीं चलेगा! और जलधार कोमल है, लेकिन कठोर चट्टान को तोड़ देती है।

लाओत्सु ने कहा है कि मैं अपने शिष्यों को कहता हूं: चट्टान जैसे मत बनना, क्योंकि चट्टान कमजोर है; जलधार जैसे बनो। उसने कहा है कि मेरा मार्ग जलधार का मार्ग है। और यह बात सच है कि इस पृथ्वी पर जो सबसे अनूठे कमल खिले—बुद्ध, लाओत्सु, जीसस, इन सबके व्यक्तित्व में पुरुष से कहीं ज्यादा स्त्री के गुण हैं। वही कोमलता, वही प्रसाद, वही सौंदर्य, वही कमनीयता! अब बुद्ध कोई पहलवान नहीं हैं, कोई मोहम्मद अली नहीं हैं, न कोई गामा हैं, न कोई राममूर्ति हैं। बुद्ध का बल भी प्रेम का बल है, करुणा का, काव्य का। बुद्ध का बल भी परोक्ष है। तलवार का नहीं है वह बल, दीये की ज्योति का बल है।

फ्रेड्रिक नीत्शे ने बुद्ध और जीसस के विरोध में यह बात लिखी है कि ये दोनों स्त्रैण हैं। उसने तो विरोध में लिखा है, क्योंकि वह पुरुष के बल का पक्षपाती था। फ्रेड्रिक नीत्शे ने लिखा है कि मैंने अपने जीवन में जो सबसे सुंदर चीज देखी जिसे मैं कभी नहीं भूल सकता, वह है एक सुबह खुला आकाश और सूरज का निकलना और मेरे घर के सामने से सैनिकों की एक टुकड़ी का गुजरना! उनके चमकते हुए जूते, उनकी चमकती हुई संगीनें! उनके पैरों की आवाज, उनके जूतों की लयबद्धता। उनका एक साथ पंक्तिबद्ध

संगीत की भांति गुजर जाना, उससे सुंदर दृश्य मैंने नहीं देखा। चांद-तारे नहीं, फूल नहीं, प्रभात नहीं, चांदनी नहीं, पूर्णिमा नहीं, किसी सुंदर स्त्री की आंखें नहीं—जिस चीज को उसने सबसे ज्यादा सुंदर अनुभव कहा है, वह है कवायद करते हुए सैनिक और उनकी सूरज की रोशनी में चमकती हुई संगीनें!

ऐसा आदमी स्वभावतः जीसस और बुद्ध का विरोध करेगा, क्योंकि ये स्त्रैण हैं। उसके विरोध का कारण यह है कि इन दो व्यक्तियों ने सारी दुनिया को इतनी कोमलता सिखा दी कि उस कोमलता के कारण पुरुष के गुण खो गए, पुरुष का बल और वीर्य खो गया।

उसका विरोध एक तरफ, मगर उसकी बात में सच्चाई है। यह तो मैं भी कहूंगा कि बुद्ध और जीसस और लाओत्सु और कृष्ण—उसे कृष्ण का पता नहीं है और लाओत्सु का भी पता नहीं, नहीं तो वह और हैरान होता। कृष्ण को तो तुम देखो! ये मोरमुकुट बांधे हुए, पीतांबर, यह हाथ में बांसुरी! यह खड़े होने का ढंग, यह छटा! आभूषण पहने हुए! ये बड़े बाल! कृष्ण तो बिलकुल स्त्रैण मालूम होते हैं। हमने बुद्ध, महावीर, कृष्ण या राम किसी को भी दाढ़ी-मूंछ नहीं दिखलाई। अब जैनों के चौबीस तीर्थंकर, एक की भी दाढ़ी-मूंछ नहीं! या तो ये रोज सुबह उठ कर शेविंग में भरोसा करते थे, उसका तो कोई आधार मिलता नहीं किसी शास्त्र में। कर भी नहीं सकते, क्योंकि महावीर इत्यादि तो अपने साथ कुछ रखते भी नहीं उस्तरा इत्यादि। वे तो बाल भी साल में उखाड़ते हैं, नोचते हैं, क्योंकि वे इतना भी चीजों पर निर्भर नहीं होना चाहते, हाथ से ही उखाड़ देते हैं।

जो आदमी साल में एक बार हाथ से बाल उखाड़ता हो, वह रोज सुबह उठ कर दाढ़ी-मूंछ बनाता होगा, यह तो नहीं माना जा सकता। और रोज-रोज दाढ़ी-मूंछ के बाल खींच कर उखाड़े नहीं जा सकते, यह भी खयाल रखना। क्योंकि वे इतने छोटे होंगे, उनको खींचोगे कैसे? और अगर ऐसे दाढ़ी-मूंछ के बाल एक-एक खींच-खींच कर ही निकाले तो दिन-रात इसी में गुजर जाएंगे, ध्यान इत्यादि करने का मौका ही नहीं मिलेगा।

नहीं, लेकिन हमने किसी और कारण से उनकी दाढ़ी-मूंछ नहीं दिखलाई है—इस बात की घोषणा के लिए कि इन व्यक्तियों की आत्मा जल जैसी है, स्त्रैण है; चट्टान जैसी नहीं। दाढ़ी-मूंछ तो उनको थी। कभी-कभी ऐसा होता है, एकाध पुरुष को नहीं भी होती, कोई-कोई मुखन्नस होता है। तो यह हो सकता है कि एकाध तीर्थंकर मुखन्नस रहा हो, मगर सभी! और बुद्ध भी और कृष्ण भी और राम भी, सभी दाढ़ी-मूंछ विहीन! यह पाश्चात्य शैली इन्होंने सीखी कहां? यह तो भारत का ढंग नहीं रहा। भारत में तो ऋषि-मुनि दाढ़ी-मूंछ बढ़ाते ही रहे। इसलिए यह बात बड़ी उलटी लगती है। अगर ऋषि-मुनियों को देखो तो बिना दाढ़ी-मूंछ कि मिलेंगे नहीं—बड़ी-बड़ी दाढ़ी-मूंछ, जटाएं! जितनी बड़ी जटाएं उतना ही बड़ा ऋषि! यहां तक कि लोग झूठे बाल खरीद कर और जटाओं में जोड़ कर उनको जमीन तक लटकाते हैं, क्योंकि उससे सिद्ध होता है कि वे कितने महान ऋषि हैं!

जिस देश में जटाओं का ऐसा मूल्य रहा हो उस देश में महावीर और बुद्ध के दाढ़ी-मूंछ भी नहीं हैं—यह प्रतीकात्मक है, यह संकेत है। यह संकेत है कि इनके व्यक्तित्व में इतनी कोमलता आ गई है, जैसी कि स्त्रियों में होती है। इसलिए इतने तक तो मैं नीत्शे से राजी होता हूं, इससे आगे राजी नहीं होता। क्योंकि वह कहता है, इनके प्रभाव के कारण पुरुष ने गुण खो दिए।

पहली तो बात, इनका प्रभाव पड़ा ही नहीं। अगर इनका प्रभाव ही पड़ता तो पृथ्वी स्वर्ग होती। दूसरी

बात, पुरुष ने अपने गुण जरा भी नहीं खोए। गुण आगे बढ़ गए, बहुत आगे बढ़ गए। लट्ठ से एटमबम तक पहुंच गए, और क्या चाहिए? और गुणों का विकास किसको कहते हैं? हत्याएं बढ़ गई हैं, आत्महत्याएं बढ़ गई हैं। आदमी तीन हजार साल में पांच हजार युद्ध लड़ा है, और क्या चाहिए? इतने से दिल नहीं भरता! नीत्शे को और युद्ध चाहिए। सारी जमीन युद्धस्थल बन गई है। हर देश, गरीब से गरीब देश भी, भूखा मर रहा है, लेकिन अपनी राष्ट्रीय आमदनी का कम से कम सत्तर प्रतिशत सैनिकों के खाने-पीने पर, उनकी व्यवस्था पर खर्च कर रहा है। भूखे मर रहे हैं लोग, अपना पेट काट कर मुस्तंडों को पाल रहे हैं। और उन मुस्तंडों का उपयोग क्या है? क्योंकि दूसरे देश के मुस्तंडे...। उनको महावीर-चक्र प्रदान किए जाते हैं। कम से कम महावीर के नाम को तो बदनाम न करो! सैनिकों को महावीर-चक्र! संन्यासियों को तो ठीक, समझ में आ सकता है, लेकिन सैनिकों को! जो जितने लोगों को मारे उतना बड़ा सैनिक! जो जितनी हत्या करे उतनी पदोन्नति!

नहीं, आदमी कुछ पीछे नहीं रहा। नीत्शे की बात गलत है। आदमी के गुण, उसकी वीभत्सता, उसकी घृणा, उसका क्रोध अपनी चरम सीमा पर पहुंच गया है। इसलिए और बातों से मैं राजी नहीं, लेकिन इतनी बात से मैं राजी हूं कि उसका यह निरीक्षण सच है कि बुद्ध और जीसस में कुछ प्रसाद है जो स्त्रैण है। काश, उसे कृष्ण का पता होता या लाओत्सु का, तो वह और भी ज्यादा बात अपनी बल से कह सकता!

लोग सोचते हैं स्त्रियां कमजोर हैं, इसलिए पुरुषों ने उन्हें दबा लिया। यह बात गलत है। मेरा सोचना कुछ और है। पुरुष स्त्री से डरा हुआ है और इसीलिए उसे दबाना जरूरी हो गया। स्त्री शिक्षित हो जाए तो अड़चन। तुम जाकर युनिवर्सिटी में देख सकते हो। जहां भी स्त्रियां और पुरुष साथ पढ़ रहे हैं वहां स्त्रियां ज्यादा पुरस्कार पाती हैं, ज्यादा प्रथम श्रेणी में उत्तीर्ण होती हैं, ज्यादा गोल्ड-मेडल पाती हैं। क्योंकि स्त्री में एक तरह की एकात्मकता है। वह जिस काम में लग जाती है, पूरी डूब जाती है। वह उसका गुण है, क्योंकि उसे मां बनना है और बच्चे पर उसे एकाग्र रूप से अपनी सारी ऊर्जा न्योछावर करनी होगी। तो वह उसकी सहज स्वाभाविकता है। अगर वह किसी कला को सीखने में लगती है तो पूरा अपने को उसमें उंड़ेल देती है।

पुरुष उससे डरता है, सदियों से डरता रहा है। और सबसे पहले उसने जो उपाय किए, वे यह थे कि स्त्री को शिक्षा न दी जाए। शिक्षा नहीं देने का मतलब होता है, उसके पैर काट दिए। वेद मत पढ़ने दो, शास्त्र मत पढ़ने दो, उपनिषद मत पढ़ने दो—तो सदा निर्भर रहेगी पुरुष पंडितों पर।

अब तुम देख सकते हो कि असल में पंडितों को, तथाकथित धर्मगुरुओं को पालने वाला है कौन? स्त्रियां! तुम देख सकते हो राम-कथा में कौन की भीड़ इकट्ठी है? स्त्रियों की! मंदिरों में कौन चढ़ा रहा है धन-पैसा, गहने? स्त्रियां!

स्त्रियों को अज्ञानी रखने का लाभ यह हुआ कि उन्हें तथाकथित ज्ञानियों पर निर्भर होना पड़ेगा। फिर उनकी गहन निंदा की गई कि नरक का द्वार हैं। इस गहन निंदा में भी पुरुष का भय ही समाया हुआ है। पुरुष स्त्री से भयभीत है, क्योंकि पुरुष के भीतर जो कामवासना है वह स्त्री को देखते ही सजग हो जाती है। उसका उस पर कोई बल नहीं है। उस संबंध में वह एकदम निर्बल हो जाता है। स्त्री के ऊपर आकृष्ट हो जाता है, हजार कसमें खाई हों तो भी। तो और भी डर है। तो स्त्री को दूर ही रखो। उसको धर्मस्थलों के पास ही मत आने दो।

बुद्ध तक चिंतित थे कि स्त्रियों को भिक्षु-संघ में स्वीकार किया जाए या न किया जाए। इस संबंध में मैं महावीर की प्रशंसा करूंगा। महावीर संभवतः पहले व्यक्ति हैं पूरे मनुष्य-जाति के इतिहास में, जिन्होंने स्त्रियों को सहजता से अपने साधु-संघ में सम्मिलित किया। जरा भी ना-नुच नहीं की, जरा भी इनकार नहीं किया। बुद्ध ने तो वर्षों तक टाला। टालने का कारण यह था कि बुद्ध को संदेह था कि अगर स्त्रियों को संन्यासिनी बना लिया गया तो कहीं संन्यासी हमारे भ्रष्ट न हो जाएं।

यह डर ही है कि संन्यासी भ्रष्ट न हो जाएं। इस भय के कारण स्त्रियों को दूर ही रखो। यद्यपि महावीर ने स्त्रियों को मौका दे दिया कि वे सम्मिलित हो जाएं भिक्षु-संघ में, साध्वी हो सकें, लेकिन फिर भी एक बात वे कह गए जो वांछनीय नहीं है। एक बात वे छोड़ गए अपने पीछे कि स्त्री-पर्याय से मोक्ष नहीं होता। इसलिए स्त्री को पुरुष से थोड़े नीचे पद पर रख गए। स्त्री को एक बार तो पुरुष की तरह जन्म लेना ही होगा, फिर उसका मोक्ष हो सकता है।

यह भी कोई बात हुई! मोक्ष का क्या संबंध स्त्री और पुरुष से? मोक्ष भी क्या जीवशास्त्र, बायलॉजी पर निर्भर है? क्या मोक्ष भी मासिक धर्म पर निर्भर है? क्या मोक्ष भी शरीर की व्यवस्था और गर्भ पर निर्भर है? तब तो मोक्ष भी बड़ा पौदगलिक और बहुत शारीरिक हुआ। मोक्ष तो आत्मा की बात है, ध्यान की बात है। ध्यान में उतर कर न तो कोई पुरुष रह जाता, न कोई स्त्री। ध्यान का अर्थ ही यह है कि जहां हम शरीर से अपने को अलग पाते हैं, भिन्न पाते हैं, अन्य पाते हैं, साक्षी रह जाते हैं। साक्षी न तो स्त्री होता न पुरुष।

सारे धर्मों ने कम या ज्यादा स्त्री को दबाने की कोशिश की है। और सारे धर्म चूंकि पुरुषों के द्वारा निर्मित हुए, एक भी स्त्री के द्वारा कोई धर्म निर्मित नहीं हुआ है, इसलिए स्वभावतः स्त्रियों को बहुत ज्यादा पददलित होना पड़ा। जैनों में सिर्फ इस बात की खबर है कि एक स्त्री मल्लीबाई तीर्थंकर हुई। मगर पुरुष की बेईमानी! मल्लीबाई नाम को ही उन्होंने पोंछ डाला, नाम ही बदल दिया, मल्लीबाई को मल्लीनाथ कहने लगे। इसलिए जब तुम लिस्ट पढ़ोगे जैन तीर्थंकरों की तो उसमें मल्लीबाई नहीं मिलेगी—मल्लीनाथ। स्त्री का नाम कैसे रखें तीर्थंकरों की पंक्ति में, क्योंकि तीर्थंकर तो मोक्ष को उपलब्ध होगा ही! फिर इस धारणा का क्या होगा कि स्त्री-जीवन से मोक्ष नहीं मिलता? तो नाम ही बदल दो, मल्लीनाथ कर दो।

मल्लीबाई रही होगी सचमुच अदभुत गरिमापूर्ण स्त्री! रहा होगा उसका प्रचंड व्यक्तित्व! तेजस्वी, ज्योतिर्मय! इतना ज्योतिर्मय कि उसके जीते-जी जैनों को भी स्वीकार करना पड़ा कि वह तीर्थंकर है। लेकिन मरने के बाद, चालबाज अपनी चालबाजियों से बच तो नहीं सकते, नाम ही बदल दिया।

बचपन में मैंने जो तीर्थंकरों की लिस्ट पढ़ी थी, कभी खयाल भी नहीं आया था कि मल्लीनाथ मल्लीनाथ नहीं थे, मल्लीबाई थे। और इतना तो पक्का है कि उन दिनों ऑपरेशन नहीं होते थे, जैसे अब हो सकते हैं—कि स्त्री को पुरुष कर लो, पुरुष को स्त्री कर लो। कहीं उल्लेख नहीं है इस तरह के आपरेशनों का! एक ही संभावना हो सकती है कि कभी-कभी आकस्मिक रूप से कुछ स्त्रियां पुरुष हो जाती हैं, कुछ पुरुष स्त्रियां हो जाते हैं। हारमोन्स की कुछ गड़बड़ी के कारण। मात्रा में थोड़ा सा ही भेद है पुरुष और स्त्री के हारमोन्स में। थोड़े से हारमोन्स कम हो जाएं, ज्यादा हो जाएं—स्त्री पुरुष हो जाए, पुरुष स्त्री हो जाए।

लेकिन अगर ऐसा कुछ हुआ था तो इसका स्पष्ट उल्लेख करना था कि पहले मल्लीबाई मल्लीबाई थीं और फिर बाद में उनके हारमोन्स में परिवर्तन हुआ, शारीरिक भेद हुआ और वे मल्लीनाथ हो गए। इसका भी कोई उल्लेख नहीं है। इसलिए बेईमानी जाहिर है कि सिर्फ स्त्री-जाति को इतनी प्रतिष्ठा न मिले, इसलिए नाम बदल दिया गया है।

सुमित्रा, तू पूछती है: 'शास्त्रविदों का कहना है...।'

कौन हैं ये शास्त्रविद? पुरुष ही लिखते हैं, पुरुष ही व्याख्याएं करते हैं। और स्त्रियां भी खूब हैं! पुरुषों के लिखे शास्त्र, पुरुषों के द्वारा की गई व्याख्याएं और इन्हीं को अंगीकार कर लेती हैं। थोड़ा जागो अब!

इसलिए मैं उन स्त्रियों पर भी बोला हूं जिन पर कोई कभी नहीं बोला—सहजो पर, दया पर, मीरा पर। इनके भजन तो गाए जाते रहे, कम से कम मीरा के भजन तो गाए जाते रहे; लेकिन कोई कभी बोला नहीं, किसी ने कभी व्याख्या नहीं की। मैं जान कर बोला हूं। इसीलिए जान कर बोला हूं, ताकि इनको समान प्रतिष्ठा मिले। कबीर, नानक और दादू के साथ मीरा, सहजो और दया को भी प्रतिष्ठा मिलनी चाहिए। महावीर, बुद्ध के साथ-साथ कश्मीर में हुई लल्लेश्वरी, राबिया, थेरेसा, इनको भी वही जगह मिलनी चाहिए।

स्त्रियों को थोड़ा आगे आना होगा, थोड़ी घोषणा करनी पड़ेगी। आधी संख्या है स्त्रियों की पृथ्वी पर। काट डालो शास्त्रों में वे सारे वचन जो स्त्रियों के खिलाफ लिखे हैं! अगर तुम्हारे घर में रामायण हो, काट डालो वे सारे वचन जो स्त्रियों के खिलाफ लिखे हैं। डरना मत बाबा तुलसीदास से, मैं जिम्मेवार हूं! काट डालो उन-उन बातों को जो स्त्रियों के विरोध में सदियों में कही गई हैं। फाड़ दो वे पन्ने, आग लगा दो उन शास्त्रों में; क्योंकि वे झूठे हैं, बुनियादी झूठ पर खड़े हैं; वे पुरुष के अहंकार से निर्मित हुए हैं।

यह क्या पागलपन की बात है कि शास्त्रविदों का कहना है कि स्त्री-जाति के लिए वेदपाठ, गायत्री मंत्र श्रवण एवं ओम का उच्चारण वर्जित है!

ओम पर किसी का ठेका है? ओम किसी की बपौती है? और जब भीतर शांति गहन होगी तो ओंकार का नाद अपने आप होता है, कोई करता थोड़े ही है। फिर क्या करोगे? फिर क्या जबरदस्ती उसका गला घोंट कर रोक दोगे? ओंकार तो इस जगत की अंतर-ध्वनि है! इस जगत के प्राण का स्वर है! इस जगत के भीतर समाया हुआ संगीत है, अनाहत नाद है! वह तो पुरुष शांत हो तो सुनाई पड़ेगा, स्त्री शांत हो तो सुनाई पड़ेगा।

इसीलिए 'ओम' एकमात्र शब्द है जिस पर दुनिया के सारे धर्म सहमत हैं। यह तुम देख कर हैरान होओगे। जैन भी ओम शब्द से इनकार नहीं करते, उसकी महिमा को स्वीकार करते हैं। बौद्ध भी ओम शब्द की महिमा को स्वीकार करते हैं। हिंदू तो करते ही हैं। और ईसाई ओम शब्द को ही आमेन कहते हैं! वह ओम का ही रूप है। इसलिए हर ईसाई प्रार्थना आमेन पर पूरी होती है। और मुसलमान उसी को आमीन कहते हैं, वह भी ओम का ही रूप है।

शब्दों के साथ ऐसा हो जाता है, क्योंकि तुम जैसा सुनोगे, जब तुम्हारे भीतर ओंकार का नाद होगा, अगर तुम मुसलमान हो तो वह तुम्हें आमीन जैसा मालूम पड़ेगा। ओमन...आमीन! क्योंकि तुमने जिंदगी भर आमीन-आमीन-आमीन कहा है, उसके साथ जोड़ बैठ जाएगा।

रेलगाड़ी में बैठ कर देखा कभी? अगर तुम चाहो छक छक छक तो छक छक छक सुन लो। अगर

तुम चाहो भक भक भक तो भक भक भक सुन लो। जो तुम्हारी मर्जी, रेलगाड़ी को कोई एतराज नहीं है। रेलगाड़ी क्या कर रही है, छक छक छक कि भक भक भक, कहना मुश्किल है। रेलगाड़ी तो शुद्ध ध्वनि कर रही है; तुम उस पर जो आरोपित कर दो, जो तुम्हारी धारणा हो, यह तुम पर निर्भर है। वैसे ही अंतर-ध्वनि जब भीतर उठती है तो मुसलमान समझता है आमीन, क्योंकि उसने वही सुना है। ईसाई समझता है आमेन, उसने वही सुना है। हिंदू समझता है ओम। इससे स्त्री और पुरुष का क्या लेना-देना है?

सुमित्रा, डरो मत। जी भर कर ओंकार का नाद करो। और तुम्हारे शास्त्रविद तो बस तोतों से ज्यादा नहीं हैं; तोतों से भी गए-बीते हैं।

एक बार सर्व-धर्म-सम्मेलन में बोलने के लिए श्री मटकानाथ ब्रह्मचारी और मुल्ला नसरुद्दीन को भी बुलाया गया। दोनों वहां पहुंच कर बुरी तरह बोर हुए। वक्तागण न मालूम क्या-क्या बक-झक कर रहे थे। मटकानाथ ने नसरुद्दीन से कहाः मुल्ला, क्या बकवास लगा रखी है सालों ने! मेरा तो सिरदर्द करने लगा। जब से यहां आया हूं, जी मितला रहा है। बस यह अच्छा हुआ कि आप साथ में हैं, कम से कम एक आदमी तो है जिससे बात करके मन बहल रहा है, जिसके साथ मुझे कुछ मजा आ रहा है।

मुल्ला नसरुद्दीन ने जवाब दिया, वाकई आप बड़े किस्मत वाले हैं ब्रह्मचारी जी! ईश्वर की कृपा से कम से कम आपको एक इंसान तो मिला, जिसके साथ आपको आनंद आता है; मुझ गरीब को तो वह भी न मिला।

कौन हैं तुम्हारे शास्त्रविद? आदमी भी उनमें खोजना मुश्किल है—तोते हैं, यंत्रों की तरह दोहराए चले जाते हैं। शायद उन्हें भी पता नहीं है कि वे क्यों कह रहे हैं, क्या कह रहे हैं। लिखा है किताबों में तो दोहरा रहे हैं। शब्द ही शब्द हैं उनके पास, और कुछ भी नहीं। और शब्दों में क्या रखा है? कुछ अनुभव चाहिए।

रसायनशास्त्र के नये-नये अध्यापक चेलाराम ने पूछा, के सी एन क्या है? एक छोटा सा बच्चा खड़ा हुआ, उसने कहाः मास्टर जी, बिलकुल जबान पर ही रखा है। चेलाराम चिल्लाए, अबे साले थूक, इसी वक्त थूक! जल्दी थूक! नहीं तो मर जाएगा। वह पोटैशियम साइनाइड है।

शब्द चाहे पोटैशियम साइनाइड ही क्यों न जबान पर रखा हो—शब्द है; कोई मरने वाला नहीं है उससे। और शब्दों से कोई मुक्त भी नहीं होता। अरे मरता ही नहीं तो मुक्त क्या खाक होगा! शब्द आग से क्या आग लगती है? और शब्द पानी से क्या प्यास बुझती है?

जो शास्त्रविद तुमसे कहते हैं सुमित्रा, ऐसा न करो, वैसा न करो, जरा उनकी जिंदगी में तो झांको, वहां कुछ है? वहां कुछ वेदों के स्वर उठते दिखाई पड़ते हैं? वहां कुछ उपनिषद की छाया है? वहां तुम्हें कुछ सुनाई पड़ता है ओंकार का नाद?

उनके पास बैठो, तुम उन्हें अपने से गया-बीता पाओगी। वे बस तोते हैं, दोहरा रहे हैं, क्योंकि दोहराने में लाभ है। दोहरा रहे हैं, क्योंकि सदियों-सदियों से उनकी परंपरा दोहराने की रही है। बापदादे भी यही करते रहे, उनके बापदादे भी यही करते रहे। पीढ़ी दर पीढ़ी दोहराने का उनका काम रहा है। तोतों में भी थोड़ी ज्यादा अकल होती है।

मैंने सुना है, एक स्त्री ने एक तोता खरीदा। बड़ा प्यारा तोता था। लेकिन दुकानदार ने कहाः देवी जी, आप न खरीदें तो अच्छा। यह जरा गलत संग में रहा है, तो कभी-कभी ऊलजलूल बातें कह देता है।

अब आपसे क्या छिपाना, जब आप ले ही रही हैं, इतने दाम खर्च कर रही हैं, तो पीछे आप मुझे दोष न देना। यह जरा गाली-गलौज भी बकता है। असल में यह एक जुए के अड्डे पर था, यह एक वेश्यालय में भी रह चुका है। तो इसे न लें तो अच्छा। लेकिन तोता उसे इतना प्यारा लगा कि उसने कहा कि हम इसे सुधार लेंगे, सिखा लेंगे। अगर यह बोलना जानता है, इतना अच्छा बोल रहा है, तो हम भुला देंगे। अगर दुष्ट-संग में बिगड़ गया है तो सत्संग में ठीक कर लेंगे।

वह उसे खरीद लाई। लेकिन खरीद लाई और फिर पछताई, क्योंकि वह वक्त-बेवक्त उलटी-सीधी बातें कह दे। ईसाई थी महिला। पादरी आया, वह तोता बोला: ऐसी की तैसी इस पादरी की! अब वह स्त्री एकदम हक्की-बक्की रह गई, अब क्या करे और क्या न करे! क्षमा मांगी कि माफ करिए। पादरी ने कहा: ऐसा करो, मेरे पास भी एक तोता है, वह बड़ा भक्त है और सुबह से शाम तक प्रभु-प्रार्थना में लीन रहता है। तुम्हारे तोते को उसके पास कुछ दिन रख दो। स्त्री राजी हो गई, तोता पादरी के घर पहुंचा दिया गया। दोनों को एक ही पिंजड़े में रख दिया गया।

आठ दिन बाद स्त्री पता लगाने आई कि हालत क्या है। दोनों तोते के पिंजड़े के पास पहुंचे। बड़ी हैरानी हुई कि न तो उस स्त्री का तोता गाली बक रहा था—कुछ बोला ही नहीं, उसने ध्यान ही नहीं दिया स्त्री कि प्रति या पादरी के प्रति—और न ही पादरी का तोता, जो कि चौबीस घंटे एक माला लिए जाप करता रहता था, उसने माला भी पटक दी थी, वह एक कोने में पड़ी थी और जाप भी नहीं कर रहा था और उसने भी पादरी-वादरी पर कोई ध्यान नहीं दिया।

स्त्री ने अपने तोते से पूछा कि तुझे क्या हुआ? गालियों का क्या हुआ? उसने कहा: जरूरत ही न रही। कुछ समझ में बात न आई। पादरी ने अपने तोते से पूछा: और तेरी प्रार्थना का क्या हुआ? उसने कहा: अब आप क्या पूछते हैं! जिसको पाने के लिए प्रार्थना कर रहा था वह मिल गई। एक प्रेयसी चाहिए थी। यह तोता नहीं है, तोती है। उसी के लिए माला जपता था कि हे प्रभु, भेजो! आखिर उसने सुन ही ली। जब सुन ही ली, अब क्या जरूरत! और उस स्त्री के तोते ने कहा कि गालियां भी मैं इसीलिए बक रही थी, क्योंकि मैं क्रोध में थी कि मेरी जिंदगी बरबाद हुई जा रही है। एक तोता तो चाहिए ही चाहिए। जब तोता मिल गया तो गाली बंद हो गई।

तोतों में भी थोड़ी ज्यादा अक्ल है। पंडित तो दोहराए ही चले जाते हैं।

सुमित्रा, शास्त्रविदों से बचो! सदगुरुओं की सुनो। और सदगुरु और शास्त्रविद में बड़ा भेद है। शास्त्रविद ने पढ़ी हैं किताबें और सदगुरु ने देखा है अंतस का शास्त्र। शास्त्रविद कह रहा है लिखा-लिखी की और सदगुरु कह रहा है देखा-देखी की।

वेदपाठ करना हो तो वेदपाठ करो, गायत्री पढ़ना हो गायत्री पढ़ो, ओंकार का नाद करना हो ओंकार का नाद करो। यह तुम्हारा जन्मसिद्ध अधिकार है। लेकिन मैं तुमसे यह नहीं कह रहा हूं कि वेदपाठ करो। तुम्हें करना हो तो! क्योंकि वेदपाठ से कुछ मिलेगा नहीं। शास्त्रविद कहता है: वेदपाठ करने का अधिकार नहीं है तुम्हें। और मैं कहता हूं: अधिकार तो पूरा है, मगर है बेकार मामला। कुछ पाओगी नहीं। साहित्य की तरह पढ़ना हो तो पढ़ो। सुंदर वचन हैं, सदवचन हैं—मगर साहित्य की तरह। इससे ज्यादा मत समझ लेना।

और गायत्री मंत्र दोहराने से क्या होगा? दोहराना अच्छा लगता हो तो मैं किसी के भी सुख में

कभी बाधा नहीं बनता। कैसा भी सुख हो! तुम तो गायत्री मंत्र का पूछ रही हो, मुझसे कोई सिगरेट पीने वाला पूछता है कि मुझे अच्छा लगता है तो जारी रखूं कि नहीं? तुम्हें अच्छा लगता है तो मैं रुकावट डालने वाला कौन हूं? यह तुम्हारी और परमात्मा के बीच बात है। तुम्हें अच्छा लगता है तो पीओ। कोई ऐसा कोई भारी जुर्म भी नहीं कर रहे हो। धुआं भीतर ले गए, बाहर लाए। थोड़ा मूढ़तापूर्ण तो है, क्योंकि जब शुद्ध हवा भीतर ले जा सकते थे तब अशुद्ध ले गए। जब कि सुबह की ताजी हवा और फूलों की सुगंध से भरी हवा से फेफड़े भरे जा सकते थे, तब तुम अपने हाथ से सड़े-गले धुएं से, न मालूम कहां की सड़ी-गली तंबाकू से अपने फेफड़ों को भर रहे हो। मगर तुम्हें अगर अच्छा लग रहा है तो तुम कोई ऐसा पाप नहीं कर रहे हो कि नरकों में सड़ो। तुम पी सकते हो, धुआंपान तुम्हें जो करना हो करते रहो। पाप नहीं है यह, मूढ़तापूर्ण तो है। अपराध नहीं है यह, अबुद्धिपूर्ण तो है।

और यही मैं तुमसे कहता हूं सुमित्रा, तुम्हें गायत्री मंत्र पढ़ना है पढ़ो, मगर नाहक की बकवास है। कुछ पाओगी नहीं उससे। ऐसे ही होगा जैसे लोग ताश खेलने में समय बिताते हैं, ऐसे गायत्री मंत्र में कुछ लोग बिताते हैं। हालांकि ताश खेलना गायत्री मंत्र से बेहतर है एक लिहाज से कि ताश खेलने वाले को अहंकार नहीं पकड़ता कि मैं कोई धार्मिक काम कर रहा हूं; थोड़ा विनम्र ही रहता है कि ताश खेल रहा हूं, अच्छा काम नहीं कर रहा हूं। गायत्री मंत्र पढ़ने वाले का अहंकार एकदम झंडे पर चढ़ जाता है, एकदम फहराने लगता है आकाश में। गायत्री मंत्र जो पढ़ रहा है, वह दुनिया को दिखला देना चाहता है कि मैं गायत्री मंत्र पढ़ने वाला हूं, मैं कोई ऐसा-वैसा आदमी नहीं हूं! उसमें दुर्वासा पैदा होने लगता है। उसके दिल में इस तरह की बातें उठने लगती हैं कि अगर चाहूं तो कुछ का कुछ कर दूं, कि गायत्री मंत्र सिद्ध हुआ जा रहा है, अभिशाप दे दूं किसी को तो जन्मों-जन्मों सड़ा दूं; या किसी को आशीर्वाद दे दूं तो धन बरसा दूं! उसे ऐसे अहंकार और ऐसी व्यर्थ की बातें पकड़ने लगती हैं। और ज्यादा अगर गायत्री मंत्र पढ़ा तो विक्षिप्त होने का डर है। कुछ लोग पढ़ते हैं चौबीस घंटे।

एक सरदार जी को मेरे पास लाया गया, वे जपुजी पढ़ते थे चौबीस घंटे। भीतर लगाए ही रखें! बाहर दूसरे भी काम करते रहे हैं। ऐसे वे कप्तान थे मिलिटरी में। उनकी पत्नी उन्हें मेरे पास लाई कि बड़ी मुश्किल हुई जा रही है, ये सुनते ही नहीं, क्योंकि ये अपने जपुजी में लगे रहते हैं। इनसे अपन बात करो, ये वहां हैं ही नहीं! इनसे कहो कुछ, करते कुछ हैं। बाजार भेजो कि बैंगन ले आओ, आलू ले आते हैं; कहते हैं आलू ही तो कहा था। और अब हालत और बिगड़ने लगी है, क्योंकि इनके अधिकारी भी नाराज होने लगे हैं, क्योंकि वहां भी इनके काम अस्तव्यस्त हो गए हैं। और एक भय पैदा हो रहा है। अब ये सड़क पर चलते वक्त भी अपने भीतर जाप में लगे रहते हैं; कोई हार्न बजा रहा है, वह भी नहीं सुनते। किसी दिन खतरा हो जाएगा। और आधी रात उठ आते हैं। और दो बजे रात से तो इतने जोर से जपुजी करते हैं कि मोहल्ले वाले भी शिकायत करते हैं। और बच्चे परेशान हुए जा रहे हैं, परीक्षा करीब है। बच्चे पढ़ें तो कब पढ़ें? ये सोने ही नहीं देते।

तब सरदार जी बोले कि ठहर! आधी रात? सुबह उठता हूं, आधी रात नहीं। उनकी पत्नी ने कहा कि दो बजे रात को आधी रात कहोगे कि सुबह? तो सरदार जी ने कहा, अंग्रेजी हिसाब से सुबह। बारह बजे तो दिन खत्म हो जाता है अंग्रेजी हिसाब से, दूसरा दिन शुरू। सुबह कहता हूं इसको मैं अंग्रेजी

हिसाब से। दो बजे सुबह उठता हूं, इसमें किसी को क्या एतराज है? और कोई बुरा काम तो करता नहीं, जपुजी जोर से पढ़ता हूं ताकि तुम सबको भी सुनाई पड़ जाए, नहीं तो भटकोगे। तुम्हारे कानों में भी पड़ जाए आवाज तो तुम्हें लाभ होगा।

और अंततः वही हुआ जो होना था। उनको आखिर अस्पताल में भर्ती करना पड़ा। ट्रैंक्वेलाइजर्स देने पड़े। कोई तीन महीने के इलाज के बाद बामुश्किल जपुजी से उनका छुटकारा हुआ।

सुमित्रा, गायत्री मंत्र पढ़ना हो तो पढ़ना, मगर बहुत ज्यादा मत पढ़ लेना। क्योंकि ये चीजें पकड़ती हैं, पीछा पकड़ती हैं। और फिर लोभ के कारण आदमी ज्यादा कर जाता है, कि जितना पढ़ोगे...शास्त्र कहते हैं, करोड़ बार पढ़ोगे तो इतना लाभ, और दस करोड़ बार पढ़ोगे तो इतना लाभ, और अरब बार पढ़ोगे तो इतना लाभ। मगर अरब बार पढ़ोगे, लाभ-माभ तो छोड़ो, विक्षिप्तता आ जाएगी। किसी भी शब्द को इतनी देर तक दोहराओगे तो पागल होने ही लगोगे।

नहीं; मैं नहीं कहूंगा। मैं किसी दूसरे कारण से रोक रहा हूं, खयाल रखना। इस वजह से नहीं कि तुम स्त्री हो। मैं पुरुषों को भी यही कह रहा हूं, स्त्रियों को भी यही कह रहा हूं कि इस तरह गायत्री मंत्र दोहराने से कुछ लाभ नहीं होगा।

रही ओंकार की बात। तूने लिखा है: 'प्रभु, मेरे मुख से अनायास ही ओम का उच्चारण हो जाया करता है।'

जो अनायास हो रहा है वह शुभ है। आयास मत करना, प्रयास मत करना, चेष्टा मत करना। चेष्टा करने से सब बातें झूठी हो जाती हैं। अनायास जो हो, शुभ है। अपने आप हो रहा है, बहने दो झरना, फूटने दो झरना।

और ओम में आ गए सारे वेद, सारे गायत्री मंत्र, सारे कुरान, सारे उपनिषद, सारी बाइबिलें। ओम पर किसी की बपौती नहीं है—न पुरुषों की, न हिंदुओं की, न जैनों की, न बौद्धों की—किसी की बपौती नहीं है।

बचो पंडित-पुरोहितों से, काफी उन्होंने तुम्हारा शोषण किया है।

अपने ही हाथों में पतवार सम्हाली जाए
तब तो मुमकिन है कि ये नाव बचा ली जाए

आज के दौर में जीने की शर्त है यारो
लाश ईमान की कांधे पे उठा ली जाए

पूरे गुलशन का चलन चाहे बिगड़ जाए मगर
बदचलन होने से खुशबू तो बचा ली जाए

धुआं-धुआं सी मशालों को जलाने के लिए

राख के ढेर से कुछ आग निकाली जाए

लोग ऐसे भी कई जीते हैं इस बस्ती में
जैसे मजबूरी में इक रस्म निभा ली जाए

अब तो शायद न कोई रंग चढ़ेगा इस पर
खून से रंग के ये तस्वीर सजा ली जाए

सुमित्रा!

अपने ही हाथों में पतवार सम्हाली जाए
तब तो मुमकिन है कि ये नाव बचा ली जाए

और कोई उपाय नहीं। अप्प दीपो भव! अपने दीये खुद बनो। पंडित-पुरोहितों से क्या पूछना है?

लोग ऐसे भी कई जीते हैं इस बस्ती में
जैसे मजबूरी में इक रस्म निभा ली जाए

पंडित-पुरोहितों से पूछ कर जीओ तो बस रस्म की तरह जीओगे—एक औपचारिकता, एक ढोंग, एक पाखंड, एक शिष्टाचार। और परमात्मा से नाते प्रेम के हो सकते हैं, शिष्टाचार के नहीं।

और फिर सुमित्रा, मेरा रंग तुझ पर चढ़ गया, अब कोई और रंग चढ़ेगा नहीं।

अब तो शायद न कोई रंग चढ़ेगा इस पर
खून से रंग के ये तस्वीर सजा ली जाए

ये गैरिक रंग, यह मेरी प्रीति का रंग, यह सुबह कर रंग, यह प्राची का रंग, यह फूलों का रंग, यह वसंत का रंग—एक बार चढ़ जाए, फिर इस पर कोई और रंग नहीं चढ़ सकता है।

आज इतना ही।

7

भगती ऐसी सुनहु रे भाई

सूत्र

भगती ऐसी सुनहु रे भाई। आई भगति तब गई बड़ाई।।
कहा भयो नाचे अरु गाए, कहा भयो तप कीन्हें।
कहा भयो जे चरन पखारे, जौ लौ तत्व न चीन्हें।।
कहा भयो जे मूंड मुंडायो, कहा तीर्थ ब्रत कीन्हें।
स्वामी दास भगत अरु सेवक, परमतत्व नहिं चीन्हें।।
कहि रैदास तेरी भगति दूरि है, भाग बड़े सों पावै।
तजि अभिमान मेटि आपा पर, पिपिलक ह्वै चुनि खावै।।

अब हम खूब वतन घर पाया। ऊंचा खेर सदा मेरे भाया।।
बेगमपुर सहर का नाम। फिकर अंदेस नहीं तेहि ग्राम।।
नहिं जहं सांसत लानत मार। हैफ न खता न तरस जवाल।।
आव न जान रहम औजूद। जहां गनी आप बसै माबूद।।
जोई सैलि करै सोई भावै। महरम महल में को अटकावै।।
कहि रैदास खलास चमारा। जा उस सहर सो मीत हमारा।।

राम मैं पूजा कहां चढ़ाऊं। फल अरु फूल अनूप न पाऊं।।
थनहर दूध जो बछरु जुठारी। पुहुप भंवर जल मीन बिगारी।।
मलयागिरि बेधियो भुजंगा। विष अम्रित दोउ एकै संगा।।
मन ही पूजा मन ही धूप। मन ही सेऊं सहज सरूप।।
पूजा अरचा न जानूं तेरी। कहि रैदास कवन गति मेरी।।

जो तुम तोरौ राम मैं नहिं तोरौं। तुम सों तोरि कवन सों जोरौं।।
तीरथ बरत न करौं अंदेसा। तुम्हरे चरनकमल का भरोसा।।
जहं जहं जावौं तुम्हारी पूजा। तुम-सा देव और नहिं दूजा।।
मैं अपनो मन हरि सों जोर्‌यो। हरि सों जोरि सबन सों तोर्‌यो।।
सबहीं पहर तुम्हारी आसा। मन क्रम बचन कहै रैदासा।।

थोथो जनि पछोरौ रे कोई। जोई रे पछोरौ जा में निज कन होई।।
थोथी काया थोथी माया। थोथा हरि बिन जनम गंवाया।।
थोथा पंडित थोथी बानी। थोथी हरि बिन सबै कहानी।।
थोथा मंदिर भोग-विलासा। थोथी आन देव की आसा।।
सांचा सुमिरन नाम-विसासा। मन बच कर्म कहै रैदासा।।

पत्तियां हिली नहीं
पंखुरी खिली नहीं
एक अवधि बीत गई बोझिल चुपचाप
कौन दे गया ऐसा शाप

बगुलों की पांत नहीं, नंगा आकाश
चूक गए मौसम के सारे विश्वास
मौन दिशाएं सभी
सूनी राहें सभी
झेल रहा वक्त ओह, कैसा संताप
कौन सा किया ऐसा पाप

बंद है हवाएं भी, फीके सब रंग
भूल गए राग-फाग चंग और मृदंग
रंग चटकते कहां
कदम अटकते कहां
सन्नाटे का मारा समय रहा कांप
सूंघ गया कैसा यह सांप

आदमी को क्या हो गया है? रैदास खो गए, कबीर खो गए, नानक खो गए। आदमी के इस बगीचे में फूल खिलने बंद हो गए! मधुमास जैसे अब आता नहीं! जैसे मनुष्य का हृदय एक रेगिस्तान हो गया है;

मरूद्यान भी नहीं कोई। हरे वृक्षों की छाया भी न रही। दूर के पंछी बसेरा करें, ऐसे वृक्ष भी न रहे। आकाश को देखने वाली आंखें भी नहीं। अनाहत को सुनने वाले कान भी नहीं। मनुष्य को क्या हो गया है?

एक अवधि बीत गई बोझिल चुपचाप
कौन दे गया ऐसा शाप
झेल रहा वक्त ओह, कैसा संताप
कौन-सा किया ऐसा पाप
बंद है हवाएं भी, फीके सब रंग
भूल गए राग-फाग चंग और मृदंग
रंग चटकते कहां
कदम अटकते कहां
सन्नाटे का मारा समय रहा कांप
सूंघ गया कैसा यह सांप

एक दुर्घटना घटी है और उस दुर्घटना के प्रति सचेत हो जाना जरूरी है, अन्यथा अपनी खोज न हो सकेगी। और जिसने स्वयं को न जाना उसने कुछ भी न जाना। वह जीया भी और जीया भी नहीं। वह जीया नहीं, बस मरा ही। उसके जन्म और मृत्यु के बीच में कुछ भी न घटा। अगर जन्म और मृत्यु के बीच में परमात्मा न घटे तो जानना कि कुछ भी नहीं घटा; खाली आए खाली गए। शायद कुछ गंवा कर गए, कमा कर नहीं।

एक दुर्घटना हुई है। और वह दुर्घटना है: मनुष्य की चेतना बहिर्मुखी हो गई है। सदियों में धीरे-धीरे यह हुआ, शनैः-शनैः, क्रमशः-क्रमशः। मनुष्य की आंखें बस बाहर थिर हो गई हैं, भीतर मुड़ना भूल गई हैं। तो कभी अगर धन से ऊब भी जाता है—और ऊबेगा ही कभी; कभी पद से भी आदमी ऊब जाता है—ऊबना ही पड़ेगा, सब थोथा है! कब तक भरमाओगे अपने को? भ्रम हैं तो टूटेंगे। छाया को कब तक सत्य मानोगे? माया का मोह कब तक धोखे देगा? सपनों में कब तक अटके रहोगे? एक न एक दिन पता चलता है सब व्यर्थ है।

लेकिन तब भी एक मुसीबत खड़ी हो जाती है। वे जो आंखें बाहर ठहर गई हैं, वे आंखें अब भी बाहर ही खोजती हैं। धन नहीं खोजतीं, भगवान खोजती हैं—मगर बाहर ही। पद नहीं खोजतीं, मोक्ष खोजती हैं—लेकिन बाहर ही। विषय बदल जाता है, लेकिन तुम्हारी जीवन-दिशा नहीं बदलती।

और परमात्मा भीतर है; वह अंतर्यात्रा है। जिसकी भक्ति उसे बाहर के भगवान से जोड़े हुए है, उसकी भक्ति भी धोखा है।

मन ही पूजा मन ही धूप।

चलना है भीतर! मन है मंदिर! उसी मन के अंतर-गृह में छिपा हुआ बैठा है मालिक।

प्रश्नों की आंधी में उजड़ रहे व्यक्ति।
चेतन को लील रही अवचेतन शक्ति।।

सीमाएं काट रहे बहुताली स्वर।
विस्मय से बांट रहे लघुता का ज्वर।।

निर्णय से दूर बहे जाते हैं कूल।
यहां-वहां डूब रहे मन के मस्तूल।।

संशय के कुहरे में सिमट रहे सूर्य।
परजीवी लगते हैं शब्दों के तूर्य।।

लघुतम आधारों पर बंटे हुए दल।
उलटे मुंह लटक रहा पीढ़ी का बल।।

चौरहे खांस रहा चिंतक का दर्प।
आकृति को डसे हुए विकृति का सर्प।।

भ्रम के परिवृत्तों में दबे हुए क्षण।
बौने से लगते हैं बुनियादी प्रण।।

तंत्रों के चक्रव्यूह मंत्रो के दंश।
अमृत को खोज रहे विषधर के वंश।।

आकाशी मुस्कानें खंडित संदर्भ।
समय की ढलानों पर पिघल रहे गर्भ।।

रात के उजाले में बुझे हुए पक्ष।
आयातित लगते हैं अनुभव के पक्ष।।

आदमी का जैसे गर्भपात ही हो जाता है; उसकी आत्मा का जन्म ही नहीं हो पाता।

समय की ढलानों पर पिघल रहे गर्भ।

और आदमी उलझा है प्रश्नों की आंधी में!

प्रश्नों की आंधी में उजड़ रहे व्यक्ति।
चेतन को लील रही अवचेतन शक्ति।।

यह दुर्घटना है। मनुष्य ने पहली बार इतने प्रश्न पूछे हैं और उत्तर उसके पास एक भी नहीं। प्रश्नों

की झड़ी लगी है, प्रश्न ही प्रश्न हो गए हैं। जीवन एक प्रश्न बन कर खड़ा हो गया है। परमात्मा एक प्रश्न है, प्रेम एक प्रश्न है, प्रार्थना एक प्रश्न है। हर चीज को प्रश्न में बदल लेने की हमने कला सीख ली है। और उत्तर? उत्तर का हमें कुछ पता नहीं रहा। न दिशा का बोध रहा। किस दिशा में उत्तर मिलेगा, इसकी भी विस्मृति हो गई है। दसों दिशाओं में भटक रहे हैं हम। हजारों प्रश्न पूछ रहे हैं हम। और ग्यारहवीं भी एक दिशा है। अपने भीतर जाने वाला भी एक मार्ग है। उसकी तरफ पीठ किए खड़े हैं।

आदमी ने अपनी तरफ पीठ कर ली, यह उसका दुर्भाग्य है। रैदास याद दिलाते हैं: मुड़ो, अपनी और मुड़ो। मन ही पूजा मन ही धूप! छोड़ो मंदिर, मस्जिद, गिरजे, गुरुद्वारे। वे सब तो आदमी के बनाए हुए हैं। खोजो अपने भीतर के चैतन्य में, क्योंकि वही परमात्मा से आया है। वही एक किरण है प्रकाश की, जो उस परम सूर्य तक ले जा सकती है। क्योंकि वह उस परम सूर्य से आती है। वही है सेतु।

रैदास के सूत्र—

भगती ऐसी सुनहु रे भाई। आई भगति तब गई बड़ाई।।

कहते हैं: भक्ति का पहला सूत्र सुनो कि भक्ति तो आए, भक्ति तो आज आ जाए, बड़ाई खोने की तैयारी है? अहंकार खोने के लिए तत्परता है? क्योंकि भक्ति आएगी तो अहंकार जाएगा। जैसे रोशनी आएगी तो अंधकार जाएगा। दिया जलाने से डरोगे तुम, अगर अंधेरे से बहुत मोह लगा लिया। अगर अंधेरे में तुम्हारे सारे स्वार्थ निहित हो गए तो तुम बातें तो दीये की करोगे, मगर दीया कभी जलाओगे नहीं। यह भी हो सकता है कि दीयों की तस्वीरें टांग लो अपने अंधेरे कक्ष में, लेकिन दीये की तस्वीरों से कोई रोशनी नहीं मिलती।

मंजरे-तस्वीर दर्दे-दिल मिटा सकता नहीं
आईना पानी तो रखता है पिला सकता नहीं

किसी चित्र को कितना ही देखते रहो!

मंजरे-तस्वीर दर्दे-दिल मिटा सकता नहीं

अपनी प्रेयसी के चित्र को टांगे रखो छाती पर, अपने प्रेमी की बड़ी तस्वीर टांग लो अपने घर में—उससे क्या होगा? उससे दिल का दर्द न मिटेगा। और तुम्हारी मूर्तियां क्या हैं? उस परम प्रेमी की तस्वीरें हैं! और तुम्हारे मंदिर क्या हैं?

आईना पानी तो रखता है पिला सकता नहीं

आईना पानी तो रखता है, पानीदार होता है; मगर उससे प्यास न बुझेगी।

और तुम्हारे शास्त्र क्या हैं? आईने हैं, जिनमें पानी की चर्चा है। तस्वीरें हैं—और प्यारी तस्वीरें हैं। मगर उन तस्वीरों से क्या होगा? शायद दिल को बहला लो। शायद थोड़ी देर अपने को समझा लो, भूल जाओ उन तस्वीरों में, उन रंगो में। मगर फिर-फिर याद आएगी कि तस्वीर तस्वीर है।

भगती ऐसी सुनहु रे भाई। आई भगति तब गई बड़ाई।।

और तस्वीरें क्यों टांगी हैं तुमने? इतने मंदिर क्यों पृथ्वी पर बन गए? इतने तीर्थ क्यों हैं?

आदमी की बेईमानी के कारण, चालबाजी के कारण, पाखंड के कारण। आदमी अपने को धोखा देना चाहता है—और बड़ा सूक्ष्म और नाजुक धोखा। आदमी यह धोखा देना चाहता है कि मैं धार्मिक हूं

बिना धार्मिक हुए। इसलिए गीता पढ़ेगा, कुरान पढ़ेगा, बाइबिल पढ़ेगा। मोहम्मद से बचेगा, कृष्ण से बचेगा, जीसस से बचेगा। जीसस जैसे व्यक्ति ज्यादा पीछे पड़ जाएंगे तो सूली पर लटकाएगा और फिर बाद में सदियों तक बाइबिल पढ़ेगा और जीसस के वचनों को टांगेगा। कृष्ण को नहीं सुनेगा।

अर्जुन भी बामुश्किल सुना। और शक है, सुना भी कि नहीं सुना। उठाता ही चला गया प्रश्न। तुम क्या सुनोगे, अर्जुन ने भी नहीं सुना! कृष्ण सामने होंगे तो तुम बचोगे। तुम बड़ा बवंडर खड़ा कर लोगे प्रश्नों का—दार्शनिक-आध्यात्मिक प्रश्नों का। इतनी धूल उड़ा दोगे प्रश्नों की अपने चारों तरफ कि कृष्ण का चेहरा तुम्हें दिखाई पड़ना बंद हो जाए। विचार का ऐसा धुआं उठाओगे—और तुम आसानी से धुआं उठा सकते हो। गीली लकड़ी हो, तुमसे लपटें तो उठ ही नहीं सकतीं, धुआं ही उठ सकता है। तुम सुलग नहीं सकते ठीक से, धुंधुआ सकते हो।

जानते हो, लकड़ी से धुआं क्यों उठता है? लकड़ी के कारण नहीं, लकड़ी में छिपे पानी के कारण। लकड़ी बिलकुल सूखी हो तो धुआं उठे ही नहीं। अगर सौ प्रतिशत सूखी हो तो धुआं असंभव है—सिर्फ लपट उठे।

हमारे चित्त वासना से गीले हैं, इसलिए धुंधुआते हैं, उनमें रोशनी नहीं उठती। हम बाहर की चीजों के लिए दीवाने हैं। वही दीवानगी हमारे जीवन को अंधेरे से भरे है। हम डरते भी हैं कि कहीं रोशनी हो ही न जाए। अगर कभी कोई रोशन व्यक्ति हमें मिल भी जाता है तो हम पीठ कर लेते हैं। हम अपनी आंख बंद कर लेते हैं।

और एक बड़ा डर है—सबसे बड़ा डर—कि जिसने भी परमात्मा को निमंत्रण दिया, उसे मिटने की तैयारी करनी पड़ी है।

> फनां में बर्के-सोजां का असर पैदा कर ऐ बुलबुल
> ये आहें कोई आहें हैं, ये नाले कोई नाले हैं
>
> हयाते-जाविदां आई है जां-बाजों के हिस्से में
> हमेंशा जीने वाले हैं ये जितने मरने वाले हैं
>
> मोहब्बत में गिरां-पा हो न इतना खौफे-रहजन से
> जो इस रास्ते में लुट जाएं बड़ी तकदीर वाले हैं

यह जो प्रेम का रास्ता है, यह जो भक्ति है—इस रास्ते पर लुटेरों से डरना मत।

> मोहब्बत में गिरां-पा हो न इतना खौफे-रहजन से

ऐसे घबड़ाओ मत लुटेरों से। यह प्रेम के रास्ते पर लुटे बिना कोई रास्ता नहीं है।

> मोहब्बत में गिरां-पा हो न इतना खौफे-रहजन से
> जो इस रास्ते में लुट जाएं बड़ी तकदीर वाले हैं

यहां तो बड़ी मुश्किल से कोई लुटेरा मिलता है। सदगुरु लुटेरा है। इसीलिए तो हमने परमात्मा को नाम दिया—हरि। हरि यानी लुटेरा, लूट ले जो, हरण कर ले जो। तुम्हारे पास कुछ है नहीं, थोथे खयाल हैं, झूठी कल्पनाएं हैं। मगर उनको भी लूटना पड़ेगा। इसलिए ठीक है—

जो इस रास्ते पर लुट जाएं बड़ी तकदीर वाले हैं
हयाते-जाविंदा आई है...

अमर जीवन मिला है, अमृत बरसा है।

हयाते-जाविदां आई है जां-बाजों के हिस्से में

लेकिन उनके ही हिस्से में आया है अमर जीवन, जिन्होंने जीवन को—इस जीवन को, इस क्षणभंगुर जीवन को—दांव पर लगा दिया है। यह जुआ खेलने जैसा है: क्षणभंगुर दांव पर लगता है, शाश्वत मिलता है। यह बाजी लगाने जैसी है।

हयाते-जाविदां आई है जां-बाजों के हिस्से में
हमेशा जीने वाले हैं ये जितने मरने वाले हैं

ये जो मरना जानते हैं, ये शाश्वत जीवन को उपलब्ध हो जाते हैं, ये हमेशा जीते हैं। यह सबसे बड़ा डर है कि कहीं परमात्मा आए और मैं मिट न जाऊं। और यह डर स्वाभाविक है। सागर आएगा तो बूंद बचेगी कैसे? अगर बूंद को अपनी अकड़ में जीना है तो सागर से दूर ही दूर रहना होगा। बूंद तो बूंद, अगर नदियों को भी बचना है और अपने अहंकार को बचाना है और अपने किनारों की सीमा में आबद्ध रहना है और अपनी पताकाएं उड़ानी हैं, तो सागर से दूर रहना होगा। सागर के तो जो पास आएगा वही मिट जाएगा।

लेकिन वह मिटना मिटना नहीं है; वह मिटना पाना है। और बूंद रह कर बच भी गए तो वह बचना कोई बचना नहीं है; वह सागर को खोना है, क्योंकि बूंद जब सागर में अपने को खो देती है तो सागर हो जाती है।

भगती ऐसी सुनहु रे भाई। आई भगति तब गई बड़ाई।।

सारा बड़प्पन चला जाएगा। पहले से ही सचेत कर देते हैं रैदास कि इतनी तैयारी हो तो ही कदम रखना इस रास्ते पर।

कहा भयो नाचे अरु गाए।

बिना इस तैयारी के कितने ही नाचो और कितने ही गाओ, कुछ भी न होगा। असल में नाचोगे ही कैसे? अहंकार और नाच सकता है! अहंकार तो ऐसे है जैसे पक्षाघात, पैरालिसिस। अहंकारी नाच कैसे सकता है? वह तो अकड़ा है। नाचने के लिए लोच चाहिए। अकड़ में लोच कहां? नाचने में तरलता चाहिए, अंहकार में तरलता कहां? नाचने में मिटने की कला चाहिए। नृत्य ही रह जाए, नर्तक खो जाए, तब नाच पूरा होता है। लेकिन अगर नर्तक अकड़ा हुआ खड़ा है तो उसकी उछल-कूद को नाच मत समझ लेना। और कितने ही गाओ, अगर तुम्हारे भीतर अहंकार है तो तुम्हारा अहंकार तुम्हारे सारे गीतों को जहरीला कर देगा। तुम्हारे पात्र में ही अगर जहर भरा है तो उसमें तुम कितने ही फूल तैराओ, वे सब मर जाएंगे।

कहा भयो नाचे अरु गाए, कहा भयो तप कीन्हें।

कितना ही तप करो, कुछ भी न होगा। अगर बुनियादी शर्त पूरी नहीं हुई, तो न नाचने से कुछ होगा, न गाने से कुछ होगा, न तप से, न व्रत से। और बुनियादी शर्त एक ही है कि अहंकार को जाने दो।

बीज बो गया कोई
पेड़ तो उगाएं हम
मरु की नीरसता को तोड़ कर

खंड-खंड बिखरी
सौंदर्य की झलकियों को
छविगृह में एकजुट सजाएं हम
शिवजी के मस्तक की
गंगधार, जन-जन तक
भगीरथ बन कर पहुंचाएं हम
बोल दे गया कोई
गीत गुनगुनाएं हम
सुर-गंगा सागर तक छोड़ कर

गांव की जुन्हाई को
प्रेम की पुकारों से
रीझ-रीझ शहर तक बुलाएं हम
धूप की लुनाई को
रंग की बुनाई को
संध भरे मन तक पहुंचाएं हम
नींव भर गया कोई
मंजिलें उठाएं हम
जीवन की ईंट-ईंट जोड़ कर

बीज तो दिए गए हैं। सारे मनुष्य का अतीत बुद्धों के दान से जगमग है। दीये ही दीये जलाए गए हैं, मगर हम आंख बंद किए बैठे हैं। बीज हमें दिए गए हैं, मगर हम उन्हें प्राणों तक पहुंचने नहीं देते, प्राणों की भूमि तक पहुंचने नहीं देते। गीताएं-कुरान हमारी खोपड़ी में अटकी रह जाती हैं, हमारे हृदय को नहीं छू पातीं। अगर कुरान हृदय को छू ले तो मुसलमान न रह जाओगे। और अगर गीता हृदय को छू ले, तुम हिंदू न रह जाओगे। गीता हृदय को छू ले और फिर भी तुम हिंदू रहो, तो यह तो ऐसा हुआ कि गंगा सागर में पहुंच जाए और किनारे भी बने रहें! यह असंभव है।

दुनिया पर धार्मिक आदमी का अवतरण नही हो पा रहा है; क्योंकि यहां हिंदू हैं, मुसलमान हैं, ईसाई हैं, जैन हैं, बौद्ध हैं, सिक्ख हैं। ये बाधाएं हैं। ये सब परिभाषाएं हैं, सीमाएं हैं।

और जहां बहुत सीमाएं होती हैं वहां असीम उतरे तो कैसे उतरे? आंगन में आकाश को कैसे उतारोगे? दीवारें तोड़ो!

खंड-खंड बिखरी
सौंदर्य की झलकियों को
छविगृह में एकजुट सजाएं हम
शिवजी के मस्तक की
गंगधार, जन-जन तक
भगीरथ बन कर पहुंचाएं हम

मगर पहले तुम्हारे ऊपर तो गंगा उतरे, तो फिर तुम जन-जन तक पहुंचा सकते हो! तुम्हारी प्यास बुझे तो तुम न मालूम कितनों की प्यास बुझा सकते हो! तुम्हारी ज्योति जले तो तुम न मालूम कितनों की ज्योति जला सकते हो! ज्योति से ज्योति जले!

बोल दे गया कोई
गीत गुनगुनाएं हम
सुर-गंगा सागर तक छोड़ कर

तुम मिटो तो परमात्मा तुम्हें गीत दे। तुम हटो तो तुम्हारी शून्यता को उसकी पूर्णता भर दे। फिर गुनगुनाओ। फिर गुनगुनाने में मजा है। गीत तुम्हारे नहीं होने चाहिए। गीत उसके, गुनगुनाना तुम्हारा। गंगा उसकी, प्राण तुम्हारे। नाचो तुम, लेकिन नाचे वस्तुतः वही। इतना कर सको तो भक्ति का पहला कदम पूरा होता है। और यह न हो सके तो जीवन व्यर्थ है।

कान वो कान है, जिसने तेरी आवाज सुनी
आंख वो आंख है, जिसने तेरा जल्वा देखा

याद रखना, अंधे हो, अगर परमात्मा नहीं देखा तो। बहरे हो, अगर परमात्मा नहीं सुना तो। लंगड़े हो, लूले हो, अगर वह तुम में नहीं नाचा। मुर्दा हो, अगर वह तुम में नहीं जीआ।

कान वो कान हैं, जिसने तेरी आवाज सुनी
आंख वो आंख है, जिसने तेरा जल्वा देखा

इस दुनिया में देखने योग्य और क्या है—उसका जल्वा! और जल्वा ही जल्वा है! चारों तरफ उसका उत्सव है! गीत पर गीत गुनगुनाए जा रहे हैं! फूल पर फूल खिले जा रहे हैं! तारों पर तारे ऊगते आ रहे हैं! मगर तुम अंधे। तुम्हारी आंखों पर पत्थर रखा है अहंकार का। हटाओ इस पत्थर को!

कहा भयो नाचे अरु गाए, कहा भयो तप कीन्हें।
कहा भयो जे चरन पखारे, जौ लौ तत्व न चीन्हें।।

जब तक तुमने अपने अंतर्तम में छिपे तत्व को नहीं चीन्हा है, नहीं पहचाना है, तब तक किसके चरण पखार रहे हो? पत्थरों की मूर्तियों के! क्या होगा इन चरणों को पखारने से? ये पंडित-पुजारियों की

ईजादें हैं। ये शोषण के ढंग हैं। ऐसे तुम्हारी गर्दनें सदियों तक काटी जाती रही हैं, और तुम आज भी काटे जा रहे हो, और तुम आगे भी काटे जाओगे।

और यहीं पास में मिल जाते हैं लोग। बुद्धों को खोजने तो जाना पड़ेगा, क्योंकि सदियों में कभी-कभी वह अभूतपूर्व घटना घटती है—जहां आकाश पृथ्वी से मिलता है; जहां आकाश और पृथ्वी आलिंगन में आबद्ध होते हैं! बुद्धत्व तो कभी-कभी घटता है, लेकिन पंडित-पुजारी तो गली-गली मिल जाएंगे। तुम उन्हें न खोजो तो वे तुम्हें खोजते हुए आ जाएंगे। एक ढूंढो, हजार मिलते हैं। और सच तो यह है कि तुम बिलकुल भी न ढूंढो तो हजार तुम्हें ढूंढते हैं। और जो पास मिल जाता है, हम उसी से राजी हो जाते हैं। हमारे भीतर खोज की अभीप्सा ही नहीं है; किसी बड़े अभियान पर निकलने की आकांक्षा नहीं है।

जाहिद के कस्त्रे-जुहद की बुनियाद है यही
मस्जिद बहुत करीब थी मैखाना दूर था

कई लोग इसीलिए मस्जिद में बैठे हैं। कारण कुल इतना ही है!

जाहिद के कस्त्रे-जुहद की बुनियाद है यही

कई विरागी बने बैठे हैं मंदिरों में, त्यागी बने बैठे हैं मंदिरों में, व्रत-उपवास किए बैठे हैं। और कुल कारण क्या है? कुल कारण इतना है—

जाहिद के कस्त्रे-जुहद की बुनियाद है यही
मस्जिद बहुत करीब थी मैखाना दूर था

मस्जिद बगल में थी और मैखाना तो खोजना पड़ता है। मैखाने के लिए पहचानने की भी आंखें चाहिए। मैखाने से आंदोलित होने के लिए दीवानापन चाहिए।

मैखानों को तो पियक्कड़ ही पहचान सकते हैं। जिन्होंने थोड़ी चखी है, जिन्हें थोड़ा स्वाद आया है। फिर वह स्वाद चाहे कहीं से भी आया हो—चाहे सुबह उगते हुए सूरज को देख कर वह स्वाद आया हो, चाहे रात को आकाश तारों से भरा हो और वह स्वाद आया हो, चाहे किसी की प्रीति में, चाहे संगीत में, सौंदर्य में; चाहे कहीं से भी उस स्वाद की झलक मिली हो—लेकिन थोड़ा सा जिन्होंने चखा हो, वे ही बुद्धों को पहचान पाएंगे।

जिसने कविता में डुबकी मारी हो, वह बुद्ध को पहचानने से नहीं बच सकेगा, क्योंकि बुद्ध में उसे काव्य जीवंत मिलेगा। जो कविता में बस झलका-झलका था, वह बुद्ध में जीता हुआ मिलेगा। जिसने वीणा के मधुर स्वरों मे कभी अपने को खो दिया हो, वह बुद्ध के पास आकर लौट नहीं सकेगा; क्योंकि वहां वीणा—ऐसी वीणा जिसमें न तार हैं; ऐसी वीणा जो न दिखाई पड़ती है, न दिखाई पड़ सकती है—उसे बजते हुए सुनेगा। उसने जो वीणा सुनी थी वह तो आहत नाद था, बुद्धों के पास अनाहत नाद सुनेगा।

बुद्धों के ओंठ तो चुप हैं, लेकिन उनके प्राणों से ओंकार उठ रहा है। जो कभी नाद में डूबा है, वह बुद्धों के पास से वापस नहीं लौट सकता। जिसने वृक्षों में सौंदर्य देखा है, उनकी हरियाली में प्राण का बहाव देखा है, उनके फूलों में परमात्मा के रंग देखे हैं; जिसने इंद्रधनुष को देख कर अपने को ठगा हुआ पाया है, लुटा हुआ पाया है—वह बुद्धों से नहीं बच सकेगा, क्योंकि वे भी इंद्रधनुष हैं चैतन्य के! सातों रंग, सभी रंग! वे भी संगीत हैं, सरगम हैं—सातों स्वर! लेकिन इसके लिए थोड़ी दीवानगी चाहिए।

कौन जाने, कौन समझे, चाकदामानी का राज
तुममें ऐ अहले बसीरत! कोई दीवाना भी है

पंडितों से पूछ रहा है कवि।

कौन जाने, कौन समझे, चाकदामानी का राज

मेरे फटे हुए कपड़ों का, मेरी दीवानगी का, मेरे पागलपन का कौन रहस्य समझेगा?

तुममें ऐ अहले बसीरत!

ऐ ज्ञानियो, ऐ पंडितो!

तुममें ऐ अहले बसीरत! कोई दीवाना भी है

अगर तुममें कोई दीवाना हो तो उससे मैं कुछ कहूं, तो उससे कुछ बात बने, तो वह कुछ सुने और समझे।

पंडित नहीं बुद्धों को पहचान पाते, सरल-चित्त लोग पहचान लेते हैं। सीधे-सादे लोग पहचान लेते हैं। ज्ञानी वंचित रह जाते हैं, अज्ञानी पहचान लेते हैं। पुण्यात्मा वंचित रह जाते हैं, पापी पहचान लेते हैं, कारण? पुण्यात्मा के पास अहंकार होता है; पापी के पास तो सिर झुका है। वह तो अपने पाप से दबा है। वह तो अपने को असहाय पा रहा है। वह तो अपने को गुनहगार पाता है। वह तो आकांक्षा करता है कि प्रभु उसे क्षमा करे। उसकी भूलें इतनी हैं कि किस बलबूते पर अभिमान करे? किस बलबूते पर अहंकार करे? लेकिन पुण्यात्मा है—जिसने व्रत किए, उपवास किए, मंदिर बनाया, तीर्थ गया, गंगा-स्नान किया—उसके पास तो अहंकार है आभूषणों में सजा, चमकता-दमकता! वह नहीं समझ पाएगा।

कहा भयो जे चरन पखारे, जौ लौ तत्व न चीन्हें।
कहा भयो जे मूंड मुंडायो, कहा तीर्थ ब्रत कीन्हें।।

नहीं होगा इन सब बातों से कुछ। मूल कारण खोजना होगा। ये ऊपर-ऊपर के इलाज हैं। ये ऊपर-ऊपर की मलहम-पट्टियां हैं, घाव तुम्हारे भीतर है। तुम्हारे प्राण रुग्ण हैं, तुम्हारी आत्मा मूर्च्छित पड़ी है। और ये बातें ऊपर-ऊपर की हैं, इनसे भीतर के इलाज नहीं हो सकते।

बढ़ती ही जाती है बस्ती की भीड़,
बौने हो जाते इरादों के चीड़,
कमरे में टंग जातीं रातें अधनंगी,
उम्र की जटाओं में उलझन बेढंगी,
ऐसा क्यों होता है रोज-रोज?
करनी ही होगी अब कारण की खोज।

मितलाई सुबह और पितलाई सांझ,
सन्निपाती पिक और अमराई बांझ,
मुक्ति की आकांक्षा में नुची हुई पांखें,

हवाएं टटोलती धृतराष्ट्री आंखें?
कहां गया जीवन का ओज?
करनी ही होगी अब खोज।

मनुष्य ने गरिमा कहां खो दी है? यह मनुष्य का ओज कहां गया? इसके मूल कारण की खोज करनी ही होगी। और मूल कारण कठिन नहीं है समझ लेना। जरा अपने ही भीतर खोदने की बात है और जड़ें मिल जाएंगी समस्या की। एक ही जड़ है कि हम अपने से वियुक्त हो गए हैं; अपने से ही टूट गए हैं; अपने से ही अजनबी हो गये हैं!

और जो अपने से अजनबी है, वह सबसे अजनबी हो जाता है। अपने को जिसने पहचान लिया, उसकी सबसे पहचान हो जाती है। उसके लिए अजनबी भी अजनबी नहीं रह जाते, क्योंकि उसे दिखाई पड़ता है : भीतर एक ही तरंग, एक ही चैतन्य, एक ही ज्योति! दीये होंगे अलग, दीयों के ढंग होंगे अलग, आकृति-रंग होंगे अलग; मगर ज्योति तो एक है।

लेकिन जिसने अपनी ही ज्योति नहीं देखी, वह किसके भीतर ज्योति को देखेगा! उसे तो चलती-फिरती लाशें दिखाई पड़ती हैं। वह खुद भी मुर्दा है और दूसरे भी उसे मुर्दा ही मालूम होते हैं। वह मुर्दों की बस्ती में जीता है।

स्वामी दास भगत अरु सेवक, परमतत्व नहिं चीन्हें।

तुम कितने ही स्वामी और दास बन जाओ, भगवान के सामने सिर पटको और कहो कि मैं तुम्हारा दास हूं, तुम मेरे स्वामी हो, कि मैं तुम्हारा सेवक हूं और तुम मेरे मालिक हो—कुछ भी न होगा। अभी परमतत्व की पहचान नहीं हुई। क्यों? क्योंकि जहां परमतत्व की पहचान है, वहां मैं और तू का भेद नहीं है, वहां कौन दास और कौन मालिक? वहां कौन सेवक, कौन प्रभु? वहां कौन भक्त कौन भगवान?

राम कृष्ण मंदिर में पूजा करते करते अपने को ही भोग लगा लेते थे। जब यह खबर लोगों को पता चली, तो लोगों ने कहा : यह किस तरह का पुजारी है! यह तो पाप हो रहा है! मंदिर के ट्रस्टियों की बैठक हुई। उन्होंने रामकृष्ण को बुलाया कि हमने यह सुना है कि तुम भगवान को भोग लगाते-लगाते अपने को भोग लगा लेते हो! माला उनको पहनाते-पहनाते खुद को ही पहना लेते हो! यह किस ढंग की पूजा है?

रामकृष्ण ने कहा : पूजा का भी कोई ढंग होता है! यह भी खूब बात रही! अरे पूजा तो बेढंगी ही होती है। इसमें ढंग होता ही नहीं। यह तो प्रीति है। प्रीति की कोई रीति होती है? यह तो मौज है! जब मेरे भीतर और उसके भीतर मुझे एक ही दिखाई पड़ने लगता है तो कौन पहना रहा है माला और कौन पहन रहा है, कौन रखे हिसाब? वही है पहनने वाला, वही है पहनाने वाला। वही है भोग लगाने वाला, वही है भोग स्वीकार कर लेने वाला। मैं कोई दूसरा थोड़े ही हूं, कोई अन्य थोड़े ही हूं।

मगर कौन समझेगा इसे? कोई दीवाना हो तो समझे। किसी ने प्रेम का यह पागलपन जाना हो तो समझे। इतना ऐक्य सध जाए तो भक्ति।

कहि रैदास तेरी भगति दूरि है, भाग बड़े सों पावै।

ऐसे करता रहे तू सेवा और बना रहे दास, पखारता रहे चरण; मगर कहे देता हूं तुझे : तेरी भगति

दूरि है! बहुत दूर है अभी मंजिल। अभी तूने पहले कदम भी नहीं उठाए। अभी तूने तुतलाना भी नहीं सीखा। अभी यात्रा की शुरुआत भी नहीं हुई है।

भाग बड़े सों पावै।

बड़े भाग्यवान भक्ति को उपलब्ध हो पाते हैं। लेकिन जिसका अहंकार गिर गया, उसे देर नहीं लगती। अहंकार के गिरने का अर्थ होता हैः न अब कोई मैं है, न अब कोई तू है।

पश्चिम के बहुत बड़े विचारक मार्टिन बूबर ने एक अति प्रसिद्ध पुस्तक लिखी हैः मैं और तू। मार्टिन बूबर इस सदी के यहूदी चिंतकों में सबसे बड़े चिंतक थे और यह किताब अपने किस्म की अनूठी है। इस सदी में लिखी गई थोड़े सी किताबें उस कोटि में आती हैं जिस कोटि में यह किताब आती है। मगर फिर भी इस किताब में बुनियादी भूल है, क्योंकि मार्टिन बूबर का खयाल है—प्रार्थना मैं और तू के बीच संवाद है। वहीं भूल है।

मार्टिन बूबर बड़े विचारक हैं, लेकिन भक्त नहीं। अगर ऐसी बात रैदास से कही होती, रैदास बहुत हंसे होते कि मैं और तू के बीच संवाद—भक्ति, प्रार्थना? वहां कहां मैं, कहां तू? वहां कोई मैं-तू नहीं रह जाता, संवाद का तो सवाल ही नहीं उठता। और जहां संवाद है वहां विवाद हो सकता है, खयाल रखना। और जहां मैं-तू है, वहां मैं-तू हो सकती है, किसी भी वक्त हो सकती है। जब तक मैं और तू मौजूद हैं, तब तक मैं-तू की संभावना मौजूद है, तू-तू मैं-मैं भी हो सकती है। और संवाद कब विवाद में बदल जाए, क्या देर लगती है? संवाद और विवाद कुछ बहुत भिन्न नहीं हैं; एक ही सिक्के के दो पहलू हैं।

नहीं; रैदास कहीं मार्टिन बूबर से ज्यादा गहराई और सच्चाई की बात कह रहे हैं।

कहि रैदास तेरी भगति दूरि है, भाग बड़े सों पावै।

तजि अभिमान मेटि आपा पर।

छोड़ दे अभिमान, छोड़ दे मैं। मेटि आपा पर! मैं और तू को मिटा दे। आपा यानी मैं, पर यानी तू। यह तो मार्टिन बूबर के सैकड़ों वर्ष पहले रैदास ने कह दिया कि अपनापन और दूसरा जब तक मौजूद हैं, तब तक भक्ति नहीं, तब तक तू बड़भागी नहीं।

तजि अभिमान मेटि आपा पर, पिपिलक है चुनि खावै।

देखा है चींटी, इतनी छोटी! मगर रेत में शक्कर मिला दो तो हाथी नहीं छांट पाएगा। हाथी के सामने रेत और शक्कर मिला कर रख दो तो हाथी बुद्धू की तरह खड़ा रह जाएगा। अब क्या करे! लेकिन चींटी शक्कर और रेत को छांट लेगी, अलग-अलग कर लेगी। चींटी का राज यह है कि वह छोटी है, इतनी छोटी है! उसका छोटा होना उसे सूक्ष्म को देखने की क्षमता दे देता है। उसके छोटे होने में सूक्ष्म को पहचानने की पात्रता आ जाती है।

जहां अहंकार गया वहां हम ना-कुछ हो जाते हैं, चींटी तो फिर भी कुछ है। चींटी तो है ही न! चींटी तो फिर भी कुछ है, भक्त उतना भी नहीं रह जाता। और इसलिए भक्त के पास यह क्षमता आती है कि वह सार और असार को छांट लेता है; सार्थक और व्यर्थ को छांट लेता है; तत्व को, अतत्व को छांट लेता है।

नई राहें बताता है, नये रास्ते दिखाता है
नहीं मालूम जालिम इश्क रहजन है कि रहबर है

मगर सवाल खड़ा होता है भक्त के सामने कि जिस प्रेम के रास्ते पर मैं चला हूं, यह लुटेरा है या पथ-प्रदर्शक है? कभी लगता है लुटेरा है, क्योंकि लूटे लिए जा रहा है। जो-जो मेरी संपदा थी, जिस-जिस को मैंने समझा था मेरा, जो-जो मैंने समझा था मैं—उसे लूटे लिए जा रहा है। और कभी लगता है पथ-प्रदर्शक भी है, क्योंकि जहां-जहां मैं हट जाता है वहां-वहां कुछ अनिर्वचनीय उतर आता है!

नई राहें बताता है, नये रास्ते दिखाता है
नहीं मालूम जालिम इश्क रहजन है कि रहबर है

शुरू-शुरू में यह दुविधा रहेगी। यह स्वाभाविक है। लेकिन अगर थोड़े से कदम हिम्मत के साथ, प्रेम के साथ उठा लिए तो तुम जानोगे कि उसका लुटेरा होना ही उसका पथ-प्रदर्शक होना है। वह रहजन है, इसीलिए रहबर है।

तजि अभिमान मेटि आपा पर, पिपिलक है चुनि खावै।

छोटे हो जाओ, परमात्मा तुम्हारे लिए है। बिलकुल मिट जाओ, परमात्मा पूरा का पूरा तुम्हारा है।

अब हम खूब वतन घर पाया।

रैदास कहते हैं: ऐसे हम मिटे, तब हमें घर मिला! अपना घर मिला। खूब घर मिला! घर—जो फिर नहीं छिनेगा! घर—जो मिला सो मिला! जो अनादि है और अनंत है!

अब हम खूब वतन घर पाया।

इसके पहले जिन-जिन स्थानों को हमने घर समझा था वे सराय थे। और जिन भूमियों को हमने मातृभूमि समझा था वे सब राजनीतियां थी। वह अपना वतन न था। वह अपना देश न था।

न तो तुम्हारा देश भारत है, न तुम्हारा देश चीन है, न तुम्हारा देश रूस है। तुम्हारा अगर कोई देश है तो वह परमात्मा है। हंसा, उड़ चल वा देस!

अब हम खूब वतन घर पाया। ऊंचा खेर सदा मेरे भाया।।

विरोधाभासी लगेगी यह बात, लेकिन सत्य है। सत्य विरोधाभासी ही होता है। पहले तो रैदास ने कहा: बिलकुल मिट जाओ। अगर मिट जाओ तो इस जगत में जो सबसे ऊंची जगह है वह तुम्हें मिल जाए।

ऊंचा खेर सदा मेरे भाया।

वह जो ऊंचे से ऊंचा गांव है वही मेरे मन को सदा से भाया है। जो गौरीशंकर का शिखर है जीवन में, वह जो चैतन्य की सबसे बड़ी ऊंचाई है—जिसके ऊपर और कुछ भी नहीं—वह मेरे मन को सदा से भायी है। लेकिन उसे पाने का रास्ता यह है कि तुम ऐसे मिटो, ऐसे मिटो कि तुम्हारा नामोनिशान न रह जाए। तुम इतने नीचे हो जाओ कि उससे नीचे कुछ न बचे, तो तुम इतने ऊंचे हो जाओगे कि उसके ऊपर और कुछ भी नहीं है।

बेगमपुर शहर का नाम।

कहते हैं: जो जगह मुझे मिल गई, जो गांव मुझे मिल गया, जो मेरा घर मैंने पा लिया—उस गांव का नाम है बेगमपुर—जहां कोई गम नहीं, जहां कोई दुख नहीं, जहां आनंद ही आनंद है!

फिकर अंदेस नहीं तेहि ग्राम।।

उस गांव में, उस परमात्मा में, न तो कोई फिकर है, न कोई चिंता है, न कोई अंदेस है, न कोई

डर है। डर किसका? वहां मौत ही नहीं है। सब डर मौत से बंधे हैं। और चिंता क्या? सारी चिंता असुरक्षा में है—पता नहीं जो मेरे पास आज है, वह कल होगा कि नहीं होगा! या जो मेरे पास नहीं है वह कल मुझे मिलेगा या नहीं! इससे चिंता पैदा होती है। लेकिन जिसने परमात्मा में प्रवेश पा लिया, अब तो सब पा लिया! और इस तरह पा लिया कि उसे तुम खोना भी चाहो तो खो नहीं सकते।

परमात्मा एकमात्र तत्व है जो पा लिया जाए तो खोया नहीं जा सकता। इसलिए अब कैसी फिकर, कैसा फांटा, कैसी चिंता, कैसा डर?

नहिं जहं सांसत लानत मार।

अब वहां कोई पीड़ा नहीं है, पीड़ा की कोई मार नहीं है।

हैफ न खता न तरस जवाल।।

न कोई अफसोस है, न कोई भूल-चूक होती है अब।

हैफ न खता न तरस जवाल।।

न तो किसी चीज के लिए तरसता है मन, न कोई नई-नई झंझटें खड़ी होती हैं। गए वे दिन—झंझटों के, तरसने के, रोने के, भीख मांगने के।

उससे मिल कर तुम सम्राट हो गए अस्तित्व के! मिटे क्या, सब पा लिया! शून्य क्या हुए, पूर्ण होने के अधिकारी हो गए!

आव न जान रहम औजूद।

वहां न तो आना है न जाना। वहां न जन्म है न मृत्यु।

आव न जान रहम औजूद। जहां गनी आप बसै माबूद।।

वहां वह परमात्मा खुद बसा हुआ है। अब वहां न कोई आना है न जाना है। अस्तित्व वहां अपनी परिपूर्णता में प्रकट हो रहा है। अस्तित्व का अनंत फूल वहां खिला है। बस वहां आनंद की सतत फुहार पड़ती रहती है—निशिबासर, अहर्निश!

जोई सैलि करै सोई भावै।

और अब परमात्मा जो करवाता है वही भाता है। और तुम जो करते हो, वह सब परमात्मा ही करवाता है। अब तुम में और उसमें कुछ भेद नहीं रहा। वह करवाता है, तुम करते हो; तुम करते हो, वह करवाता है।

जोई सैलि करै सोई भावै।

और जो भी होता है, वही मन को भाता है। कभी ऐसा होता ही नहीं कि ऐसा न होता, कि वैसा होता तो अच्छा होता। जो भी होता है मन को भाता है।

महरम महल में को अटकावै।

अब तुम उस महल के मालिक हो। तुम्हें कोई अटकाने वाला नहीं। पहरेदार रोकते नहीं कि कहां जा रहे हो।

कहि रैदास खलास चमारा।

रैदास कहते हैः और देखो, मैं तो खालिस चमार था, मुझे यह हो गया, तो तुम्हें तो हो ही सकता

है। मुझ गरीब को यह हो गया—जिसका कुल धंधा चमड़े के जूते बनाना था, मरे जानवरों को गांव से ढो लाना था; मरे जानवरों की खाल उतारना था!

कहि रैदास खलास चमारा।

मैं तो खालिस चमार! मुझसे और ओछा कौन, मुझसे और छोटा कौन! आखिरी धंधा मैं कर रहा था। मेरे हाथ भी परमात्मा का घर लग गया, तो तुम तो भरोसा रखो कि तुम्हें मिल ही जाएगा।

जा उस सहर सो मीत हमारा।

लेकिन जो भी उस शहर में प्रवेश कर जाता है उसे प्यारा मिल जाता है। उस शहर में प्रवेश के वक्त यह नहीं पूछा जाता कि तुम ब्राह्मण हो कि शुद्र हो। सिर्फ एक ही बात पूछी जाती है उस प्रवेश के समय कि तुम हो या नहीं? तुमने कहा हूं कि गिर गए। तुमने अगर इतना भी कहा कि नहीं हूं तो भी गिर गए। क्योंकि इतना कहने के लिए भी कि नहीं हूं, होना जरूरी है। तुम अगर चुप रह गए, तुम अगर मौन रह गए; कहने वाला ही कोई नहीं है; प्रश्न उठाया गया, लेकिन उत्तर देने वाला कोई नहीं—तुम्हारे लिए द्वार खुल जाएंगे।

राम मैं पूजा कहां चढ़ाऊं।

रैदास कहते हैं: अब मैं क्या करूं? अब मैं पूजा कहां चढ़ाऊं? कौन है पूज्य और कौन है पूजक? फासले न रहे, दूरियां न रहीं, भेद न रहे, द्वैत न रहा, दुई न रही।

राम मैं पूजा कहां चढ़ाऊं।

कि अब राम तुम ही बता दो कि यह पूजा कहां चढ़ानी है!

फल अरु फूल अनूप न पाऊं।

और अगर पूजा करना भी चाहूं तो कहां से वैसे फूल लाऊं जो तुम्हारे योग्य हों? ऐसे अद्वितीय फूल कहां से लाऊं?

फल अरु फूल अनूप न पाऊं।

जिसने शून्य होकर पूर्ण के जगत में प्रवेश कर लिया, उसकी ये अड़चनें हैं। ये बहुत आगे की बातें हैं, लेकिन समझ रखना अच्छा है, कभी न कभी काम पड़ेंगी, गांठ बांध लेना।

वही है बेखुदे-नाकाम तुम समझ लेना
शराबखाने से जो होशियार आएगा

शराबखाने से जो होशियार आ जाए, वही नासमझ है। वह बेकाम आदमी है, काम का ही नहीं है।

वही है बेखुदे-नाकाम तुम समझ लेना
शराबखाने से जो होशियार आएगा

वहां से तो पीकर ही आना चाहिए, डूब कर ही आना चहिए, तरबतर होकर आना चाहिए!

हम उसे देखा किए जब तक हमें गफलत रही
पड़ गया आंखों पे पर्दा होश आ जाने के बाद

उसे देखना है तो एक गफलत सीखनी होगी, एक मस्ती सीखनी होगी।

हम उसे देखा किए जब तक हमें गफलत रही

पड़ गया आंखों पे पर्दा होश आ जाने के बाद

होश आते ही अहंकार आ जाता है। जैसे ही मैं आया, वह विदा हो गया। जब तक मैं नही है तब तक वही है, केवल वही है।

रैदास कहते हैं: मुझे बड़ी मुश्किल में डाल दिया है। तुम क्या मिले, अब पूजा कहां चढ़ाऊं? जीवन भर पूजा चढ़ाई थी! मन मानता नहीं बिना चढ़ाए। पहले तो कहीं से भी फूल तोड़ कर चढ़ा देता था। पता ही नहीं था कि तुम्हारे योग्य कोई फूल नहीं है। पता ही नहीं था कि फूल तो वृक्षों पर भी तुम्हारे लिए ही चढ़े हुए हैं, इनको तोड़ कर और क्यों तुम्हारे चरणों में रखना! तुम्हारे ही फूल और तुम्हीं को चढ़ाता था। अब कैसे कहां से फूल लाऊं?

थनहर दूध जो बछरू जुठारी।

पहले चढ़ा देता था दूध, खीर बना कर चढ़ा देता था। अब बड़ी मुश्किल हो गई कि बछड़े का जूठा दूध तुम्हें चढ़ाऊं?

वे यह कह रहे हैं कि जूठी बातें अब क्या! पहले वेद के मंत्र दोहरा देता था, वे सब जूठे हैं; गीता दोहरा देता था, वह भी जूठी। और अपने भीतर तो कुछ उठता नहीं—सन्नाटा ही सन्नाटा है। मंत्र सीखे थे—गायत्री और नमोकार; अब वे तुम्हें कैसे चढ़ाऊं? वह तो सब सिखावन थी; औरों ने दे दिए थे, जूठे थे, बासे थे। यह बासा भोजन तुम्हें कैसे चढ़ाऊं? ताजा चाहिए! और ताजा कहां से लाऊं? तुम ही एक ताजे हो, और तो सब बासा है।

पुहुप भंवर...

फूल को भंवरे जूठा कर गए हैं।

...जल मीन बिगारी।।

और मछलियां जल को खराब कर रही हैं, मल-मूत्र त्याग रही हैं, जल में ही। गंगाजल ही हो तो भी क्या है? और मछलियां तो उसको बिगाड़ ही रही हैं। अब गंगाजल भी कैसे तुमको चढ़ाऊं? फूल कैसे चढ़ाऊं? भंवरे उनको पहले ही बिगाड़ गए हैं। कोई चीज ऐसी मिलती नहीं जो जूठी न हो।

मलयागिरि बेधियो भुजंगा।

और मलयागिरि को तो सांपों ने घेर रखा है। वहां से जो हवा भी आती है, मलय-पवन, वह भी विषाक्त है।

विष अम्रित दोउ एकै संगा।।

और जहां-जहां अमृत देखता हूं वहां-वहां विष जुड़ा हुआ है। दोनों साथ-साथ हैं। चंदन कैसे घिसूं तुम्हारे लिए, उस पर सांप चढ़े रहे!

मन ही पूजा मन ही धूप।

इसलिए अब तो एक ही बात समझ में आती है: मन ही पूजा मन ही धूप! अब न तो फूल चढ़ाऊंगा, न जल, न दूध। अब तो मन ही पूजा है, मन ही धूप है! अब तो सब भीतर है, अब बाहर नहीं।

मन ही पूजा मन ही धूप। मन ही सेऊं सहज सरूप।।

अब तो भीतर ही भीतर तुम्हारी सेवा कर लूंगा, क्योंकि तुम मेरे स्वरूप हो, तुम मुझसे अन्य कहां!

पूजा अरचा न जानूं तेरी।

भूल गई सब प्रार्थना, भूल गईं सब अर्चना की विधियां।

पूजा अरचा न जानूं तेरी। कहि रैदास कवन गति मेरी।।

यह भी तूने मुझे खूब उलझाया—रैदास कहते हैं—यह कौन मेरी गति कर दी! पुराना भक्त हूं, पूजा करता था, पाठ करता था, मंदिर जाता था, फूल चढ़ाता था, आरती उतारता था, यह मेरी कौन गति कर दी तूने! यह बड़े प्यार का उलाहना है। यह बड़ी प्रीतिपूर्ण बात है।

कहि रैदास कवन गति मेरी।

यह मेरी क्या दशा कर दी—एक अर्थ। और दूसरा कि मेरी कौन गति होगी, क्योंकि सब पूजा इत्यादि बंद हो चुकी।

मुझसे आकर लोग पूछते है कभी-कभीः आप कौन सा ध्यान करते हैं? तो मैं दिल ही दिल में सोचता हूं : कौन गति होगी मेरी? ध्यान तो करता ही नहीं, वह तो कब का गया! किसका करूं ध्यान? किस विधि से करूं?

कहि रैदास कवन गति मेरी।

तो मैं रैदास की बात समझता हूं। लोग पूछते होंगे कि रैदास जी, आपकी पूजा, आपकी अर्चना...दिखाई नहीं पड़ता, आप मंदिर नहीं जाते!

ऐसा है सूफी फकीर बायजीद के जीवन में उल्लेख कि जीवन भर मस्जिद जाता रहा—पांचों बार नमाज पढ़ने! बीमार हो तो भी जाए। बुखार चढ़ा हो तो भी जाए। ऐसा किसी ने कभी देखा ही नहीं कि उसने पांच नमाज में से एक भी छोड़ी हो। वह अपने गांव से बाहर नहीं गया, क्योंकि गांव से बाहर जाए, पता नहीं मस्जिद हो या न हो! और एक दिन सुबह-सुबह जब गांव के लोग मस्जिद पहुंचे, बायजीद नहीं आया। एक ही सीधा सा सवाल उठा कि लगता है रात मर गया। बूढ़ा भी था। जल्दी से नमाज कर-करा कर गांव का गांव भागा बायजीद की तरफ। वह अपने झाड़ के नीचे बैठा—वृक्ष के नीचे—खंजड़ी बजा रहा था। उससे पूछाः बायजीद, अब इस उमर में बिगड़ रहे हो! जिंदगी भर पूजा-पाठ किया, अब यह क्या कर रहे हो?

बायजीद ने कहाः यही तो मैं सोचता हूं कि अब यह हो क्या रहा है! अब यह वह क्या करवा रहा है! अब मस्जिद जाता हूं तो वह हंसता है। वह कहता है, फिर चले? अभी भी जाते हो! मैं तो यहां हूं तुम्हारे भीतर, तुम कहां चले? अब नमाज पढ़ता हूं तो वह भीतर खिलखिला कर हंसता है। जब तक उससे पहचान न थी, मस्जिद आता रहा। अब उससे पहचान हो गई है, अब आना-जाना कहीं नहीं। अब तो जहां बैठे वहीं वह है। जो किया वही पूजा है। अब यह जो तुम खंजड़ी बजाते सुन रहे हो न, यह नमाज है!

गांव के लोगों ने कहाः हो गया काफिर। खंजड़ी बजाने को नमाज बता रहा है! खंजड़ी बजाने को कह रहा है यही कुरान की आयतें हैं! हो गया भ्रष्ट। सठिया गया मालूम होता है।

बड़े दुखी-उदास गांव के लोग, कि बेचारा! और बायजीद हंस रहा होगा कि बेचारे ये हैं या बेचारा मैं हूं? इनको कब होश आएगा? कब बाहर के मंदिर-मस्जिदों से इनकी मुक्ति होगी?

तो यह बड़ा प्रीतिपूर्ण वक्तव्य है :
पूजा अरचा न जानूं तेरी। कहि रैदास कवन गति मेरी।।
क्या मेरी गति होगी!

हस्ताक्षर करने हैं समय के गुलाबों पर
चाहे यह मौसम का शीशमहल टूट जाए

कब तक हम शब्दों की अल्पना रचाएंगे
परिवर्तित धारा में सब कुछ बह जाएंगे
ध्वनियों के आर-पार दूधिया उजाले में
शंखों के टुकड़ों से कितने दिन गाएंगे
संस्कृतियां लिखनी हैं उन सूने पत्रों पर,
चाहे अधुनातन की परिभाषा बदल जाए।

विवशता दिखाने से, उम्र नहीं बढ़ती है
भीतर की सतहों पर धूप नहीं चढ़ती है
मोम-जड़ी दीवारें हाथ में अरधनी ले
भटक रही भीड़ कहीं कील नहीं गड़ती है
बेनकाब करना है सूरज के पुत्रों को,
चाहे इन चित्रों का रंगबोध पिघल जाए।

रुग्ण हुए शब्दों का अर्थ कौन जानेगा
अवतारी पीढ़ी की बात कौन मानेगा
विष-बुझी हवाओं में निर्णय के चक्रों से
दृष्टि के भेद बदल युद्ध कौन ठानेगा
नामकरण करना है नये सुर्ख सपनों का,
चाहे यह भावलोक और कहीं चला जाए।

ध्वनियों के आर-पार दूधिया उजाले में
शंखो के टुकड़ों से कितने दिन गाएंगे
बेनकाब करना है सूरज के पुत्रों को,
चाहे इन चित्रों का रंगबोध पिघल जाए।

कब तक शंख फूंकते रहोगे? कब तक आदमी के गढ़े गीत गाते रहोगे? कब तक शास्त्रों को दोहराते रहोगे? सब बासा है! और ताजा तुम्हारे भीतर सतत प्रवाहित है। चैतन्य की धारा तुम्हारे भीतर है। तुम्हारे भीतर गंगा बह रही है। तुम भगीरथ हो! तुम्हारे भीतर परमात्मा मौजूद है!

रैदास कहते हैं: जो तुम तोरौ राम मैं नहिं तोरौं।

वे कहते हैं: मुझे पूजा नहीं आती, अर्चना नहीं आती। होना हो जो मेरी गति सो हो, मगर एक बात तुम्हें कह देता हूं: जो तुम तोरौ राम मैं नहिं तोरौं! तुम चाहे तोड़ भी देना नाता, क्योंकि न आती पूजा इसको—खालिस चमार है—न अर्चना आती, न ध्यान, न तप, न तपश्चर्या। तुम अगर चाहो तो तोड़ भी देना मुझसे संबंध।

जो तुम तोरौ राम मैं नहिं तोरौं।

लेकिन मैं बताए देता हूं कि मैं तोड़ने वाला नहीं हूं। और मेरे बिना तोड़े तुम कैसे तोड़ोगे? न तो तुमने जोड़ा है, न तुम तोड़ सकते हो—वे यह कह रहे हैं। कह रहे हैं: जोड़ा मैंने, जब तक मैं ही न तोड़ूं, तुम नहीं तोड़ सकोगे।

तुम सों तोरि कवन सों जोरौं।।

और अगर तुम मुझे समझाओ-बुझाओ भी तो मैं तुमसे तोड़ कर किससे जोड़ूंगा अब संबंध? अब बचा कौन? अब जहां देखता हूं तुम ही दिखाई आते हो।

कुछ और पूछिए यह हकीकत न पूछिए
क्यों आपसे है मुझको मोहब्बत न पूछिए

वो अगर याद करें हमको तो भूलें किसको
हम अगर उनको भुलाएं तो किसे याद करें

रैदास ठीक कह रहे हैं कि तुम्हें तोड़ना हो तो तोड़ लेना, क्योंकि तुम्हें झंझटें बहुत होंगी। कोई अकेला रैदास ही तो नहीं है, और भी तो दासों के दास हुए हैं! अनंत शृंखला हुई संतों की, तुम किस-किस को याद करोगे!

वो अगर याद करें हमको तो भूलें किसको
हम अगर उनको भुलाएं तो किसे याद करें

लेकिन रैदास कहते हैं: तुम चाहो भूलना तो भूला देना, क्योंकि तुम्हें बहुत याद रखना पड़ता होगा, कहां मुझ गरीब का नाम याद रखोगे! मगर मेरे लिए तो तुम अकेले हो। तुम अगर मुझे याद रखोगे तो किसको भूलोगे? और मैं अगर तुम्हें भुलाऊं तो किसको याद करूं? तुम्हारे अतिरिक्त मेरे लिए कोई भी बचा नहीं।

जो तुम तोरौ राम मैं नहिं तोरौं। तुम सों तोरि कवन सों जोरौं।।

तीरथ बरत न करौं अंदेसा।

बताए देता हूं साफ कि न तो तीर्थ करूंगा, न व्रत करूंगा। इन पंचायतों में मुझे मत डालना।

तुम्हरे चरनकमल का भरोसा।।

अब मेरा और कोई भरोसा ही नहीं है। अब मैं यह नहीं सोचता हूं कि तीर्थ करने से तुम मिलोगे, कि व्रत करने से तुम मिलोगे, कि तप करने से तुम मिलोगे। मुझे तो श्रद्धा एक है, वह तुम्हारे चरणों की।

या रहें इसमें अपने घर की तरह
या मेरे दिल में आप घर न करें

भक्त सीधी बातें कह देता है भगवान को; कुछ लाग-लगाव नहीं रखता, कुछ छिपाता भी नहीं।

या रहें इसमें अपने घर की तरह
या मेरे दिल में आप घर न करें

मगर अब तो बहुत देर हो चुकी। घर तो आप कर ही चुके। अब तो रहना ही होगा। और मैं पूजा करूंगा नहीं; और व्रत रखूंगा नहीं; यह सब पंचायत मुझसे हो भी न सकेगी।

रैदास यह कह रहे हैं; मैं सीधा-सादा आदमी हूं, यह साधु-संत इत्यादि का गोरखधंधा मुझसे होने वाला नहीं है। मैं तो ये जूते सीता रहूंगा और बेचता रहूंगा, और तुम्हारे चरण-कमलों का भरोसा है।

जहं-जहं जावौं तुम्हारी पूजा।

अब तो तुम ऐसा समझ लेना—अगर तुम्हारे लिए मन में यही खटका लगा रहे कि यह पूजा नहीं करता—तो जहां-जहां मैं जाऊं उसको तुम समझ लेना कि तुम्हारी परिक्रमा कर रहा हूं।

जहं-जहं जावौं तुम्हारी पूजा। तुम-सा देव और नहिं दूजा।।

इतना जानता हूं कि तुम ही एकमात्र हो, तुम ही देवता हो, तुम ही दिव्यता हो, तुम ही इस अस्तित्व में व्याप्त प्राण हो! बस इतना जानता हूं। इसलिए जहां-जहां जाता हूं—तुम्हारी ही पूजा!

मैं अपनो मन हरि सों जोर्‌यो।

मैंने तो तुम लुटेरे के साथ अपना मन जोड़ दिया है।

हरि सौं जोरि सबन सों तोर्‌यो।।

और जिस दिन तुमसे मन जुड़ा उस दिन सबसे टूट गया; क्योंकि सब बचे ही नहीं, तुम ही बचे।

सबहीं पहर तुम्हारी आसा। मन क्रम बचन कहै रैदासा।।

कहते हैं: समग्रता से कहता हूं कि चौबीस घंटे बस तुम्हारी ही धुन बज रही है। नहीं कि तुम्हें याद कर रहा हूं—बस याद आ रही है!

बस रुखे-यार से उठता हुआ पर्दा देखा
फिर खबर ही न रही, क्या कहें फिर क्या देखा

बस अब तुम ही दिखाई पड़ते हो। जब से तुम्हारा घूंघट उठ गया है तब से पाया कि तुम सारा अस्तित्व हो।

बस रुखे-यार से उठता हुआ पर्दा देखा

बस इतना ही याद है कि रुखे-यार से, कि प्रेमी या प्रेयसी के मुख से घूंघट को हटते देखा। इतनी भर याद रह गई है। बस यह आखिरी बात है जो याद है।

बस रुखे-यार से उठता हुआ पर्दा देखा
फिर खबर ही न रही, क्या कहें फिर क्या देखा

फिर खबर न रही, होश न रहा—मैं ही न रहा! फिर क्या देखा यह नहीं कहा जा सकता। इतना ही कह सकता हूं : चौबीस घंटे तुम ही मुझे घेरे हुए हो; बाहर भी तुम हो, भीतर भी तुम हो! तुम जैसे सागर हो और मैं मछली।

थोथो जनि पछोरौ रे कोई। जोई रे पछोरौ जा में निज कन होई।।
थोथी काया थोथी माया। थोथा हरि बिन जनम गंवाया।।
थोथा पंडित थोथी बानी। थोथी हरि बिन सबै कहानी।।

कहते हैं : जो-जो थोथा है उसे पछोर दो, फटक दो। स्त्रियां फटकती हैं न! चावल को फटकती हैं, तो चावल-चावल बच जाता है, चावल की खोल फटक जाती है।

थोथो जनि पछोरौ रे कोई।

वे कहते हैं : कोई तो समझो, कोई एकाध तो समझो कि जो-जो थोथा है, उसे पछोर कर निकाल दो।

जोई रे पछोरौ जा में निज कन होई।

व्यर्थ को जाने दो, भीतर के कन को बचा लो। भीतर की आत्मा को बचा लो। हिंदू जाने दो, मुसलमान जाने दो, ईसाई जाने दो; लेकिन धर्म की आत्मा को बचा लो। गीता जाने दो, कुरान जाने दो, बाइबिल जाने दो; मगर अंतःकरण की आवाज को बचा लो। स्व-बोध को बचा लो।

थोथी काया थोथी माया।

यहां थोथा बहुत है। यहां शरीर भी थोथा है—अभी है, अभी गया। अभी राख हो जाएगा। मत पकड़ो इसे। थोथे को पकड़ा तो तुम थोथे रह जाओगे। जो पकड़ोगे वही हो जाओगे।

थोथी काया थोथी माया।

और जितना तुमने मोह का, सपनों का जाल बिछा रखा है, सब थोथा है। इधर आई मौत, उधर सब पड़ा रह जाएगा। कितना हिसाब लगाया था, कितनी आपा-धापी की थी, कितने लड़े-झगड़े थे—और सब यहीं पड़ा रह जाएगा!

मैं एक सज्जन को जानता हूं। उनकी जिंदगी भर अदालत में बीती। धीरे-धीरे अदालत ही उनका घर जैसी हो गई। उनको खोजना हो, अदालत चले जाओ। उनसे कुछ काम हो, वे अदालत में मिलेंगे। मुकदमे ही मुकदमे! फिर तो धीरे-धीरे मुकदमा उनकी आदत हो गई। अगर न भी मुकदमे हों तो भी वे दूसरों के मुकदमे सुनने जाने लगे—अदालत में आज क्या हो रहा है? कौन सा मुकदमा चल रहा है? क्या निर्णय लिया जा रहा है? उन्होंने इतनी अदालत की कि वे वकीलों से ज्यादा कानून जानने लगे थे। वे वकीलों को बता देते थे कि यह बात गलत है। ठीक इस धारा के अनुसार...। कंठस्थ हो गईं उन्हें धाराएं।

फिर वे बीमार पड़े, हृदय का दौरा पड़ा। मैं उन्हें देखने गया। मैंने उनसे कहा : एक बात तो बताओ, मर जाओगे, फिर अदालत का क्या होगा? उन्होंने कहा : आप भी अजीब सी बात पूछते हैं! मैंने कहा : तुम भूत-प्रेत बन कर अदालत आओगे या नहीं? अदालत कैसे छोड़ोगे? और जिंदगी भर अदालत में गंवाई, साथ क्या ले जा रहे हो? मैंने कहा : मैं यह पूछने आया हूं कि तुम साथ क्या ले जा रहे हो?

उनकी आंख से दो आंसू टपक गए। उन्होंने कहा कि पहले क्यों नहीं कहा? मैंने कहा: पहले मैं कहता था, पहले भी कहता था, मगर तुम सुने नहीं। और कोई मैं अकेले कहने वाला हूं, न मालूम कितने कहने वाले हुए, मगर तुमने किसकी सुनी? तुमनें सुनी नहीं और मुझसे कहते हो, कही क्यों नहीं? और अब तुम नाराजगी दिखा रहे हो कि अब कहने आए हो जब कि वक्त जा चुका।

और मैंने कहा: तुम्हारी हालत ऐसी थी...। उनके बाबत यह प्रसिद्धि थी कि लोग उनसे जयरामजी तक करने में डरते थे, क्योंकि अगर तुमने किसी दिन उनसे जयरामजी की तो हो सकता है वे अदालत में किसी मामले में तुम्हें खड़ा करें गवाही की तरह कि फलाने दिन सुबह तुमसे जयरामजी हुई थी कि नहीं? मतलब मैं उस दिन गांव में था, गांव के बाहर नहीं गया था, कोई झगड़ा-फसाद...। लोग उनसे जयरामजी करने में डरते थे कि जयरामजी की, पता नहीं किस दिन अदालत में गवाही में खड़ा करवा दें कि हां, ये गवाह हैं हमारे कि हम गांव में ही थे, गांव के बाहर नहीं गए थे।

तुमसे लोग इतने डरते थे, मैंने उनसे कहा, मैं भी अगर आकर तुमसे कहता कि छोड़ो यह अदालतबाजी और छोड़ो यह मुकदमे, इनसे कुछ सार नहीं, तुम अपनी जिंदगी बरबाद कर रहे हो, औरों का समय खराब कर रहे हो, हर छोटी-मोटी बात पर तुम मुकदमा खड़ा कर लेते हो—तुम मेरी सुनते? बहुत संभावना तो यह है कि अदालत में तुम मुझे भी किसी गवाही में खड़ा कर देते।

थोथी काया थोथी माया। थोथा हरि बिन जनम गंवाया।।

याद रखना, अगर जीवन में हरि से संबंध नहीं जुड़ा है, अगर राम से नाता नहीं बना है, तो जीवन व्यर्थ गया है। और तुम कुछ भी पा लो, कितना ही पद, कितनी ही प्रतिष्ठा, कितना ही धन—सब पड़ा रह जाएगा, सब बिलकुल पड़ा रह जाएगा! गरीब हो कि अमीर हो, दोनों की मौत एक-सी। अमीर की मौत में कुछ अमीरी नही होती और गरीब की मौत में कुछ गरीबी नहीं होती; दोनों खाली हाथ जाते हैं। चार दिन की इस जिंदगी में व्यर्थ को छांटो!

थोथो जनि पछोरौ रे कोई।

रैदास बड़ी पीड़ा से कह रहे हैं कि कम से कम कोई तो सुने! कोई तो ऐसा करो कि व्यर्थ को छांट दो और कन-कन बचा लो।

थोथा पंडित थोथी बानी।

और यहां साधारण सांसारिक लोग ही थोथे हैं; ऐसा नहीं; थोथे पंडित हैं, थोथी वाणी है।

कोई मुझसे पूछ रहा था कि आप मुनि नथमल को मुनि थोथूमल क्यों कहते हैं?

मैं क्या करूं, यह रैदास जी से पूछो! यह थोथूमल मैंने रैदास के ही वचनों से खोजा है। जो थोथे में जिंदगी गुजारे वह थोथूमल। फिर वह मुनि भी हो जाए तो कुछ फर्क नहीं पड़ता। वह वहां भी वही गोरखधंधा जारी रखेगा।

थोथा पंडित थोथी बानी।

यहां पंडित हैं जो थोथे हैं। उनका पांडित्य क्या है? ग्रामोफोन के रिकॉर्ड हैं! और ग्रामोफोन के भी रिकॉर्ड ऐसे जो बिलकुल घिस गए हैं, कि सुई जगह-जगह अटक जाती है।

मैंने सुना है, पहली बार बिना पायलट के हवाई जहाज बना जिसमें कोई पायलट नहीं होगा, कोई

एअर होस्टेसेस नहीं होंगी, सब आटोमैटिक होगा, सब स्वचालित होगा। बड़े-बड़े रईसों ने दाम ज्यादा दे-दे कर टिकटें खरीदीं, क्योंकि पहला अनुभव स्वचालित हवाई जहाज पर उड़ने का! हवाई जहाज उठा। पायलट के कमरे से, जहां अब कोई नहीं था, माइक्रोफोन पर आवाज आई कि आप निश्चिंत हो जाएं। पेट पर बंधी हुई बेल्टें खोल लें, चिंता न करें। इस भय में न रहें कि कोई पायलट नहीं है। कोई गलती नहीं हो सकती है, कोई गलती नहीं हो सकती है, कोई गलती नहीं हो सकती है...। वहीं अटक गई सुई। तुम सोच सकते हो लोगों की हालत क्या हो गई कि गलती यहीं हो गई! आकाश में अटके हैं अब। अब किसी से शिकायत करने का भी कोई उपाय नहीं है। वह सुई है कि वहीं अटक गई है।

ऐसे तुम्हारे पंडित हैं। कोई अटक गया है तुलसीदास की चौपाई पर तो वहीं अटका है, वह उसी को दोहराए चला जाता है। ग्रामोफोन के रिकॉर्ड, वे भी घिसे-पिटे! और तुमने देखा, एच.एम.वी. के रिकॉर्ड पर जो तस्वीर बनी रहती है, कि भोंपू के सामने कुत्ता बैठा है! वह भी खूब तस्वीर खोजी उन्होंने! हिज मास्टर्स वाइस! यही तुम्हारे पंडित हैं—हिज मास्टर्स वाइस! एच.एम.वी. के रिकॉर्ड। मास्टर तो पता नहीं कहां गए, कब गए, कहां क्या हुआ! मगर उनकी वाइस रह गई है। कोई वेद दोहरा रहा है, कोई गीता, कोई कुरान दोहरा रहा है। इन्हें पता नहीं ये क्या कह रहे हैं। इन्हें साफ-साफ बोध नहीं है ये क्यों कह रहे हैं। इन्होंने सीख लिया है। इन्हें कंठस्थ हो गया है। ये शब्दशः दोहरा देते हैं।

इनको ही थोथा कह रहे हैं रैदास। थोथे का अर्थ है—स्वानुभव के बिना जो ज्ञान कि बातें कर रहा हो वे सब बातें बकवास हैं।

थोथा पंडित थोथी बानी। थोथी हरि बिन सबै कहानी।।

राम के बिना तुम कुछ भी करो और कुछ भी कहो, सब थोथा ही थोथा है।

सबकी रचना में जीवन का अर्थ बहुत धुंधला है
इसीलिए हम असली-नकली सब के अनुयायी हैं

जीवित शब्दों में कहने की आदत छूट चुकी है
अंतर मन के संवादों की संज्ञा टूट चुकी है
जैसे-तैसे सह लेने में समय गुजर जाता है
मन की सारी भाषाओं को दुनिया लूट चुकी है
सबकी छवियों में धरती का रूप बहुत बदला है
इसीलिए हम पूरब-पश्चिम सब के अनुयायी हैं

धारा के तट बांधूं अब तो ऐसी प्यास नहीं है
यदा-कदा प्रतिवेदन देने में विश्वास नहीं है
इधर-उधर की कह लेने में समय गुजर जाता है
मन की मैली चादर का कोई इतिहास नहीं है

सबकी प्रतिभा पर आरोपित प्रश्न बहुत छिछला है
इसीलिए हम आते-जाते सबके अनुयायी हैं

तुम जरा पूछो तो कि तुमने किसकी बातें मान रखी हैं!
सबकी रचना में जीवन का अर्थ बहुत धुंधला है
इसीलिए हम असली-नकली सबके अनुयायी हैं

जो मिल जाए, जो समझा दे। हमें भेद भी कहां असली-नकली का! भेद करने वाली हमारे पास अभी जागृति कहां! इसलिए हजार-हजार तरह के पाखंड चलते हैं और आसानी से लोग फंसते हैं। असल में लोग फंसते हैं, इसलिए पाखंड चलते हैं। लोग चलवाते हैं। जिम्मेवारी लोगों की है।

तुमने कभी सोचा कि जिस पंडित के तुम वचन सुन रहे हो उसके जीवन से उनका कोई भी संबंध है? तुमने कभी उसके जीवन में झांका कि जो वह कह रहा है, कहीं भी उसने अनुभव किया है? यह अनुभवसिक्त वाणी है या उधार? इतना भी अगर तुम देखते रहो तो—थोथो जनि पछौरौ रे कोई—तो तुम थोथे-थोथे को पछोर दोगे।

जोई रे पछोरौ जा में निज कन होई।

और तुम जो भीतर का है वह बचा लोगे।

अभी हालत ऐसी हो गई है कि सौ में निन्यानबे समझाने वालों को खुद ही कोई समझ नहीं है। लेकिन समझाने में वे कुशल हैं।

एक जैन मुनि मेरे पास चर्चा के लिए आए थे। मुझसे कहने लगे, आप भी गजब करते हैं! आप रोज बोलते हैं! मेरे पास तो चार व्याख्यान तैयार हैं—एक दस मिनट का, एक बीस मिनट का, एक तीस मिनट का, एक चालीस मिनट का। जहां जैसा जितना समय हुआ, वही व्याख्यान फिट कर देता हूं। और एक गांव में मैं चार दिन से ज्यादा रुकता भी नहीं।

मैंने कहाः यह अब पक्का पता चला कि क्यों महावीर कह गए कि मुनि एक जगह चार दिन से ज्यादा न रुके। अभी तक इस सूत्र का मुझे कोई ठीक-ठीक अर्थ नहीं हो रहा था, आज तुमने इसकी जीवंत व्याख्या कर दी। तुम्हारे जैसे दीन-दरिद्रों को देख कर ही उन्होंने कहा होगा कि चार दिन से ज्यादा न रुके। क्योंकि फिर वही व्याख्यान अगर दुबारा दोगे तो गांव के लोग कहेंगे, यह क्या मामला है? फिर दूसरे गांव हट जाना जरूरी है।

मैंने उनसे कहा कि व्याख्यान तुम्हारे अगर अनुभव से निःसृत होते हैं, तो कुछ दस मिनट और बीस मिनट और तीस मिनट और चालीस मिनट, ऐसी कोई तैयारी करने की जरूरत है? सुनने वाले का हृदय मौजूद है, बोलने वाले का अनुभव मौजूद है; दोनों का मिलन होगा, कुछ घटेगा।

मैंने उनसे कहाः मैं नहीं बोलता हूं। मैं अकेला जिम्मेवार नहीं हूं। मेरे बोलने में आधा ही मेरा हाथ है, आधा सुनने वाले का हाथ है; हम दोनों साझीदार हैं।

और इसीलिए मैंने धीरे-धीरे यात्राएं बंद कर दीं; क्योंकि रोज नये लोग—जिनको कोई सूझ नहीं, कोई समझ नहीं; जिन्होंने कभी सोचा नहीं, विचारा नहीं, ध्यान नहीं किया—उनके साथ बात करना मुझे

मुश्किल होने लगा। उनके साथ बात करनी हो तो उनके तल पर उतर कर ही की जा सकती है। इसलिए मैंने तय किया कि एक ही जगह बैठ जाऊंगा। धीरे-धीरे मेरे सुनने वाले भी वहीं बैठ रहेंगे। फिर बात बनेगी। फिर बोलने वाले सुनने वाले दोनों मिट जाएंगे और उस मिटने में से कुछ वाणी उठेगी; उस मौन में से कुछ शब्द की कोंपलें फूटेंगी।

तब! ऐसे ही तो उपनिषदों का जन्म होता है, ऐसे ही तो वेदों का, कुरानों का जन्म होता है! ये कोई व्याख्यान नहीं हैं। उपनिषद किन्हीं थोथे पंडितों की वाणी नहीं हैं—न कुरान, न बाइबिल, न धम्मपद। यह उन्होंने कहा है जिन्होंने जाना है। और वैसा ही कहा है जैसा जाना है। लेकिन चूंकि सुनने वाले बदल जाते हैं...बुद्ध जिनसे बोल रहे थे वे लोग अब कहां! इसलिए धम्मपद अब तुम्हारे बहुत काम का नहीं है। उसकी नई व्याख्या करनी होगी, उसे नये वस्त्र पहनाने होंगे, उसे नये परिधान देने होंगे, उसे नई काया देनी होगी। तो तुम समझ पाओगे, नहीं तो नहीं समझ पाओगे।

जीसस को गए दो हजार साल हो गए। जो उन्होंने बोला, वह उनके सुनने वालों और उनके बीच घटी हुई अभूतपूर्व घटना थी। इसको पुनरुज्जीवित करना हो तो फिर कैसे उसी बात को दोहराया जा सकता है? नहीं। फिर से वैसी ही परिस्थिति पैदा करनी होगी कि कोई हो जीसस जैसा और कोई हो फिर जीसस के सुनने वालों जैसा, तब फिर बाइबिल का जन्म हो जाएगा—पुनर्जन्म। यद्यपि भाषा और होगी अब, प्रतीक और होंगे, संकेत और होंगे, इशारे और होंगे—मगर जिसकी तरफ इशारे हैं, वह तो वही है, वह तो सदा वही है!

थोथा मंदिर भोग-विलासा। थोथी आन देव की आसा।।
सांचा सुमिरन नाम-विसासा। मन बच कर्म कहै रैदासा।।

रैदास कहते हैंः थोथे हैं मंदिर, थोथे हैं मस्जिद, थोथे हैं तुम्हारे भोग-विलास, थोथी हैं तुम्हारी आशाएं जो तुम मंदिरों में जाकर बांधते हो। जिस मंदिर में जितनी अफवाह उड़ा दी जाती है कि तुम्हारी आशाएं पूरी होंगी उसमें उतनी ही चढ़ौतरी बढ़ जाती है।

दक्षिण में तिरुपति का मंदिर है। उस मंदिर ने काशी के मंदिरों को हरा दिया। प्रयागराज फीके पड़ गए। पुरी कोई नहीं जाता। कारण? क्योंकि तिरुपति के मंदिर ने ठीक तुम्हारे मनोविज्ञान को समझ लिया। तिरुपति के मंदिर का दावा है कि वहां तुम जो भी मांगोगे मिलेगा। और एक अनूठा दावा किया है। वह दावा यह है कि काशी के मंदिर में भी मिलेगा, विश्वनाथ के मंदिर में भी मिलेगा, लेकिन परलोक में; और तिरुपति के मंदिर में मांगोगे तो इसी लोक में!

अब परलोक की किसको पड़ी है! परलोक में मिला कि नहीं मिला, क्या पता! और फिर मिलेगा भी परलोक में, इतनी देर कौन ठहर सकता है! लोग चाहते है—अभी, यहां, नगद! तिरुपति के मंदिर ने होशियारी की। उनका विज्ञापन बढ़िया है। उनका विज्ञापन यह है कि यहां, अभी मिलेगा। इसलिए तिरुपति के मंदिर पर जितनी चढ़ौतरी चढ़ती है, दुनिया में किसी मंदिर में नहीं चढ़ती। ढाई लाख रुपया रोज औसत। क्यों लोग दीवाने हैं? फिर उन्होंने नई-नई तरकीबें निकाल लीं। एक दफा सूत्र हाथ आ गया धंधे का, फिर उन्होंने नई-नई तरकीबें निकाल लीं। फिर तिरुपति के मंदिर के बाहर जो सिर घुटवाएगा, उसका बड़ा पुण्य-लाभ है, उसका मोक्ष निश्चित है!

तो कुछ ऐसा ही नहीं कि इसी जगत में मिलेगा! इस जगत का इंतजाम करना है तो इस जगत के नगद सिक्के देने पड़ेंगे—स्वाभाविक। इस जगत में जो सिक्के चलते हैं, वही दोगे तो ही इस जगत के सिक्कों में पाओगे। उस जगत के लिए कुछ करना है तो कुछ और ढंग से करना पड़ेगा : सिर घुटवा लो।

लेकिन तुम जानते हो, तिरुपति के मंदिर में पुरुष भी सिर घुटवा लेते हैं, स्त्रियां भी; वे सब बाल बेचे जाते हैं, उनके दाम करोड़ों रुपये हैं प्रतिवर्ष। यह बाल बेचने का धंधा है। ये बुद्धू बने, सिर घुटा कर घर आ गए; इनको पता नहीं कि बाल इनके बिक गए, क्योंकि पश्चिम में बालों की बहुत मांग है। विग बनाए जाते हैं। लोग बुढ़ापे तक चाहते हैं कि बाल काले ही दिखाई पड़ते रहें, बड़े ही बने रहें; किसी को पता न चले कि बुढ़ापा आ गया। स्त्रियां लंबे बाल चाहती हैं। तो उन सब बालों के लिए करोड़ों रुपये के बाल तिरुपति से बिकते हैं।

फिर जिनको परलोक में लड्डू पाने हैं, उनके लिए तिरुपति में लड्डू बिकते हैं—तीन रुपये का एक लड्डू! तीन आने का लड्डू तीन रुपये में बिकता है और वह भी बामुश्किल से मिलता है! और वह लड्डू जाकर चढ़ा दो तिरुपति पर, फिर पहुंच जाता है दुकान पर और कहां जाएगा! फिर वहां दुकान से फिर बिकता है। एक-एक लड्डू लाखों बार बिकता है।

हर मंदिर के सामने सड़े-गले नारियलों की दुकान होती है। सड़े-गले इसलिए कि वे बड़े प्राचीन नारियल हैं। लोग रोज चढ़ाते हैं, रोज रात वापस दुकान पर आ जाते हैं। इसलिए दुनिया भर में नारियलों के दाम बढ़ गए, लेकिन मंदिरों के सामने जो दुकाने हैं उनके नारियल के दाम पांच आने ही चल रहे हैं। सब चीजें आसमान को छू रही हैं, आकाश पर भाव बढ़े जा रहे हैं, एकदम पंख लग गये हैं, लेकिन सड़े-गले नारियल हैं, उनमें भीतर कुछ है ही नहीं, वे कब के चढ़ रहे हैं! उनका काम ही केवल इतना है कि सुबह चढ़ जाना, रात वापस दुकान पर आ जाना, सुबह फिर चढ़ जाना, फिर रात वापस आ जाना...।

कब तक इन थोथी बातों में उलझे रहोगे और कब तक इन आशाओं को करते रहोगे! तुम्हारी आशाएं कोई देवता पूरी नहीं करेगा—न तिरुपति का, न पूरी का, न काशी का। असल में आशा ही तो संसार है। तुम्हारी आशा के कारण ये सांसारिक देवता खड़े हो गए हैं। आशा छोड़ो। आशा से मुक्त होना मोक्ष है। आशा से वही मोक्ष पा सकता है छोड़ कर, जो अहंकार छोड़े; क्योंकि अहंकार की छाया है—आशा, आकांक्षा, वासना।

रैदास के सूत्र प्रीतिकर हैं। एक ही काम करने जैसा है—सांचा सुमिरन नाम-विसासा! सच्ची बात तो एक है, बाकी सब खोटी बातें हैं—परमात्मा का स्मरण। वही सच्ची श्रद्धा है! मन से, वचन से और कर्म से तुम उसे स्मरण करो—ऐसा रैदास कहते हैं, ऐसा ही मैं भी कहता हूं!

आज इतना ही।

8
सत्संग की मदिरा

प्रश्न-सार

ओशो, सत्संग क्या है? मैं कैसे करूं सत्संग—आपके संग—ताकि इस बुझे दीये को भी लौ लगे?

ओशो, आपका धर्म इतना सरल क्यों है? इसी सरलता के कारण वह धर्म जैसा न लग कर उत्सव मालूम होता है और अनेक लोगों को इसी कारण आप धार्मिक नहीं मालूम होते हैं। मैं स्वयं तो अपने से कहता हूं: उत्सव मुक्ति है, मुक्ति उत्सव है।

ओशो, मैं पहली बार पूना आया एवं आपके दर्शन किए। आनंद-विभोर हो गया। आश्रम का माहौल देख कर आंसू टपकने लगे। मैंने देखा, सुना और महसूस किया: यह सूरज सारी धरा को प्रकाशवान कर रहा है। किंतु ओशो, पूना में अंधेरा पाया। कारण बताने की कृपा करें!

हर एक तृप्ति का दास यहां,
पर एक बात है खास यहां,
पीने से बढ़ती प्यास यहां,
ओशो, तृष्णा से मुक्त होने का सरल मार्ग दें!

ओशो, आप विवाह का इतना मजाक क्यों उड़ाते हैं?

ओशो, शास्त्र कहते हैं, स्त्री नरक का द्वार है। आप क्या कहते हैं?

पहला प्रश्न : ओशो, सत्संग क्या है? मैं कैसे करूं सत्संग—आपके संग—ताकि इस बुझे दीये को भी लौ लगे?

अशोक सत्यार्थी, यह भी खूब रही! सत्संग में बैठे हो और पूछते हो सत्संग क्या है!

कबीर ने बहुत से अचंभों की बात कही है, उनमें एक अचंभा यह भी कहा है कि मछली सागर में है और प्यासी है। निश्चित ही, सागर में मछली जल के लिए प्यासी नहीं होगी, मछलियां इतनी नासमझ नहीं। लेकिन एक और प्यास होगी, एक और जिज्ञासा होगी जानने की—यह सागर क्या है? मछली पूछती होगी अपने से, औरों से—क्या है सागर? कहां है सागर? कैसे हुआ जाता है सागर में? और सागर में ही जन्मी है, सागर में ही जीयी है, सागर में है। पर सागर और मछली के बीच फासला नहीं है। इतना नैकटय है, इतनी समीपता है—इसीलिए सागर का पता नहीं चलता।

ऐसी ही तुम्हारी दशा है, अशोक। यहां डूबे हो सागर में। जानना चाहते हो सत्संग क्या है, तो एक ही उपाय है—कुछ दिन के लिए पीठ कर लो मेरी तरफ, भाग जाओ जितनी दूर भाग सको। जैसे मछली को कोई निकाल कर डाल दे तट पर, भरी धूप में, दोहपरी में उत्तप्त रेत पर और तत्क्षण मछली को पता चल जाएगा कि सागर क्या है—ऐसा ही अबूझ है जीवन। जो चीज मिली होती है, उसका पता नहीं चलता; जो खो जाती है, उसका पता चलता है। आदमी सच में ही बेबूझ है। और कबीर ने जो अचंभे कहे ऐसे ही नहीं कहे। लोगों को तो लगा कि उलटबांसियां हैं, कि बड़ी उलटी बातें कह रहे हैं।

कबीर कहते हैं कि मुझे बड़ी हंसी आती है—मछली और सागर में प्यासी है! लेकिन यही हो रहा है।

तुम पूछते हो : 'सत्संग क्या है?'

सत्य ही तुम्हारा जीवन है। सत्य में ही तुम जन्मे हो, सत्य से ही जन्में हो। वेद के ऋषि कहते हैं : अमृतस्य पुत्रः! हे अमृत के पुत्रो!

उद्दालक ने अपने बेटे श्वेतकेतु को कहा है—तत्वमसि! श्वेतकेतु ने पूछा था, वह कौन है? वह जिसकी सब खोज करते हैं; वह जिसकी सब तलाश करते हैं, जिज्ञासा करते हैं। वह एक क्या है जिसे जानने से सब जान लिया जाता है?

उद्दालक ने ही कहा था श्वेतकेतु को कि खोज उस एक को जिसे जानने से सब जान लिया जाता है। स्वभावतः श्वेतकेतु ने पूछा : वह एक क्या है? कहां है? और ऋषि ने कहा अपने बेटे को—तत्वमसि! वह तू ही है।

इस जगत में हम अपने से अपरिचित क्यों रह जाते हैं? औरों से परिचित हो जाते हैं, अपने से अपरिचित! कारण? कारण इतना ही है कि अपने से हमारी कोई दूरी नहीं है। वहां कौन बने जानने वाला और कौन बने ज्ञान का विषय? कौन हो ज्ञाता, कौन हो ज्ञेय? कौन हो द्रष्टा, कौन हो दृश्य? वहां तो दोनों एक हैं। वहां द्रष्टा ही दृश्य है। और इसीलिए मुश्किल है।

तुम पूछते हो : 'सत्संग क्या है?'

इस क्षण जो घट रहा है यह सत्संग है। इधर मेरा शून्य तुमसे बोल रहा है, उधर तुम्हारा शून्य मुझे सुन रहा है। बोलना तो बहाना है। इस निमित्त मेरा शून्य तुम्हारे शून्य से मिल रहा है। इस निमित्त तुम्हारा शून्य मेरे शून्य के साथ नाच रहा है, तरंगायित हो रहा है। बोलना तो एक खूंटी है; उस पर मैंने टांग दिया अपने शून्य को, तुमने टांग दिया अपने शून्य को—दो शून्य मिल कर जहां एक हो जाते हैं वहां सत्संग है। और दो शून्य पास आएं तो एक हो ही जाते हैं। दो शून्य मिल कर दो शून्य नहीं होते, एक शून्य होता है। हजार शून्य मिल कर भी एक ही शून्य होगा, हजार नहीं।

यहां इतने लोग बैठे हैं। जितने लोग मेरे साथ डूब गए हैं, उनकी गिनती गई, उनका आंकड़ा नहीं बचा, उनका नाम-धाम, पता-ठिकाना गया। उतर गया नमक का पुतला सागर में, हो गया सागर के साथ एक। और एक हुए बिना जानने का कोई उपाय नहीं है।

लेकिन प्रश्न तुम्हारे मन में उठा है—इसीलिए कि हो तो सागर में, मगर अभी भी अपने को बचा रहे हो। छोड़ो बचाना! यह तो मिटने की कला है। यह तो मिटने वालों की जगह है। इसीलिए तो कहता हूं : यह मंदिर नहीं, मैखाना है, मधुशाला है। पीओ और डूबो! ऐसे बेहोश हो जाओ कि फिर कभी होश आए ही न—और बस वही परम होश है! ऐसे मिटो कि फिर दुबारा बन न सको—वही मिटना महानिर्वाण है, समाधि है। लेकिन तुम अपने को बचा रहे हो। तुम किसी तरह अपने को छिपा रहे हो।

अशोक, तुमने एक प्रश्न और भी पूछा है, उससे जाहिर है कि अड़चन कहां हो रही होगी। उस प्रश्न में तुमने पूछा है कि 'आप सबके प्रश्नों के उत्तर देते हैं, मेरे प्रश्नों के उत्तर क्यों नहीं देते?'

तुम्हें न प्रश्नों से प्रयोजन है, न उत्तरों से। तुम्हें तो इस बात की फिकर पड़ी है कि मेरे प्रश्न का उत्तर! मेरे का सवाल है। तुम सुनना चाहते हो कि तुम्हारा नाम मैंने लिया। तुम्हारा रस उसमें है। अन्यथा मैं एक का उत्तर नहीं देता हूं, एक के उत्तर में अनेक के प्रश्नों के उत्तर हैं। मैं वे ही प्रश्न चुनता हूं जो बहुतों के प्रश्न हैं। व्यक्तियों के हिसाब से नहीं चुनता, प्रश्नों के हिसाब से चुनता हूं। ऐसे प्रश्न जो पूछे किसी ने भी हों, मगर बहुतों के हृदय में उठ रहे हैं—उनके ही उत्तर देता हूं। किसने पूछा है यह तो गौण है, प्रश्न का महत्व है।

लेकिन तुम्हें फिकर नहीं है। तुम रोज प्रश्न भेजते जाते हो। तुम्हारी आशा एक ही है कि कभी न कभी तुम्हारे प्रश्न का उत्तर दूं। क्या उत्तर दूंगा, इसकी भी तुम्हें चिंता नहीं है; तुम्हारे प्रश्न का उत्तर दिया जाएगा, उससे अहंकार तृप्त होगा। वही अहंकार तुम्हें सत्संग से बचा रहा है। वहीं तुम अटके हो। उतनी अस्मिता भी काफी है दूरी के लिए, फासला के बनाए रखने के लिए।

सत्संग में डूबना है तो क्या मैं, क्या तू! सत्संग में डूबना है तो क्या प्रश्न और क्या उत्तर! सत्संग में डूबना है तो तुम्हें एक और ही कला सीखनी होगी—मेरे साथ छंदबद्ध होने की! मेरे हृदय के साथ तुम्हारा हृदय धड़के, मेरी श्वासों के साथ तुम्हारी श्वासें चलें! मेरे भीतर जो दीया जला है, उस दीये के साथ फिर तुम्हारा दीया भी जल जाएगा। मेरे भीतर जो राग उठा है, वह तुम्हारे भीतर भी अनुगूंजित होगा।

तुमने सुना होगा, कहानियां हैं पुराने संगीतज्ञों की, दीपक राग की—कि कोई संगीतज्ञ ऐसा गीत गाए, कि ऐसी धुन बजाए, कि ऐसा राग उठाए, कि बुझे दीये जल जाएं! मुझे पता नहीं, यह बात संगीतज्ञों के संबध में सच हो या न हो। मैं कोई संगीतज्ञ नहीं हूं। सच हो भी सकती है। ध्वनियों के एक खास आघात से ताप पैदा हो सकता है, अग्नि जल सकती है ध्वनियों की चोट से। अगर दो पत्थरों की रगड़ से आग पैदा हो सकती है, तो दो ध्वनियों की रगड़ से क्यों नहीं! संभावना है।

मगर मैं कोई संगीतज्ञ नहीं हूं, इसलिए उस संबंध में मैं कुछ प्रामाणिक रूप से नहीं कह सकूंगा। मगर मेरे हिसाब में यह कहानी किन्हीं और संगीतज्ञों के संबंध में है। यह तानसेन और बैजू बावरा के संबंध में नहीं; यह कहानी बुद्ध के संबंध में, कृष्ण के संबंध में, कबीर के संबंध में, रैदास के संबंध में, फरीद के संबंध में, नानक के संबंध में, मोहम्मद के संबंध में, जीसस केसंबंध में है। यह परम संगीतज्ञों के संबंध में सही है—एकदम सही है! उस संबंध में मैं गवाही दे सकता हूं। उसका मैं प्रत्यक्ष प्रमाण हूं। वह मेरी आंखों देखी बात है। और जो मेरी आंखों देखी नहीं है वह मैं तुमसे कहता नहीं। बस आंखन देखी ही कहता हूं।

ऐसा एक राग है—कालातीत, मनातीत! ऐसी एक धुन है कि अगर तुम, जिसके भीतर वैसा राग जगा है, उसके पास बैठने की कला सीख जाओ, अगर उसके पास तुम खुले मन होकर बैठ जाओ बिना किसी सुरक्षा के, सारा कवच सुरक्षा का उतार कर रख दो, बिना किसी संदेह के, बिना किसी प्रश्न के, सिर्फ बैठने का आनंद हो, किसी के पास बस बैठने का आनंद, केवल बैठने में ही रस हो और धीरे-धीरे दो व्यक्तियों की सीमाएं एक-दूसरे में लीन होने लगें—तो जिसके भीतर राग जगा है, उसका राग तुम्हारे भीतर भी राग को जगा देगा। और यह राग ही ज्योति का है। जिसके भीतर ज्योति जगी है, अगर तुम उसके पास सरकते आए, सरकते आए, सरकते आए, तो एक क्षण उसकी ज्योति से लपट उठेगी और तुम्हारा बुझा दीया भी जल जाएगा।

इसका नाम सत्संग है। सत्संग वहां है जहां जले दीयों के पास बुझे दीये सरकते-सरकते एक दिन जल उठते हैं। जहां एक दीये से हजारों दीये जल उठते हैं। जिस दीये से हजारों दीये जलते हैं, उस दीये का कुछ खोता नहीं; लेकिन जो जल जाते हैं, उन्हें इस जगत की सबसे बड़ी संपदा मिल जाती है। संत्सग का एक ही अर्थ हैः सदगुरु के पास बैठने की कला। बैठने की कला का अर्थ हैः अहंकार छोड़ो, अपना नाम-पता-ठिकाना छोड़ो, अपने मन की शंका-कुशंकाएं छोड़ो। बहुत कर लिए ऊहापोह, पाया क्या?

बहुत सोचा विचारा, कमाया क्या? बहुत दौड़े-धापे, पहुंचे कहां? अब थोड़े निश्चिंत होकर बैठ जाओ मेरे पास—किसी उत्तर की तलाश में नहीं!

कोई गुलाब के फूल के पास बैठता है तो कोई उत्तर की तलाश होती है? कोई रात आकाश के तारों को देखता है तो उत्तर की तलाश होती है? कोई सुबह ऊगते सूरज का दर्शन करता है तो कोई उत्तर की तलाश होती है? ऐसा ही तो घटता है कभी किसी सदगुरु में—सारे आकाश के तारे उसमें उतर आते हैं! जो अपनी सीमाएं छोड़ देता है, जो अपना आंगन तोड़ देता है, जो अपनी दीवालों से मुक्त हो जाता है—सारा आकाश उसका है। एक आंगन क्या छोड़ा, सारा आकाश अपना हो जाता है। सारा आकाश अपना आंगन हो जाता है!

और जिसके भीतर आत्मा का सूर्य उदय हुआ है, जहां प्रभात हो गई, और जिसके भीतर सुबह के पक्षी गीत गाने लगे, पर फड़फड़ाने लगे—बस उसके पास बैठो, रमो! न कुछ पूछने को है, न कुछ कहने को है। डूबने को है, मिटने को है जरूर! और तब तुम जान लोगे, सत्संग क्या है!

दूसरा प्रश्न : ओशो, आपका धर्म इतना सरल क्यों है? इसी सरलता के कारण वह धर्म जैसा न लग कर उत्सव मालूम होता है और अनेक लोगों को इसी कारण आप धार्मिक नहीं मालूम होते हैं। मैं स्वयं तो अपने से कहता हूं : उत्सव मुक्ति है, मुक्ति उत्सव है।

मुकेश भारती, यह प्रश्न महत्वपूर्ण है।

मेरा धर्म सरल है, ऐसा नहीं—धर्म ही सरल है। और धर्म मेरा-तेरा थोड़े ही होता है। मेरा धर्म यानी क्या? मेरा प्रकाश यानी क्या? मेरी सुगंध यानी क्या? यह तो वही शाश्वत सुगंध है—सनातन। एस धम्मो सनंतनो! सदा-सदा से जिन्होंने जाना है, यही कहा है। भाषा अलग, मगर भाव अलग नहीं। शब्द अलग, मगर शब्दों का सार अलग नहीं। यही गीत गाया है—किसी ने वीणा पर गाया होगा और किसी ने बांसुरी से, किसी ने मृदंग बजाई होगी और किसी ने इकतारा। वाद्य अलग-अलग, राग नहीं है अलग—सरगम वही है।

तो पहली तो बात, मेरा धर्म, ऐसी कोई बात नहीं होती। मेरा-तेरा को धर्म तक खींच लाओगे? धर्म को तो बचने दो! मेरी दुकान ठीक, मेरा मकान ठीक, मेरा धन, मेरी पत्नी, मेरा पति—वहां तक मेरा सार्थक है। मगर कहीं तो एक सीमा आने दो मेरे की, जहां से मेरा और मैं दोनों विदा हो जाएं। उनको अलविदा कहो। कोई जगह तो हो जहां उन्हें छोड़ दो और तुम आगे बढ़ जाओ। जैसे सांप अपनी पुरानी केंचुल को छोड़ कर सरक जाता है, ऐसे कोई स्थल तो होना चाहिए जहां तुम मैं और तेरा और मेरा, इसकी केंचुल से बाहर सरक जाओ।

यह स्थल मैं—मेरे से मुक्त होने के लिए है। और वही तो तीर्थ है जहां तुम मैं और मेरे से मुक्त हो जाओ। वही तो धर्म है। धर्म स्वभाव है, इसलिए किसी का नहीं हो सकता, किसी की बपौती नहीं हो

सकती—न हिंदू का, न मुसलमान का, न ईसाई का, न जैन का, न सिक्ख का, न पारसी का।

मगर हम ऐसे मूढ़ हैं, हम ऐसे अज्ञानी कि जहां मेरा मिट जाना चाहिए वहां भी मेरे के डंडे और मेरे के झंडे उठाए खड़े रहते हैं। इतना ही नहीं, तलवारें चलती हैं, खून खराबा होता है, मंदिर-मस्जिद जलते हैं। धर्म के नाम पर इतना पाप हुआ है जितना किसी और नाम पर नहीं। वह धर्म के कारण नहीं हुआ, मेरे-तेरे के कारण हुआ है।

मैं अमृतसर था। स्वर्ण-मंदिर के व्यवस्थापकों ने मुझे निमंत्रित किया तो मैं गया। जो व्यक्ति, दस-पंद्रह व्यक्ति व्यवस्थापक और प्रमुख, और जो खास-खास मंदिर के लोग थे, मुझे लेकर अंदर चले। सीढ़ियों पर ही उन्होंने कहा कि एक बात आपको बता देनी जरूरी हैः हमारा यह मंदिर ही एकमात्र ऐसा मंदिर है जहां हम हिंदू-मुसलमान में भेद नहीं करते। मैंने उनसे कहाः पूछा किसने? कहने की जरूरत क्यों आई? भेद करते हो; इसलिए नहीं भेद करते, इसकी अकड़ है!

मैंने कहाः मेरी तरफ देखो, मैं हिंदू हूं कि मुसलमान? मैं न तो हिंदू हूं, न मुसलमान, न ईसाई, न जैन, न बौद्ध। मैं तो आस्तिक और नास्तिक भी नहीं, मैं तो बस धार्मिक हूं। यह क्या बात कही—और बड़े गौरव से कही! यह भी अहंकार बन गया। इसके पीछे भी मैं खड़ा हो गया।

मैं बड़ा चालबाज है—हिंदू के पीछे खड़ा हो जाए, मुसलमान के पीछे खड़ा हो जाए, हिंदू-मुसलमान की एकता के पीछे खड़ा हो जाए! अल्लाह-ईश्वर तेरे नाम इसके पीछे खड़ा हो जाए! अहंकार इतना चालबाज है कि दिखाई ही नहीं पड़ता कि कब सरक कर आ जाता है और कहां से आ जाता है; उसके बड़े सूक्ष्म रास्ते हैं। बड़ी सजग आंखें हों तो ही उससे बचा जा सकता है।

उन्होंने कहा कि हम किसी क्रियाकांड में मानते नहीं—न हिंदू के, न मुसलमान के। नानक ने तो सभी क्रियाकांडों से मुक्त कर दिया। मैंने कहाः यह बहुत अच्छा हुआ।

लेकिन मैंने देखा कि जैसे ही मैं भीतर चला, वे सब परेशान होने लगे। वे मुझसे कुछ कहना चाहते हैं यह मुझे लगे, लेकिन कह नहीं पाते। फिर आखिर उनमें से एक ने मुझे अलग ले जाकर कान में फुसफुसाया कि क्षमा करें, आप बिना टोपी के अंदर नहीं जा सकते।

मैंने उनसे कहा कि यह टोपी की झंझट तो बड़ी मुश्किल है। इस टोपी के कारण मुझे स्कूल में दिनों बाहर खड़े रहना पड़ा है। आखिर मेरे स्कूल के अध्यापक थक गए मुझे बाहर खड़ा कर-कर के। आखिर उन्होंने कहा कि भाड़ में जाए टोपी, अब हम तुमसे टोपी की बात नहीं करेंगे। मैं उनसे कहता कि मुझे इसकी वैज्ञानिकता बता दो।

अब टोपी की कोई वैज्ञानिकता है? मेरे जो हेड मास्टर थे, वे विज्ञान के एम.एससी. थे, वे अपना सिर ठोक लें; वे कहें कि मैं एम.एससी. हूं, प्रथम श्रेणी का गोल्डमेडलिस्ट हूं—मगर टोपी की वैज्ञानिकता, तुम भी खूब सवाल...! मैंने कहाः इसका क्या रसायनशास्त्र है? इसका क्या गणित है? टोपी से क्या फायदा होगा? बुद्धि बढ़ेगी कि घटेगी? कुछ इसमें राज हो तो मैं जरूर लगाऊं; एक नहीं दो लगाऊं, दस लगाऊं, टोपी पर टोपी लगा लूं—अगर कोई विज्ञान हो!

मैंने कहा, यह तो बड़ी झंझट हो जाएगी। लगता है मुझे स्वर्ण-मंदिर के भी बाहर ही खड़ा रहना पड़ेगा। न मेरे शिक्षक समझा पाए, आखिर उन्होंने मुझसे क्षमा मांग ली कि तुम बिना टोपी के... हम

ध्यान ही नहीं देंगे कि तुम टोपी लगाए हो कि नहीं। मगर कृपा करके औरों को मत बिगाड़ो, क्योंकि तुम बिना टोपी के अंदर आओगे तो दूसरे बिना टोपी के अंदर आएंगे।

और फिर मैंने उन मित्रों को कहा कि आप तो बड़े-बड़े साफे-पग्गड़ बांधे हुए हैं और सरदारों की बुद्धि का क्या हुआ, इसका कुछ पता है? इतनी कस कर बांध ली है खोपड़ी कि बुद्धि की बिलकुल क्षमता ही टूट गई। इतना कस कर बांधोगे तो...आखिर बुद्धि को भी थोड़ा खुलापन चाहिए, हवा आए-जाए, खिड़की-दरवाजे खुले रहें।

और अभी तो वैज्ञानिकों ने इस बात की खोज की तो मैंने उनसे कहा कि जो बच्चे पैदा होते समय मां के संकीर्ण गर्भ से गुजरते हैं—जिस मार्ग से बच्चों को पैदा होना पड़ता है, वह अगर बहुत संकीर्ण हो—तो उनकी बुद्धि को नुकसान होता है, उनके मस्तिष्क को नुकसान हो जाता है। अगर मार्ग संकीर्ण न हो तो उनकी बुद्धि को लाभ होता है, क्योंकि संकीर्ण मार्ग उनके मस्तिष्क को, कोमल मस्तिष्क को बिलकुल दबा देता है।

उन्होंने कहा: यह तो बड़ी मुसीबत हो गई। और आपको हम अंदर कैसे ले जाएं, कभी कोई बिना टोपी के नहीं गया, आप इतना तो कम से कम करो, हम पर दया करो, रूमाल बांध लो! मगर कुछ सिर पर हो।

मैंने कहा: सिर पर पूरा आसमान है, तुम्हें रूमाल की पड़ी है! और अभी तुम मुझसे कहते थे कि यहां कोई क्रियाकांड नहीं है, हम सब क्रियाकांड से मुक्त हैं! और यह क्रियाकांड शुरू हो गया।

आदमी एक तरफ से बचता है, दूसरी तरफ से पकड़ जाती है बात; क्योंकि आदमी की मौलिक मूढ़ता वही है, उसमें अंतर नही पड़ता। वह अपनी जड़ आदतों को दोहराए चला जाता है—यंत्रवत।

चंदूलाल को फिल्मी धुनों का बहुत शौक था, वह हमेशा फिल्मी धुनें ही गाता रहता था। दिन हो या रात, उसकी जबान पर फिल्मी धुनें ही रहती थीं। एक दिन वह साइकिल पर सवार हो अपने लंगोटिया यार ढब्बू से मिलने उसके घर जा रहा था। रात का समय था और उसकी साइकिल में रोशनी नहीं थी। साइकिल में रोशनी न देख कर एक यातायात-विभाग के पुलिस कर्मचारी ने उसे आवाज दी, ऐ चंदूलाल के बच्चे, रुक!

चंदूलाल ने कहा: मुझको इस रात की तन्हाई में आवाज न दो, आवाज न दो!

पुलिस वाला बोला: अबे सुनता क्यों नहीं? और साइकिल में रोशनी क्यों नहीं है?

चंदूलाल बोला: रोशनी हो न सकी, दिल भी जलाया मैंने!

पुलिसवाला तो आग बबूला हो गया, बोला, अबे क्या पागल हो गया है? यह क्या बकवास लगा रखी है?

चंदूलाल बोला: मैं परेशान हूं, तुम और परेशां न करो! आवाज न दो...मुझको इस रात की तन्हाई में आवाज न दो, आवाज न दो!

आदतें बंध जाती हैं। अहंकार एक आदत है—सदियों-सदियों पुरानी, जन्मों-जन्मों पुरानी। इसलिए मैं हर चीज पर बैठ जाता है। वह तुम्हारी धुन हो गई, अचेतन हो गई प्रक्रिया—मेरा धर्म, मेरा मंदिर, मेरा शास्त्र। नहीं तो कुरान किसी के बाप की है, कि वेद, कि उपनिषद? कम से कम इन्हें तो तुम छोड़ो बपौतियों से! कम से कम मोहम्मद और महावीर के तो ठेकेदार न बनो! कम से कम इन्हें तो क्षमा

करो, इन्हें तो मत घसीटो अपनी क्षुद्रताओं में। मगर नहीं, हम तो हर चीज को अपने तल पर खींच लाते हैं, अपनी कीचड़ में गिरा लेते हैं।

तो पहली तो बात मुकेश, यह याद रखो, मत कहो आपका धर्म। मेरा इसमें क्या लेना-देना है? जो भी जागे हैं, सबने यही कहा है, ऐसा ही कहा है। जो भी आगे जागेंगे वे भी यही कहेंगे, ऐसा ही कहेंगे; इससे अन्यथा कभी नहीं होगा।

धर्म तो धर्म है। धर्म का अर्थ है स्वभाव। जिस दिन तुम जाग कर अपने को पहचान लेते हो, उसी दिन धर्म घटता है। हिंदू घर मे पैदा होने से हिंदू नहीं होते, ईसाई घर में पैदा होने से ईसाई नहीं होते, न हो सकते हो। ये धोखे हैं। जन्म से धर्म का कोई संबंध नहीं है। जन्म से और धर्म मिल जाता तो बड़ी सस्ती बात होती—मुफ्त ही मिल जाता, पैदाइश के साथ ही मिल जाता।

धर्म तलाशना होता है, खोजना होता है, अन्वेषण करना होता है; अंतरात्मा में गहरी डुबकी मारनी होती है। जब तुम अपने जीवन के केंद्र को अनुभव कर लेते हो, जब तुम अपने भीतर जीवन के मूल को पकड़ लेते हो, तब तुम्हें पता चलता है कि धर्म क्या है। और तभी तुम जान पाओगे कि धर्म सरल है; क्योंकि स्वभाव है, इसलिए सरल ही हो सकता है। विभाव कठिन होता है। स्वभाव कैसे कठिन होगा?

गुलाब खिला है। तुम कहोगे गुलाब की झाड़ी से कि बड़ी कठिनाई होती होगी ऐसे सुंदर गुलाब खिलाने में! और कांटों के बीच कैसे यह गुलाब खिला पाती है झाड़ी! कितनी कठिनाइयों से न गुजरती होगी!

कोई कठिनाई नहीं होती। गुलाब की झाड़ी में फूल वैसे ही खिलते हैं—सहजता से। जैसे आग जलाती है, ऐसे गुलाब की झाड़ी में फूल लगते हैं। जैसे आग की लपटें ऊपर की तरफ जाती हैं और पानी की धार नीचे की तरफ जाती है—सहज-स्वाभाविक—वैसा ही धर्म है।

लेकिन इतना जो सरल है उसको पंडित-पुरोहितों ने बहुत कठिन बनाने की कोशिश की है, अथक चेष्टा की है। उनकी चेष्टा का भी कारण है और कारण समझ लेना चाहिए, क्योंकि समझ जाओ तो पंडित-पुरोहितों के जाल के बाहर हो जाओ। पंडित-पुरोहित जी ही तभी सकता है जब वह धर्म को कठिन बताए, नहीं तो उसके जीने का कोई आधार नहीं रह जाता। अगर धर्म सरल है, स्वभाव है और प्रत्येक व्यक्ति अपने भीतर उतर कर उसे पा सकता है, तो फिर पंडित-पुरोहितों का प्रयोजन क्या? फिर मध्यस्थों की जरूरत क्या? फिर परमात्मा और तुम्हारे बीच के दलाल, उनका क्या होगा? उनकी दलाली का क्या होगा?

तो दलालों पर दलाल हैं। दलालों की इतनी लंबी कतार है! उस सारी कतार का धंधा इसलिए चलता है कि उसने धर्म को बहुत कठिन बना दिया है। उसने इतना कठिन बना दिया है कि उसके बिना तुम समझ ही न पाओगे कि धर्म क्या है। उसकी जरूरत है। वह व्याख्या करेगा तो तुम समझोगे। वह परिभाषा देगा तो तुम समझोगे। वह मार्ग-दर्शन देगा तो तुम समझोगे।

और मजा ऐसा है कि खुद अंधा है। अभी खुद भी उसे धर्म का कोई पता नहीं है। और तुम्हें मार्ग-दर्शन दे रहा है! अंधे अंधों को चला रहे हैं; और अगर सारी दुनिया गड्ढे में गिर गई है तो कोई आश्चर्य तो नहीं। स्वाभाविक है।

आश्चर्य तो तब होता कि अंधे अंधों को चलाते-चलाते मंजिल तक पहुंचा देते। तब असली आश्चर्य होता, चमत्कार घटता! अंधों का हाथ पकड़ कर चलोगे, गिरोगे ही, यह तो बिलकुल सुनिश्चित

है। खाई में नहीं गिरोगे तो खड्डे में गिरोगे, खड्डे में नहीं गिरोगे तो कुएं में गिरोगे, कहीं न कहीं गिरोगे। और चारों तरफ खाई-खड्डे हैं।

और सारे पंडित-पुरोहित तुम्हें बाहर की तरफ ले जाते हैं, वे कहते हैं: जाओ काशी, जाओ काबा। वे कहते हैं: पढ़ो कुरान, पढ़ो वेद। इसमें छिपा है धर्म। और सदगुरु कहते हैं: मुक्त हो जाओ शास्त्रों से, क्योंकि स्वयं मे छिपा है धर्म। छोड़ो शब्द। कितने ही प्यारे हों शब्द, फिर भी शब्द कोरे हैं, खाली हैं, चले हुए कारतूस हैं, उनको मत ढोए फिरो। उनका कोई उपयोग नहीं है। छिलके मात्र हैं। उनके भीतर का गूदा तो कभी का खो गया है। खोलें रह गई हैं। और खोलों को तुम ढो रहे हो।

पंडित-पुरोहित की पूरी चेष्टा होती है कि धर्म को जितना जटिल बना सके बना दे। और उसने बहुत जटिल बना दिया है। इसलिए पंडित-पुरोहित संस्कृत को नहीं छोड़ना चाहते, क्योंकि संस्कृत छूटते ही उनके धंधे का नब्बे प्रतिशत एकदम नष्ट हो जाएगा। अगर तुम्हारा पंडित संस्कृत छोड़ कर सीधी-सीधी भाषा में, जो तुम समझते हो, मंत्रों को पढ़े तो तुम भी कहोगे कि क्या पढ़ रहे हो, इन मंत्रों में कुछ है ही नहीं! मंत्र तो बेबूझ होने चाहिए, तो ही तुम प्रभावित होते हो। अगर तुम्हारा पंडित सीधी-सीधी कुरान पढ़े—तुम्हारी ही भाषा में, अरबी में नहीं—तो तुम भी थोड़े चौंकोगे कि ये बातें और कुरान में!

मुझे बहुत बार कहा गया कि वेद पर बोलूं और मैंने बहुत बार सोचा कि वेद पर बोलूं, पर जब भी वेद को उलटता हूं, फिर रख देता हूं सरका कर, क्योंकि कूड़ा-करकट बहुत है। हीरे कुछ हैं, छांटने पड़ेंगे। इससे तो ये सीधे-साधे व्यक्ति रैदास जैसे लोग ज्यादा हीरों से भरे हैं। क्योंकि रैदास कूड़ा-करकट बोलते तो कोई भी पकड़ लेता कि क्या बकवास लगा रखी है! रैदास तो लोक भाषा में बोल रहे हैं, कोई भी गर्दन दबा देता कि बस बंद करो। यह तुमने क्या लगा रखा है? सन्निपात में तो नहीं हो? कुछ होश की बातें करो!

तो रैदास को तो वही कहना पड़ेगा जो कहने योग्य है। लेकिन संस्कृत जो तुम नहीं जानते, अरबी जो तुम नहीं जानते, लैटिन और ग्रीक जो तुम नहीं जानते, हिब्रू जो तुम नहीं जानते—उसमें पंडित क्या कह रहा है, तुम बड़े श्रद्धाभाव से सुनते हो, चाहे वह बिलकुल व्यर्थ की बातें कह रहा हो। और व्यर्थ की बातें ही हैं। और मजा यह है कि शायद उसको भी ठीक-ठीक पता न हो कि वह क्या कह रहा है; शायद उसने भी कंठस्थ कर लिया हो।

इसलिए पंडित चाहते हैं कि पुरानी भाषाएं, मर गई भाषाएं—खो न जाएं। उनका सार-सूत्र पंडित के हाथ में बना रहे। जीवंत भाषाओं में तो सिर्फ सदगुरु बोलते हैं।

इसलिए मैं कहता हूं कि महावीर और बुद्ध ने इस देश में बड़ी से बड़ी क्रांति की, क्योंकि वे पहले सदगुरु थे जो संस्कृत में नहीं बोले। बुद्ध ने पाली में बोला, महावीर ने प्राकृत में—जो लोकभाषाएं थीं, जिनको लोग समझते थे। इसलिए महावीर और बुद्ध के वचनों में हीरों की खदानें हैं। एक-एक वचन कोहिनूर है।

जीसस ने हिब्रू में नहीं बोला, लोकभाषा में बोला, अरैमेक में बोला, जिसे लोग समझते थे। मगर ईसाइयों ने जल्दी ही अरैमेक से अनुवाद कर लिया हिब्रू में, जिसको लोग नहीं समझते। फिर हिब्रू से अनुवाद कर लिया ग्रीक में। और बात दूर से दूर होती चली गई। और फिर ग्रीक से लैटिन में। बात इतनी दूर हो गई कि किसी की समझ में न आए। समझ में आनी नहीं चाहिए, तो रहस्यपूर्ण मालूम होती है। समझ में आ जाए तो बड़ी मुश्किल हो जाती है।

इसलिए तुम्हारे पंडित बड़े-बड़े शब्दों का उपयोग करते हैं, भारी शब्दों का उपयोग करते हैं; बोलचाल के शब्द नहीं; भाषा के, लोगों की भाषा के शब्द नहीं। उनके प्रवचन में, उनके उद्धरणों में इतने-इतने बड़े शब्द होते हैं कि तुम्हें मुश्किल हो जाए।

डॉक्टर रघुवीर ने इस तरह की कोशिश इस देश में की, उसकी वजह से हिंदी की जान ले ली, हिंदी के प्राण ले लिए। यह मैंने डॉक्टर रघुवीर को कहा था कि तुम शायद सोचते हो कि तुम हिंदी के उन्नायक हो, मगर यह भ्रांति है। और चूंकि मैंने उनसे ऐसा कहा था, वे मुझे कभी माफ नहीं कर सके। मैंने कहा, तुम हत्यारे सिद्ध होओगे। तुम सीधी-सादी लोकभाषा को उलटा कर रहे हो।

लोग ठीक से समझते हैं रेलगाड़ी का क्या मतलब है। लेकिन रघुवीर, उनको रेलगाड़ी नहीं जंचती। रेलगाड़ी में क्या खराबी है? लोहपथ गामिनी! रेलगाड़ी को समझा जाता है हिमालय से लेकर कन्याकुमारी तक। इसकी कोई हिंदी की बपौती नहीं है रेलगाड़ी पर। रेलगाड़ी सबकी है। उसमें तमिल बैठे, तेलगू बैठे, मलयालम बैठे, बंगाली बैठे—रेलगाड़ी सबकी है। हिंदी का क्या है। लेकिन लोहपथ गामिनी! उसमें तो शायद काशी के पंडित बैठें तो बैठें, और तो कोई न बैठे। बाकी तो डरें कि यह है क्या चीज! इसमें बैठना कि नहीं बैठना!

उन्होंने सारे शब्द खराब कर दिए। वे सोच रहे थे कि बहुत बड़ी...उन्होंने मेहनत की, ऐसे पूरी जिंदगी उन्होंने अपनी खराब की और अनेकों की और जिंदगी खराब कर गए, क्योंकि उनके साथ और न मालूम कितने पंडित इस काम में लगे थे। एक भारी जत्था इस काम में लगा था कि सारे शब्दों को कैसे शुद्ध संस्कृत में लाया जाए।

भाषा काम के लिए है, संस्कृत से क्या लेना देना है! लोग जो बोलते हैं वही सार्थक है। इसलिए तो मैं तो कहता हूं जब भी भाषा पर ध्यान रखना हो, लोग क्या बोलते हैं, उस पर ध्यान रखो। जो सीधे-सादे लोग बोलते हों वही सम्यक भाषा है। वह चाहे शुद्ध न हो, शुद्ध से करना क्या है? सार्थक होनी चाहिए। जैसे गांव के लोग रिपोर्ट नहीं बोलते; बोलते हैं रपट! मैं राजी हूं इससे। रपट लिखा दी। यह साफ-सुथरी बात हो गई, यह सीधी-सादी बात है।

काश, रघुवीर जैसे लोगों के हाथ में यह उपद्रव न पड़ा होता तो पूरा भारत एकभाषी हो जाता। और एकभाषी होता तो एक सौंदर्य पैदा होता है, एक एकता पैदा होती! और धीरे-धीरे भाषा अगर सरल होती जाए तो एक न एक दिन सारी दुनिया की एक भाषा हो सकती है। लेकिन जितनी कठिन होती जाती है उतनी ही पंडितों के हाथ के नीचे शिकंजे में जकड़ जाती है।

धर्म तो सरल है, लेकिन पंडित सरल नहीं होने देते। धर्म तो सरल होगा ही। धर्म और कठिन हो, यह कैसे हो सकता है!

इसलिए मुकेश, मैं जो कह रहा हूं उसको निश्चित ही पंडित और पुजारी नहीं मानेंगे कि धर्म है। अधर्म कहेंगे वे। उन्हें कहना ही पड़ेगा। उनके स्वार्थों के विपरीत है।

अभी मेरे एक संन्यासी हरिद्वार गए! तो उन्हें किसी संन्यास-आश्रम में नहीं ठहरने को जगह मिली, क्योंकि वे कहें: यह भ्रष्ट संन्यासी है! मेरा संन्यासी यानी भ्रष्ट संन्यासी! और उनके हिसाब से ठीक है। उनके हिसाब से मैं जो काम कर रहा हूं अगर वह सफल होता है तो उनकी दीवालें हिल जाएंगी,

उनकी बुनियादें हिल जाएंगी। मेरी संन्यासी उन्हे भ्रष्ट लगेगा ही, क्योंकि मेरा संन्यासी मस्ती में जी रहा है और उनका संन्यासी उदास बैठा है। मेरा संन्यासी गीत गुनगुना रहा है; उनका संन्यासी, उसका चेहरा देखो तो ऐसा लगता है जैसे कभी का मर चुका हो!

मैंने सुना है, अमरीकी कहानी है। अभी भारत में तो नहीं हो सकती यह कहानी संभव। एक सत्तर साल की बूढी स्त्री एक अस्सी साल के बूढ़े आदमी के प्रेम में पड़ गई। प्रेम इतना आगे बढ़ा कि विवाह कर बैठे। मित्रों ने समझाया, डॉक्टरों ने सलाह दी कि अब क्या विवाह करना! मगर प्रेम तो अंधा होता है, चाहे चालीस साल के आदमी का हो, चाहे बीस साल के आदमी का हो, चाहे अस्सी साल के आदमी का हो। प्रेम तो अंधा ही होता है। अस्सी साल में और ज्यादा अंधा हो जाता है, स्वभावतः जवानी में तो थोड़ी आंखें तेज होती हैं, चश्मा भी नहीं लगता, अस्सी साल में तो चश्मा भी लग जाता है। दिखता ही नहीं, सूझता ही नहीं; और भी चीजें नहीं सूझतीं तो फिर प्रेम तो क्या सूझेगा! फिर गए सुहागरात मनाने पहाड़ पर।

फिर वहां से लौटे तो बुढ़िया से किसी ने पूछाः कैसी रही सुहागरात? कहाः और तो सब ठीक रहा, लेकिन बूढ़े को मुझे दो बार चांटा मारना पड़ा। पूछने वालों ने पूछा कि चांटा किसलिए मारना पड़ा? क्या उनको नींद आ गई थी? नहीं, उन्होंने कहा कि मुझे यह जानने के लिए कि जिंदा हैं कि मर गए! चांटा मारूं तब थोड़ी सी उनमें चहल-पहल हो, तो मुझे लगे कि जिंदा हैं।

इस तरह के मुर्दे संन्यासी समझे जाते रहे हैं, जिनको चांटा मारो तो थोड़ी चहल-पहल हो! नहीं तो वे बैठे हैं अपना धूनी रमाए और भभूत लगाए, भूत बने—जिंदा! जीते-जी सड़ रहे हैं, गल रहे हैं, सता रहे हैं अपने को। अपने को जो जितना सताए उसे हम उतना ही बड़ा महात्मा मानते रहे हैं।

मेरा संन्यासी दुखवादी नहीं है। न खुद को सताता है, न किसी और को सताता है। खुद भी आनंदमग्न हो जीना चाहता है और चाहता है कि दूसरे भी आनंदमग्न हो जीएं। मगर यही अड़चन है। उसका आनंद-भाव ही उसे भ्रष्ट बना देगा। जिन्होंने उदासी को, उदासीनता को, हताशा को, निराशा को, जड़ता को, मुर्देपन को, जिन्होंने जीवन को मरघट बना डाला हो इन सारी प्रक्रियाओं से, उनको मेरा संन्यासी तो उलटा ही लगेगा; क्योंकि मेरा संन्यासी मरघट नहीं है, उपवन है। उसमें फूल खिलेंगे, पक्षी गीत गाएंगे, वीणा बजेगी।

मेरा संन्यास, मेरा धर्म—मेरा नहीं है, स्वाभाविक है। स्वाभाविक है, इसलिए सरल है। सरल है, इसलिए औरों को कठिनाई हो रही है। तुम्हें तो मैं एक सरल जीवन जीने की शैली दे रहा हूं। लेकिन औरों को कठिनाई हो रही है, क्योंकि उनकी महात्मागिरी और उनका संतत्व संदिग्ध होता जा रहा है। जैसे-जैसे मेरी गैरिक आग फैलती जाएगी, जैसे-जैसे यह उत्सव का रंग लोगों पर चढ़ेगा...यह वसंत का रंग है गैरिक रंग! यह फूलों का रंग है! यह सुबह की प्रभात का रंग है! यह प्राची का रंग है जब सूरज उगने-उगने को होता है! ऐसे ही भीतर जब ध्यान का और प्रेम का सूरज उगने-उगने को होता है, उसका प्रतीक है।

और मैं संन्यास को संसार से नहीं तोड़ा हूं। इसलिए उनको लगता है, मैंने बहुत सरल कर दिया। बात बिलकुल और है। संसार से भाग जाना आसान मामला है। भगोड़े होने में कठिनाई नहीं है कोई। यहां सभी कायर भगोड़े होते हैं मगर हम होशियार लोग हैं, हम भगाड़ों को भी अच्छे नाम दे देते हैं। देखते हो न गांव-गांव में जगह-जगह मंदिर हैं जिनका नाम है—श्री रणछोड़दास जी का मंदिर। रणछोड़दास का

मतलब समझते हो? जो युद्ध के मैदान से भाग खड़े हुए—रणछोड़दास! जिन्होंने पीठ दिखा दी मैदान में! मगर कितना प्यारा नाम दे दिया—रणछोड़दास जी!

एक वैष्णव साधु मेरे पास आते थे, उनका नाम ही था—महंत रणछोड़दास जी। मैंने उनसे पूछाः आपको आपके नाम का पता है? इसका मतलब तो हुआ कायर। इसका मतलब हुआ भगोड़ा। उन्होंने कहाः अब आप कहते हैं तो मुझे खयाल आता है, बात तो सच है। मगर मैंने यह कभी सोचा ही नहीं। पचास साल से मेरे गुरु ने यह नाम मुझे दिया हुआ है। अब मैं सत्तर साल का हो रहा हूं, यह मुझे कभी खयाल ही नहीं आया कि रणछोड़दास जी का ठीक-ठीक अर्थ तो यही होगा। मगर आपने अब एक झंझट डाल दी। अब जब भी मुझसे कोई कहेगा रणछोड़दास जी, तो मुझे याद आएगी कि यह नाम नहीं, यह तो एक तरह की गाली है।

मगर गाली को भी क्या फूल लगा दिए, गजरे पहना दिए—गाली पर गजरे पहना दिए! सुगंध छिड़क दी! और गाली भी प्यारी मालूम होने लगी!

मैं नहीं चाहता कि तुम संसार छोड़ो। इसलिए लोग कहते हैं कि मैंने संन्यास को बहुत सरल बना दिया। बात ठीक उलटी है। संसार को छोड़ कर भागना सुगम है, कौन नहीं भागना चाहता! संसार में है क्या? कष्ट ही कष्ट है, उपद्रव ही उपद्रव है। जीवन दुविधाओं से घिरा है, संकटों से घिरा है—चिंताएं, विषाद, संताप! जीना है वह कहां? गर्दनें कसी हुई हैं। लोग मर जाने के लिए उत्सुक दिखाई पड़ते हैं।

एक आदमी को फांसी की सजा हुई। बरसात के दिन, बड़ा अंधड़-तूफान और पानी गिर रहा है धुआंधार आकाश से। और जेलखाने से जहां फांसी लगनी थी, कोई पांच मील का रास्ता पैदल चल कर सफर करना। तो सिपाही और कप्तान और जल्लाद और सारे लोग, जज, लेकर चले जंगल की तरफ और वह आदमी गीत गुनगुनाता चला। आखिर मजिस्ट्रेट से न रहा गया। उसने कहा कि सुन भाई, और सब तकलीफ हम सह लेंगे, पानी गिर रहा है, बिजली चमक रही है, ठिठुर रहे हैं ठंड में, भीग गए हैं बिलकुल, घर जाकर फ्लू चढ़ेगा कि डेंगू बुखार चढ़ेगा कि एनफ्लूएंजा हो जाएगा—क्या होगा पता नहीं! और ऊपर से तू गाना गा रहा है!

उसने कहाः गाना मैं क्यों न गाऊं! क्योंकि मुझे तो सिर्फ वहीं तक जाना है, तुम्हें लौट कर भी आना पड़ेगा। याद रखो बच्चू, मेरा पलड़ा भारी है! हम तो गए और खत्म हुए। अपनी सोचो।

यहां जिंदगी में रखा क्या है? उस कैदी ने कहाः हमें ऐसा कौन सा सुख मिल रहा था जिसके लिए हम रोएं? अरे जंजीरों में पड़े थे, कालकोठरी में पड़े थे, कम से कम खुले आकाश के नीचे तो हैं! और फिर डर क्या, जब मौत ही आ रही तो अब डर क्या? अब न हमें डेंगू का डर है, न फ्लू का डर है, किसी का डर ही नहीं है। अब इस मौके पर तो हम गाना गा लें।

जो भाग रहा है जिंदगी से, वह लगता है बहुत कठिन काम कर रहा है—ऐसा तुम्हें समझाया गया है कि वह बड़ा दुर्लभ काम कर रहा है! वह कोई दुर्लभ काम नहीं कर रहा है; सिर्फ कमजोर है, कायर है, भीरु है।

मैं तुमसे कह रहा हूं : जिंदगी की चुनौतियों से भागना नहीं है—जीना है—यहीं बाजार में, दुकान में; काम करते हुए, पत्नी, बच्चे, पति...। और यहीं इस ढंग से जीना है जैसे जल में कमल।

तो एक अर्थ में मैं जो कह रहा हूं बहुत सरल है और एक अर्थ में जो मैं कह रहा हूं वह बहुत चुनौतीपूर्ण है। यह तो आसान है कि दुनिया छोड़ कर चले गए, न कोइ गाली देगा, न तुम जवाब दोगे। जवाब किसको दोगे, जब कोई गाली ही नहीं देगा! मजा तो तब है जब गालियां बरसती हों और तुम्हारे भीतर गाली न उठे। चारों तरफ लोभ का, क्रोध का वातावरण हो उकसावा हो—और तुम्हारे भीतर तुम अछूते रहो, कुंआरे रहो! चारों तरफ दुर्गंध भरी हो और तुम फिर भी सुगंधित रहो, मजा तब है। जिंदगी को जीने का पूरा रहस्य तब प्रकट होता है।

तो एक अर्थ में तो धर्म सरल है और एक अर्थ में धर्म चुनौती है। मैं तो धर्म को निश्चित ही उत्सव मानता हूं।

स्वामी कृष्णानंद भारती ने यह गीत भेजा है, उससे मेरी बात साफ होगी—

चरण पर चढ़ कर जला ले,
भक्ति की तू आरती।
प्रार्थना के गीत झरने दे,
हृदय से भारती।

प्रेम के ये फूल सारे,
भेंट कर दे चरण पर।
रात भर जलती रहो,
बन तू पिया की आरती।

पलकों में ही काट लूंगी,
रात पिय के प्यार की।
आज मधुबन में रचेगी,
राम कृष्णा भारती!

तुम हृदय में बीन छेड़ो,
झूम कर गाऊं पिया!
प्राण में पीयूष भर दो,
झूम कर पीयूं पिया!

कविता की दृष्टि से चाहे यह बहुत महत्वपूर्ण न हो, क्योंकि कृष्णानंद भारती कोई कवि नहीं हैं, मगर भाव भर दिए हैं। गीत उठा है!

तुम हृदय में बीन छेड़ो,

झूम कर गाऊं पिया!
प्राण में पीयूष भर दो,
झूम कर पीयूं पिया!

यह तो प्रीति का मार्ग है धर्म। यह तो प्रेम की पराकाष्ठा है!

आज मंदिर में तुम्हारी
मैं स्वयं प्रतिमा बनूंगी।
प्रेम के दीपक जला कर,
आरती तेरी करूंगी।

तुम हृदय के देवता हो,
प्राण के श्रृंगार हो तुम।
अश्रु चरणों पर चढ़ा कर,
नमन मैं तेरा करूंगी।

तुम मिलो तो जिंदगी
छक कर नहाए, गीत गाए।
प्यार के माणिक, पिया!
अनुराग उर के पद धरूंगी।

मैं बसाऊंगी तुझे दिल में,
जला कर प्रेम-बाती।
कल्पना के पंख लेकर
अब पिया मैं क्या करूंगी?

आस में रो-रो गंवाई,
प्यास बढ़ती जा रही है।
जिंदगी प्रभु! सौंप पद पर,
वरण मैं तेरा करूंगी।

शून्य मंदिर में पिया!
प्रतिमा तुम्हारी मैं बनूंगी।

प्रेम के सिंदूर से प्रिय!
मांग अपनी मैं भरूंगी।

यह तो विवाह है परमात्मा से! यह तो सगाई है! यह तो नाचने और मस्त होने का क्षण है। जीवन उत्सव है, क्योंकि परमात्मा की भेंट है। जीवन उत्सव है, क्योंकि परमात्मा को पाने का अवसर है। जीवन उत्सव है, क्योंकि कितना दिया है उसने और कितना दे रहा है रोज!

जीवन नृत्य बने, गीत बने, तुम्हारी हृदयतंत्री बजे, झनझनाए—तो ही तुम जानना कि सच्चे धर्म के रास्ते पर हो। सब उदास हो जाए और सब राख हो जाए और फूल मुरझा जाएं—तो समझना कि गलत रास्ता ले लिया है; तुमने प्रभु की तरफ पीठ कर ली है; तुम भाग रहे हो; तुम अवसर गंवा रहे हो। तुम्हें बार-बार पैदा होना पड़ेगा। जब तक तुम उत्सवपूर्वक नहीं जीओगे और उत्सवपूर्वक नहीं मरोगे, तुम्हें बार-बार लौटना पड़ेगा, लौटना ही पड़ेगा, क्योंकि तुमने पाठ ही नहीं सीखा! जब तक पाठ न सीख लोगे इस पाठशाला का, तुम्हारा यहां वापस आना अनिवार्य है। जो यहां उत्तीर्ण होता है, जो यहां जीवन का पाठ सीख कर जाता है, फिर वापस नहीं लौटता है। और धर्म कला है वापस न लौटने की।

जीवन बहुत प्यारा है, लेकिन जीवन के पार एक महाजीवन भी है, जो इससे भी ज्यादा प्यारा है। क्योंकि इस जीवन में प्रीति तो है, लेकिन अमिश्रित नहीं है। गीत तो है, लेकिन खंड-खंड है। फूल तो खिलते हैं यहां, लेकिन कांटे भी लगते हैं। दिन तो है, लेकिन रातों के साथ है। जीवन तो है, लेकिन मृत्यु की छाया सदा उसका पीछा करती है। एक महाजीवन भी है, जहां जीवन ही जीवन है और मृत्यु की छाया नहीं! जहां गुलाब के फूल ही फूल खिलते हैं और कांटे जहां असंभव हैं! जहां जीवन है, लेकिन जन्म नहीं, मृत्यु नहीं, जरा नहीं! उस शाश्वत जीवन का नाम ही मोक्ष है, या परमात्मा, या जो नाम तुम्हें प्रिय हो—निर्वाण, समाधि। या कोई भी नाम न दो, चुप ही रहो, सिर्फ इशारे समझो।

इस जीवन से पार जाना है, लेकिन इस जीवन से भाग कर कोई कभी पार नहीं गया है। इस जीवन को जो सीढ़ी बनाता है वही पार जाता है।

तीसरा प्रश्नः ओशो, मैं पहली बार पूना आया एवं आपके दर्शन किए। आनंद-विभोर हो गया। आश्रम का माहौल देख कर आंसू टपकने लगे। मैंने देखा, सुना और महसूस किया: यह सूरज सारी धरा को प्रकाशवान कर रहा है। किंतु ओशो, पूना में अंधेरा पाया! कारण बताने की कृपा करें।

गोकुल शर्मा, पुरानी कहावत याद करो—दीये तले अंधेरा!

चौथा प्रश्न : ओशो,
हर एक तृप्ति का दास यहां,
पर एक बात है खास यहां,
पीने से बढ़ती प्यास यहां!
ओशो, तृष्णा से मुक्त होने का सरल मार्ग दें!

कृष्णानंद, तृष्णा में ही मार्ग छिपा है। तृष्णा का ही रहस्य समझ जाओ तो तृष्णा के पार हो गए। तृष्णा को समझ लो तो तृष्णा गई।

तृष्णा में और समझ में वही संबंध है जो रोशनी में और अंधेरे में। दीया जला लो और अचानक तुम्हारे कक्ष से अंधेरा समाप्त हो गया! ऐसे ही! तृष्णा से बचने का कोई और मार्ग नहीं है; तृष्णा को समझ लो—तृष्णा क्या है? क्यों है?

तुम कहते हो :

'हर एक तृप्ति का दास यहां,
पर एक बात है खास यहां,
पीने से बढ़ती प्यास यहां!'

इतना ही तुम्हें समझ में आ जाए तो मार्ग हाथ लग गया, उसका पहला सूत्र हाथ लग गया—पीने से बढ़ती प्यास यहां! जितना ही तृष्णा को पूरा करने चलोगे उतना ही पाओगे—तृष्णा दुष्पूर है। तृष्णा का स्वभाव ही दुष्पूर होना है। उसे भरा जा सकता नहीं।

एक सूफी फकीर के पास एक युवक आया और उस युवक ने कहा कि क्या आप मुझे जीवन का राज समझाएंगे? मैं बहुत-बहुत गुरुओं के पास गया हूं, बहुत ठोकरें खाई हैं दर-दर की, बहुत धूल फांकी है राहों की; मगर कोई मुझे जीवन का राज नहीं समझा सका। और जिसने जो कहा वही मैंने किया। किसी ने कहा उलटे खड़े होओ तो उलटा खड़ा हुआ। किसी ने कहा यह मत खाओ तो वह नहीं खाया। किसी ने कहा ऐसे सोओ तो ऐसे सोया। पता नहीं कितनी-कितनी कवायदें करके आया हूं, थक गया हूं! आपका किसी ने पता दिया तो आपके पास आ गया। जीवन का राज आप मुझे बताएंगे?

उस फकीर ने युवक को गौर से देखा और कहा : बताऊंगा, लेकिन एक शर्त है। पहले मैं कुएं से पानी भरूंगा। युवक थोड़ा हैरान हुआ कि यह भी कोई...कुएं से पानी पहले भरूंगा, तुम भी साथ रहना और जब तक मैं पानी न भर लूं, तुम बीच में बोलना मत—यह शर्त है। जब मैं पानी भर चुकूं, फिर तुम बोल सकते हो। युवक ने कहा : यह भी कोई कठिन बात है, आप मजे से पानी भरो! मगर उसे थोड़ा शक हुआ कि यह आदमी पागल मालूम होता है। हम जीवन का राज पूछ रहे हैं! हम इतना महान प्रश्न और यह कहां की शर्त लगा रहा है! सामने ही कुआं है फकीर के। मजे से भरो पानी, हम बोलेंगे क्यों! हमें बोलने की जरूरत क्या है! तुमने न भी शर्त लगाई होती तो भी हम न बोलते। कोई कुएं से पानी भर रहा हो, इसमें बोलने का सवाल क्या है, भर लो!

युवक ने कहा : बिलकुल तैयार हूं, आप कुएं से पानी भर लें। लेकिन थोड़ा शक तो हुआ ही कि

यहां जीवन का राज मिलेगा कि कुछ...यह आदमी कुएं में धक्का-वक्का न मार दे। यह अजीब सा आदमी मालूम होता है। और जब उस फकीर ने बाल्टी उठाई और रस्सी, तब तो उस युवक ने समझ लिया कि गए काम से, यह भी यात्रा बेकार हुई! और जरा कुएं से दूर ही खड़े रहना ठीक है, क्योंकि जो बाल्टी उसने देखी उसमें पेंदी थी ही नहीं। उसने कहा मारे गए! यह कब पानी भरेगा! यह तो इस जिंदगी क्या, अनेक जिंदगी भी बीत जाएं...। यह मैं कहां की शर्त में हां भर दिया!

मगर सोचा कि चलो थोड़ी देर तो देखो, आना-जाना बेकार तो हो ही गया, अब इतनी दूर आ ही गए हैं, थोड़ी देर देखो, आखिर यह करता क्या है! दूर जरा खड़ा हो गया कुएं से, क्योंकि पास में कहीं हम देखने लगें और यह धक्का मार दे! और जीवन का राज तो एक तरफ रहे, जीवन भी जाए हाथ से! भंगेड़ी है, गंजेड़ी है, या क्या मामला है? यह भी नहीं देख रहा है कि बाल्टी में पेंदी है ही नहीं, पानी भरने चले! और फकीर चला पानी भरने। रस्सी बांधी, कुएं में बाल्टी लटकाई। युवक खड़ा देखता रहा, चुप रहा, बड़ा संयम रखना पड़ा उसको। मन तो बार-बार हो रहा था कि कह दे कि भैया, तुम क्या हमें खाक जीवन का राज बताओगे, हम तुम्हें कम से कम पानी भरने का राज बता दें, जो हमें मालूम है! तुम कम से कम पानी भरना तो सीख लो, बाकी छोड़ो। मगर याद करके कि शर्त है, जरा चुप रहना ठीक है।

बड़ा संयम रखना पड़ा होगा। तुम सोचते हो ऐसी स्थिति में कैसा संयम रखना पड़ता है। बिलकुल अपने को बांधे खड़ा रहा। जबान और मुंह को बिलकुल जकड़े रहा कि निकल ही न जाए बात। जरा देख तो लूं कि यह करता क्या है। उसने खूब बाल्टी खड़खड़ाई कुएं में, नीचे झांक कर देखा, बाल्टी भरी दिखाई पड़ी, क्योंकि पानी में डूबी थी। फिर खींची। खाली की खाली बाल्टी ऊपर आई। फिर दुबारा डाली, फिर तिबारा डाली। बस जब तीसरी बार डाली तो उस युवक ने कहा कि जय राम जी! अब हम चले! यह तो पूरी जिंदगी में भी पानी भरेगा नहीं।

उस फकीर ने कहा कि तुम बीच में ही बोल गए। और राज मैंने बताने का पक्का कर लिया था। तुम्हारी मर्जी। रास्ता लगो।

रात भर युवक सो नहीं पाया, क्योंकि जिस ढंग से उस फकीर ने कहा कि तुम्हारी मर्जी, रास्ता लगो। वैसे हमने तय किया था कि जीवन का राज बता ही देंगे। हमारी तरफ से हम जो कर सकते थे हमने किया, भूमिका बना ली थी, मगर तुम बीच में बोल गए, शर्त तुमने तोड़ दी। तुम इतना संयम भी न रख सके, तो जाओ। जिस ढंग से उसने कहा था और उसकी आंखों में जो चमक थी, उसको भूल न सका, रात भर सो न सका। करवटें बदलता रहा कि मैं थोड़ी देर और चुप रह जाता तो मेरा क्या बिगड़ता था! ऐसे भी जिंदगी खराब की, अगर वह दो-चार घंटे खराब भी करवाता तो क्या हर्जा था! हो सकता है इसमें कोई परीक्षा हो, पात्रता की परीक्षा हो, धैर्य की परीक्षा हो, प्रतीक्षा की परीक्षा हो! मैं चूक गया। और उसकी आंखें कहती हैं कि उसे कुछ पता है। उसकी आंखों के जलते दीये कहते हैं। उसके चेहरे पर कुछ बात है, जो मैंने कहीं और नहीं पाई!

सुबह ही सुबह भागा हुआ आया, पैरों पर गिर पड़ा! कहा, मुझे माफ करो, फिर कुएं पर चलो। और जितना भरना हो भरो, मै बैठा ही रहूं गा।

उस फकीर ने कहा कि सच बात तो यह है कि कुएं से पानी भरने में जो राज था वह मैंने तुमसे कह

ही दिया है, अब बचा नहीं कुछ कहने को। अगर तुम बाल्टी में और उसकी पेंदी में ज्यादा न उलझे होते तो बात तुम्हारी समझ में आ गई होती। तृष्णा बेपेंदी की बाल्टी है। भरो, खड़खड़ाओ कुएं में खूब, खींचो, जिंदगी नहीं, अनेक जिंदगी खींचते रहो—खाली के खाली रहोगे! जब भी बाल्टी आएगी, खाली हाथ आएगी। कुएं बदल लो, इस कुएं से उस कुएं पर जाओ, उस कुएं से उस कुएं पर जाओ...। यही लोग कर रहे हैं। मगर कुओं का क्या कसूर? बाल्टी वही की वही। तू देख सका कि बाल्टी में पेंदी नहीं है, इसलिए पानी नहीं भरता है; पर तूने देखा कि तृष्णा में पेंदी है? अब जा, इस पर विचार कर। तृष्णा में भी पेंदी नहीं है।

इसीलिए—पीने से बढ़ती प्यास यहां! पेंदी ही नहीं है, बल्कि उलटी बात है: जैसे कोई घी डाले आग में आग बुझाने को! जितनी तुम तृष्णा करते हो, जितनी तुम वासना करते हो, जितनी तुम कामना करते हो, उतनी ही कामना और प्रज्वलित होती है, वासना में और आग पकड़ती है, तृष्णा में और नया ईंधन गिर जाता है। इसी को समझ लो बस, और राज समझ गए जीवन के।

कृष्णानंद, फिर तुम्हें तृष्णा की व्यर्थता दिखाई पड़ गई तो तृष्णा हाथ से छूट जाएगी। और जहां तृष्णा हाथ से छूट गई, जहां कामना हाथ से छूट गई, वासना हाथ से छूट गई, वहां जो शेष रह जाता है वही आत्मा है। तुम ही बचे। एक सन्नाटा बचा!

शोरगुल क्या है तुम्हारे भीतर? वासनाओं का ही शोरगुल है। यह कर लूं वह कर लूं, यह हो जाऊं वह हो जाऊं, यह पा लूं वह पा लूं—यही सब तो शोरगुल है तुम्हारे भीतर, यही तो बाजार भरा है! इसी बाजार के कारण तो तुम अपने को भी नहीं देख पा रहे हो। और अपने को ही नहीं देख पा रहे हो, इसलिए किसी को भी नहीं देख पा रहे हो। इसीलिए तो तुम अंधे हो। तुम्हारी आंखों पर धूल ही तुम्हारी तृष्णा की है। कितना दौड़ते हो, कुछ तो मिलता नहीं! अब रुको! अब यह कुएं से पानी भरना बंद करो! यह बाल्टी फेंको!

इस बाल्टी के फेंक देने का नाम ही ध्यान है। तृष्णारहित चैतन्य का नाम ध्यान है। क्योंकि जहां वासना नहीं है वहां विचार का जन्म ही नहीं होता। वासना के बीज में ही विचार के अंकुर निकलते हैं। विचार तो वासना का सहयोगी है, उसका साथ देने आता है।

इसलिए जब तुम्हें कोई वासना पकड़ लेती है तभी बहुत विचार तुम्हारे मन में उठने लगते हैं—अंधड़ की तरह! जब वासना कम होती है तो विचार भी कम होते हैं। और जब वासना बिलकुल नहीं होती तो विचार भी बिलकुल नहीं होते। लोग मुझसे पूछते हैं, विचारों से कैसे छूटें? वे प्रश्न ही गलत पूछ रहे हैं। विचार तो पत्तों की तरह हैं। पूछो, वासना से कैसे छूटें?

इसलिए कृष्णानंद, तुम्हारा प्रश्न महत्वपूर्ण है। तुम पूछ रहे हो: 'ओशो, तृष्णा से मुक्त होने का मार्ग?'

तृष्णा में ही छिपा है। तृष्णा को देखो, समझो, पहचानो। तृष्णा के बाहर कोई मार्ग नहीं है। और चूंकि बाहर के मार्ग बताए गए हैं, इससे बड़ी उलझन बढ़ गई है। तुम पूछते हो तृष्णा से बाहर जाने का मार्ग, कोई कहता है राम-राम जपो। बस अब तुम फंसे। अब एक नई तृष्णा में फंसे। उसने एक नई बाल्टी पकड़ा दी—फिर बिना पेंदी की। नया मॉडल सही, अभी-अभी आया फैक्ट्री से, ताजा है, चमकदार है, मगर वही का वही! अब तुम राम-राम जप रहे हो। क्यों जप रहे हो अगर कोई पूछे, क्यों राम-राम जप रहे हो, तो तुम यही कहोगे न कि राम-राम जप रहा हूं ताकि तृष्णा से छूट जाऊं! यह तृष्णा

का नया रूप हुआ या नहीं? यह तृष्णा ही है—नया परिधान पहन कर आ गई। पहले धन पाने में लगे थे कि धन पा लूं तो सुख मिलेगा, अब सोचते हो कि राम-राम जप लूं, तृष्णा से छूट जाऊं, तो सुख मिलेगा। दौड़ वही की वही है—वही सुख पाना है।

नहीं; इसलिए परम बुद्धों ने अलग से मार्ग नहीं दिए हैं।

कोई कहता है जाओ गंगा-स्नान कर आओ। कोई कहता है मंदिर में दान कर आओ। कोई कहता है ब्राह्मणों को भोजन करा दो। कोई कहता है कन्याओं को भोजन करा दो। न मालूम कितनी-कितनी तरकीबें लोगों ने निकाल ली हैं। तरकीबों पर तरकीबें हैं। और तुम तरकीबों में फंस जाते हो। तुम यह भी नहीं सोचते कि तृष्णा जैसी चीज सात कन्याओं को भोजन कराने से छूट जाएगी? कि तृष्णा जैसी चीज गंगा में डुबकी लगाने से छूट जाएगी?

तो गंगा के किनारे जो रहते हैं और रोज डुबकी लगाते हैं, उनमें तो तृष्णा होगी ही नहीं। मगर वे भी तृष्णा से उतने ही आतुर हैं। गंगा में ही रहने लगो बिलकुल तो भी तृष्णा से नहीं छूट जाओगे। कोई कहता है हज हो आओ। मगर जो मक्का में रहते हैं, जो मदीना में रहते हैं, उनकी तृष्णा छूट गई है? उनकी नहीं छूटी तो तुम हाजी हो जाओगे, इससे तुम्हारी कैसे छूट जाएगी?

थोड़ी आंख खोल कर तो देखो! ये सस्ते उपाय तुम्हारी तृष्णा के नये परिधान बन जाएंगे, बस। अब तुम्हारी तृष्णा यह है कि तृष्णा कैसे छूट जाए। इसलिए कोई भी सस्ता उपाय बता देगा और तुम उसमें लग जाओगे। जब तक उससे ऊबोगे तब तक कोई दूसरा मिल जाएगा, जो तुम्हें दूसरा उपाय बता देगा। लोग एक गुरु से दूसरे गुरु के पास, एक धर्म से दूसरे धर्म में जाते हैं। बस चल रही है खोज! एक आश्रम से दूसरे आश्रम—तृष्णा कैसे छूटे? और जगह-जगह लोग बैठे हैं जो बता रहे हैं कि ऐसे छूटेगी और दावे से कह रहे हैं कि छूटेगी।

मैं तुमसे कहना चाहता हूं : तृष्णा छोड़ने का और कोई उपाय नहीं है। तृष्णा को ही समझ लो, तृष्णा की व्यर्थता को देख लो, आर-पार देख लो, कि तृष्णा कभी भरी ही नहीं जा सकती।

बुद्ध का वचन है : तृष्णा दुष्पूर है। इस सत्य को तुम अपनी आंखों से देख लो, बस। उस देखने में ही तृष्णा गिर जाती है। उस देखने में ही तुम्हारे हाथ से बाल्टी छूट जाएगी। नई बाल्टी नहीं पकड़ानी है तुम्हें; पुरानी बाल्टी छूट जाए, तुम्हारे हाथ खाली रह जाएं। और तुम चकित होकर पाओगे : जैसे ही तृष्णा छूट जाती है और नई तृष्णा नहीं पकड़ती, ध्यान फल गया, समाधि की सुगंध उड़ने लगी। आनंद की वर्षा तत्क्षण शुरू हो जाती है, आकाश से फूल बरसने लगते हैं।

पांचवां प्रश्न : ओशो, आप विवाह का इतना मजाक क्यों उड़ाते हैं?

नारायण, मालूम होता है तुम अनुभवी नहीं। पक्का है कि तुम विवाहित नहीं। विवाहित होते तो ऐसा प्रश्न न पूछते। और लगता है कहीं विवाहित होने की आकांक्षा है अभी।

तुम्हारी मर्जी। समझदार दूसरों को देख कर समझ जाते हैं; नासमझ हजार बार गड्ढों में गिरते हैं, फिर भी नहीं समझते।

चंदूलाल और ढब्बू जी एक ही साथ मरे, क्योंकि एक ही साइकिल पर सवार थे। और बस से टकरा गई साइकिल और गिर गई नाले में। चंदूलाल आगे बैठे थे, साइकिल चला रहे थे और ढब्बू जी पीछे। सो चंदूलाल एक-दो मिनट पहले पहुंचे स्वर्ग के दरवाजे पर, ढब्बू जी भी भागते हुए एक-दो मिनट पीछे। ढब्बू जी ने सुन लिया जो हुआ। दरवाजा खुला और द्वारपाल ने पूछा चंदूलाल से, विवाहित या अविवाहित? चंदूलाल ने कहाः विवाहित। द्वारपाल ने कहाः भीतर आ जाओ, नरक तुम भोग चुके। अब तुम्हें स्वर्ग मिलेगा।

ढब्बू जी ने सुन लिया सब, चले आ रहे थे भागे पीछे-पीछे। फिर द्वार खुला जब ढब्बू जी ने दस्तक दी। द्वारपाल ने फिर पूछा विवाहित या अविवाहित? ढब्बू जी ने कहाः चार बार विवाहित! इस आशा में कि चंदूलाल को हराऊं। इस आशा में कि बच्चू को अगर मिला होगा पहले नंबर का स्वर्ग तो मुझे मिलेगा कम से कम चार मंजिल ऊपर। लेकिन द्वारपाल ने दरवाजा बंद कर लिया और उसने कहा कि दुखी लोगों के लिए तो यहां जगह है, पागलों के लिए नहीं। एक बार माफ किया जा सकता है कि भाई चलो, जानते नहीं थे, तो भूल हो गई। मगर चार बार!

नारायण, विवाह मजाक ही हो गया है। सदियों-सदियों में ऐसा विकृत हुआ है...। सबसे सड़ी-गली संस्था अगर हमारे पास कोई है तो विवाह है। मगर हम ढोए चले जाते हैं। क्योंकि हममें साहस भी नहीं है कि हम कुछ नये प्रयोग कर सकें। हममें साहस भी नहीं है कि पुराने ढर्रे और रवैए से मुक्त हो सकें या विवाह को कोई नया रूप, कोई नया रंग दे सकें। पीटे जाते हैं लकीरें जो सदियों से पीटी गई हैं। हममें नया करने की क्षमता खो गई है। नये के लिए साहस चाहिए।

और विवाह निश्चित ही मजाक हो गया है। क्योंकि आशाएं बड़ी और परिणाम बिलकुल विपरीत। विवाह से हम बड़ी आशाएं बंधाते हैं लोगों को और जितनी आशाएं बंधाते हैं उतना ही विषाद हाथ लगता है। हमने जिंदगी को एक लंबा धोखा बनाया है। बच्चों को कहते हैं कि पहले पढ़-लिख जाओ, फिर सुख मिलेगा। फिर वे पढ़-लिख गए, फिर उनसे कहते हैं, अब विवाहित हो जाओ तब सुख मिलेगा। फिर जब वे विवाहित हो गए तो उनसे कहते हैं, अब धंधा करो, नौकरी करो, कमाओ, तब सुख मिलेगा। जब तक वे धंधा करते हैं, नौकरी करते हैं, कमाते हैं, तब तक जिंदगी हाथ से गुजर जाती है। उनके बच्चे उनसे पूछने लगते हैं कि सुख कब मिलेगा? वे कहते हैं, पहले पढ़ो-लिखो तब सुख मिलेगा। फिर विवाह करो तब सुख मिलेगा। फिर नौकरी-धंधा करो, कुछ कमाओ जगत में, कुछ यश-प्रतिष्ठा करो, तब सुख मिलेगा।

बस यह सिलसिला जारी है। यहां कोई किसी से नहीं कहता कि न तो पढ़ने-लिखने से सुख का कोई संबंध है, क्योंकि कभी-कभी गैर पढ़े-लिखों को मिल गया—यह रैदास को मिल गया! रैदास चमारा! कहते हैं कि रैदास चमार, मुझको मिल गया! यह कबीर को मिल गया! जो कहते हैं, मसि-कागद छुयो नहीं! कभी कागज छुआ ही नहीं, स्याही जानी ही नहीं! इनको मिल गया! पढ़े-लिखे होने से कुछ सुख का संबंध नहीं है।

मगर हम टालते हैं। यह बहाने हैं हमारे—कल पर टालो, अभी तो फिलहाल टालो, फिर कल की कल देखी जाएगी। और टालते-टालते ऐसी घड़ी आ जाती है कि फिर आगे टालने को कुछ बचता ही नहीं,

मौत सामने खड़ी हो जाती है। तो फिर हम कहते हैं कि अब अगले जन्म में मिलेगा—या परलोक में। संसार में कहां सुख, परलोक में मिलता है! तो भैया पहले ही क्यों नहीं कहा? जब स्कूल धक्का दे-दे कर भेज रहे थे, तभी बता देते कि परलोक में मिलता है। मगर टालना, स्थगित करते जाना...।

और फिर एक घड़ी आ जाती है कि तुम्हें अपने बच्चों को जवाब देना पड़ता है। अब बच्चों के सामने यह कहना कि हमने जिंदगी यूं ही गंवाई, हम कोरे के कोरे रहे, खाली आए खाली जा रहे हैं—तो अहंकार के विपरीत पड़ता है। तो बच्चों के सामने तो अकड़ बतानी पड़ती है कि अरे मैंने इतना पाया! कि अरे मैंने यह कर दिखाया! कि दुनिया को मैंने ऐसे चमत्कार दिखा दिए! जो बच गए हैं, बेटा तू दिखलाना! ऐसा यश-नाम मैंने कमाया! छोड़े जा रहा हूं याददाश्त। दुनिया से उठ जाऊंगा, सदियों तक जगह खाली रहेगी! हालांकि दो दिन कोई याद करता नहीं, इधर तुम उठे कि जगह भरी। लोग तैयार ही बैठे हैं। लोग असल में प्रतीक्षा ही करते हैं कि भइया उठो, अब तुम काफी बैठ लिए, अब दूसरों को भी बैठने दो!

विवाह तो अत्यंत सड़ी-गली संस्था हो गया है। उसका कारण भी है, क्योंकि हमने विवाह को झुठला दिया है। हम कहते हैं: विवाह पहले, फिर प्रेम। यह विवाह को झुठलाने का उपाय है। प्रेम पहले फिर विवाह—तो सम्यक होता। हालांकि मैं यह नहीं कहता हूं कि उससे सुख मिल जाता है; लेकिन सम्यक होता, इससे ज्यादा सम्यक होता!

सुख बाहर की किसी चीज से मिलता नहीं। सुख तो आंतरिक दशा है। लेकिन फिर भी बाहर हम ऐसी व्यवस्था कर सकते हैं। कमरे में तुम इस ढंग से भी फर्नीचर जमा सकते हो कि जब भी निकलो तभी गिरो; कि कोई मेहमान आ जाए तो बिना अस्पताल जाए रहे ही नहीं। और ऐसे भी फर्नीचर जमा कर सकते हो कि उस पर बैठा जा सके, आराम किया जा सके। फर्नीचर वही, लेकिन फर्नीचर जमाने की थोड़ी कुशलता हो।

जीवन को व्यवस्थित किया जा सकता है—बस इतना ही कि उसमें चोट कम से कम लगे, कि व्यर्थ चोटें न लगें, कि नाहक फ्रैक्चर न हों, कि व्यर्थ अस्पतालों में न पड़ा रहना पड़े।

विवाह से सुख तो नहीं मिल सकता; लेकिन कम से कम दुख मिले, ऐसा किया जा सकता है। मेरी बात को खयाल में रखना: सुख तो नहीं मिल सकता। सुख तो उनको मिलता है जो भीतर ध्यान में जाते हैं, विवाह का क्या लेना-देना उससे! विवाहित को भी मिल सकता है, अविवाहित को भी मिल सकता है—भीतर जाने से। लेकिन विवाह को इस ढंग से व्यवस्थित किया जा सकता है—यह केवल फर्नीचर कि बात है कि पत्नी कहां बैठे, पति कहां बैठे, कि ऐसा न हो कि चौबीस घंटे मुठभेड़ ही होती रहे।

मगर जैसी हमने व्यवस्था दी है, वह व्यवस्था कम, अव्यवस्था ज्यादा है। चौबीस घंटे मुठभेड़ है। पति-पत्नी—जैसे जानी दुश्मन! जैसे एक-दूसरे के पीछे पड़े हैं! एक मल्लयुद्ध चल रहा है!

अरे मुल्ला, आज तुम इतने गुमसुम क्यों बैठे हो? चंदूलाल ने मुल्ला नसरुद्दीन से पूछा।

मेरी प्रेमिका ने शीघ्र ही शादी करने को कहा है, नसरुद्दीन ने उदास स्वर में कहा।

चंदूलाल बोला: अरे, तो इसमें चिंता और उदासी कि क्या बात है?

अरे जनाब, चिंता की ही तो बात है—मुल्ला नसरुद्दीन बोला—अगर मैंने शादी कर ली तो फिर मैं प्रेम किस से करूंगा?

शादी और प्रेम में कोई संबंध दिखाई ही नहीं पड़ता। वहां तो झगड़ा, एक-दूसरे पर कब्जा करने की चेष्टा—राजनीति है वहां। बहुत सूक्ष्म राजनीति है। उस राजनीति ने विवाह को सड़ा दिया है।

गुलजानः मैं वादा करती हूं कि मुझे तुम्हारे दुखों में साथ देते हुए बड़ी खुशी होगी।

मुल्ला नसरुद्दीनः लेकिन मुझे तो कोई दुख नहीं है।

गुलजानः अरे मियां, मैं अभी की बात थोड़े ही कर रही हूं, मैं तो शादी के बाद की बात कर रही हूं।

एक युवक ने अपनी मां को आकर कहा कि मुझे एक युवती से प्रेम हो गया है, मैं विवाह करना चाहता हूं। लेकिन वह युवती नास्तिक है। नरक में भी नहीं मानती!

उस युवक की मां ने कहाः बेटा, तू घबड़ा मत। पहले विवाह कर। और मेरे-तेरे बीच में उसको हम ऐसा पाठ चखाएंगे कि नरक में तो उसे भरोसा करना ही पड़ेगा। मेरे-तेरे रहते और तेरी पत्नी नरक में भरोसा न करे, यह नहीं हो सकता!

ढब्बू जी अपनी सुंदर पत्नी गुलाबो से बोले, पता नहीं भगवान ने गुलाबो तुम्हें मूर्ख क्यों बनाया! और मूर्ख बनाया यह तो ठीक, लेकिन फिर इतना सौंदर्य देने की क्या जरूरत थी?

गुलाबो ने कहाः सुंदर इसलिए बनाया ताकि तुम मुझसे शादी कर सको और मूर्ख इसलिए ताकि मैं तुमसे शादी कर सकूं।

नारायण, थोड़ी सावधानी से चलना। विवाह भी करना तो सचेत कि यह सब होगा। तैयारी से करना। अपने कवच वगैरह सब लगा लेना। देखा, रामचंद्र जी कैसा धनुषबाण लेकर चलते थे! वह तुम समझ रहे हो किसके लिए? सीता मैया! और तो कोई दिखाई नहीं पड़ता वहां।

विवाह पुरानी संस्था है, काफी पुरानी संस्था है। और जितनी पुरानी है उतनी ही सड़ गई है। विवाह भविष्य में बच नहीं सकता; इसके दिन लद गए। इसकी जगह हमें कुछ नये विकल्प खोजने पड़ेंगे। विकल्पों की तलाश भी शुरू हो गई है। लेकिन अभी जो भी विकल्पों की तलाश हो रही है, उसमें एक भ्रांति है। वह भ्रांति यह है कि वे सब सोचते हैं कि विवाह में दुख था और इस विकल्प में दुख नहीं होगा। वह भ्रांति है। हां विकल्पों में कम-ज्यादा दुख हो सकता है, मगर दुख तो होगा ही—जब तक कि तुम अपने में थिर न हो जाओ।

असल में विवाह की जरूरत ही इसलिए उठती है कि तुम सोचते हो दूसरे से सुख मिल सकता है—और वहीं मूल जड़ है सारे अज्ञान की। दूसरे से सुख नहीं मिल सकता। और जो चाहता है, और सोचता है कि दूसरे से सुख मिल सकता है, वह दुख पाएगा। वह जगह-जगह विफल होगा, हारेगा, टूटेगा, विक्षिप्त होगा।

दूसरे से सुख नहीं मिलता; सुख स्वयं में छिपा है, वहां खोजना है। और तुम्हारे पास सुख हो तो तुम दूसरों को भी बांट सकते हो। अगर मेरा वश चले तो मैं किन्हीं भी व्यक्तियों को विवाह करने के पहले ध्यान को अनिवार्य बना दूं; और कोई शर्त पूरी हो या न हो, जन्म-कुंडली मिले कि न मिले; क्योंकि जिससे तुम जन्म-कुंडली मिलवाने जाते हो, कभी छिप कर उसकी और उसकी पत्नी की हालत तो देखो। और इस देश में तो कम से कम सभी की जन्म-कुंडलियां मिली हुई हैं। जन्म-कुंडलियां तो मिल जाती हैं। वह तो रुपये, दो रुपये में कोई भी पंडित मिला देता है।

मगर जन्म-कुंडलियां मिलने से क्या होता है! वह कोई अनिवार्य शर्त नहीं। न ही और ऊपरी बातें अनिवार्य हैं। स्त्री सुशिक्षित हो, पुरुष सुशिक्षित हो, कुलीन घर से आते हों—ये सब बातें गौण हैं। मौलिक बात एक है कि दो विवाहित होने वाले व्यक्ति ध्यान की गहराइयों मे गए हैं या नहीं? विवाह के पूर्व वर्ष, दो वर्ष गहन ध्यान की प्रक्रिया से गुजरना जरूरी है। फिर इसके बाद विवाह भी एक अपूर्व अवसर बन जाएगा विकास का।

ध्यान से प्रेम की संभावना प्रकट होती है। ध्यान का दीया जलता है तो प्रेम का प्रकाश फैलता है। और दो व्यक्तियों के भीतर ध्यान का दीया जला हो तो विवाह में एक आनंद है। वह आनंद भी ध्यान से आ रहा है, विवाह से नहीं आ रहा है—यह खयाल रखना। और जब तक ऐसा न हो तब तक विवाह एक मजाक है—और बड़ा कठोर मजाक!

आखिरी प्रश्न : ओशो, शास्त्र कहते हैं स्त्री नरक का द्वार है। आप क्या कहते हैं?

शोभना, एक छोटी सी कहानी कहता हूं।

ढब्बू जी की पत्नी धन्नो एक दिन उदास स्वर में अपनी सहेली गुलाबो से कह रही थी, बहन, मैं तो परेशान हो गई हूं अपने पति से, वे मुझे हमेशा ही रामायण की यह चौपाई कि—

ढोल गंवार शूद्र पशु नारी, ये सब ताड़न के अधिकारी।

कह-कह कर प्रताड़ित करते रहते हैं। मैं तो तंग आ गई यह सुन-सुन कर।

गुलाबो बोली : अरे, इसमें इतना परेशान होने की क्या बात है! मैंने कुछ ही दिन पहले एक नई चौपाई बनाई है, तू इसे गाया कर—

ढोल गंवार पुरुष और घोड़ा, जितना पीटो उतना थोड़ा।

इसमें क्या चिंता लेनी है! स्त्रियों को अपनी चौपाइयां बना लेनी चाहिए। अपने शास्त्र बनाओ। शास्त्रों पर किसी की बपौती है? किसी का ठेका है? चौपाई लिखने की कला कोई बाबा तुलसीदास पर खत्म हो गई है? याद कर लो इस चौपाई को—

ढोल गंवार पुरुष और घोड़ा, जितना पीटो उतना थोड़ा।

आज इतना ही।

9

संगति के परताप महातम

सूत्र

अब कैसे छूटै नामरट लागी।
प्रभुजी तुम चंदन हम पानी। जाकी अंग-अंग बास समानी।।
प्रभुजी तुम घनबन हम मोरा। जैसे चितवन चंद चकोरा।
प्रभुजी तुम दीपक हम बाती। जाकी जोति बरै दिनराती।।
प्रभुजी तुम मोती हम धागा। जैसे सोनहिं मिलत सुहागा।।
प्रभुजी तुम स्वामी हम दासा। ऐसी भक्ति करै रैदासा।।

प्रभुजी तुम संगति सरन तिहारी। जग-जीवन राम मुरारी।।
गली-गली को जल बहि आयो, सुरसरि जाय समायो।
संगति के परताप महातम, नाम गंगोदक पायो।।
स्वाति बूंद बरसै फनि ऊपर, सोहि विषै होई जाई।
ओहि बूंद कै मोती निपजै, संगति की अधिकाई।।
तुम चंदन हम रेंड बापुरे, निकट तुम्हारे आसा।
संगति के परताप महातम, आवै बास सुबासा।।
जाति भी ओछी करम भी ओछा, ओछा कसब हमारा।
नीचै से प्रभु ऊंच कियो है, कहि रैदास चमारा।।

अंधियारे बीजा करते हैं
गीली माटी में पीड़ाएं
पोर-पोर फटती देखूं मैं
केवल इतना सा उजियारा
मेरी आंखों में रहने दो
सूरज सुर्ख बताने वालो!
सूरजमुखी दिखाने वालो!!

अर्थ नहीं होता है कोई,
अथ से ही टूटी भाषा का
तार-तार कर सकूं मौन को,
केवल इतना शोर सुबह का
भरने दो मुझको सांसों में
स्वर की हदें बांधने वालो!
पहरेदार बिठाने वालो!!

गलियारों से चौराहों तक
सफर नहीं होता है कोई
अपना ही आकाश बुनूं मैं
केवल इतनी सी तलाश ही
भरने दो मुझको पांखों में

मेरी दिशा बांधने वालो!
दूरी मुझे बताने वालो!!

मनुष्य पैदा तो होता है विराट की संभावना लेकर, लेकिन रह जाता है क्षुद्र। होता तो है पैदा सागर बनने को और बन नहीं पाता बूंद भी। यही पीड़ा है, यही संताप है; यही दुख है। मनुष्य के जीवन का यही नरक है।

बीज तो हम लेकर आते हैं कि कमल खिलें, आकाश भर जाए उनकी सुवास से; लेकिन बस बीज ही रह जाते हैं। अंकुर ही नहीं फूटता कभी; फूल तो बहुत दूर, बहुत दूर! समाज, राज्य, परंपराएं, रूढ़ियां ऐसे जकड़े हैं आदमी को कि जब तक अथक चेष्टा न हो मुक्त हो जाने की, प्रज्वलित अभीप्सा न हो सब सीमाओं को तोड़ कर पार उड़ जाने की—तब तक यह सागर होने की बात सपना ही रहती है।

और इतना ध्यान रहे, जब तक सागर न हो जाओगे तब तक कोई संतृप्ति नहीं। तृप्ति का एक ही अर्थ होता है: हम वही हो जाएं जो हम होने को पैदा हुए हैं।

मनुष्य परमात्मा का बीज है। और सब तरफ से उस पर बाधाएं हैं। सब तरफ से चेष्टा है कि बीज कहीं टूट न जाए, क्योंकि न्यस्त स्वार्थों को बड़ा भय है। तुम अगर परमात्मा होने लगो तो फिर तुम्हें गुलाम नहीं बनाया जा सकता, न तुम्हारा शोषण किया जा सकता, न तुम्हें मूढ़तापूर्ण कृत्यों में संलग्न किया जा सकता, फिर तुम्हें हिंदू, मुसलमान, ईसाई नहीं बनाया जा सकता। फिर तुम्हें भारतीय, पाकिस्तानी और चीनी नहीं बनाया जा सकता। परमात्मा पर ये कोई विशेषण नहीं लगेंगे।

इसलिए तथाकथित समाज, समाज के ठेकेदार तुम्हें हर तरफ से बांध देते हैं—बचपन से ही बांधना शुरू कर देते हैं। तुम्हारे चारों तरफ ऐसा जाल बुन देते हैं कि तुम्हें याद भी नहीं रहती इस बात की कि तुम एक जाल में फंसे हुए चल रहे हो, कि तुम एक ऐसी मछली हो जो जन्म से ही जाल में फंसी है और जाल को ही जिसने अपना जीवन समझ लिया है।

गलियारों से चौराहों तक
सफर नहीं होता है कोई
अपना ही आकाश बुनूं मैं
केवल इतनी सी तलाश ही
भरने दो मुझको पांखों में
मेरी दिशा बांधने वालो!
दूरी मुझे बताने वालो!!

पंडित हैं, पुजारी हैं, पुरोहित हैं, राजनेता हैं—वे सब कहते हैं परमात्मा बहुत दूर है; इतने दूर कि तुम पा न सकोगे, जन्म-जन्म लग जाएंगे। कुछ तो हैं यह कहने वाले भी कि परमात्मा है ही नहीं, पाने का सवाल ही नहीं उठता। कुछ हैं जो उसे इतना दूर बताते हैं कि वह न होने के बराबर हो जाता है। मगर उन सब की चेष्टा यही है कि तुम्हारे मन में यह बात घनीभूत हो जाए कि तुम जो हो बस इतना ही बहुत है; इससे ज्यादा होने की कोई आशा नहीं है।

अंधियारे बीजा करते हैं
गीली माटी में पीड़ाएं
पोर-पोर फटती देखूं मैं
केवल इतना सा उजियारा
मेरी आंखों में रहने दो
सूरज सुर्ख बताने वालो!
सूरजमुखी दिखाने वालो!!

दूर के सूरज की बातें होती हैं; लेकिन तुम्हारी आंखों में जरा-सी भी प्रकाश की संभावना दिखाई पड़े, तत्क्षण नष्ट कर दी जाती है।

अर्थ नहीं होता है कोई,
अथ से ही टूटी भाषा का
तार-तार कर सकूं मौन को,
केवल इतना शोर सुबह का
भरने दो मुझको सांसों में
स्वर की हदें बांधने वालो!
पहरेदार बिठाने वालो!!

लेकिन तुम्हारे स्वरों पर सब तरफ से पाबंदी है। तुम वही बोलने के लिए स्वतंत्र नहीं हो जो तुम्हारी अंतरात्मा बोलना चाहती है। तुमसे वही बुलवाया जाता है जो समाज के न्यस्त स्वार्थ चाहते हैं कि तुम बोलो। तुम्हें वही दिखाया जाता है जो उनके हित में है कि तुम देखो। सत्य से तुम वंचित रहो, इसका पूरा आयोजन है।

इसलिए चमत्कार है कि कभी-कभी कोई एक व्यक्ति, कोई कबीर, कोई रैदास, कोई फरीद—छूट भागता है तुम्हारे जाल से! खोल लेता है आंखें, भर लेता है सारे आकाश को अपनी अंतरात्मा में! छेड़ देता है अपने हृदय की वीणा को! गा उठता है गीत जो गाने को पैदा हुआ था! छोड़नी ही पड़ेंगी सीमाएं। ये जो पहरेदार बिठाए हैं, इनसे मुक्त होना ही पड़ेगा।

तू खुद रहबर है, खुद बांगे-जरस है, खुद ही मंजिल है
मुसाफिर! फिर यह तकलीदे-अमीरे-कारवां कब तक

कब तक तुम दूसरों के पीछे चलते रहोगे?

मुसाफिर! फिर यह तकलीदे-अमीरे-कारवां कब तक

यह कारवां को राह दिखाने वाले लोगों के पीछे तुम कब तक चलते रहोगे? इन्हें खुद भी पता नहीं ये कहां जा रहे हैं। इनकी आंखों में झांको, कोई दीये वहां जलते हुए नहीं। इनके प्राणों में तलाशो, कोई गंध वहां उठती हुई नहीं, कोई सुगंध नहीं। ये खुद ही नहीं खिले। इनके आश्वासनों में मत पड़ो। ये आश्वासन देने में कुशल हैं।

तू खुद रहबर है...

तुम खुद अपने मार्ग-दर्शक हो।

... खुद बांगे-जरस है, खुद ही मंजिल है
मुसाफिर! फिर यह तकलीदे-अमीरे-कारवां कब तक

कब तक तुम दूसरों की मान कर जीते रहोगे? मुक्त करो अपने को सारे जंजालों से, रूढ़ियों से, लकीरों से!

वो अपने हर कदम पर है कामयाबे-मंजिल
आजाद हो चुका जो तकलीदे-कारवां से

केवल वे ही थोड़े से व्यक्ति इस जगत में अपनी मंजिल पाने में समर्थ हुए हैं, यात्रीदल के अंधे अनुकरण से जो मुक्त हो गए हैं।

वो अपने हर कदम पर है कामयाबे-मंजिल

और ऐसा भी नहीं है कि मंजिल दूर है; हर कदम पर मंजिल है।

वो अपने हर कदम पर है कामयाबे-मंजिल
आजाद हो चुका जो तकलीदे-कारवां से

समाज की रूढ़ियों, अंधेपन, अंधविश्वासों से जो मुक्त हो चुका है, वह निश्चित ही मंजिल पाने को समर्थ हो जाता है। ये सारे फकीर क्रांतिकारी हैं। इनके शब्दों में अंगारे हैं, चिनगारियां हैं। काश, तुम पड़ जाने दो अपने प्राणों में तो तुम भी भभक उठो, तुम भी धधक उठो! नहीं तो तुम्हारी जिंदगी यूं ही बीत जाएगी। सुबह होगी, सांझ होगी, और यूं ही बस सुबह और सांझ के बीच डोलते-डोलते जिंदगी तमाम होगी।

हाथों से छूट गई
सपनों की डोर
संभावित प्रश्नों में
डूब गया भोर।

कुहरे से निकलेगा
जाने कब अर्क
क्या होगा करने से
तर्कों पर तर्क
बूढ़े अनुमानों का
बेमतलब शोर
संभावित प्रश्नों में
डूब गया भोर।

प्राची में फैल-फैल
रंग हुए व्यर्थ
अनिमंत्रित शब्दों
को दे डाले अर्थ
बीत गया शर्त बिना
एक याम और
संभावित प्रश्नों में
डूब गया भोर।

धीरे से सरक गई
आंगन में धूप
परिचय की टहनी पर
खिल आया रूप
टूटे संदर्भों के
जुड़ आएं छोर
संभावित प्रश्नों
में डूब गया भोर।

जीवन की प्रभात व्यर्थ के प्रश्नों में बीत जाती है। आधी जिंदगी यूं ही व्यर्थ के तर्क, व्यर्थ के विचारों, व्यर्थ की आकांक्षाओं-अभिलाषाओं में बीत जाती है। और बाकी शेष जिंदगी—पछताने में। ऐसे चार दिन की जिंदगी: दो दिन बीत जाते हैं व्यर्थ के उपक्रमों में—धन, पद, प्रतिष्ठा, अहंकार; बचे दो दिन बीत जाते हैं पश्चात्ताप में कि यह मैंने क्या किया! यह क्या कर लिया मैंने! यह कैसा आत्मघात कर लिया! यह कैसे अपने को बरबाद कर लिया! और अब मौत द्वार पर दस्तक देने लगी।

और चार दिन की जिंदगी है, बड़ी छोटी जिंदगी है! लेकिन यह छोटी जिंदगी बहुत बड़ी जिंदगी का द्वार बन सकती थी—द्वार तो छोटे ही होते हैं! इन छोटी सी जिंदगियों को मंदिर का द्वार बनाया जा सकता था, जहां विराट से मिलन हो जाए। मगर द्वार के बाहर ही कंकड़-पत्थर बीनते रहोगे! द्वार के बाहर ही व्यर्थ की बातों में उलझे रहोगे!

कांटों-सी उलझन में
पतझड़-से रूखे में
एक सांझ बीती थी
एक और बीत गई।

रोज एक दिन बीत रहा है। हाथ से जीवन-ऊर्जा सरकती जाती है, सरकती जाती है। जल्दी ही पाओगे, हाथ में कुछ भी नहीं बचा। फिर बहुत पछतावा होता है। लेकिन समय बीत जाने पर पछताने से

भी क्या होगा? फिर रोना भी व्यर्थ है। समय पर रोओ भी तो आंसू मोती बन जाते हैं। असमय में हंसो भी तो हंसी भी आंसू का काम नहीं कर पाती; हंसी भी मोती नहीं बन पाती। और हंसना तो दूर, अंत में सिर्फ पछतावा रह जाता है—आंखें गीली और उदास!

कांटों-सी उलझन में
पतझड़-से रूखे में
एक सांझ बीती थी
एक और बीत गई।

पानी में लहरों का
तंद्रिल ठहराव है
पेड़ों में फूलों के
उभरे ये घाव हैं
सिहर उठे पीपल के
पात डाल-डाल पर
दर्द-गंध बांटती
हवाएं सब रीत गईं।

मकड़ी के जाले-सा
मन में उलझाव है
बोझिल है अपनापन
बौने-से पांव हैं
छायाएं रेंग रहीं
पगडंडी-पगडंडी
मुरझाई चाहें थीं,
एक और पीत हुई।

मन का सब भारीपन
सूने में खो गया
दूजा क्षण कल की सब
चिंताएं बो गया
लुढ़क रही सांसों की
पटरी पर जिंदगी

आधी हो तिक्त चुकी
आधी भी तिक्त हुई।

ऐसे ही तिक्त होओगे, ऐसे ही रिक्त होओगे! जब तक प्रभु को न पुकारो, खाली आए, खाली जाओगे। खाली आए थे कि भर कर जा सको। इसीलिए खाली आता है आदमी, ताकि इस जीवन को फूलों से भर ले। मगर बहुत कम लोग भर कर जाते हैं। जो भर कर जाते हैं बस वही जीए। उन्होंने ही जीवन के उत्सव में संपदा बटोरी।

समय रहते सम्हल जाओ। अभी समय है, सम्हला जा सकता है। रैदास के ये सूत्र जागरण का काम कर सकते हैं। सोयों को तो जगा ही सकते हैं; जिनको भ्रांति है जागे होने की, उनको भी जगा सकते हैं।

उनको तो जगाया सोते थे जो राह में ऐ फरियादे-जरस
जो चलते-चलते सोते हैं उनको भी जगाना आता है

संतों का एक ही संदेश है—जागों को कैसे जगाओ? जागे हुए नहीं हैं; भ्रांति है जागने की। मगर सोए को जगाना आसान है, क्योंकि वह मानता है मैं सोया हुआ हूं। और जो सोया है और सपना देख रहा है कि मैं जागा हुआ हूं, उसको जगाना बहुत मुश्किल है। इसलिए पंडितों को जगाना बहुत मुश्किल है, तथाकथित ज्ञानियों को जगाना बहुत मुश्किल है। अज्ञानी तो जागना चाहता है, क्योंकि अज्ञान पीड़ा देता है और ज्ञान अहंकार को तृप्ति देता है।

इस जगत में पूरी व्यवस्था है तुम्हें पंडित बनाने की। स्कूल हैं, कालेज हैं, युनिवर्सिटीज हैं; वेद हैं, कुरान हैं, बाइबिलें हैं; सारा आयोजन है कि तुम पंडित हो जाओ। इसके पहले कि तुम्हें परमात्मा का कोई स्वाद लगे परमात्मा के संबंध में इतनी बकवास तुम्हें याद हो जाती है कि फिर स्वाद लगने का उपाय ही नहीं रह जाता।

ये सूत्र किसी पंडित के सूत्र नहीं हैं। पंडित सूत्र दे भी नहीं सकते। उनके वक्तव्य थोथे होते हैं। रैदास जैसे व्यक्ति सूत्र देते हैं। सूत्र का अर्थ होता है: सार-संक्षिप्त, निचोड़, इत्र।

अब कैसे छूटै नामरट लागी।

एक तरफ हैं लोग जो पूछते हैं कि राम को कैसे जपें। एक तरफ हैं लोग जो पूछते हैं—भजन कैसे हो? ध्यान कैसे हो? कीर्तन कैसे हो? पूजा कैसे? अर्चना कैसे? और रैदास कहते हैं: हमारी मुसीबत दूसरी ही है। हमारी मुसीबत यह है कि अब कैसे छूटै नामरट लागी! अब छुड़ाए नहीं छूटती। ऐसा रंग चढ़ता है कि अब हम चाहें भी कि बंद हो जाए तो बंद नहीं होती।

मेरे एक शिक्षक थे, युनिवर्सिटी में दर्शनशास्त्र के अध्यापक थे, प्यारे आदमी थे, बूढ़े आदमी थे! दार्शनिक थे, सो स्वभावतः झक्की थे। वर्षों तक उनकी कक्षा में कोई विद्यार्थी भरती नहीं होता था, क्योंकि उनके झक्कीपन से लोग राजी नहीं हो पाते थे। कोई तीन वर्षों से कोई विद्यार्थी नहीं था। जब मैं उनकी कक्षा में भरती हुआ तो उन्होंने मुझसे कहा कि तुम भी झक्की हो क्या? मेरी कक्षा में लोग भरती नहीं होते। मैं तुम्हें अपनी शर्तें पहले बता देता हूं। मेरी पहली शर्त तो यह है कि मैं बोलना तो शुरू करता हूं

जब घंटा बजता है, लेकिन खतम घंटा जब बजता है तब नहीं करता। कर ही नहीं सकता, जब तक कि मेरा हृदय पूरा न उंड़ेल दूं। तो कभी दो घंटे बोलता हूं, कभी तीन घंटे, कभी चार घंटे, कभी पांच घंटे। तुम्हें बीच में उठ कर जाना हो, तुम चुपचाप जा सकते हो, पूछने की जरूरत नहीं है। तुम्हें प्यास लगे, पानी पी आना, लौट आना। मैं बोलना जारी रखूंगा; तुम नहीं रहोगे तब भी जारी रखूंगा।

मुझे भरोसा न आया कि बिना मेरे मौजूद रहे वे कैसे बोलते रहेंगे! पहले ही दिन मैंने सिर्फ प्रयोग के लिए देखा। कोई घंटे भर बाद मैं उठ कर बाहर चला गया, खिड़की के पास खड़ा रहा, वे बोले चले जा रहे थे। बाद में मैंने उनसे पूछा कि इसका राज? जब कोई सुनने वाला नहीं तब भी आप बोल रहे हैं!

उन्होंने कहाः मैं जो बोल रहा हूं उसमें मुझे ही सुनने में इतना रस आता है कि उसे मैं रोकूं तो रोकूं कैसे! मैं उनकी कक्षा में सो जाता, क्योंकि कभी चार घंटे...मगर वे बोलना जारी रखते। धीरे-धीरे उनका मुझसे प्रेम हो गया, गहरा प्रेम हो गया। मैंने उनसे कहा कि आप भी नाराज न होना, मेरी भी शर्त है। असल में रोज मुझे दोपहर में सोने की आदत है। जब मेरा सोने का समय हो जाएगा तो मैं सो जाऊंगा, आप बोलना जारी रखना, मगर जरा आहिस्ता और धीमे, मेरी नींद न टूटे।

उन्होंने कहाः यह बात ठीक। तुम अगर मेरी शर्त मानते हो, मैं तुम्हारी शर्त मानूंगा। और उन्होंने निभाया। फिर तो उनसे मेरा लगाव बहुत हो गया। झक्की झक्की मिल गए! तो उन्होंने कहाः क्या हॉस्टल में तुम रहते हो! मैं भी अकेला हूं—उन्होंने कभी शादी तो की नहीं थी—और बड़ा बंगला है मेरे पास, तुम वहीं रहो।

मैंने कहाः जैसी मर्जी। मैं आपके बंगले में आ जाता हूं।

वे एक दिन आए, अपनी गाड़ी में मेरा सब सामान इत्यादि लेकर मुझे अपने बंगले ले गए। बंगले जाकर उन्होंने कहा कि एक बात तुम्हें बता दूं, मुझे रात रोज दो बजे उठ कर गिटार बजाने की आदत है। अब तक तो मेरे साथ कोई रहा नहीं, इसलिए कुछ किसी से कहने का सवाल नहीं था। यह बंगला भी मैंने युनिवर्सिटी से इतनी दूर लिया हुआ है कि ताकि किसी पड़ोसी को कोई झंझट न हो। अब तुम यहां रहोगे तो दो बजे रात से मैं गिटार बजाऊंगा।

मैंने कहाः देखेंगे, आप बजाएं। वे ठीक दो बजे उठ आते और गिटार बजाते—इलेक्ट्रिक गिटार—कि सोना मुश्किल हो जाए। मैंने दूसरे दिन उनसे कहा कि मैं भी आपको अपनी आदत बता दूं कि रोज शाम सात बजे से दो बजे तक मुझे जोर-जोर से पढ़ने की आदत है। उन्होंने कहाः इसमें तो बड़ी मुश्किल हो जाएगी, क्योंकि मैं दो बजे तक सोता हूं और दो बजे उठ कर गिटार बजाता हूं। मैंने कहाः वह आपकी मर्जी।

मैं ठीक उनके बगल के कमरे में बैठ कर इतने जोर-जोर से पढ़ा कि दो बजे उन्होंने मुझसे कहा कि अच्छा ऐसा करो, समझौता कर लेते हैं, न हम गिटार बजाएंगे, न तुम इतने जोर से पढ़ो। ताकि दोनों सो सकें।

मगर वे आदमी प्यारे थे और उनकी यह बात मुझे बहुत प्यारी लगी कि जब मैं बोलना शुरू कर देता हूं तो मैं भूल ही जाता हूं कि सुनने वाला कोई है या नहीं! फिर मेरे भीतर से एक अंतर-धारा शुरू हो जाती है!

उनमें कुछ संतों का था; वे सिर्फ पंडित नहीं थे, सिर्फ अध्यापक नहीं थे। कुछ जीया था, कुछ जाना था, कुछ अनुभव किया था। जितने दिन उनके करीब रहा उतनी ही यह बात साफ होती चली गई।

रैदास कहते हैं: *अब कैसे छूटै नामरट लागी!*

किसी ने पूछा होगा रैदास से कि राम को कैसे जपें? कैसे स्मरण करें? करते हैं, छूट-छूट जाता है। एकाध-दो क्षण को याद रहती है, फिर भूल जाती है। हाथ में माला चलती रहती है यंत्रवत और मन कहीं का कहीं चला जाता है। उसके ही उत्तर में कहा होगा कि तेरी यह मुश्किल, मेरी यह मुश्किल!

अब कैसे छूटै नामरट लागी।

मैं तो छुड़ाना चाहता हूं कभी-कभी कि कभी तो फुरसत हो, मगर छूटती नहीं। मैं अगर न भी बोलूं तो भी गूंजती रहती है।

मंत्र-विज्ञान की चार सीढ़ियां हैं। पहली सीढ़ी—जहां अधिक लोग रुक जाते हैं—वह है ओंठ से मंत्र-उच्चार; राम-राम-राम, या कोई भी मंत्र, अल्लाह-अल्लाह या जो तुम्हारी मर्जी, जो तुम्हें प्रीतिकर लगे। अपना नाम भी!

महाकवि हुआ अंग्रेजी का, टेनिसन। उसने अपने संस्मरणों में लिखा है कि मुझे बचपन से ही न मालूम—अब तो मुझे याद भी नहीं कि यह कैसे हो गया—रात मुझे डर लगता था और मां मुझे मेरे कमरे में अकेला छोड़ देती। जैसा यूरोप में रिवाज है कि बच्चों को अकेला सुलाया जाए, ताकि उनकी हिम्मत बढ़े। बचपन से ही अंधेरा, अकेलापन, इसकी उन्हें आदत हो, ताकि जिंदगी में कायरता न रहे। तो मां मुझे अकेला छोड़ देती, मुझे कुछ न सूझता कि मैं क्या करूं, तो मैं जोर-जोर से अपना नाम रटता था—टेनिसन, टेनिसन। उसमें मुझे ऐसा लगता जैसे कोई मुझे पुकार रहा है—दो हैं, एक नहीं।

अक्सर तुम भी करते हो, अंधेरी गली हो, कुछ हो, तो सीटी बजाने लगे कि फिल्मी गाना गाने लगे। फिल्मी गाने की आवाज सुन कर तुम यह भूल जाते हो कि अंधेरा है, अकेले हो, गली है। सीटी बजा कर खुद को ही बल आ जाता है, खुद ही बजा रहे हो सीटी, मगर खुद को ही ऐसा लगता है ताकत आ गई।

ऐसे टेनिसन अपना ही नाम लेता था। मगर उसे एक राज हाथ लग गया। बहुत देर तक अपना ही नाम लेते-लेते धुन बंध जाती। ऐसी धुन बंधती, उसे ऐसी मस्ती छा जाती कि फिर भय का तो सवाल ही न रहा, उसे मंत्र हाथ लग गया—अनायास, आकस्मिक! इसे उसने जिंदगी भर उपयोग किया। वह कहता है, अब तो कभी जब भी मुझे एकांत मिल जाता है, बस अपना ही नाम दोहराने लगता हूं। बस पांच-सात मिनट दोहराने के बाद किसी और लोक में प्रवेश हो जाता है। और जो मैंने जीवन में जाना है—जो भी आनंद, जो भी शांति, जो भी सुख—वह उन्हीं क्षणों में जाना है, जब मैं तन्मय हो गया।

पहला मंत्र का कदम है: ओंठों से उच्चार। मगर ओंठ पर ही रह जाए मंत्र, तो व्यर्थ हो गया। जैसे कोई पहली ही सीढ़ी पर चढ़े और बैठा रह जाए, तो मंदिर कहां? सीढ़ी मंदिर नहीं है। यद्यपि बिना सीढ़ी के भी मंदिर नहीं है, मगर सीढ़ी मंदिर नहीं है, सीढ़ी के पार जाना होगा।

फिर दूसरा कदम है: उच्चार हो कंठ में, ओंठ तक न आए। ओंठ तो हिलें भी नहीं, मगर कंठ तन्मय हो जाए। कुछ लोग दूसरे कदम पर रुक जाते हैं। दूसरे कदम पर भी रस आने लगता है। और जहां रस आया वहां खतरा है, क्योंकि रस आने लगता है तो लगता है: रुके रहो, रुके रहो! और पीओ, और पीओ! मगर गुरु उपलब्ध हो तो वह कहेगा—और आगे! जब यहां इतना रस मिल रहा है तो जरा और आगे! और रस है, रस के सागर हैं।

तीसरा कदम है: कंठ से भी उच्चारण नहीं, सिर्फ हृदय में उच्चारण। सिर्फ हृदय में राम-राम का भाव।

ये तीन स्थूल कदम हैं और चौथे कदम से द्वार शुरू होता है। चौथा कदम है: उच्चार भी नहीं! तुम्हारी तरफ से कोई प्रयास ही नहीं। उसी की बात कर रहे हैं रैदास।

अब कैसे छूटै रामरट लागी।

तुम्हारी तरफ से कोई चेष्टा ही नहीं, प्रयास नहीं। तुम जप नहीं रहे हो, भजन नहीं कर रहे, कीर्तन नहीं कर रहे। तुम्हारे भीतर कीर्तन हो रहा है, नाम-जप हो रहा है! तुम बैठे हो, तुम साक्षी मात्र रह गए हो और भीतर कुछ हो रहा है—जो अपने से हो रहा है।

शुरू में सुनोगे तो कठिनाई लगेगी कि अपने से कैसे होगा?

श्वास कैसे चल रही है अपने से? खून कैसे बह रहा है अपने से? तुम कोई बहा रहे हो? कि खून को कह रहे हो कि अब बाएं चलो, अब दाएं मुड़ो, अब हाथ आ गया, अब सिर आ गया, अब पैर आ गया! खून चौबीस घंटे चल रहा है। तुमने भोजन कर लिया, फिर कौन पचा रहा है? फिर भोजन अपने से पच रहा है। तुम श्वास ले रहे हो, सोच कर ले रहे हो? सोच कर लो तो बड़ी मुश्किल हो जाए। सोच कर लो तो दुनिया में आदमी मिलें ही नहीं। रात जरा नींद लग गई, भूल गए। रात भर श्वास न ली, सुबह खात्मा। किसी काम में उलझ गए, भूल गए। मन कहीं दूर विचारों में चला गया और भूल गए।

नहीं, श्वास चल ही रही है। तुम मूर्च्छित भी होओ, तुम शराब पीकर सड़क के रास्ते के किनारे पड़े होओ, तो भी श्वास चल रही है। कोमा में जो लोग पड़ जाते हैं...। एक स्त्री को मैं देखने गया, वह नौ महीने से कोमा में थी। नौ महीने से उसे होश नहीं था, मगर श्वास चल रही थी।

तो श्वास को तुम नहीं चला रहे हो, न खून तुम चला रहे हो, न भोजन तुम पचा रहे हो। यह सब अपने से हो रहा है। ऐसे ही नामरट भी, नाम-जप भी अपने से होने लगता है। और जब स्वस्फूर्त होता है, तब उसका आनंद अपूर्व है। फिर तुम छुड़ाना भी चाहो तो नहीं छूट सकता। जैसे तुम अपनी श्वास बंद करना चाहो तो भी नहीं कर सकते; आएगी ही आएगी। भीतर रोकोगे तो बाहर जाएगी; बाहर रोकोगे तो भीतर आएगी। एकाध क्षण शायद तुम सफल भी हो जाओ, मगर बड़ी तकलीफ होगी। और फिर तुम्हें असमर्थ होकर हारना पड़ेगा।

ऐसा ही चौथे चरण में प्रभु-स्मरण हो जाता है। उस चौथे चरण को ही संतों ने सुरति कहा है। तुम सिर्फ साक्षी मात्र रहते हो। तुम सिर्फ देखते रहते हो कि जो हो रहा है। फिर तुम हजार काम में लगे रहो, कोई फर्क नहीं पड़ता, भीतर एक अंतःधारा बहती रहती है, एक सतत स्मरण—शब्द-शून्य, वाणी से मुक्त, सिर्फ भाव!

अब कैसे छूटै नामरट लागी।

प्रभुजी तुम चंदन हम पानी।

रैदास कहते हैं: अब समझ में आना शुरू हुआ कि तुम चंदन हो और हम पानी हैं। जैसे पानी में चंदन डाल दो तो पानी के कण-कण में चंदन की बास समा जाती है।

जाकी अंग-अंग बास समानी।।

तुम मुझमें ऐसे समा गए हो जैसे चंदन की बास पानी में समा जाए। अब अलग करने का कोई उपाय नहीं। जब परमात्मा को अलग करने का कोई उपाय न रह जाए, तभी समझना कि उसे पाया। जब तक अलग करने का उपाय हो, तब तक समझना कि पाया नहीं है, अभी सिर्फ कल्पना की है। क्योंकि कल्पना ही अलग की जा सकती है, परमात्मा अलग नहीं किया जा सकता।

प्यार के बस गीत लेकर क्या करूंगी
तुम मिलो तो यार आंखें चार भी हों
तुम मिलो तो जिंदगी रस में नहाए
अश्रु से धो आंख, फिर अंजन करूंगी

तुम छिपे हो यार जाने किस अतल में
मौन में डूबे प्रभो! ढूंढूं कहां मैं
तुम सुधा में, गरल में, पावक-पुहुप में
आ बसो उर में, तेरी पूजा करूंगी

प्यास बन कर तू पिया उर में समा जा
अश्रु बन कर तू पिया उर में समा जा
गीत बन कर प्राण से प्यारे छिड़ो तुम
जिंदगी मेरे बलम अर्पित करूंगी

होता है ऐसा अपूर्व अनुभव भी—जब तुम्हारी श्वास-श्वास उसकी गंध से भर जाती है, उसकी सुगंध से भर जाती है।

मंदिरों में सदियों से हमने चंदन को मूल्य दिया है; वह केवल प्रतीक है। और प्रतीक कभी-कभी इतने महत्वपूर्ण हो जाते हैं कि हम भूल ही जाते हैं किसके प्रतीक हैं। जैसे मील का पत्थर है, कोई उसी को पकड़ कर बैठ जाए कि आ गई मंजिल। मील का पत्थर मंजिल नहीं है। मील का पत्थर तो सिर्फ मंजिल की तरफ तीर है, एक इशारा है कि और आगे चले चलो। जिन्होंने पहली दफा चंदन को खोजा होगा और पूजा का अंग बनाया होगा, चंदन के तिलक और टीके को प्रतीक बनाया होगा, उन्होंने किसी ऐसे ही रैदास जैसे अनुभव के कारण किया होगा।

प्रभुजी तुम चंदन हम पानी। जाकी अंग-अंग बास समानी।।

लेकिन फिर कब...हम भूल गए। हम भुलक्कड़ हैं। सुंदर से सुंदर प्रतीक भी हमारे हाथों में पड़ कर अर्थहीन हो जाते हैं। चंदन लगाया जाता है तृतीय नेत्र पर। वह केवल प्रतीक है। वह यह कह रहा है कि तुम्हारे तीसरे नेत्र में प्रभु चंदन की तरह समा जाना चाहिए। मगर बस ऊपर लगा लिया चंदन और काम समाप्त हो गया। स्त्रियां तीसरे नेत्र पर टीका लगाती हैं। वह केवल प्रतीक है कि जिससे तुम्हें प्रेम है

वह तुम्हारे तीसरे नेत्र तक समा जाना चाहिए, तो ही प्रेम है। क्यों तीसरे नेत्र तक? क्योंकि तीसरे नेत्र संसार की सीमा को निर्मित करते हैं, उसके पार तो फिर ब्रह्म है। तीसरा नेत्र है छठवां केंद्र; उसके बाद सातवां है सहस्रार, वह तो मुक्ति का द्वार है। फिर वहां न तो प्रेमी रह जाता है न प्रेयसी, न भक्त न भगवान। लेकिन छठवें तक याद रहती है।

तो अगर किसी से प्रेम किया हो तो वह ऐसा होना चाहिए जैसे तीसरी आंख तक में उसे देख लिया। देह ही नहीं देखी उसकी, उसकी आत्मा भी देख ली। दो आंखें हैं हमारे पास, ये तो केवल देह को देखती हैं। इनसे हुआ प्रेम भी कोई प्रेम है! वासना का ही एक नाम है। लेकिन इन दोनों आंखों के भीतर छिपी एक तीसरी आंख है—शिवनेत्र; उससे जब देखा तो प्रेम। तीसरी आंख जब किसी व्यक्ति से जुड़ जाती है, तुम उसकी आत्मा से जुड़े और एक हुए। प्रेयसी को भी वहीं से देखो तो तुम्हारा प्रेम प्रार्थना बन जाएगा। और गुरु को तो केवल वहीं से देखा जा सकता है। चर्म-चक्षु देखने में असमर्थ हैं। चर्म-चक्षु तो केवल चमड़ी को ही देख सकते हैं। वही उनकी सीमा है। तुम्हारे भीतर एक अदृश्य दृष्टि है, दिखाई नहीं पड़ती। उस अगोचर दृष्टि से ही अगोचर को देखा जा सकता है।

तो तीसरे नेत्र पर स्त्रियां टीका लगाती रही हैं। मगर बस टीका लगा है और पति के साथ झगड़ा चल रहा है! ऐसी हमारे सारे प्रतीकों की गति हो गई है। मंदिर गए, तिलक लगा लिया, चंदन घिस कर तीसरे नेत्र पर ऊपर से शीतलता पहुंचा दी और घर चले आए!

तुम्हारे तीसरे नेत्र पर परमात्मा चंदन की बास जैसा हो जाना चाहिए। और चंदन को क्यों चुना है? बहुत कारणों से चुना है। चंदन अकेला वृक्ष है जिस पर विषैले सांप लिपटे रहते हैं, मगर उसका कुछ बिगाड़ नहीं पाते। चंदन विषाक्त नहीं होता। सर्प भला सुगंधित हो जाएं, मगर चंदन विषाक्त नहीं होता।

ऐसा ही यह संसार है—जहर से भरा हुआ। इसमें तुम्हें चंदन जैसे होकर जीना होगा। यह तुम्हें विषाक्त न कर पाए, ऐसा तुम्हारा साक्षीभाव होना चाहिए। कि कीचड़ में से भी गुजरो तो भी कीचड़ तुम्हें छुए न। यह काजल की कोठरी है संसार; इससे गुजरना तो है; परमात्मा चाहता है कि गुजरो। जरूर कोई शिक्षा है जो जरूरी है। लेकिन ऐसे गुजरना जैसे कबीर गुजरे, रैदास गुजरे।

कबीर कहते हैं: ज्यों की त्यों धरि दीन्हीं चदरिया! खूब जतन से ओढ़ी रे कबीरा! कालख से भरी हुई काजल की इस कोठरी से गुजर गए, मगर बड़ी जतन से गुजरे, बड़े होश से गुजरे, कि परमात्मा ने जैसी चदरिया दी थी, ठीक वैसी की वैसी, बिना दाग-धब्बे के वापस लौटा दी।

साक्षी-भाव हो तो संसार में से ऐसा ही गुजरा जा सकता है। इस साक्षीभाव के साथ संसार से गुजरने को ही मैं संन्यास कहता हूं। चंदन की तरह हो जाओ तो संन्यासी।

प्रभुजी तुम चंदन हम पानी। जाकी अंग-अंग बास समानी।।

प्राण-वीणा पर पिया,
मैं आज तेरे गीत गाऊं।
नयन से तुझको निहारूं,
पलक में तुझको छिपाऊं।

गीत उर के, प्रीत मन के,
अश्रु के तुम प्राण-धन हो।
चूम कर तुमको बलम मैं
हृदय-मंदिर में बसाऊं।

प्राण-वीणा छेड़ प्रियतम!
मैं तुम्हें हरदम पुकारूं।
नयन के माणिक पिरो कर,
प्रेम की माला पिन्हाऊं।

पुकारोगे तो एक दिन पुकार सुनी जाएगी। अहर्निश पुकारोगे तो एक दिन पुकार बन जाओगे। देर-अबेर हो सकती है, अंधेर नहीं है। और जल्दी मत करना, अधीर मत होना। यह इतना महत कार्य है कि अगर जन्मों में भी हो तो जल्दी। ये कोई छोटे-मोटे घास-पात के पौधे नहीं हैं। ये प्रेम और प्रार्थना के पौधे हैं; चांद-तारों को छूने वाले पौधे हैं। ये आकाश को भर देने वाले पौधे हैं। ये जब भी, जितनी देर में भी खिल जाएं, फूलों से लद जाएं—समझना कि जल्दी ही है; समझना कि अभी सुबह ही है।

मगर अगर तुमने बहुत जल्दबाजी की तो तुम चूक जाओगे। जो जल्दबाज है उसकी प्रार्थना ओंठों तक रह जाएगी। जिसमें थोड़ा धैर्य है, उसकी प्रार्थना कंठ तक पहुंचेगी। जिसमें और धैर्य है, उसकी प्रार्थना हृदय तक पहुंचेगी। और जिसमें अनंत धैर्य है, उसकी प्रार्थना आत्मा बन जाती है। जब प्रार्थना आत्मा बनती है, फिर छूटे नहीं छूटती।

अब कैसे छूटै नामरट लागी।
प्रभुजी तुम चंदन हम पानी। जाकी अंग-अंग बास समानी।।
प्रभुजी तुम घनबन हम मोरा।

और जैसे बादल घिर आते हैं आषाढ़ में—घनघोर बादल—और मोर नाचने लगते हैं। ऐसे ही रैदास कहते हैं कि तुम घने बादलों की तरह छा गए हो और हम तो मोर हैं, हम नाच उठे।

जिस व्यक्ति ने अपने भीतर अहर्निश प्रभु के नाद को सुना, उसे चारों तरफ परमात्मा दिखाई पड़ने लगता है—वृक्षों में, पहाड़ों में, चांद-तारों में, लोगों में, पशुओं में, पक्षियों में। उसे सब तरफ परमात्मा दिखाई पड़ने लगता है। और जो सब तरफ परमात्मा से घिर गया है वह मोर की तरह नहीं नाचेगा तो कौन नाचेगा?

प्रभुजी तुम घनबन हम मोरा। जैसे चितवन चंद चकोरा।।

उसकी आंखें तो जैसे चकोर की आंखें चांद पर टिकी रह जाती हैं, बस ऐसे ही परमात्मा पर टिकी रह जाती हैं। हां, एक फर्क है। चकोर चांद से आंखें नहीं हटाता और ध्यानी हटाना भी चाहे तो नहीं हटा सकता, क्योंकि जहां भी आंख ले जाए वहीं उसे परमात्मा दिखाई पड़ता है; वहीं चांद है उसका। कंकड़-कंकड़ में उसकी ही ध्वनि है, पत्ते-पत्ते पर उसी के हस्ताक्षर हैं। तो चकोर तो कभी थक भी जाए...थक भी जाता होगा। कवियों की कविताओं में नहीं थकता, मगर असली चकोर तो थक भी जाता होगा। असली

चकोर तो कभी रूठ भी जाता होगा। असली चकोर तो कभी शिकायत से भी भर जाता होगा कि आखिर कब तक देखता रहूं?

लेकिन चकोर के प्रतीक को कवियों ने ही नहीं उपयोग किया, ऋषियों ने भी उपयोग किया है। प्रतीक प्यारा है। चकोर एकटक चांद की तरफ देखता है; सारी दुनिया उसे भूल जाती है, सब भूल जाता है, बस चांद ही रह जाता है। ठीक ऐसी ही घटना भक्त को भी घटती है। सब भूलता नहीं, सभी चांद हो जाता है। जहां भी देखता है, पाता है वही, वही परमात्मा है

प्रभुजी तुम दीपक हम बाती। जाकी जोति बरै दिनराती।।

प्यारे वचन हैं रैदास के। सीधे-सादे, लेकिन बड़े मधुर, बड़े मीठे।

प्रभु जी तुम दीपक हम बाती।

तुम ज्योति हो, हम तुम्हारी बाती हैं। इतना ही तुम्हारे काम आ जाएं तो बहुत। तुम्हारी ज्योति के जलने में उपयोग आ जाएं तो बहुत। तुम्हारे प्रकाश को फैलाने में उपयोग आ जाएं तो बहुत। यही हमारा धन्यभाग। कि हम तुम्हारे दीये की बाती बन जाएं। तुम्हारे लिए मिट जाने में सौभाग्य है; अपने लिए जीने में भी सौभाग्य नहीं है। अपने लिए जीने में भी दुर्भाग्य है, नरक है; और तुम्हारे लिए मिट जाने में भी सौभाग्य है, स्वर्ग है।

प्रभुजी तुम दीपक हम बाती। जाकी जोति बरै दिनराती।।

और जो परमात्मा के लिए बाती बन गया है, उसे एक अनूठा अनुभव होता है। वह बाती जलती नहीं, समाप्त नहीं होती।

जाकी जोति बरै दिनराती।

दिन और रात जलती है, शाश्वत जलती है! वह जगत शाश्वत का है, क्षणभंगुर का नहीं। उससे जुड़ जाना शाश्वत हो जाना है। जैसे कोई बूंद सागर में गिर जाए तो सागर हो जाती है, ऐसे ही जो परमात्मा से जुड़ जाए, किसी बहाने—बाती बन कर जुड़ जाए, बूंद बन कर जुड़ जाए, चकोर की भांति जुड़ जाए—इससे फर्क नहीं पड़ता किस भांति कोई जुड़ जाता है, मगर परमात्मा से जुड़ते ही समय समाप्त हो जाता है। शाश्वत—न जिसका कोई प्रारंभ है, न कोई अंत—उसमें हम प्रवेश करते हैं।

जाकी जोति बरै दिनराती।

प्रभुजी तुम मोती हम धागा।

छोटे-छोटे प्रतीक, मगर खूब अर्थ भरे हैं, खूब रस भरे हैं।

प्रभुजी तुम मोती हम धागा।

कि तुम मोती हो, हमें धागा ही बना लो। इतने ही तुम्हारे काम आ जाएं कि तुम्हारी माला बन जाए। तुम तो बहुमूल्य हो, हमारा क्या मूल्य है! धागे का क्या मूल्य है! मगर धागा भी मूल्यवान हो जाता है जब मोतियों में पिरोया जाता है।

जैसे सोनहिं मिलत सुहागा।

सुहागे का क्या मूल्य है, मगर सोने से मिल जाए तो मूल्यवान हो जाता है।

प्रभुजी तुम स्वामी हम दासा।

तुम मालिक हो। सूफी फकीर परमात्मा को सौ नाम दिए हैं, उसमें एक नाम सबसे ज्यादा प्यारा है, वह है—या मालिक! कि तुम मालिक हो; हम तो ना-कुछ, तुम्हारे पैरों की धूल!

प्रभुजी तुम स्वामी हम दासा। ऐसी भक्ति करै रैदासा।।

यही हमारी भक्ति है कि हम तुम्हारे मोती में धागा बन जाएं, कि हम तुम्हारी ज्योति में बाती बन जाएं; कि तुम मालिक हो हम दास हो जाएं—बस इतनी हमारी भक्ति है। और हमें भक्ति का शास्त्र नहीं आता, कि कितने प्रकार की भक्ति होती है, नवधा भक्ति; कि कितने प्रकार की पूजा-अर्चना होती है; कि कैसे व्यवस्था से यज्ञ करें, हवन करें। हमें कुछ नहीं आता। हम तो धागा बनने को राजी हैं, तुम मोती हो ही। तुम्हारा क्या बिगड़ेगा, हमें धागा बन जाने दो। और तुम तो चंदन हो ही, और हम तो पानी हैं। बस तुम्हारी बास समा जाए, बहुत। और तुम तो ज्योति हो ही, तुम्हें बातियों की जरूरत तो पड़ती ही होगी न? हम तुम्हारी बाती बनने को राजी हैं।

कहीं बिजली, कहीं गुलचीं, कहीं सैयाद का खतरा
फले-फूलेगी इस गुलशन में शाखे-आशियां क्योंकर

इस दुनिया में तो कोई खिल नहीं पाता। बड़ा मुश्किल है खिलना। कहीं बिजली! यहां आशियां बनाओगे भी तो कैसे बनाओगे? कब बिजली टूट जाएगी, कहा नहीं जा सकता। कहीं शिकारी बैठा है, कहीं जाल डाले सैयाद बैठा है। यहां फंसने ही फंसने के उपाय हैं।

कहीं बिजली, कहीं गुलचीं, कहीं सैयाद का खतरा

वह चला आ रहा है माली तोड़ने कलियां; यहां फूल बनना मुश्किल है। यह चमकी बिजली! यह जल गया गरीब पक्षी का घोंसला। यह फैलाया सैयाद ने अपना जाल, कट गए पंख पक्षी के। यहां चारों तरफ जाल ही जाल हैं।

कहीं बिजली, कहीं गुलचीं, कहीं सैयाद का खतरा
फले-फूलेगी इस गुलशन में शाखे-आशियां क्योंकर

यहां बहुत मुश्किल है इस संसार में घर बन जाए। कोई कभी नहीं बना पाया। घर बनाना हो तो परमात्मा में बनाओ। वहां कोई खतरा नहीं। न शिकारी, न जाल डालने वाला, न बिजलियां चमकती हैं वहां। वहां मौत नहीं। वहां बीमारी नहीं। वहां वृद्धावस्था नहीं। वहां शाश्वत यौवन है। वहां शाश्वत सौंदर्य है। अमृत का वह लोक है!

प्रभुजी तुम संगति सरन तिहारी।

इसलिए रैदास कहते हैं: हमने तो सब देख-समझ कर यही तय किया कि संगति करनी तो तुम्हारी। इस संसार में और कुछ संगति करने योग्य नहीं है।

प्रभुजी तुम संगति सरन तिहारी।

तुम्हीं हो हमारा संग-साथ, क्योंकि बाकी सब संग-साथ छूट जाते हैं। यहां कौन किसके साथ चलता है! कितनी देर चलता है! कब रास्ते बदल जाएंगे, कब मोड़ आ जाएंगे, कब तुम अपने रास्ते पर और कब तुम्हारा साथी अपने रास्ते पर हो जाएगा—कोई भी नहीं जानता! हर घड़ी मोड़ है। हर क्षण बिछुड़ जाने की संभावना है। इसलिए तो प्रेमी डरे रहते हैं कि कहीं विछोह न हो जाए, क्योंकि विछोह

प्रतिपल लटका है नंगी तलवार सा, कच्चे धागे में। कब गिर पड़ेगी तलवार और गर्दन कट जाएगी, कहा नहीं जा सकता। यहां कौन किसका संग-साथ सदा के लिए निभा पाया! करनी हो संगति, दोस्ती ही करनी हो तो परमात्मा से करने योग्य है। संगति, जो कि शाश्वत होगी। एक दफा बनी तो फिर कभी मिटेगी नहीं। रेत के घर मत बनाओ; बहुत बना चुके और बहुत मिटा चुके।

प्रभुजी तुम संगति सरन तिहारी।

और उसकी संगति करनी हो तो एक ही कला है, एक ही सूत्र है—समर्पित हो जाओ। उसकी शरण गहो, ना-कुछ हो जाओ। मिटो। कहो कि मैं नहीं हूं, तू ही है! उससे संगति का राज यही है, यही सौदा है उसके साथ, यही शर्त है उसकी।

कबीर ने कहा है: प्रेम गली अति सांकरी, ता में दो न समाय।

अगर तुम रहे तो परमात्मा नहीं रहेगा। अगर चाहते हो परमात्मा रहे तो अपने को पोंछ डालो, मिटा डालो।

प्रभुजी तुम संगति सरन तिहारी। जग-जीवन राम मुरारी।।

ऐसे तो तुम सब जगह व्याप्त हो, सारे जग का जीवन हो। तुम्हीं हो राम, तुम्हीं हो कृष्ण। तुम्हारे ही सारे रूप हैं। लेकिन उसी को दिखाई पड़ते हो तुम, जो अपने को मिटा लेता है—जो शरणागति का सार समझ लेता है।

गली-गली को जल बहि आयो, सुरसरि जाय समायो।

देखते हो तुम रोज, गली-गली का जल, नाली-नाले सब पहुंच जाते हैं गंगा में। और सब पहुंच जाते हैं सागर में।

गली-गली को जल बहि आयो, सुरसरि जाय समायो।

संगति के परताप महातम, नाम गंगोदक पायो।।

था तो नाली का, लेकिन मिल गया गंगा में, गंगोदक हो गया। संगति का महातम! संगति का महत्व! जिसके साथ जुड़ जाओगे वही हो जाओगे। सदगुरु के पास बैठते-बैठते तुम्हारे भीतर रोशनी हो जाएगी।

'गुरु' शब्द बड़ा प्यारा है। दुनिया की किसी भाषा में ऐसा शब्द नहीं है। दुनिया की भाषा में जो शब्द हैं, उनका अर्थ होता है: शिक्षक, अध्यापक, आचार्य। मगर गुरु, किसी भाषा में उसका समानार्थी शब्द नहीं है। क्योंकि गुरु की अनुभूति ही पूर्वीय है, मौलिक रूप से भारतीय है। गुरु का अर्थ होता है: अंधेरे को जो दूर कर दे। 'गु' का अर्थ होता है: अंधेरा; 'रु' का अर्थ होता है: दूर करने वाला। गुरु का अर्थ हुआ: दीया, रोशनी, क्योंकि रोशनी अंधेरे को दूर कर देती है। रोशनी से जुड़ जाओगे, रोशनी हो जाओगे।

अरे देखते नहीं, रोज नाले और नालों का गंदा जल भी गंगा में जाकर गंगाजल हो जाता है! रोज देखते हो, फिर भी अंधे हो!

संगति के परताप महातम, नाम गंगोदक पायो।।

और नाली का जल भी जब गंगा में मिलता है तो कुछ भेद नहीं रह जाता, गंगा उसे पवित्र कर लेती है। सदगुरु शर्तें नहीं रखता कुछ और। यह नहीं कहता कि पापियों के लिए द्वार बंद हैं। सदगुरु है ही पापियों के लिए।

जीसस से किसी ने कहा कि तुम्हारे पास हम देखते हैं जुआरी भी आकर बैठ जाते हैं, शराबी भी आकर बैठ जाते हैं, गांव की वेश्या भी तुम्हारे पास आकर बैठ जाती है; तुम इन्हें भगाते नहीं, हटाते नहीं?

जीसस ने कहाः यह तो ऐसा ही होगा कि प्रकाश अंधेरे से डर जाए। यह तो ऐसे ही होगा कि चिकित्सक बीमारों को अपने पास न आने दे। मैं हूं किसके लिए? मैं इन्हीं के लिए हूं! जिसने शराब पी है उसे परमात्मा पिलाऊंगा। और जो वेश्या है, जिसने अभी तन को ही जाना है और तन को ही पहचाना है और तन के पार जिसके जीवन में अभी प्रेम का कोई अनुभव नहीं है—उसे तन के पार का प्रेम अनुभव कराऊंगा। और जो जुआरी है, है तो हिम्मतवर, दांव तो लगाना जानता है—उसे मैं असली दांव लगाना सिखाऊंगा।

सदगुरु के पास किसी को इनकार नहीं है। जो भी डूबने को राजी है, सदगुरु उसे लेने को तैयार है। वह शर्तें नहीं रखता। वह पात्रताओं के बहुत बड़े जाल खड़े नहीं करता। अपात्र को पात्र बना ले, वही तो सदगुरु है। अयोग्य को योग्य बना ले, वही तो सदगुरु है। संसारी को संन्यासी बना ले, वही तो सदगुरु है।

संगति के परताप महातम, नाम गंगोदक पायो।

स्वाति बूंद बरसै फनि ऊपर, सोहि विषै होई जाई।

सांप के ऊपर अगर स्वाति की बूंद भी गिरती है तो जहर हो जाती है।

ओहि बूंद कै मोति निपजै, संगति की अधिकाई।

लेकिन वही बूंद अगर सीपी में बंद हो जाती है तो मोती बन जाती है। बूंद वही है। सांप के साथ जहर हो जाती है; सीपी में बंद होकर मोती बन जाती है। सदगुरु की सीपी में बंद हो जाओ तो मोती बन जाओगे।

हम जिनके पास बैठते हैं, वैसे ही हो जाते हैं। जिनके साथ उठते-बैठते हैं, उनका रंग चढ़ जाता है।

मैंने सुना है, मिश्र का एक सम्राट पागल हो गया। उसके लिए बहुत चिकित्सक बुलाए गए, लेकिन कोई उसे ठीक न कर सका। आखिर एक फकीर को बुलाया गया। आखिर जब कोई और उपाय न बचे तो लोग फकीरों के पास जाते हैं।

उस फकीर ने कहा कि कुछ बातें मैं जानना चाहता हूं। इस सम्राट के संबंध में कुछ बातें मुझे बताओ। इसका कोई शौक था? कोई ऐसा शौक जो जिंदगी भर इसको घेरे रहा हो? उन्होंने कहांः हां, यह शतरंज का खिलाड़ी था, अदभुत खिलाड़ी था। फकीर ने कहाः फिर रास्ता बन जाएगा। शतरंज का जो सबसे अच्छा खिलाड़ी हो तुम्हारे देश में, उसको बुला लो। और वह जितने पैसे मांगे उसे दो, लेकिन राजा के साथ उसे शतरंज खेलने दो।

उन्होंने कहाः इससे क्या होगा? सम्राट पागल है, वह क्या खाक शतरंज खेलेगा! फकीर ने कहाः तुम्हें इसकी चिंता करने की जरूरत नहीं। यह फिकर करे शतरंज उसके साथ जिसको खेलनी हो वह। और पैसा वह जितना मांगे हम देने को तैयार हैं। अगर पैसे का लोभी होगा तो सहेगा, पागल के साथ भी शतरंज खेलेगा।

पैसे भी उसने बहुत मांगे—लाखों रुपये रोज लूंगा। फकीर ने कहाः दो। महंगा नहीं है सौदा। साल भर बाद आना। साल भर बाद दरबारी आए। फकीर ने पूछा, कहो क्या हाल है? उन्होंने कहाः सब

मामला ही बदल गया। बात ही उलटी हो गई। वह जो शतरंज का खिलाड़ी था बड़ा भारी, वह तो पागल हो गया और सम्राट ठीक हो गया।

अब साल भर तुम पागल आदमी के साथ शतरंज खेलोगे तो चाहे कितने ही बड़े शतरंज के खिलाड़ी होओ, पगला जाओगे। और जैसे-जैसे तुम पगलाओगे, दूसरे का पागलपन तुम में समाता जाएगा। और उसका पागलपन से छुटकारा हो जाएगा; रेचन हो गया उसका।

यही तो है कारण। जान कर तुम चकित होओगे कि दुनिया में जितने मनोवैज्ञानिक हैं, वे सर्वाधिक पागल होते हैं किसी भी दूसरे व्यवसाय के मुकाबले। होंगे ही बेचारे। पागलों के साथ शतरंज खेलोगे, कब तक ठीक रहोगे! मनोवैज्ञानिक दुगुनी आत्महत्याएं करते हैं और दूसरे लोगों की बजाय, और दो गुने पागल होते हैं। होना तो ऐसा नहीं चाहिए। मनोवैज्ञानिक और आत्महत्या करे, तो यह दूसरों को क्या बचाएगा! और मनोवैज्ञानिक खुद ही पागल हो जाता हो, तो यह दूसरों को कैसे पागलपन से बचाएगा! लेकिन बात इतनी बेबूझ नहीं है। पागलों के साथ चौबीस घंटे रहेगा तो स्वाभाविक है कि पागलों जैसा हो जाएगा। आज नहीं कल संग-साथ असर लाने लगेगा।

मेरे हिसाब में प्रत्येक मनोवैज्ञानिक को, इसके पहले कि वह मनोविज्ञान के व्यवसाय में लगे, ध्यान की गहरी प्रक्रियाओं से गुजरना चाहिए, क्योंकि वह खतरनाक धंधे में जा रहा है। वहां ध्यान ही बचा सकता है।

अगर उस सम्राट के साथ शतरंज खेलने वाले खिलाड़ी ने मुझसे पूछा होता तो मैं उससे कहता कि तू खेल जरूर, लाख रुपया भी ले, लेकिन साक्षी-भाव रखना। दूरी बनाए रखना, तादात्म्य मत करना। हार-जीत की फिकर ही छोड़ देना। पागल के साथ क्या हार-जीत! हारे तो ठीक, जीते तो ठीक, सब बराबर। और तू बिलकुल दूर रहना। यंत्रवत खेलते रहना और भीतर साक्षीभाव बनाए रखना।...तो वह पागल नहीं होता।

प्रत्येक मनोवैज्ञानिक को साक्षीभाव से गुजरना ही चाहिए। उसे ध्यान की गहरी प्रक्रियाओं का अनुभव कर लेना चाहिए। अगर सम्यक शिक्षा हो तो मनोवैज्ञानिक को सर्टिफिकेट देने के पहले साल, दो साल ध्यान के अभ्यास से गुजारना चाहिए, तो उसकी सुरक्षा है, नहीं तो वह पागल होने ही वाला है।

इधर मेरे पास सारी दुनिया से मनोवैज्ञानिक आने शुरू हुए हैं। ध्यान कर रहे हैं; और उनके जीवन में एक नये आयाम का उदघाटन हो रहा है—जिस संबंध में उन्होंने कभी सोचा ही न था। मन से ही घिरे थे, मन की जानकारी भी थी उन्हें; लेकिन मन के पार भी कुछ है, उसकी जानकारी अगर न हो तो पागलों के साथ संबंध रखना खतरे से खाली नहीं है।

जिसके साथ रहोगे वैसे हो जाओगे। अब सवाल यह है कि कौन मजबूत है? कौन शक्तिशाली है? जीसस के साथ अगर जुआरी रहेगा तो जीसस नहीं बदल जाएंगे, जुआरी बदलेगा। और तुम अगर जुआरी के साथ रहे तो डर यह है कि तुम बदलोगे, जुआरी नहीं बदलेगा। कौन बलशाली है?

बुद्ध का एक भिक्षु एक नगर से गुजर रहा था श्रावस्ती के एक रास्ते से। श्रावस्ती की सबसे ज्यादा सुंदरी वेश्या ने इस भिक्षु को देखा और इस भिक्षु के सौंदर्य पर मोहित हो गई। उसने सम्राट देखे थे, उसने बड़े से बड़े सेनापति देखे थे, बड़े धनपति देखे थे। उसके द्वार पर कतार लगी रहती थी इन्हीं लोगों की।

उस वेश्या के साथ बैठने का मौका बड़ी मुश्किल से मिलता था। बहुत कीमती वेश्या थी। और इस भिक्षु पर मोहित हो गई।

कभी-कभी ऐसा होता है कि संन्यासी में जो सौंदर्य होता है वह किसी में भी नहीं होता। कारण? कारण कि उसकी अलिप्तता उसे एक सौंदर्य देती है, एक प्रसाद देती है; वह कमल हो जाता है, जल उसे छूता नहीं। यह जल में रह कर जल से न छूने की जो क्षमता है, यह उसको एक अपूर्व सौंदर्य से भर देती है। और उसके भीतर ध्यान घटा होता है, तब तो कहना ही क्या! उसके भीतर से परमात्मा ज्योतिर्मय हो उठता है। उसके रग-रग रेशे-रेशे से आभा प्रकट होने लगती है। उसकी वाणी में एक माधुर्य आ जाता है। उसके उठने-बैठने में एक कला होती है। वह बोले तो मधुर। वह चुप रहे तो मधुर। माधुर्य उसे घेर लेता है।

वह वेश्या उतरी अपने महल से, उसने फकीर के चरण छुए और कहा कि मैं निमंत्रण देती हूं। वर्षाकाल करीब आ रहा है—और मुझे पता है कि बौद्ध भिक्षु वर्षाकाल में एक जगह रुकते हैं—मेरे महल में निवास करो! किसी छप्पर के नीचे तो रुकना ही होगा। मेरे निमंत्रण को अस्वीकार न करना। यह मेरे जीवन का पहला निमंत्रण है। मुझे निमंत्रण देने लोग आते हैं, मैंने किसी को कभी निमंत्रण नहीं दिया।

भिक्षु ने कहाः मुझे कोई अड़चन नहीं है, लेकिन मुझे गुरु से तो आज्ञा लेनी ही होगी। और जहां तक निश्चित है कि आज्ञा मिल जाएगी। और जाकर उन्होंने बुद्ध से कहा। और भिक्षुओं को तो आग लग गई। क्योंकि कई भिक्षु चक्कर लगाते थे उस वेश्या के घर के आस-पास। वहीं-वहीं भीख मांगते थे, बार-बार वहीं-वहीं जाते थे। उस वेश्या की एक झलक मिल जाना भी बहुत थी। और इसको चार महीने उस वेश्या के घर रहना है! और बुद्ध ने कहा कि ठीक है, अगर वेश्या खुद ही खतरा ले रही है तो हम कर भी क्या सकते हैं! तू मजे से रह!

अनेक भिक्षु खड़े हो गए, उन्होंने कहाः यह आप क्या कर रहे हैं? यह भिक्षु भ्रष्ट हो जाएगा।

बुद्ध ने कहाः इसे मैं तुमसे ज्यादा जानता हूं। पहली तो बात, अगर यह भ्रष्ट हो सकता होता तो वेश्या इस पर मोहित नहीं हुई होती। उसने बड़े सुंदर लोग देखे हैं। इसमें जो सौंदर्य उसे दिखाई पड़ा है, वह चुनौती है। इसकी अलिप्तता, इसका साक्षीभाव ही उसे छू गया है। तुम भी तो चक्कर लगाते हो उसके घर के। तुम्हें उसने निमंत्रण नहीं दिया, इसको ही क्यों निमंत्रण दिया है? और इसे मैं जानता हूं, तुम नहीं जानते। तुम अपने को नहीं जानते, इसे क्या जानोगे! मैं इसे आर-पार जानता हूं। मुझे कोई चिंता नहीं है। भिक्षु को आज्ञा है। और अगर तुम चिंतित हो तो चार महीने रुक जाओ, वर्षाकाल बीत जाने पर निर्णय हो जाएगा।

भिक्षु गया। वेश्या के घर चार महीने रहा। और बाकी भिक्षुओं ने जितनी कहानियां उड़ा सकते थे उड़ाईं। और तो कुछ कर भी नहीं सकते थे। जब लोग कुछ भी नहीं कर सकते, जब लोग बिलकुल नपुंसक अनुभव करते हैं तो अफवाहें उड़ाते हैं। और तो कोई उपाय नहीं, अब करें भी क्या! न मालूम कहां-कहां की कहानियां गढ़ कर लाते थे कि आज गांव में ऐसा सुना, कि वह भिक्षु तो उसके साथ नाच रहा था, कि वह भिक्षु उसकी गोद में सिर रखे लेटा था, कि वह वेश्या अपने हाथ से उसको भोजन करवा रही थी, कि उस भिक्षु ने तो भिक्षु का वेश छोड़ दिया है, वह तो अब सुंदर बहुमूल्य वस्त्रों में रह रहा है, गद्दियों पर सो रहा है! वह वेश्या उस भिक्षु के शरीर पर मालिश करती देखी गई है। न मालूम क्या-क्या खबरें!

लेकिन बुद्ध ने कुछ कहा नहीं। बुद्ध सुनते रहे, सुनते रहे चार महीने। उन्होंने कहा: चार महीने बाद सब निर्णय हो जाएगा। मगर बाकी भिक्षुओं में तो आग लगी थी, ईर्ष्या जल रही थी। ईर्ष्या जो न कराए, थोड़ा है। ईर्ष्या जो न झूठ बुलवाए, थोड़ा है। और एकाध भिक्षु नहीं था, सारे भिक्षुओं में आग लगी थी। इसलिए उनकी बातों में बल भी मालूम होता था। एक अफवाह एक ही नहीं लाता था; वही अफवाह बहुत लोग लाते थे। तो ऐसा भी लगता था कि सचाई होनी चाहिए। जब इतने लोग कहते हैं तो सच ही कहते होंगे। सारे गांव में बस एक ही चर्चा का विषय था कि भिक्षु भ्रष्ट हो गया, कि बुद्ध ने यह क्या किया! क्यों भेजा उसको!

और कुछ ऐसा हुआ कि भिक्षु जिस दिन से आया, वेश्या ने घर के द्वार ही बंद कर दिए। और कोई ग्राहकों के लिए आने का उपाय ही न रहा। तो और भी अफवाहों को गति मिली। दरवाजे बंद। कोई भीतर आना-जाना किसी का है नहीं। वेश्या निकली ही नहीं चार महीने घर से बाहर। तो खूब राग-रंग चल रहा है—ऐसा राग-रंग चल रहा है कि चार महीने से वेश्या बाहर नहीं निकल रही है! भिक्षु के भी किसी ने दर्शन नहीं किए कि चार महीने...बचा कि खत्म हो गया! शराब पीने लगा है, कोई कहता; कोई कहता कि यह करने लगा, कोई कहता वह करने लगा। लेकिन बुद्ध चुप रहे सो चुप रहे। सुनते और कहते, चार महीने बीत ही जाएंगे आखिर, इतनी जल्दी क्या है!

और चार महीने बीते, वर्षाकाल व्यतीत हुआ; और भिक्षु आया और भिक्षु के पीछे वेश्या आई। बुद्ध के चरण भिक्षु ने छुए और बुद्ध के चरण वेश्या ने छुए और कहा: मुझे दीक्षा दें। मैंने हर चेष्टा की कि भिक्षु को गिरा लूं, लेकिन मेरी हर चेष्टा टूट गई और भिक्षु ने ही मुझे उठा लिया। चार महीने मैंने अथक चेष्टा की। भिक्षु बैठा रहे, मैं नग्न उसके आस-पास नाची। और जो अफवाहें आप सुनते थे, वे एकदम झूठ नहीं हैं। भिक्षु बैठा रहे ध्यान में, मैं उसकी गोद में सिर रख दूं। भिक्षु बैठा है ध्यान में, मैं उसके शरीर की मालिश करूं। मैंने हर कोशिश की कि उसे डिगा लूं और नहीं डिगा पाई। अब तो बस जीवन में एक ही लक्ष्य है कि ऐसी अडिग अवस्था मैं कब पाऊंगी, कैसे पाऊंगी? आपका भिक्षु जीत गया। असल में मुझे उसी दिन जान लेना चाहिए था कि जिस दिन आपने भिक्षु को मेरे घर ठहरने की आज्ञा दी कि मेरी हार तय हो गई।

बुद्ध ने अपने भिक्षुओं से कहा: देखते हो! भिक्षु के साथ वेश्या भी भिक्षु होने के लिए तैयारी से भर गई!

कौन बलशाली है, इस पर निर्भर करता है। सबल खींच लेता है। इसलिए अपने से सबल जहां भी तुम पाओ सदगुरु, अपने से सबल जहां भी तुम ज्योति पाओ, सुगंध पाओ—फिर डूब ही जाना, फिर दांव पर सब लगा ही देना। तुम जरूर रूपांतरित हो सकोगे।

रैदास ठीक कहते हैं, क्रांति घट जाती है।

संगति के परताप महातम, नाम गंगोदक पायो।

स्वाति बूंद बरसै फनि ऊपर।

सांप के ऊपर गिरती है स्वाति की बूंद।

सोहि विषै होई जाई।

वह विष हो जाती है। सांप बलशाली है।
ओहि बूंद कै मोती निपजै, संगति की अधिकाई।।
और उसी बूंद से मोती भी बन जाता है।

तेरे बिना है बेसुरी यह बांसुरी
दर्द की इक रागिनी यह जिंदगी
मैं न भूलूंगी तुम्हें प्रियतम कभी
जिंदगी तेरे बिना कुछ भी नहीं
फूंक दो गर प्यार से, वह गा उठे
प्यार में डूबी हुई है जिंदगी
सांस लेते हो, धड़कते हो तुम्हीं
तुम नहीं तो कुछ नहीं फिर जिंदगी
आरजू मेरी तुम्हीं बस एक हो
तुम मिलो तो खिल उठे फिर जिंदगी

परमात्मा मिले तो तुम खिलो। और परमात्मा मिल सकता है, क्योंकि दूर नहीं, पास से भी पास है—तुम्हें घेरे हुए है! जरा आंख खोलो, जरा टटोलो, जरा आस-पास अपने हाथ फैलाओ, तुम उसे छू लोगे, तुम उसे देख लोगे। और एक बार उसका संस्पर्श हो जाए कि बस पारस छू गया तुम्हें।

इसकी चिंता न करो कि तुम पापी हो। पारस फिकर नहीं करता कि लोहा लोहा है। एक बड़ी प्रीतिकर घटना है। विवेकानंद अमरीका गए, उसके पहले की घटना है। राजस्थान में एक राजा के घर मेहमान थे। राजा तो राजा! विवेकानंद की विदाई के लिए उसने बड़ा समारोह किया। वे अमरीका जाने की तैयारी में थे विश्व-धर्म-सम्मेलन में भाग लेने, तो राजा ने बड़ा समारोह किया। और राजा जैसे समारोह कर सकता था वैसा किया। उसने काशी की सबसे प्रसिद्ध वेश्या भी बुलवा ली। उसको यह खयाल भी न आया, खयाल आने का कहां सवाल! रात भर पीए और दिन भर सोए। उसे होश कहां कि विवेकानंद के स्वागत में वेश्या को बुलाना चाहिए या नहीं, यह गणित का खयाल ही नहीं बैठा। और अच्छा ही हुआ कि खयाल नहीं बैठा; बैठ जाता तो यह अपूर्व घटना घटने से रह जाती।

दिन आ गया उत्सव का, तब विवेकानंद को पता चला; सांझ जब उनको जाना था उत्सव में, तब पता चला कि काशी की बहुत प्रसिद्ध वेश्या नृत्य करेगी वहां!

विवेकानंद—पुराने ढब के संन्यासी। कलकत्ते में भी उनके संबंध में कहा जाता था कि जिस मोहल्ले में वेश्या रहती हों, उससे गुजरते नहीं थे वे। चाहे उनको चार मील का चक्कर लगाना पड़े, तो वे चार मील का चक्कर लगा कर घर आते, मगर उस रास्ते से नहीं गुजरते थे जहां कोई वेश्या रहती हो। तो वे कहीं जाने वाले थे उत्सव में! आखिरी वक्त जब पता उनको चला तो उन्होंने राजा के वजीर को कहा कि फिर मैं नहीं आ सकूंगा। लेकिन राजा तो फिर मैंने कहा न राजा ही! उसने कहा: अब नहीं आते तो नहीं

आएं, अब समारोह तो होगा ही! और फिर इतने दूर से वेश्या आई है, उसका गीत-गान, नृत्य तो होगा ही। चलने दो, उत्सव शुरू होने दो। मैं तो हूं ही।

लेकिन वेश्या को बहुत चोट लगी और उसने एक भजन गाया। भजन, जिसका अर्थ होता है कि पारस पत्थर को जरा भी भेद नहीं होता कि जिस लोहे को वह सोना बना रहा है वह पूजा-घर में रखा जाने वाला लोहा है या कसाई के घर पशुओं की हत्या जिससे की जाती है वह लोहा है। पारस तो दोनों को ही सोना बना देता है।

पास ही विवेकानंद का कमरा है। वे सब सुन रहे हैं। यह गीत जब उन्होंने सुना तब उन्हें बड़ी चोट पड़ी। लगा कि अभी मैं दमन से ही भरा हुआ हूं। अभी भी डर है मेरे भीतर। सच तो है, पारस को क्या फिकर ? लोहा कहां से आया है, कसाई के घर से आया है कि पूजा-गृह से आया है, यह तो पारस पूछता ही नहीं। उसको तो जो लोहा छू ले वही सोना हो जाता है।

वह वेश्या रो रही है और गा रही है। विवेकानंद बीच में पहुंच गए और कहा: मुझे क्षमा करो, मुझसे भूल हो गई। मुझे बड़े-बड़े ज्ञानी जो न समझा सके, वह तूने समझा दिया। तू मेरी गुरु है।

विवेकानंद ने बड़े आदर से स्मरण किया है इस घटना का कि उस घटना के बाद मेरे जीवन में क्रांति हो गई। मुझे जो भय था, स्त्रियों का जो डर था, वह गल गया और बह गया। मैंने कहा: यह भी क्या बात है! बात तो ठीक है। इतने भय से, इतनी भीरुता से कहीं संन्यास का जन्म होगा?

लेकिन भारतीय जनमानस को यह बात बहुत अखरी। विवेकानंद का पहुंच जाना और वेश्या से क्षमा मांगना, लोगों को बहुत अखरा। लोग तो खुश थे कि विवेकानंद नहीं आए, क्योंकि तब तक संन्यासी की परिभाषा में पड़ते थे।

अब तुम मजा देखते हो कि लोगों की बुद्धि कैसी है! विवेकानंद का आना और क्षमा मांगना मेरे हिसाब से विवेकानंद के संन्यास में प्रवेश का क्षण है। रामकृष्ण जो नहीं कर पाए थे वह उस वेश्या ने कर दिया। रामकृष्ण ने जो संन्यास दिया था, ऊपर-ऊपर रह गया, उस वेश्या ने अंतर्तम को छू लिया। विवेकानंद का आना उस उत्सव में और क्षमा मांगना उनके असली संन्यास की शुरुआत है। मगर लोगों में बड़ी भद्द हो गई। लोगों ने तो समझा कि ये तो सब बहाने हैं—माफी मांगना और यह करना...। असली बात यह है कि खबर सुनी होगी कि स्त्री बड़ी सुंदर है, तो नहीं रह सके।

मगर विवेकानंद के सिर से एक बोझ उतर गया। और उनके पश्चिम जाने में और पश्चिम के जीवन में तालमेल बैठ जाने में उस वेश्या ने जितना सहयोग दिया, किसी और ने नहीं। नहीं तो पश्चिम में बड़ी मुश्किल हो जाती। भारत में तो ठीक था। पश्चिम में तो स्त्री और पुरुष समानता को उपलब्ध हो गए हैं, बराबरी के दर्जे पर जी रहे हैं। अब वह मूढ़ता नहीं रही जो पहले थी। वहां विवेकानंद बड़ी मुश्किल में पड़ जाते। और जिन्होंने विवेकानंद को सच में वहां साथ दिया, वे सब महिलाएं थीं। और जो महिला उनकी सर्वाधिक महत्वपूर्ण शिष्या बनी—निवेदिता—अगर वे पुराने ढब के ही संन्यासी रहे आते तो निवेदिता से संबंध ही नहीं बन सकता था।

लेकिन भारतीय मानस को बड़ी चोट पहुंची। विवेकानंद जब वापस लौटे निवेदिता के साथ तो बंगाल में बड़ी बदनामी हुई—कि संन्यासी और स्त्री के साथ आया! गए थे बचाने, खुद ही डूब गए!

हजार-हजार तरह की अफवाहें उड़ीं। लेख लिखे गए विवेकानंद के खिलाफ, पुस्तिकाएं छापी गईं। और न मालूम किस-किस तरह की बेहूदी बातें! और जान कर तुम हैरान होओगे कि निवेदिता को दक्षिणेश्वर के मंदिर में नहीं ठहरने दिया गया। जिसने विवेकानंद और रामकृष्ण को सारी दुनिया में पहुंचाने का सर्वाधिक महत्वपूर्ण काम किया, उस महिला को दक्षिणेश्वर के मंदिर में नहीं ठहरने दिया गया; उसको बाहर मकान लेकर रहना पड़ा, आश्रम में भीतर नहीं। और विवेकानंद को उस कारण बड़ी परेशानी झेलनी पड़ी, बड़ा कष्ट झेलना पड़ा। विवेकानंद के अंतिम दिन बहुत पीड़ा और दुख में बीते। बड़ी से बड़ी पीड़ा तो थी यह जनमानस की अंधी दशा, कि ये कभी समझेंगे या नहीं समझेंगे?

लोगों ने यही समझा कि निवेदिता ने विवेकानंद को बदल लिया। तुम्हें अपने संन्यासियों का भी कोई भरोसा नहीं! तुम इतना भरोसा न कर सके कि विवेकानंद निवेदिता को बदल सकते हैं। तुमने निवेदिता की स्त्रैणता को ज्यादा मूल्य दिया बजाय विवेकानंद के संन्यास के। लेकिन विवेकानंद बलशाली व्यक्ति हैं। उनके पास जो आएगा वह बदला जाएगा।

तुम चंदन हम रेंड बापुरे, निकट तुम्हारे आसा।

रैदास कहते हैं कि तुम चंदन हो और हम तो ऐसी लकड़ी समझो कि जो किसी काम की नहीं। मगर अगर तुम्हारा साथ मिल जाए तो हम में भी गंध समा जाए।

तुम चंदन हम रेंड बापुरे, निकट तुम्हारे आसा।

बस तुम्हारे नैकटच में ही हमारी सारी आशा है, सारा भविष्य है, सारी संभावना है।

बहन, तुम तो बिलकुल लता मंगेशकर की तरह गाती हो, गुलाबो ने अपनी सहेली गुलजान से कहा।

धन्यवाद बहन! काश यह वाक्य मैं तुम्हारे संबंध में भी कह सकती, गुलजान ने शरमाते हुए गुलाबो से कहा।

अरे, इसमें क्या परेशानी है। तुम भी मेरी तरह झूठ बोलने की आदत डालो, गुलाबो सहज स्वर में उत्तर देते हुए बोली।

तुम किनके साथ हो, थोड़ा देखना, सोचना, समझना। बेहतर है अकेले होना। कम से कम जैसे हो वैसे तो रहोगे, उससे नीचे तो नहीं गिरोगे। लेकिन लोग अक्सर अपने से नीचे लोगों का साथ खोजते हैं। कारण? क्योंकि अपने से नीचे लोगों के बीच में वे बड़े मालूम होते हैं। लोग अपने से हमेशा नीचे लोगों के साथ रहने में प्रसन्नता अनुभव करते हैं, क्योंकि उनके बीच में वे महत्वपूर्ण मालूम होते हैं। अपने से बड़े लोगों के पास बैठने में लोग संकोच खाते हैं, डरते हैं, जाते नहीं; क्योंकि वहां वे छोटे हो जाते हैं।

फिर तुमसे जो सच में ही बड़ा है, सदगुरु है, वह तो दर्पण है, वह तुम्हारा चेहरा प्रकट कर देगा। अपना असली चेहरा कोई भी नहीं देखना चाहता है। लोग दर्पण पर नाराज हो जाते हैं!

चंदूलाल गए एक फोटोग्राफर के पास फोटो उतरवाने। चंदूलाल ने कहा—जब फोटो उतर चुका—कि मैं इस फोटोग्राफ को नहीं खरीद सकता। मैं इसमें बिलकुल बंदर लगता हूं।

फोटोग्राफर ने कहा: तो साहब, यह आपको फोटो खिंचवाने के पहले ही सोचना था। अब मैं क्या कर सकता हूं? फोटो आपका है, चाहें तो इस दर्पण में देख लें और फोटो से मिला लें। इसमें मुझ पर नाराज होने की जरूरत नहीं है।

सदगुरु के पास जाने में तो और भी भय है—बड़ा भय है! सबसे बड़ा भय यह है कि तुम जैसे हो, वह तुम्हें वैसा ही देख लेगा। तुम उससे अपने को बचा न सकोगे। उसकी आंखों में तुम्हारा जो प्रतिबिंब बनेगा, वह वह नहीं होगा जैसा तुम चाहते हो कि दिखलाओ। वह वही होगा जैसे कि तुम हो। दूसरे लोग तो तुम्हें तुम्हारे मुखौटे से ही पहचानते हैं। चाहे उनको शक भी होता हो तुम्हारे मुखौटे पर, मगर उतनी गहरी आंखें होती भी नहीं कि तुम्हारे भीतर देख सकें।

सेल टैक्स आफिसर ने खाते का आखिरी पन्ना खोला जिस पर लिखा था—दो हजार रुपये के बिस्कुट कुत्ते को खिलाए। उस आफिसर ने आश्चर्य से पूछाः क्यों जी चंदूलाल, यह क्या माजरा है? हमें धोखा देना चाहते हो? सेल टैक्स बचाने की तुमने अच्छी तरकीब निकाली! मगर इतना तो सोच लेते महाशय कि इस बात पर कोई भरोसा करेगा कि तुमने दो हजार रुपये के बिस्कुट कुत्ते को खिलाए? तुमने, और दो हजार के बिस्कुट, और कुत्ते को! बोलो तुम्हें ऐसा सफेद झूठ बोलते हुए शर्म न आई?

शर्म तो आई हुजूर, मगर क्या करूं—चंदूलाल ने अपनी चांद पर हाथ फेरते हुए कहा—यदि मैं आपका शुभ नाम लिखता तो वह और भी ज्यादा लज्जाजनक बात होती।

लोग देख भी लें तुम्हारी असली शकल तो भी कहेंगे नहीं, क्योंकि कौन झंझट ले! लोग देख कर भी नहीं देखते, सुन कर भी अनसुना करते हैं। तुम जैसा दिखलाना चाहते हो वैसा ही मान लेते हैं। लेकिन जैसे-जैसे तुम अपने से ऊंचे लोगों के पास जाओगे वैसे-वैसे यह बात मुश्किल होने लगेगी। और जब सदगुरु के पास बैठोगे तो तुम जैसे हो ठीक वैसे ही झलकोगे। और इसीलिए लोग सदगुरुओं पर नाराज होते हैं। सदगुरुओं को जितनी गालियां पड़ती हैं इस पृथ्वी पर, किसी और को नहीं पड़तीं। सदगुरु फूल बरसाते हैं और उन पर गालियां बरसती हैं। यह स्वाभाविक है, क्योंकि इतने लोगों के चेहरे वे प्रकट कर देते हैं—असली चेहरे—कि भीड़ नाराज हो जाती है।

जब तक तुम यह कहने में समर्थ न हो सको—तुम चंदन हम रेंड बापुरे, निकट तुम्हारे आसा—तब तक तुम सदगुरुओं के पास नहीं बैठ सकोगे, परमात्मा के पास बैठने की तो बात दूर।

संगति के परताप महातम, आवै बास सुबासा।

हम तो व्यर्थ की लकड़ी हैं, पास ले लो तो तुम्हारी बास हममें समा जाए।

जाति भी ओछी करम भी ओछा, ओछा कसब हमारा।

रैदास कहते हैंः जाति हमारी ओछी है, कर्म भी हमारा ओछा, व्यवसाय भी हमारा ओछा।

नीचै से प्रभु ऊंच कियो है, कहि रैदास चमारा।

वे एक क्षण को भी यह बात नहीं भूलते कि मैं चमार हूं और मुझ चमार को ऐसा ऊपर उठा लिया, ऐसा आकाश में उठा लिया। जिन हाथों ने मुझ चमार को कमल की तरह ऊपर उठा लिया है, उन हाथों का जितना धन्यवाद करूं उतना थोड़ा है।

मगर खयाल रखना, यह बात तुम पर भी उतनी ही लागू है जितनी किसी और पर। तुम चाहे चमार के घर में पैदा न हुए होओ, इससे यह मत सोच लेना कि यह होगा रैदास के संबंध में सच, मैं तो हूं ब्राह्मण—चतुर्वेदी, त्रिवेदी, द्विवेदी! बड़ी अकड़ रहती है!

एक सज्जन ने मुझे पत्र लिखा, उनका नाम था त्रिवेदी। भूल से मैंने उनको जो पत्र लिखा, उसमें

द्विवेदी लिख दिया। उनका लौटती डाक से पत्र आया कि आपने ठीक नहीं किया, मैं त्रिवेदी हूं। तो मैंने उनको चतुर्वेदी लिख दिया। मैंने कहा पिछली भूल के हिसाब से, द्विवेदी लिख दिया था, एक वेद कम हो गया था, इसमें एक बढ़ाए देता हूं। अब आपके चित्त को शांति मिले!

यह मत सोच लेना कि कान्यकुब्ज ब्राह्मण, बड़े शुद्ध ब्राह्मण! यह होगी रैदास के संबंध में बात सच! नहीं, खयाल रखना, जब तक चमड़ी के ऊपर तुम कुछ भी नहीं जानते हो तब तक चमार हो।

जनक ने एक धर्म-सभा बुलाई थी। उसमें बड़े-बड़े पंडित आए। उसमें अष्टावक्र के पिता भी गए। अष्टावक्र आठ जगह से टेढ़ा था, इसलिए तो नाम पड़ा अष्टावक्र। दोपहर हो गई। अष्टावक्र की मां ने कहा कि तेरे पिता लौटे नहीं; भूख लगती होगी, तू जाकर उनको बुला ला।

अष्टावक्र गया। धर्म-सभा चल रही थी, विवाद चल रहा था। अष्टावक्र अंदर गया। उसको आठ जगह से टेढ़ा देख कर सारे पंडितजन हंसने लगे। वह तो कार्टून मालूम हो रहा था। इतनी जगह से तिरछा आदमी देखा नहीं था। एक टांग इधर जा रही है, दूसरी टांग उधर जा रही है; एक हाथ इधर जा रहा है, दूसरा हाथ उधर जा रहा है; एक आंख इधर देख रही है, दूसरी आंख उधर देख रही है। उसको जिसने देखा वही हंसने लगा कि यह तो एक चमत्कार है! सब को हंसते देख कर...यहां तक कि जनक को भी हंसी आ गई।

मगर एकदम से धक्का लगा, क्योंकि अष्टावक्र बीच दरबार में खड़ा होकर इतने जोर से खिलखिलाया कि जितने लोग हंस रहे थे सब एक सकते में आ गए और चुप हो गए। जनक ने पूछा कि मेरे भाई, और सब क्यों हंस रहे थे, वह तो मुझे मालूम है, क्योंकि मैं खुद भी हंसा था, मगर तुम क्यों हंसे? उसने कहाः मैं इसलिए हंसा कि ये चमार बैठ कर यहां क्या कर रहे हैं!

अष्टावक्र ने चमार की ठीक परिभाषा की, क्योंकि इनको चमड़ी ही दिखाई पड़ती है। मेरा शरीर आठ जगह से टेढ़ा है, इनको शरीर ही दिखाई पड़ता है। ये सब चमार इकट्ठे कर लिए हैं और इनसे धर्म-सभा हो रही है और ब्रह्मज्ञान की चर्चा हो रही है? इनको अभी आत्मा दिखाई नहीं पड़ती। है कोई यहां जिसको मेरी आत्मा दिखाई पड़ती हो? क्योंकि आत्मा तो एक भी जगह से टेढ़ी नहीं है।

वहां एक भी नहीं था। कहते हैं, जनक ने उठ कर अष्टावक्र के पैर छुए। और कहा कि आप मुझे उपदेश दें। इस तरह अष्टावक्र-गीता का जन्म हुआ। और अष्टावक्र-गीता भारत के ग्रंथों में अद्वितीय है। श्रीमद्भगवद्गीता से भी एक दर्जा ऊपर! इसलिए श्रीमद्भगवद्गीता को मैंने गीता कहा है और अष्टावक्र-गीता को महागीता कहा है। उसका एक-एक वचन हीरों से भी तौला जाए, हजारों हीरों से भी तौला जाए, तो भी पलड़ा उस वचन का ही भारी रहेगा, हीरों का भारी नहीं हो सकता। सारे सूत्र ध्यान के हैं और समाधि के हैं।

तो तुम समझ लेना, जब तक तुम्हें शरीर ही दिखाई पड़ता है—अपना और दूसरों का—तब तक तुम चमार ही हो। मेरे हिसाब से सभी शूद्र पैदा होते हैं, कभी-कभी कोई ब्राह्मण हो पाता है—कोई बुद्ध, कोई कृष्ण, कोई महावीर, कोई रैदास, कोई फरीद, कोई नानक। कभी-कभी कोई ब्राह्मण हो पाता है; नहीं तो लोग शूद्र ही पैदा होते हैं, शूद्र ही मर जाते हैं। तो यह सूत्र तुम्हारे संबंध में भी है—तुम्हारे ही संबंध में है!

जाति भी ओछी करम भी ओछा, ओछा कसब हमारा।
नीचै से प्रभु ऊंच कियो है, कहि रैदास चमारा।।

लेकिन रैदास कहते हैं कि मैं चमार था, शूद्र था, मेरा सब छोटा है—मेरी जाति, मेरा कर्म, मेरा व्यवसाय, सब छोटा है। लेकिन मुझ छोटे को भी तुमने क्या छुआ कि लोहा सोना हो गया। तुम पारस हो!

प्रभुजी तुम चंदन हम पानी। जाकी अंग-अंग बास समानी।।
प्रभुजी तुम घनबन हम मोरा। जैसे चितवत चंद चकोरा।।
प्रभुजी तुम दीपक हम बाती। जाकी जोति बरै दिनराती।।
प्रभुजी तुम मोती हम धागा। जैसे सोनहिं मिलत सुहागा।।
प्रभुजी तुम स्वामी हम दासा। ऐसी भक्ति करै रैदासा।।

आज इतना ही।

10

आओ और डूबो

प्रश्न-सार

ओशो, संन्यास लेने के बाद यह याद आती है–
जू जू दयारे-इश्क में बढ़ता गया
तोहमतें मिलती गईं, रुसवाइयां मिलती गईं।

ओशो, आज तक दो प्रकार के खोजी हुए हैं। जो अंतर्यात्रा पर गए उन्होंने बाह्य जगत से अपने संबंध न्यूनतम कर लिए। जो बाहर की विजय-यात्राओं पर निकले उन्हें अंतर्जगत का कोई बोध ही नहीं रहा। आपने हमें जीने का नया आयाम दिया है। दोनों दिशाओं में हमें अपनी यात्रा पूरी करनी है। ध्यान और सत्संग से जो मौन और शांति के अंकुर निकलते हैं, बाहर की भागा-भागी में वे कुचल जाते हैं। फिर बाहर के संघर्षों में जिस रुग्णता और राजनीति का हमें अभ्यास हो जाता है, अंतर्यात्रा में वे ही कड़ियां बन जाती हैं।
प्रभु, दिशा-बोध देने की अनुकंपा करें।

ओशो, साक्षीभाव और लीनता परस्पर-विरोधी दिखाई देते हैं। क्या वे सचमुच विरोधी हैं?

ओशो, आपका मूल संदेश?

पहला प्रश्न : ओशो, संन्यास लेने के बाद यह याद आती है—
जू जू दयारे-इश्क में बढ़ता गया
तोहमतें मिलती गईं, रुसवाइयां मिलती गईं।

आनंद मोहम्मद, प्रेम-पंथ ऐसो कठिन! सरल भी, कठिन भी। प्रेम स्वभावतः तो सरल है। फूल ही फूल खिलने चाहिए। संगीत की ही वर्षा होनी चाहिए। लेकिन चूंकि हमें जो भी सिखाया, पढ़ाया, समझाया गया है, वह सब प्रेम-विरोधी है। हमारे सारे संस्कार अप्रेम के हैं। हमारी सभ्यताएं, संस्कृतियां, समाज, सब घृणा पर खड़े हैं। उनकी बुनियाद में युद्ध है। और सदियों-सदियों तक हमने मनुष्य के खून में जहर घोला है। इसलिए प्रेम कठिन हो जाता है।

प्रेम अपने में तो सरल है, लेकिन हम कठिन हैं। इसलिए जो व्यक्ति प्रेम के रास्ते पर चलेगा उसे शुरू-शुरू में अड़चनें तो आएंगी—अड़चनें वैसी ही जैसे कोई कुआं खोदे। भूमि के नीचे जल की धार है—जीवनदायी! लेकिन जल की धार और तुम्हारे बीच में बहुत पत्थर हैं, चट्टानें हैं, मिट्टी है, कूड़ा-करकट है। कुआं खोदोगे तो एकदम से जलधार हाथ नहीं लगेगी; पहले तो कूड़ा-कचरा मिलेगा, कंकड़-पत्थर मिलेंगे, मिट्टी मिलेगी, चट्टानें मिल सकती हैं, तब कहीं जाकर—इन सारी कठिनाइयों को पार किया तो, धैर्य रखा, भाग नहीं गए, बीच से ही छोड़ नहीं दिया तो—जलधार मिलेगी।

जलालुद्दीन रूमी एक दिन अपने शिष्यों को लेकर एक खेत पर गया। शिष्य बड़े चकित थे कि खेत पर किसलिए ले जाया जा रहा है! सूफी फकीर अक्सर ऐसा करते हैं—शिक्षा देते हैं किसी स्थिति के सहारे, किसी परिस्थिति को आधार बनाते हैं। जलालुद्दीन ले गया उन्हें खेत में और उसने कहा कि देखो खेत की हालत! देख कर वे भी चकित हुए, खेत पूरा बरबाद हो गया था। और बरबादी का कारण यह था कि खेत का मालिक कुआं खोदना चाहता था।

अब कुआं खोदने से खेत बर्बाद नहीं होते; कुआं खोदने से तो खेत हरे-भरे होते हैं। लेकिन खेत

का मालिक बड़ा अधीर था। एक कुआं खोदा, आठ हाथ, दस हाथ गहरा गया और फिर छोड़ दिया, सोचा यहां जलधार नहीं मिलेगी, कंकड़ ही पत्थर, कंकड़ ही पत्थर; यहां कहां जलधार! कुछ आसार भी तो होने चाहिए। सोचा होगा—पूत के लक्षण पालने में! ये कंकड़-पत्थर शुरू से ही हाथ लग रहे हैं, आगे और बड़ी-बड़ी चट्टानें होंगी, पहाड़ होंगे। तर्क तो ठीक था। दूसरा कुआं खोदा। वह आठ-दस हाथ जो कुआं खोदा था, उसका कूड़ा-करकट सब खेत में भर गया; फिर दूसरा कुआं खोदा, बस आठ-दस हाथ फिर; फिर तीसरा—ऐसे उसने दस कुएं खोद डाले, सारा खेत खोद डाला। और सारा खेत कचरा, मिट्टी, पत्थर से भर गया; फसल जो पहले भी लगती थी हाथ, अब उसका भी लगना मुश्किल हो गया।

जलालुद्दीन ने कहाः देखते हो इस खेत के मालिक का अधैर्य! काश, इसने इतनी खुदाई की ताकत एक ही कुएं पर लगाई होती! दस कुएं दस-दस हाथ खोदे, सौ हाथ यह खोद चुका! और ऐसे अगर खोदता रहा तो जिंदगी भर खोदता रहेगा और जलधार नहीं पाएगा। अगर एक ही जगह सतत सौ हाथ की खुदाई की होती तो आज यह खेत हरा-भरा होता, फलों-फूलों से लदा होता।

शिष्यों ने कहाः लेकिन यह हमें आप क्यों दिखाते हैं?

जलालुद्दीन ने कहाः इसलिए कि इसी तरह के काम में मैं तुम्हें लगाए हुए हूं। भीतर खोदना है कुआं और पहले तो कंकड़-पत्थर ही हाथ लगेंगे।

आनंद मोहम्मद, तुम ठीक कहते हो। मैं तुम्हारी बात से राजी हूं—

'जू जू दयारे-इश्क में बढ़ता गया
तोहमतें मिलती गईं, रुसवाइयां मिलती गईं।'

यह तो शुरुआत है। अच्छे लक्षण हैं। कुआं खुदना शुरू हो गया। कंकड़-पत्थर हाथ लगने लगे। नाचो! खुशी मनाओ! लेकिन खुदाई मत छोड़ देना। यही कहीं खोदते रहे, खोदते रहे, तो परमात्मा भी मिलेगा। क्योंकि प्रेम में खोद कर ही परमात्मा पाया गया है, और तो परमात्मा को पाने का उपाय ही नहीं है। प्रेम की भूमि में ही छिपी है जलधार। यह हो सकता है कहीं पचास हाथ खोदो तो मिलेगी, कहीं साठ हाथ खोदो तो मिलेगी, कहीं सत्तर हाथ खोदो तो मिलेगी; मगर एक बात पक्की है कि अगर खोदते ही रहे तो मिलेगी ही मिलेगी।

तदबीर ही तेरी नाकिस थी, तकदीर को तू इलजाम न दे
कर सब्र जरा, कारे-मुश्किल सब वक्त पर आसां होते हैं

किस्मत को दोष मत देना। अगर न मिले परमात्मा तो अपने प्रयास की कमी समझना, अपनी प्रार्थना का अधूरापन समझना। और धैर्य रखना! कहते हैं पलटूः काहे होत अधीर! अनंत धैर्य रखना। अनंत को पाने चले हो, अनंत धैर्य के बिना न पा सकोगे।

और स्मरण रखना, सब चीजें अपने समय पर आसान हो जाती हैं। जो बात किसी और मौसम में नहीं हो सकती, वह वसंत में होगी। जो बात गर्मी में नहीं हो सकती, वह वर्षा में होगी। जो वर्षा में नहीं हो सकती, वह किसी और ऋतु में होगी। इतनी ऋतुएं हैं इसीलिए तो कि जगत विभिन्न अभिव्यक्तियों से भर जाए! लेकिन जो बात एक ऋतु में संभव है, वह दूसरी ऋतु में संभव नहीं है। इसलिए बीज बोना ठीक समय पर और फिर प्रतीक्षा करना; ठीक समय पर टूटेंगे, निश्चित टूटेंगे!

तदबीर ही तेरी नाकिस थी...

कोशिश ही कमजोर थी, नपुंसक थी।

तदबीर ही तेरी नाकिस थी, तकदीर को तू इलजाम न दे

कर सब्र जरा, कारे-मुश्किल...

थोड़ा धीरज, थोड़ा धीरज, थोड़ा और धीरज—कठिन से कठिन काम भी—

...सब वक्त पर आसां होते हैं

कोई नहीं जानता किस वक्त पर ठीक घड़ी आ जाएगी—पकने की घड़ी।

यह मनुष्य कोई ऐसा वृक्ष नहीं है जिसके संबंध में भविष्यवाणियां की जा सकें। और एक-एक मनुष्य इतना भिन्न है कि एक के संबंध में कही गई बात किसी दूसरे पर लागू नहीं होगी। कोई वसंत में खिल जाएगा, कोई वसंत में नहीं खिलेगा। पतझड़ में भी खिलने वाले वृक्ष हैं, जो पतझड़ में ही खिलेंगे। ऐसे भी वृक्ष हैं, जब सूरज से आग बरसेगी तभी उनमें फूल आएंगे; और किसी तरह से उनमें फूल नहीं आएंगे, और किसी मौसम में फूल नहीं आएंगे। ऐसे फूल हैं जो पूरब की गर्मी में ही पैदा होंगे, पश्चिम की सर्दी में नहीं। और ऐसे फूल हैं, जो गर्मी में पैदा होंगे तो ही उनमें सुगंध होगी।

इसलिए पश्चिम के फूलों में सुगंध नहीं होती। गुलाब तो पश्चिम में भी होता है, मगर उसमें सुगंध नहीं होती। सुगंध तो पूरब के गुलाब में होती है। सुगंध के लिए गर्मी में तपना पड़ता है, गर्मी की तपश्चर्या से गुजरना पड़ता है। पश्चिम का गुलाब कागजी मालूम पड़ता है। फूल तो बहुत होते हैं, लेकिन सब गंधहीन, गंधशून्य। और फूल हो गंधहीन तो क्या खाक फूल हुआ!

कठिनाई तुम्हारी मैं समझता हूं। तुम भी मेरी बात समझो।

कफस में और नशेमन में रह के देख लिया

कहीं भी चैन मुझे जेरे-आस्मां न मिला

बगीचों में भी रह कर देख लिया, बहारों में भी रह कर देख लिया, पतझड़ों में भी रह कर देख लिया, कारागृहों में भी रह कर देख लिया।

कहीं भी चैन मुझे जेरे-आस्मां न मिला

इस आकाश के नीचे कहीं भी चैन नहीं मिला।

चैन तो मिलता है भीतर! चैन तो मिलता है अंतर्तम की अनुभूति में। तुम अभी भी प्रेम को बहिर्मुखी बनाए हो। अभी भी तुम सोच रहे हो कि प्रेम कहीं बाहर से आएगा, कोई देगा। फिर वह चाहे तुम्हारी पत्नी हो, चाहे पति, चाहे बेटा, चाहे पिता और चाहे परमात्मा, लेकिन तुम्हारी प्रेम की दृष्टि यह है कि कोई देगा। और वहीं भूल हो रही है। प्रेम दिया नहीं जाता। कोई देता नहीं। प्रेम बांटा जाता है। तुम्हें उसे विकीर्णित करना होता है। जैसे दीये से रोशनी झरती है, ऐसे तुमसे प्रेम झरना चाहिए। और तुमसे झरे प्रेम तो अनंत होकर लौटता है। मगर हमारी सोचने की प्रक्रिया गलत है। हमारी पूरी तर्कसरणी भ्रांत है। हम हमेशा यह सोचते हैंः कोई मुझे प्रेम दे! मुझे प्रेम क्यों नहीं देते हैं लोग! इस भाषा में सोचना छोड़ो।

संन्यासी को नई भाषा सीखनी होगी। संन्यास नई भाषा है। तुम्हें सीखना होगा प्रेम देना। मांगे तो चूके। भिखमंगे बने कि भटके। प्रेम तो मालिकों का है, भिखमंगों का नहीं। दोगे तो मिलेगा, बहुत

मिलेगा; मगर कहीं भी मन के किसी कोने-कातर में पाने की आकांक्षा मत रखना; उतनी आकांक्षा भी जहर घोल देगी। और एक बूंद जहर भी पर्याप्त है मार डालने को।

प्रेम नाजुक चीज है, कोमल चीज है। देने से, बांटने से बढ़ता है; मांगने से, राह देखने से घटता है। और जिससे भी तुम प्रेम चाहोगे, वही सिकुड़ जाएगा, वही तुमसे दूर हट जाएगा। और जिसको भी तुम प्रेम दोगे—बिना किसी मांग, बिना किसी शर्त के—वही तुम्हारे निकट आ जाएगा और तुम्हारे हृदय को अनंत-अनंत संपदाओं से भर देगा।

हैं जाहिर उस पे चमन की हकीकतें जिसने
शगुफ्ता लाला-ओ-गुल का मआल देखा है
नहीं है दिल में तमन्नाए-वस्ल तक बाकी
फिराके-यार में इतना मलाल देखा है

इस जगत में इतना दुख तुमने देखा; परमात्मा के बिना इतना दुख देखा; उसकी प्रतीक्षा में, उसकी इंतजारी में इतना दुख देखा; लेकिन फिर भी तुम कुछ सीखे नहीं! एक बात सीखनी थी—

नहीं है दिल में तमन्नाए-वस्ल तक बाकी
फिराके-यार में इतना मलाल देखा है

प्यारे की प्रतीक्षा में कि प्यारा मुझे मिले, इतना दुख देखा है कि अब उससे मिलन की तमन्ना तक भी मन में बाकी नहीं रही। मिलन की तमन्ना के कारण ही दुख देखा है। वही आकांक्षा दुख का बीज है। वही वासना है, जो दुष्पूर है। वही तृष्णा है, जिसे न कभी कोई भर पाया है और न भर सकेगा।

छोड़ो आकांक्षा! कल की तो बात ही मत उठाओ, कि कल यह मिले वह मिले। संन्यास लेकर भी तुम संन्यासी की भाषा नहीं सीखते, भाषा संसारी की ही जारी रहती है। संसार की भाषा क्या है—यह मिले, वह मिले, और मिले, और ज्यादा मिले! संन्यास की भाषा क्या है—जो है वह जरूरत से ज्यादा है; जितना मिला है उतनी भी मेरी पात्रता नहीं है; मैं धन्यवादी हूं! फिर तुम कमाल देखोगे, चमत्कार देखोगे! विस्मय-विमुग्ध हो जाओगे! झुक जाओगे—आनंद से, अनुग्रह से!

बाहर ही आंखें भटकती रहीं तो द्वंद्व में ही पड़े रहोगे।

चमन वालों को या रब तूने यह किस फेर में डाला
कभी फस्ले-खिजां आई, कभी फस्ले-बहार आई

यह कैसा द्वंद्व कि कभी पतझड़—कि पात-पात गिर जाते, कि वृक्ष रूखे और नग्न हो जाते! और कभी वसंत-मधुमास—नये अंकुर निकल आते, नये पत्ते, नई हरियाली, नये गीत फूट पड़ते! नये फूलों से हवाएं सुगंधित हो जातीं! कभी दुख कभी सुख! कभी दिन कभी रात! कभी जन्म कभी मृत्यु!

चमन वालों को या रब तूने यह किस फेर में डाला
कभी फस्ले-खिजां आई, कभी फस्ले-बहार आई

यहां सब बदलता ही रहता है। यहां द्वंद्व है। बाहर देखोगे तो द्वंद्व है। इसलिए बाहर देखने के लिए आदमी के पास दो आंखें हैं। दो आंखें यानी द्वंद्व को देखने वाली भाषा। और भीतर देखने वाली एक आंख है, इसलिए उसको हमने तीसरा नेत्र कहा है।

तुमने शायद सोचा न हो कि जब बाहर देखने की दो आंखें हैं तो भीतर भी देखने के लिए दो आंखें क्यों नहीं हैं! भीतर देखने के लिए एक आंख। दो आंखों से द्वंद्व पैदा होता है; एक आंख से द्वंद्वातीत अवस्था आती है। फिर न वहां दुख है न सुख। फिर न वहां दिन है न रात। फिर वहां एक ही शेष रह जाता है, जिसे कोई भी नाम नहीं दिया जा सकता। वही तुम हो! तत्वमसि! अनलहक! अहं ब्रह्मास्मि! इन महाउदघोषों में उसी एक की घोषणा है!

और फिर कोई तकलीफ नहीं है। फिर यह जो अड़चन आनंद मोहम्मद, आज मालूम होती है, अड़चन नहीं मालूम होगी।

आशियां में न कोई जहमत न कफस में तकलीफ
सब बराबर हैं तबीयत अगर आजाद रहे

फिर न तो अपने घर में कोई फर्क पड़ता है और न कारागृह में। नीड़ हो अपना तो ठीक और हाथों में जंजीर हों और कैद हो तो ठीक।

आशियां में न कोई जहमत न कफस में तकलीफ
सब बराबर हैं तबीयत अगर आजाद रहे

और तबीयत कब आजाद होती है?

जब तुम निर्द्वंद्व हो जाते हो। जब तुम साक्षी रह जाते हो द्वैत के! जब इन दो आंखों के पार तुम एक आंख को पकड़ लेते हो, पहचान लेते हो!

उसी एक आंख की तलाश संन्यास है, ध्यान है।

घबड़ाओ मत; बहुत बार उभरोगे, बहुत बार डूबोगे। यह शुरू-शुरू में स्वाभाविक है। पुराना एकदम पीछा नहीं छोड़ देता। तुम लाख उपाय करो, जिसके साथ इतने पुराने संबंध बनाए हैं, जन्मों-जन्मों से जिससे दोस्ती बांधी है, वह एकदम नहीं छोड़ देगा; उसने जड़ें तुम्हारे प्राणों तक पहुंचा दी हैं।

फिर बढ़ चला तलातुमे-तूफाने-आरजू
हालांकि डूब कर अभी उभरा नहीं हूं मैं

एक तूफान से उभर नहीं पाते कि फिर तूफान उठने लगता है। और तूफान किस बात का है? आरजू का, आकांक्षा का!

फिर बढ़ चला तलातुमे-तूफाने-आरजू

यह उठी आंधी फिर, यह उठा अंधड़, यह उठा तूफान! फिर समुंदर विक्षिप्त होने लगा—आकांक्षाओं का; वासनाओं का।

फिर बढ़ चला तलातुमे-तूफाने-आरजू
हालांकि डूब कर अभी उभरा नहीं हूं मैं

अभी पहले तूफान से ही डूब कर उभर नहीं पाए थे और यह दूसरा तूफान चला आया। तूफानों की कतार लगी है, क्यू बंधा है। संसार छोड़ दिया, संन्यासी हो गए। सोचते होओगे, संन्यासी होते ही सब ठीक हो जाएगा।

काश, इतना आसान होता! संन्यास भी होते-होते ही होगा, बनते-बनते ही बात बनेगी। यह

जीवन-शैली भी आते-आते ही आती है। आहिस्ता-आहिस्ता परदे उठते हैं, घूंघट सरकता है। धीरे-धीरे, शनैः-शनैः आत्म-साक्षात्कार होता है। पहले तो किरणें, झलकें; फिर सूरज।

घबड़ाओ मत, सम्हल कर चलना होगा। और प्रेम का रास्ता, संतों ने कहा, खड्ग की धार है। इसलिए तो कहाः प्रेम-पंथ ऐसो कठिन! इधर गिरे कुआं, उधर गिरे खाई। और दोनों के बीच में चलना है; जैसे कोई नट चलता हो रस्सी पर, एक-एक पग सम्हाल कर रखना है।

तवज्जोह सर्फ करता वाकई गर नाखुदा अपनी
तो क्यों साहिल से टकरा के किश्ती डूबती अपनी

माझी ने थोड़ा होश रखा होता, तवज्जोह, थोड़ा ध्यान दिया होता!

तवज्जोह सर्फ करता वाकई गर नाखुदा अपनी

अगर माझी ने थोड़ा ध्यान दिया होता, थोड़ा होश रखा होता!

तो क्यों साहिल से टकरा के किश्ती डूबती अपनी

और तूफानों से तो लोग बच जाते हैं, साहिल से टकरा जाते हैं। क्यों साहिल से टकरा जाते हैं? क्योंकि तूफानों में तो होश रहता है—इतना खतरा चारों तरफ हो, आदमी सोना भी चाहे तो कैसे सोए!

मुल्ला नसरुद्दीन की पत्नी उससे सुबह बोली कि रात भयंकर आंधी उठी, अनेक मकान गिर गए, अपना भी छप्पर उड़ गया। कई लोग मर गए, आधा गांव बरबाद हो गया है। ऐसी बिजली, ऐसे बादल, ऐसा गर्जन कि मुर्दे भी कब्रों से उठ आएं!

मुल्ला नसरुद्दीन ने कहाः अरे तो मुझे क्यों नहीं उठाया? ऐसा अवसर मैं देखने से चूक ही गया! जरा मुझे भी उठा देती।

कुछ लोग हैं जो ऐसे सो रहे हैं। उनकी तो बात छोड़ो। लेकिन आनंद मोहम्मद, तुम उन लोगों में से नहीं हो। जागने की आकांक्षा तो आई है, प्यास तो है, तभी तो संन्यस्त हुए हो। ऊब गए हो अब तूफानों से, साहिल की तलाश कर रहे हो। लेकिन एक खतरा है। तूफान में तो आदमी थोड़ा होश रखता है, रखना ही पड़ता है—नाव डूबी, अब डूबी तब डूबी होती है। सम्हल कर चलना पड़ता है। लेकिन जैसे-जैसे किनारा करीब आता है वैसे-वैसे होश खोने लगता है—अब क्या फिकर, अब तो पहुंच ही गए; अब पहुंचे तब पहुंचे! अब तो थोड़ी झपकी ले लो। अब तो थोड़ा आराम कर लो। अब तो थोड़ा विश्राम कर लो। और इस तूफान के बाद विश्राम करना ठीक भी लगता है, मौजूं भी मालूम पड़ता है, जरूरी भी, स्वाभाविक भी। इसलिए मैं तुमसे कहता हूं कि तूफान में बहुत कम लोग डूबते हैं, कश्तियां तो साहिल से टकरा कर ही डूबती हैं। क्योंकि जब भी कोई सो जाता है तभी टकराहट हो जाती है।

इसलिए मैं नहीं कहता कि संसार से भागो। मैं तो कहता हूं रहो संसार में ही, ताकि तूफान तुम्हें सोने न दे। जागरण तो लाना है। और संसार से जगाने वाली जगह और कहां होगी! यहां मुर्दे उठ आएं कब्रों से।

और तुम संन्यास को साहिल मत बना लेना। संन्यास साहिल नहीं है। तूफान में ही जागना है। किसी सुरक्षित स्थान की खोज नहीं है संन्यास—असुरक्षा को ही सुरक्षा में रूपांतरित करने की कला है, कीमिया है।

धीरज रखो, होगा। वह अपूर्व भी घटित होगा, जब प्रेम में परमात्मा मिलता है। लेकिन उसके पहले बहुत कांटे मिलेंगे, तब कहीं तुम गुलाब तक पहुंच पाओगे। लेकिन गुलाब तक पहुंचना निश्चित है। और

जिस दिन पहुंच जाओगे उस दिन कांटे बिलकुल भूल जाएंगे; शायद तुम कांटों को धन्यवाद भी दो, क्योंकि न होते कांटे तो शायद तुम गुलाब तक कभी पहुंचते भी नहीं। कांटों की ही तो सीढ़ियां बनानी हैं।

दूसरा प्रश्न : ओशो, आज तक दो प्रकार के खोजी हुए हैं। जो अंतर्यात्रा पर गए, उन्होंने बाह्य जगत से अपने संबंध न्यूनतम कर लिए। जो बाहर की विजय-यात्राओं पर निकले उन्हें अंतर्जगत का कोई बोध ही नहीं रहा। आपने हमें जीने का नया आयाम दिया है—दोनों दिशाओं में हमें अपनी यात्रा पूरी करनी है। ध्यान और सत्संग से जो मौन और शांति के अंकुर निकलते हैं, बाहर की भागा-भागी में वे कुचल जाते हैं। फिर बाहर के संघर्षों में जिस रुग्णता और राजनीति का हमें अभ्यास हो जाता है, अंतर्यात्रा में वे ही कड़ियां बन जाती हैं।
प्रभु, दिशा-बोध देने की अनुकंपा करें।

आनंद अरुण, मनुष्य का अतीत जिन बहुत सी भूलों में उलझा रहा है, उनमें सबसे बड़ी भूल यही थी कि हमने अंतर्यात्रा और बहिर्यात्रा को बांटा, कि हमने उनको दो यात्रा कहा। अंतर और बाहर को बांटा नहीं जा सकता; वे संयुक्त हैं, उन्हें वियुक्त करने का कोई उपाय नहीं है।

जैसे तुम्हारी देह और आत्मा। तुम्हारी देह तुम्हारी आत्मा का प्रकट रूप है और तुम्हारी आत्मा तुम्हारी देह की अप्रकट शक्ति है; बस इतना ही भेद है प्रकट और अप्रकट का, लेकिन दोनों संयुक्त हैं। तुम भोजन करते हो, जाता तो देह में है, लेकिन आत्मा भी सबल होती है। और तुम ध्यान करते हो, ध्यान घटता तो आत्मा में है, मगर देह पर भी ओज फैल जाता है। संयुक्त है।

परमात्मा और यह सृष्टि, स्रष्टा और उसकी सृष्टि अलग-अलग नहीं हैं—एक हैं। लेकिन अतीत में यह हुआ, शायद होना ही था; क्योंकि कुछ भूलें करके ही तो आदमी सीखता है, बिना भूलें किए सीखने का उपाय भी तो नहीं है। एक भूल हुई—बड़ी से बड़ी भूल—कि हमने बाहर और भीतर को बांट दिया। बाहर की यात्रा पर निकले लोगों को हमने कहा सांसारिक; और भीतर की यात्रा पर निकले लोगों को हमने कहा धार्मिक, आध्यात्मिक।

लेकिन जो भीतर की यात्रा पर गया है, अगर बाहर की यात्रा बिलकुल ही अवरुद्ध कर ले, तो उसकी अंतर्यात्रा निष्प्राण हो जाएगी, निर्वीर्य हो जाएगी, अधूरी रह जाएगी। और अधूरे सत्य असत्यों से भी बदतर होते हैं। एकांगी हो जाएगी उसकी यात्रा। वह शांत तो हो जाएगा, लेकिन उसकी शांति में एक गहन उदासी होगी।

यही हुआ, सदियों-सदियों में तुम्हारे संत उदास हुए। उदासीनता उनका लक्षण ही हो गई। शांति तो मिली, लेकिन उत्सव न हुआ। सन्नाटा तो आया, लेकिन ऐसा सन्नाटा नहीं जो गुनगुनाता है, जो गीत बन जाता है! नाचता हुआ सन्नाटा नहीं, मरघट की शांति मिली उन्हें; बगिया की शांति नहीं—जहां फूल खिलते हैं, सुगंध बिखरती है, पक्षी गीत गाते हैं!

कल देखा, रैदास कह रहे थे कि तू है जैसे आकाश में घिरे हुए बादल और मैं हूं जैसे नाचता हुआ मोर! जब तक तुम्हारा ध्यान नाचे नहीं तब तक तुम्हारे ध्यान में कुछ अनिवार्य कमी है; तुम्हारा ध्यान जड़ है। ध्यान के पैरों में घुंघरू बंधने ही चाहिए, तब समग्रता से सत्य का अनुभव होता है।

तो जो भीतर गए उन्होंने बाहर से आंख मोड़ ली। वे अपने में बंद हो गए। वे एक तरह की कुंठा में घिर गए। बातें तो उन्होंने बहुत कीं अहंकार को छोड़ने की, मगर अहंकार की ही चारदीवारी के भीतर बंद हो गए। बातें तो उन्होंने बहुत कीं कि मैं को छोड़ना है—शायद इसीलिए कीं, क्योंकि मैं उन्हें इतना सताने लगा, मैं ही बचा, तू को तो छोड़ ही दिया, तू से तो पीठ मोड़ ली, बस मैं ही मैं बचा।

इसलिए तुम्हारे साधु-संत अगर दुर्वासा बन गए तो आश्चर्य नहीं। जहां मैं बचेगा वहां दुर्वासा पैदा होगा। तुम्हारे साधु-संत, तुम्हारे ऋषि-मुनि अभिशाप देने में कुशल हो गए तो आश्चर्य नहीं। आश्चर्य ऐसे होता है कि ऋषि-मुनि और अभिशाप! जरा-जरा सी बातों पर लोगों का एकाध जन्म नहीं, आगे के जन्म भी बिगाड़ दें, इनको तुम ऋषि-मुनि कहते हो! एक जन्म बिगाड़े उसको अपराधी कहते हो और जो तुम्हारे जन्म-जन्म बिगाड़ दें, इनको ऋषि-मुनि कहते हो! यह तो महापाप हो गया। और इतना क्रोध इनमें कहां से आ रहा है? क्रोध बिना अहंकार के पैदा नहीं होता। क्रोध तो अहंकार का ही बेटा है। क्रोध तो अहंकार की संतति है। क्रोध तो अहंकार का ही विस्तार है।

सब तरफ से बाहर से अपने को खींच कर भीतर बंद कर लिया, सब चुनौतियों से भाग गए, अपने में बंद, कुंठित हो गए, रुग्ण हो गए, तोड़ लिया अपने को सबसे और सोचने लगे—सबसे तोड़ कर अपने को परमात्मा से जोड़ लेंगे! परमात्मा तो सबमें व्याप्त था। अगर परमात्मा से ही जोड़ना था तो सबसे अपने को जोड़ना था। जितना तुमने अपने को दूसरों से तोड़ लिया उतने ही तुम परमात्मा से टूट गए—रह गए अकेले, एकांगी, एकाकी। बचा सिर्फ तुम्हारा अहंकार। मनोविज्ञान इस तरह की मनोवृत्ति को कहता है—नार्सीसिज्म। यूनानी कथा है नार्सीसस की, उसके आधार पर यह शब्द बना।

नार्सीसस एक बहुत सुंदर युवक हुआ। वह इतना सुंदर था कि एक झील में अपने ही प्रतिबिंब को देख कर मोहित हो गया। मगर तुम उसकी मुसीबत समझ सकते हो: जैसे ही झील में उतरे, झील कंप जाए, प्रतिबिंब खो जाए; किनारे पर बैठे, झील शांत हो जाए, लहरें विलीन हो जाएं, फिर प्रतिबिंब दिखाई पड़ने लगे। वह वहीं झील के किनारे बैठा-बैठा मर गया। उसकी याददाश्त में नदियों और झीलों के किनारे उगने वाले एक पौधे का नाम नार्सीसस रख दिया गया है। वह पौधा झील और नदी के किनारे ही उगता है और सदा झील की तरफ झुका रहता है और झील के दर्पण में अपने को देखता रहता है। वह पौधा भी!

मनोविज्ञान कहता है: नार्सीसस जैसा जो हो जाएगा, वह विक्षिप्त हो गया, रुग्ण हो गया। और तुम्हारा जो अंतर्यात्रा का अब तक का ढंग रहा, रवैया रहा, वह नार्सीसस का है—बस अपने में बंद हो जाओ। तुम्हीं सब कुछ हो, तुम्हारे बाहर कुछ भी नहीं है। सब द्वार-दरवाजे बंद कर लो, न आए सूरज, न आएं हवाएं, न आए चांद, न झांकें तारे, बाहर की कोई आवाज भी न सुनाई पड़े—कान बंद कर लो, आंख बंद कर लो! कहानियां हैं कि संतों ने अपनी आंखें फोड़ लीं कि कहीं रूप से आकर्षित न हो जाएं, कि अपने कान फोड़ लिए कि कहीं संगीत प्रभावित न कर दे।

ये तो विक्षिप्तता के लक्षण हुए और इसका एक स्वाभाविक परिणाम यह हुआ कि बहुत थोड़े से लोग ही इस तरह के धर्म में उत्सुक हुए। जो विक्षिप्त थे वे ही उत्सुक हुए। उनको अपनी विक्षिप्तता के लिए एक तर्क मिल गया, क्योंकि विक्षिप्तता आध्यात्मिक मालूम होने लगी।

यह बात तुम्हें हैरान करेगी, लेकिन स्मरण दिलाने योग्य है कि पश्चिम के देशों में, जहां धर्म का प्रभाव कम हो गया है, अधिक लोग पागल होते हैं। इससे भारतीय अहंकारियों को मौका मिल जाता है कहने को कि देखो, यद्यपि हम गरीब हैं, हमारे पास विज्ञान नहीं, टेक्नालॉजी नहीं, धन नहीं, रोटी नहीं, रोजी नहीं, कपड़ा नहीं, छप्पर नहीं, बीमारियां हैं, अकाल पड़ते हैं, बाढ़ें आती हैं, सब मुसीबतें हैं—फिर भी हमारे देश में इतने लोग पागल नहीं होते! जरूर हमारे अध्यात्म का प्रभाव है।

बात कुछ और है। बात सिर्फ इतनी है कि हमारे मुल्क में भी उतने ही लोग पागल होते हैं जितने पश्चिम में, लेकिन हमारे मुल्क में जब कोई पागल होता है तो वह अध्यात्म की चदरिया ओढ़ लेता है। वह पागल मालूम ही नहीं होता, वह तो आध्यात्मिक मालूम होने लगता है। पश्चिम में वही आदमी पागलखाने में भर्ती किया जाएगा। पूरब में उसी आदमी की पूजा की जाएगी। इस तरह के लोगों को यहां परमहंस कहा जाता है, जो बैठ कर खाना खा रहे हैं, उसी थाली में कुत्ते भी खा रहे हैं, उसी थाली में वे भी खा रहे हैं। इनको हम परमहंस कहते हैं। पश्चिम इनको पागल कहेगा कि इनको अब बुद्धि भी नहीं रही, विवेक भी नहीं रहा, थोड़ा भेद भी नहीं कर सकते। वहीं पाखाना कर लेंगे, वहीं बैठ कर भोजन कर रहे हैं—इनको हम परमहंस कहते हैं! इनको दुनिया में कहीं भी परमहंस नहीं कहा जाएगा। इनको स्किजोफ्रेनिक पश्चिम में कहा जाएगा कि इनका व्यक्तित्व खंडित है, टूटा हुआ है। ये दो व्यक्ति हैं—एक व्यक्ति ने पाखाना किया, दूसरा खाना खा रहा है। ये एक व्यक्ति होते तो यह असंभव था करना। इनका व्यक्तित्व विभाजित हो गया है, दो खंडों में टूट गया है।

और मैं मानता हूं कि पश्चिम की दृष्टि इस संबंध में ज्यादा सत्य के करीब है, लेकिन अध्यात्म ओढ़ लिया जाए...।

मैं एक सज्जन को जानता हूं, मेरे पड़ोस में ही रहते थे। उनको लोग बड़ा धार्मिक मानते थे। जब मैं उस जगह गया पहली दफा रहने तो लोगों ने मुझसे कहा कि हमारे पड़ोस में एक अदभुत व्यक्ति रहते हैं, बड़े धार्मिक हैं! मैंने कहा, उनकी धार्मिकता के संबंध में कुछ विस्तार से मुझे कहो, क्योंकि मैं इतने धार्मिक लोगों को जानता हूं और जब उनका विस्तार पता चलता है तो बड़ी हैरानी होती है।

उनकी धार्मिकता की प्रसिद्धि का कुल कारण इतना था कि वे सुबह नल पर जब पानी भरने जाते थे तो अगर कोई स्त्री दिखाई पड़ जाए तो फिर से बर्तन मलते, फिर धोते, फिर पानी भरते; इस बीच फिर कोई स्त्री दिखाई पड़ जाए तो फिर बर्तन मलते। कभी-कभी दस दफा, कभी-कभी बीस दफा, कभी तीस दफा! पानी भर कर चले आ रहे हैं रास्ते पर और फिर कोई स्त्री दिख गई। अब स्त्रियां ही स्त्रियां हैं सब तरफ। इससे उनकी बड़ी ख्याति थी कि अहा, यह है ब्रह्मचर्य!

अब यह आदमी ब्रह्मचारी है या पागल?

एक महिला को मैंने कहा कि मैं तुझे दस रुपये दूंगा, तू आज इनके पीछे ही पड़ जा। तेरा दिन भर का काम इतना ही है कि उसी नल के आस-पास चक्कर लगाती रह, जहां ये पानी भरते हैं। आज सांझ

तक इनको पानी भरने नहीं देना है।...दस दफा, बीस दफा, पच्चीस दफा, तीस दफा, फिर आखिर उनको आग जलने लगी, क्रोध आने लगा कि यह तो स्त्री शरारत कर रही है। मतलब वही की वही स्त्री आ जाती है बार-बार!

और मालूम है उन्होंने क्या किया? उन्होंने अपना जो बर्तन था, जो मटका था, वह उस स्त्री के सिर पर दे मारा। उस स्त्री को अस्पताल ले जाना पड़ा। उसने मुझसे कहा कि दस रुपये में आपने मंहगा काम करवाया।

मैंने कहाः तू फिकर मत कर, मगर एक आदमी का अध्यात्म तो समाप्त हुआ, एक आदमी का अध्यात्म से छुटकारा हुआ! मोहल्ले भर के लोगों ने कहा कि यह कैसा आदमी है! भाई तुम्हें अपना बर्तन धोना है धोओ, मगर किसी के सिर पर तो नहीं मार सकते।

अब तक इसको वहां तक नहीं खींचा गया था जहां दुर्वासा प्रकट हो जाता है, क्योंकि कभी कोई एक स्त्री निकल गई तो ठीक है, उसने धो लिया अपना बर्तन। और इससे उसको प्रतिष्ठा मिल रही थी, इसलिए इसमें रस भी था। जिस दिन कोई स्त्री न गुजरती होगी उस दिन उसे मजा भी नहीं आता होगा। मगर एक सीमा है हर चीज की।

मैंने उन सज्जन को जाकर कहा कि उस स्त्री पर नाराज न हों, नाराज होना हो तो मुझ पर हों। मैंने ही आयोजन किया था, देखना था कि अध्यात्म किस तरह का है। और स्त्री को देख कर तुम्हारा जल अपवित्र हो जाता है! तुम्हारा बर्तन अपवित्र हो जाता है! देखते तुम हो कि बर्तन देखता है? अगर स्त्री को देख कर कुछ अपवित्र होता है तो तुम स्नान किया करो, बर्तन क्यों मलते हो? बर्तन बेचारे के पास आंखें भी नहीं हैं! और पानी को क्यों बदलते हो, पानी का क्या कसूर है? और जिस नदी से यह पानी आ रहा है, उसमें स्त्रियां नहा रही हैं; स्त्रियां ही नहीं, भैंसें किल्लोल कर रही हैं, क्रीड़ा कर रही हैं। और यह नल जिससे तुम पानी भर कर आते हो, यह नालियों में से गुजर रहा है, जमाने भर की गंदगियों में से गुजर रहा है, कहां-कहां से होकर चला आ रहा है—वह सब ठीक!

और मैंने उनसे पूछा कि जब तुम पैदा हुए थे तो स्त्री से पैदा हुए कि पुरुष से? नौ महीने मां के पेट में रहे कि नहीं? तब क्या करते रहे? कैसे गुजारे नौ महीने? फिर मां का दूध पीकर बड़े हुए, उसकी शुद्धि कैसे करोगे? तुम जाओ अस्पताल में और सारा खून बदलवा लो। सब खून निकलवा कर नया खून डलवा लो। मगर ध्यान रखना, नया खून भी ऐसे आदमी से डलवाना जो स्त्री से पैदा न हुआ हो, और ऐसे आदमी का डलवाना जो स्त्री से पैदा न हुआ हो। बेहतर तो यह हो कि तुम खून निकलवा लो, पानी भरवा लो—शुद्ध, गंगाजल!

मगर उनकी बड़ी प्रतिष्ठा थी। जब मैं वहां रहने लगा तो कुछ ही दिनों में वे छोड़ कर चले गए उस इलाके को। मैंने कहाः तुम भाग न सकोगे, तुम जिस इलाके में जाओगे वहीं मैं आ जाऊंगा। वे तो गांव ही छोड़ दिए। उनका पता ही नहीं चला वे कहां गए। वे किसी दूसरी जगह परमहंस हो गए होंगे।

तुम किसको अब तक साधु कहते रहे, संत कहते रहे—भगोड़ों को, पलायनवादियों को? और कारण कुल इतना था कि हमने बाहर और अंतर को तोड़ दिया। तो एक तरफ थोथा धार्मिक आदमी पैदा हुआ, जो करीब-करीब विक्षिप्त है; और दूसरी तरफ भोगी पैदा हुआ, वह भी बेचारा विक्षिप्त है। क्योंकि

वह सोचता है कि मैं तो बाहर की यात्रा पर लगा हूं, मैं कैसे भीतर जाऊं! तो वह भीतर जाने की चेष्टा नहीं करता। फिर उसे डर भी है कि भीतर जाएगा तो बाहर की सारी की सारी व्यवस्था तोड़नी पड़ेगी; वह वह तोड़ना नहीं चाहता, उसके बड़े न्यस्त स्वार्थ हो गए हैं।

तुम्हारे तथाकथित धर्म ने कुछ लोगों को भीतर की विक्षिप्तता दे दी और कुछ लोगों को बाहर अटका दिया। मैं यह सारा जाल तोड़ देना चाहता हूं। इसलिए मुझसे सांसारिक भी नाराज होंगे और धार्मिक भी नाराज होंगे। मेरी उदघोषणा है कि बाहर और भीतर संयुक्त हैं, इनको अलग नहीं किया जा सकता। अलग करने की कोशिश करना भी मत, क्योंकि इन दोनों से मिल कर ही पूर्ण सत्य निर्मित होता है।

इसलिए अरुण, जैसे श्वास कभी भीतर आती है और कभी बाहर जाती है—ऐसे जीओ। अब कोई आदमी कहे कि जो श्वास भीतर गई, अब हम बाहर न जाने देंगे, हम तो भीतर ही सम्हालेंगे! अरे क्यों अपने भीतर की संपदा को बाहर जाने दें! तो कर लो नाक बंद और रोक लो श्वास को भीतर, ज्यादा देर न जीओगे। या कि जो बाहर गई, गई! जो बाहर जाती है बार-बार, ऐसी भ्रष्ट श्वास को फिर क्या भीतर लेना! नमस्कार कर लो और भीतर मत लो, तो भी मरोगे।

कभी तुम श्वास में यह भेद नहीं करते; न तुम्हारे संन्यासियों ने किया अब तक, न तुम्हारे ऋषियों ने किया अब तक। श्वास का एक पहलू है भीतर जाना और दूसरा पहलू है बाहर जाना। श्वास ताजी रहती है जितनी बाहर-भीतर जाए; क्योंकि भीतर जाकर जो भी प्राणप्रद है श्वास में, वह तुम ले लेते हो और जो भी व्यर्थ है वह बाहर वापस चला जाता है। फिर बाहर से शुद्ध होकर श्वास भीतर चली आती है। यह जो एक संतुलन है बाहर और भीतर का श्वास-प्रश्वास का, ऐसा ही संतुलन जीवन का चाहिए।

मैं तुम्हारी तकलीफ समझता हूं। तुम कहते हो कि अगर भीतर जाते हैं तो मौन और शांति के अंकुर निकलते हैं, जो बाहर की भागा-भागी में कुचल जाते हैं।

कोई फिकर नहीं, कुचल जाने दो। एक बार कुचलेंगे, दो बार कुचलेंगे, धीरे-धीरे मजबूत होंगे। मजबूत होने की यही कला है, यही ढंग है। ऐसे ही दंड-बैठक लगता रहेगा। ऐसे ही तुम धीरे-धीरे मजबूत होओगे। ऐसे ही तुम्हारा ध्यान मजबूत होगा। फिर बाहर जाने से, बाहर की आपा-धापी से तुम्हारे अंकुर कुचले नहीं जाएंगे, बल्कि तुम एक चमत्कार देखोगे कि बाहर जाना तुम्हारे ध्यान के अंकुरों के लिए खाद बन जाएगा।

और अभी तुम कहते हो कि बाहर जाते हैं तो रुग्णता और राजनीति का अभ्यास हो जाता है, वह भीतर जाने में बाधा बनता है।

वह भी बाधा नहीं बनेगा। वह भी इसलिए बाधा बनता है कि अभी तुम ध्यान को ठीक से समझ नहीं पा रहे। अभी तुम साक्षीभाव नहीं पैदा कर पा रहे। नहीं तो बाहर के जगत में साक्षी होकर जीओ। फिर आदतें पीछा नहीं करेंगी तुम्हारा। भूल जाते हो साक्षीभाव को, इसलिए बाहर के उपद्रव और झगड़े-झांसे फिर भीतर चले आते हैं।

इसी कारण तो अतीत में यह भूल हो गई कि लोगों ने देखा, अगर बाहर के काम में लगो तो भीतर गड़बड़ होती है; अगर भीतर की शांति सम्हालो तो फिर बाहर जाने में डर लगता है, कहीं शांति नष्ट न हो जाए! इसलिए बांट ही लो: कुछ लोग भीतर रहें, वे ऋषि-महर्षि; अधिक लोग बाहर रहें, क्योंकि रहना

ही पड़ेगा अधिक लोगों को! ऋषि-महर्षियों को भी तो भोजन चाहिए! वह कहां से पाएंगे, अगर सभी लोग ऋषि-महर्षि हो जाएं?

जरा सोचो तो कि सभी लोग महावीर हो गए, सब खड़े नंग-धड़ंग, किससे भिक्षा मांगोगे? किससे भोजन लेने जाओगे? कौन निमंत्रण देगा कि महाराज, आज हमारे घर से भोजन ग्रहण करें! एक महावीर को जिंदा रखना हो तो कम से कम दस आदमियों को बाहर उलझे रहना पड़ता है। तुम भाग जाओ बाहर से, लेकिन इससे क्या फर्क पड़ता है, तुम उन्हीं पर तो निर्भर हो! तुम उन पर निर्भर हो जो बाहर जी रहे हैं। और वे जो बाहर जी रहे हैं, वे भी तो बार-बार महावीर के चरणों में आते हैं, बुद्ध के चरणों में आते हैं कि थोड़ी सी अंतर्वाणी सुनाई पड़ जाए। वे भी तृप्त नहीं हैं, वहां भी कुछ कमी है।

संसारी खोजता है किसी सत्संग को। क्यों? क्योंकि उसे लगता है कि कुछ है जो मैं चूक रहा हूं। धन भी है, पद भी है, प्रतिष्ठा भी है, मगर आत्म-बोध नहीं है, आत्म-अनुभव नहीं है; भीतर का तो कोई संगीत ही सुनाई नहीं पड़ता, रोशनी नहीं दिखाई पड़ती! तो जाऊं उनके पास, बैठूं थोड़ी देर—जिनको भीतर की रोशनी मिल गई। वह भी उनकी तलाश करता है जो भीतर पहुंच गए हैं, या कम से कम भीतर पहुंचने का जिनका उसे खयाल है, पहुंचे हों या न पहुंचे हों। और जो भीतर गए हैं, वे भी उसकी तलाश करते हुए आते हैं, जो बाहर के काम में लगा है, क्योंकि उन्हें भी रोटी चाहिए, छप्पर चाहिए, ठहरने को जगह चाहिए। दोनों एक-दूसरे पर निर्भर हैं। दोनों एक-दूसरे से मुक्त नहीं हैं।

बजाय इस तरह करने के, क्यों नहीं तुम स्वयं ही दोनों को एक साथ साध लेते? यह मेरी प्रक्रिया है। क्यों दूसरों पर निर्भर रहो? समझो कि अगर बाहर रहना पाप है तो जो भी बाहर रह रहे हैं उनका भोजन ग्रहण करना पाप है। अगर चोरी पाप है और कोई चोर आकर महावीर को दान करे तो महावीर को मना करना चाहिए कि चोरी पाप है, मैं कैसे दान लूं? और यह भी हो सकता है, चोर ने सिर्फ दान देने के लिए ही चोरी की हो, क्योंकि महावीर को देने का मजा वह भी लेना चाहता है; वह भी चाहता है यश; वह भी चाहता है कि लोगों को पता चल जाए कि मैं भी दाता हूं! उसने चोरी की हो महावीर को दान देने के लिए, तो जिम्मेवार कौन होगा फिर? इसकी चोरी में भागीदार कौन होगा?

एक सज्जन मेरे पास आए। ख्यातिनाम साधु हैं। हिमालय में उनकी बड़ी ख्याति है। वे पैसा नहीं छूते। वह उनकी ख्याति का खास कारण है। ख्यातियां भी अजीब! जहां विक्षिप्तताएं प्रचलित हों वहां किन-किन बातों से ख्यातियां मिलती हैं, यह भी सोचने जैसा मामला है! वह पैसा नहीं छूते। मैंने उनसे कहा कि पैसा क्यों नहीं छूते? उन्होंने कहा: मिट्टी है। मैंने कहा: मिट्टी तो तुम मजे से छूते हो! अगर पैसा मिट्टी है तो छुओ। मिट्टी को छूने में क्या हर्जा है? तुम्हारा न छूना ही बता रहा है कि पैसा मिट्टी नहीं है।

वे जरा मुश्किल में पड़ गए, सिर खुजलाने लगे। मैंने कहा: मिट्टी को छूने में तुम एतराज नहीं करते। मिट्टी पर बैठते हो, चलते हो। पैसा ही छूने में क्या एतराज है? पैसा भी है तो आखिर धातु ही! और अब तो धातु भी कहां, अब तो कागज! किताब छूते हो कि नहीं? गीता छूते हो कि नहीं?

उन्होंने कहा: गीता क्यों नहीं छूऊंगा! मैंने कहा: गीता से ज्यादा अच्छे कागज पर नोट छपा है; स्याही भी बेहतर है, कागज भी सुंदर है। इसे छूने में क्या एतराज आ रहा है? चूंकि इस पर दस रुपया लिखा है सिर्फ इसलिए? तो मैं एक कागज पर दस रुपया लिख दूं, छुओगे कि नहीं?

उन्होंने कहा: आप भी कैसी बातें करते हैं!

मैंने उनसे कहा कि कल सुबह ध्यान का प्रयोग होने को है, आप उसमें आ जाना।

उन्होंने कहा: यह जरा मुश्किल है। मैंने आपको कहा कि मैं पैसा नहीं छूता, तो मुझे एक आदमी पर निर्भर रहना पड़ता है। वह आदमी जब मेरे साथ आए तो ही मैं आ सकता हूं, क्योंकि पैसा वह रखता है, वही चुकाता है टैक्सी वाले को। और वह कल नहीं आ सकेगा, कल उसे अदालत जाना है।

मैंने कहा: लोग आपको पैसा वगैरह भेंट करते हैं, वह कहां जाता है? कहा: वह वही आदमी रखता है। मैंने कहा, यह चालबाजी थोड़ा सोचो तो! एक आदमी को साथ रखना पड़ता है, वह पैसा सम्हाल कर रखता है। जैसे कि रईस मुनीम रखते हैं, यह मुनीम हुआ तुम्हारा। और यह तो बड़ी गुलामी हो गई! कल तुम्हें आना है, लेकिन तुम नहीं आ सकते, क्योंकि मुनीम को अदालत जाना है। अरे तुम्हारे खीसे में क्या खराबी है? उसके खीसे में हाथ डाल कर निकालते हो न! उसका ही हाथ है, उसका ही खीसा है, मगर निकालता तुम्हारे लिए है। पैसा भी तुम्हीं को भेंट मिलता है, रखता वह है। उसको क्या देते हो तनख्वाह?

पहले तो वे जरा इधर-उधर...। मैंने कहा कि मुझसे तुम झूठ नहीं बोलना, नहीं तो जन्म-जन्म भुगतोगे। बात सच्ची कह देना।

कहने लगे, अब आपसे क्या छिपाना! तीन सौ रुपये महीने उसको देना पड़ता है और फिर भी उस पर निर्भर रहना पड़ता है!

यह सब क्या खेल चल रहा है! मगर उनकी प्रसिद्धि यह है कि वे पैसा नहीं छूते।

आचार्य विनोबा भावे को अगर नोट दिखा दो, वे जल्दी से आंख बंद कर लेते हैं। जरूर नोट में बहुत रस होगा। इतना क्या रस? क्या आंख से लार टपकती है? क्या मामला क्या है? यह तो एक तरह का रोग हुआ। जैसे किसी आदमी को नोट दिखा दो, वह एकदम से आंख बंद कर ले। नोट में तो बड़ा जादू मालूम होता है! और किसी चीज को देख कर वे आंख बंद नहीं करते, नोट को देख कर आंख बंद कर लेते हैं। यह तो नोट से बड़ा भय हुआ। कहीं कोई भीतर रुग्ण लगाव रह गया है।

यह वजह, इसकी मौलिक वजह यही है अरुण कि हमने बाहर और भीतर को दो हिस्सों में तोड़ दिया। इससे बड़े उपद्रव पैदा हुए। झूठे पाखंडी साधु पैदा हुए और दीन-हीन भोगी पैदा हुए। भोगी सोचते हैं, हमसे क्या होगा, हम तो भोगी हैं! हम तो सेवा ही कर लें साधु-संन्यासियों की, उतना ही बहुत है, उतना ही पुण्य काफी है। कभी अगले जन्म में प्रभु की कृपा होगी, पुण्य का प्रभाव होगा, तो अंतर्यात्रा पर भी जाएंगे; लेकिन अभी तो बहिर्यात्रा पर हैं, अभी तो यह यात्रा पूरी करनी है, अभी तो अंतर्यात्रा पर हम जा नहीं सकते।

उनको अंतर्यात्रा पर न जाने का बहाना मिल गया और जो अंतर्यात्रा पर गए हैं उनकी अंतर्यात्रा नपुंसक है, क्योंकि उनको उन्हीं पर निर्भर रहना पड़ता है जिनकी बहिर्यात्रा है। इतना क्यों उपद्रव खड़ा करना? क्यों न सीधी-सादी जिंदगी जीओ? रोटी कमानी है कमाओ। मगर रोटी कमाने की, बाजार-दुकान चलाने की आदतों में न घिर जाओ। जब दुकान बंद करके आओ तो वे आदतें भी दुकान में ही बंद कर आओ; उनको घर मत लाओ। जब दफ्तर से लौटो तो खाली होकर लौटो। और जब घर में बैठो तो प्रीति

में डूबो, ध्यान में डूबो। घर का और अर्थ क्या? नहीं तो घर आए किसलिए? लेकिन चले आए दफ्तर सिर में लिए, तो घर आए काहे को? दफ्तर में ही रहते। घर चले आए दफ्तर को सिर में लिए तो घर तो तुम आए ही नहीं।

यही अरुण, तुम कह रहे हो अड़चन है कि फिर बाहर की आदतें पकड़ लेती हैं!

आदतें तुम्हें नहीं पकड़तीं, तुम्हीं आदतों को पकड़ते हो। पहले तुम्हीं पकड़ते हो, शुरुआत तुम्हीं करते हो।

नदी में बाढ़ आई हुई थी। वर्षा के दिन। पहली-पहली बाढ़। मुल्ला नसरुद्दीन और कुछ लोग नदी के किनारे खड़े बाढ़ को बढ़ता देख रहे थे, तभी एक आदमी चिल्लायाः अरे देखते हो, कंबल बहा जा रहा है!

मुल्ला को तो लालच आ गया। आव देखी न ताव, कूद पड़ा। ज्यादा दूर भी नहीं था, एक पांच-सात हाथ के ही फासले पर था। कंबल को पकड़ लिया। फिर चिल्लाया, बचाओ! तो लोगों ने किनारे से कहाः इसमें बचाना क्या है? अगर कंबल नहीं खींच सकते हो तो छोड़ दो। उसने कहाः अब मुश्किल है मामला। यह भालू है, कंबल नहीं है। अब इसने भी मुझे पकड़ लिया।

पहले तुम पकड़ते हो। मगर हमेशा पहले तुम पकड़ते हो, खयाल रखना। फिर कभी-कभी भालू मिल जाते हैं। दिख रही होगी पीठ कंबल जैसी सुंदर। जिंदा था भालू, वह बहा जा रहा था। अब मुश्किल पड़ी। अब चिल्ला रहे हैं कि बचाओ।

तुम आदतों को पहले पकड़ते हो, फिर धीरे-धीरे उनका अभ्यास तुम्हीं करते हो। और बहुत अभ्यास के बाद वे तुम्हें पकड़ लेती हैं। फिर तुम पूछते हो, कैसे बचें?

पकड़ो मत आदतों को! उपयोग करो। मस्तिष्क का उपयोग करो। बुद्धि का उपयोग करो। तर्क का उपयोग करो। गणित का उपयोग करो। लेकिन बस उपयोग कर दिया और सरका कर रख लिया। चौबीस घंटे उनसे घिरे रहने की कोई आवश्यकता नहीं है। फिर घर में ध्यान में डूबो, प्रेम में डूबो, नाचो, गाओ, उत्सव मनाओ। लेकिन इस उत्सव और शांति और आनंद और प्रेम में भी पकड़ जाने की जरूरत नहीं है, कि फिर दफ्तर पहुंच गए नाचते हुए, तो फिर दफ्तर के लोग पुलिस में खबर करेंगे! क्योंकि रोओ अगर दफ्तर में तो क्षमा भी कर दें वे; अगर हंसो तो क्षमा नहीं कर सकते। रोने वाले लोग हंसने वाले लोगों को कैसे क्षमा कर सकते हैं! इतने दुख से भरे लोग आनंदित व्यक्ति को क्षमा नहीं कर सकते।

तो समझ का थोड़ा उपयोग करो; इसी को विवेक कहते हैं। घर में अपनी मौज से जीओ; दफ्तर दफ्तर है, उसकी अपनी दुनिया है। वहां उसी दुनिया में जीओ।

जैसे रास्ते पर बाएं चलने का नियम है कि बाएं चलो। अब यह कोई शाश्वत नियम नहीं है, कोई ऐसा नहीं है कि तुम दाएं चलोगे तो नरक भेज दिए जाओगे। मगर बस के नीचे आ जाओगे। कोई ऐसा नहीं है कि दाएं चलने में पाप है। न मनुस्मृति में लिखा है और न किसी और शास्त्र में कि दाएं चलना पाप है। और अमरीका में तो लोग दाएं चलते ही हैं, जैसे भारत में बाएं चलते हैं। यह इंग्लैंड ने सिखा दिया भारत को बाएं चलना। इंग्लैंड में बाएं चलने का रिवाज है, अमरीका में दाएं चलने का रिवाज है।

मैंने सुना है कि मुल्ला नसरुद्दीन अमरीका जाने की तैयारी कर रहा था। बहुत दिन हो गए, एक

दिन पता चला कि अस्पताल में भर्ती किया गया है, कई फ्रैक्चर हो गए हैं! मैं उसे देखने गया। पट्टियां ही पट्टियां बंधी हैं—मुंह पर, चेहरे पर, खोपड़ी पर, हाथ में, पैर में! मैंने कहाः नसरुद्दीन हुआ क्या? उसने कहाः ऐसी की तैसी अमरीका की! मैंने कहाः अमरीका का इसमें क्या लेना-देना है? अभी तो तुम गए ही नहीं! उसने कहाः अरे बिना गए ही यह हालत हो गई। मैं अमरीका जाने का अभ्यास कर रहा था कि वहां क्या-क्या नियम, क्या-क्या विधियां—पता चला कि वहां दाएं चलना पड़ता है, सो कार दाएं चला रहा था, कि अभ्यास तो कर लूं! चम्मच-छुरी से खाने का अभ्यास कर रहा था। और सब तो ठीक रहा, यह दाएं चलाना कार झंझट आ गई। आ गई बस एक और बस बच गए, इतना ही बहुत है!

मैंने कहाः बहुत तकलीफ होती होगी, इतने घाव! उसने कहाः हां, होती है जब हंसता हूं। मैंने कहाः हंसते काहे के लिए हो? उसने कहा, हंसता इसलिए हूं कि अच्छे बुद्धू, अपने शांति से रह रहे थे, अमरीका जाने की सनक सवार हुई। अब भूल कर नहीं जाऊंगा। अब कहीं जाना ही नहीं है। अपने घर में ही रहेंगे। बिना ही गए इतनी झंझट हो गई, अमरीका में क्या हालत हो रही होगी लोगों की!

लेकिन अमरीका में कोई गड़बड़ नहीं हो रही। सभी लोग उसी नियम को मान कर चल रहे हैं, तो वह नियम कारगर हो जाता है। बाएं सब लोग मान कर चलते हैं तो बाएं चलना ठीक हो जाता है; दाएं मान कर चलते हैं तो दाएं चलना ठीक हो जाता है। मगर कोई एक नियम मान कर चलना होता है। यह नियम केवल औपचारिक है। इन नियमों की कोई शाश्वतता नहीं है। इनमें कोई पारमार्थिक तत्व नहीं है, कोई पारलौकिक तत्व नहीं है—कामचलाऊ हैं, व्यावहारिक हैं।

तो मैं जानता हूं कि अरुण लोगों के साथ रहोगे तो थोड़ी राजनीति बरतनी होगी, क्योंकि लोग राजनीति से भरे हैं; थोड़े मुखौटे भी लगाने होंगे, क्योंकि लोगों से अगर वैसा ही कह दो सच-सच जैसा है, तो बस अस्पताल में दिखाई पड़ोगे। और फिर दर्द होगा जब हंसोगे!

तो लोग रास्ते पर मिल जाते हैं, भीतर तो कहते हैं कि हे भगवान, आज बचाना, कहां से इस शैतान की सुबह से ही शकल दिखाई पड़ गई! लेकिन उससे ऐसा नहीं कहते, उससे कहते हैं; धन्यभाग कि आप सुबह ही सुबह मिल गए! अरे कितने दिनों से लालसा थी। बड़े मुश्किल से दर्शन हुए, बड़े दुर्लभ दर्शन हैं आपके! और भीतर यही कह रहे हैं कि हे प्रभु, अब बचाना! अब ये चौबीस घंटे किसी तरह गुजर जाएं तो ठीक है। यह सुबह ही सुबह कहां से अपशकुन हो गया! मगर वे भीतर की बातें भीतर, बाहर की बातें बाहर।

मैं जानता हूं कि बाहर की जिंदगी है तो वहां मुखौटे भी हैं और वहां राजनीति भी है, क्योंकि बाकी सारे लोग राजनीति से भरे हैं और मुखौटों से भरे हैं। मगर मुखौटा ओढ़ कर जाओ तो उसको फिर कोई घर लगाए रखने की जरूरत नहीं है; घर आकर निकाल कर रख दिया। घर अपने असली चेहरे में आ गए। इसीलिए घर है।

घर को मंदिर बनाओ! यही मेरी सारी शिक्षा का सार है—घर को मंदिर बनाओ! क्योंकि वह प्रेम का स्थल है। वहां पूजा के दीप जलाओ! वहां जलने दो धूप! वहां सब मुखौटे एक तरफ रख दिया करो। वहां सारी राजनीति छोड़ दिया करो।

मगर पत्नी के साथ भी राजनीति चल रही है, पति के साथ भी राजनीति चल रही है। बच्चों के

साथ राजनीति चल रही है! छोटे-छोटे बच्चों को भी तुम धोखा दे रहे हो! उनसे भी झूठी बातें कह रहे हो! फिर अड़चन हो जाती है। लेकिन जिम्मा तुम्हारा है। बहिर्यात्रा का जिम्मा नहीं है। यह तुम्हारी भ्रांति है। यह तुम्हारे विवेक की कमी है। घर आते ही सब जाल-जंजाल दरवाजे पर रख दिया; जहां जूते उतारते हो वहीं सब उतार कर रख दिया। घर निपट सहज मानव हो गए। जब बाहर गए, फिर जूते पहन लिए, फिर मुखौटे पहन लिए। खेल समझो इसको! और बाहर-भीतर अगर तुम खेल समझ कर आओ-जाओ तो साक्षी का जन्म हो जाए।

उसी साक्षी को मैं संन्यास कहता हूं। न तो संन्यास अंतर्यात्रा है और न संन्यास बहिर्यात्रा है—बहिर्यात्रा-अंतर्यात्रा दोनों के बीच साक्षी का जग जाना। भीतर भी जाओ और बाहर भी जाओ; फिर भी अलग-थलग बने रहो, दोनों से अस्पर्शित रहो, दोनों से मुक्त, तादात्म्य न हो। उस साक्षीभाव को मैं संन्यास कहता हूं।

सत्य है रवि, सत्य रवि की दीप्त किरणें भी
पर मनोहर बादलों की श्यामली माया
सत्य है व्यवधान अंतर, सत्य तुम मैं भी
किंतु फिर भी यह निलय का भाव घिर आया

क्योंकि दोनों सत्य हैं: तम भी उजेला भी
मैं तुम्हारे साथ भी हूं, प्रिय! अकेला भी!

ऐसा साधो—

मैं तुम्हारे साथ भी हूं, प्रिय! अकेला भी!
क्योंकि दोनों सत्य हैं: तम भी उजेला भी।

अंतर्जगत भी सत्य है—उतना ही जितना बहिर्जगत सत्य है, जरा भी कम-ज्यादा सत्य नहीं। दोनों एक ही सिक्के के दो पहलू हैं; एक ही वर्तुल के दो आधी फांकें। आधा चांद भीतर, आधा चांद बाहर; दोनों से मिल कर पूर्णिमा होगी। और जिसके जीवन में पूर्णिमा हो गई वही मुक्त है।

संन्यास को मैं नये अर्थ दे रहा हूं, नई भाव-भंगिमा दे रहा हूं। इसलिए तुम्हें अड़चन होती है, तुम भूल जाते हो। संन्यास की तुम पुरानी ही परिभाषा में उलझ जाते हो।

बहुत दिनों के बाद
आज फिर हवा चली है फागुन की!
मेरे कुर्ते का छोर
तुम्हारी साड़ी का पल्ला
साथ-साथ लहराता है

मन जाने किन-किन अनजान दिशाओं में
बह जाता है
बहुत दिनों के बाद!

बहुत दिनों के बाद
आज फिर खुला आसमान
सूरज की किरन चमकती है
अंधियारे कमरे की बंदी
मेरी अनुभूति
पंख लगा कर उड़ती है
बहुत दिनों के बाद!

बहुत दिनों के बाद
आज फिर फूला पलाश है
सेमल की डालों से अंगारे झड़ते हैं
अमलताश के पत्तों से मेरे शब्द
अर्थ खोजते
धरती से आसमान तक उड़ते हैं
बहुत दिनों के बाद
आज फिर हवा चली है फागुन की!

मैं एक नई हवा ला रहा हूं। मैं किसी बंधी-बंधाई पुरानी लीक, किसी परिपाटी को नहीं पीट रहा हूं। जैसा कभी नहीं हुआ है आज तक, वैसा कुछ करने को तुमसे कह रहा हूं। इसलिए अड़चन तो होगी। समझने में ही अड़चन होगी; करने में तो और भी अड़चन होनी है। मगर काश तुम कर सके तो हम एक नये मनुष्य को पृथ्वी पर जन्म दे सकते हैं! और उसकी बहुत जरूरत है। बिना नये मनुष्य के अब पृथ्वी का कोई भविष्य नहीं है। अतीत सड़-गल गया। अतीत में हमने जो भी किया था, काम नहीं आया। बुद्ध भी होते रहे, सिकंदर भी होते रहे, चंगीज खां भी होते रहे, तैमूरलंग भी होते रहे; महावीर भी होते रहे, जीसस भी होते रहे। लेकिन मनुष्य आत्मवान नहीं हो पाया। कहीं-कहीं कभी-कभी दीये जलते रहे, लेकिन अधिकतर तो अमावस की रात रही।

और अब ऐसी घड़ी आ गई है कि यदि हम एक बिलकुल ही सर्वांग नये मनुष्य को जन्म न दे सके तो पृथ्वी का कोई भविष्य नहीं है। संन्यास की मेरी चेष्टा उसी नये मनुष्य को जन्म देने की चेष्टा है। इसलिए पुराने संन्यासी मुझसे नाराज हैं—फिर वे जैन हों, हिंदू हों, मुसलमान हों, ईसाई हों, वे सब मुझसे नाराज हैं। उनकी नाराजगी का कारण यह है कि मैं उनकी लीक तोड़ रहा हूं, उनकी परंपरा तोड़ रहा हूं।

और वे ही मुझसे नाराज होते तो आश्चर्य न था, मुझसे सांसारिक लोग भी नाराज हैं। वे इसलिए नाराज हैं कि मैं उनकी भी लीक तोड़ रहा हूं। मैं संन्यासियों को संसार में प्रवेश करवा रहा हूं।

मैं सारी सीमाओं को तोड़ देना चाहता हूं। मैं बांध तोड़ देना चाहता हूं। मैं चाहता हूं कि मनुष्य बाहर और भीतर दोनों में जीने में समर्थ हो जाए। पदार्थ के साथ भी उतना ही कुशल हो, उतना ही वैज्ञानिक हो—जितना धार्मिक, जितना आत्मा के साथ कुशल हो। चुनाव की जरूरत नहीं है। यह कोई विकल्प नहीं है कि हम ईश्वर को चुनें कि संसार को।

पुराना सूत्र है: ब्रह्म सत्य, जगत मिथ्या। ऐसा संन्यासी कहते रहे कि ईश्वर सत्य है और संसार झूठ। और संसारी मानते रहे कि संसार सत्य है, ईश्वर झूठ। भला मंदिर भी गए, मस्जिद भी गए, पूजा भी की, पाठ भी किया, लेकिन उनका पूरा जीवन कहता रहा यह, उनका पूरा व्यवहार कहता रहा कि ये सब बातें करने की हैं, असलियत तो यह है कि संसार सत्य है। उनका सारा व्यवहार तो संसार के सत्य की घोषणा करता रहा और परमात्मा को झूठ सिद्ध करता रहा।

मैं तुमसे कहता हूं: ब्रह्म भी सत्य है और जगत भी सत्य है। होना भी ऐसा ही चाहिए, क्योंकि जिस ब्रह्म से जगत पैदा हुआ हो, सत्य से असत्य कैसे पैदा हो सकता है? फिर इसी जगत में ही तो ब्रह्म का अनुभव होता है! असत्य में सत्य का अनुभव कैसे हो सकता है? जगत पैदा होता है ब्रह्म से और जगत में ही फिर ब्रह्म का अनुभव पैदा होता है। ये दोनों एक ही सिक्के के दो पहलू हैं।

इसलिए मुझसे बहुत लोग नाराज होंगे। और मुझे समझना जटिल होगा, कठिन होगा। और समझना तो एक तरफ, जब तुम इसे जीवन-व्यवहार में लाना शुरू करोगे तो बहुत अड़चनें आएंगी। मगर अड़चनें उठानी हैं। बिना अड़चनें उठाए तुम पकोगे नहीं, परिपक्व नहीं होओगे।

मौसम के जूड़े को देर तक टटोलूंगा
एक-एक गांठ को उम्र-उम्र खोलूंगा
गांठ-गांठ खोलनी है जीवन की!
मौसम के जूड़े को देर तक टटोलूंगा
एक-एक गांठ को उम्र-उम्र खोलूंगा

शायद हो गंध कहीं उन आदिम फूलों की
धुंधली तस्वीर कहीं तीर पर बबूलों की
भूलें वे जिनको नित टोक कर, हिकार कर
कुढ़ी-कुढ़ी नजरें हों बूढ़े उसूलों की।

शबनम के कूड़े को देर तक बटोरूंगा
एक-एक कतरे को जन्म-जन्म टोलूंगा
शायद हो छंद कोई चंदा की फांक सा

मिल जाए मन कोई घुट कर छटांक सा

पलकें वे जिनको नित ताक कर, निहार कर
सूरज हो पड़ा कहीं काजली सलाख सा

संयम के पलड़े को देर तक झिंझोडूंगा
एक-एक खतरे को बार-बार मोलूंगा

लो खतरे जितने ले सको, एक-एक खतरा लेने जैसा है! और मैं जो संन्यास तुम्हें दे रहा हूं, वह इस जगत में सबसे बड़ा खतरा है। बाहर-भीतर एक साथ जीना सबसे बड़ा खतरा है। बाहर-भीतर जीना तुम्हारी बुद्धि के लिए सबसे बड़ी चुनौती है। मगर उसी चुनौती से तो तुम्हारे प्राणों पर धार आएगी, तुम्हारी आत्मा में चमक आएगी। सदियों-सदियों की जमी हुई जंग उसी चुनौती से गिर सकती है, और कोई उपाय नहीं है।

मैं तुम्हें एक कंटकाकीर्ण मार्ग पर आमंत्रित कर रहा हूं। एक दूर की यात्रा पर ले चलने का मेरा आह्वान है। शिखर चढ़ने हैं! गौरीशंकर को छूना है! मुश्किलें तो होंगी, लेकिन हर मुश्किल को सीढ़ी बना लेना है। और उसकी कला तुम्हें सिखा रहा हूं।

जैसे-जैसे तुम्हारा ध्यान गहरा होगा वैसे-वैसे तुम पाओगे: बाहर और भीतर दोनों तरफ जीने का मजा आने लगा; बाहर-भीतर दोनों समान हो गए; तुम तीसरे हो गए; तुम दोनों से मुक्त हो गए, दोनों से अतिक्रमित हो गया तुम्हारा व्यक्तित्व, अतिक्रमण हो गया; तुम दोनों के पार हो गए। तुम देखोगे अपने को कभी बाहर के अभिनय के जगत में और कभी देखोगे भीतर की परम शांति में; मगर तुम जानोगे: न तो मैं बाहर हूं, न मैं भीतर हूं; मैं दोनों हूं और दोनों के पार भी।

तीसरा प्रश्न: ओशो, साक्षीभाव और लीनता परस्पर-विरोधी दिखाई देते हैं। क्या वे सचमुच विरोधी हैं?

जगदीश दवे, वे बस विरोधी दिखाई देते हैं—विरोधी नहीं हैं, उलटे सहयोगी हैं, परिपूरक हैं। हां, अगर तुम दोनों को साथ-साथ साधोगे तो शायद तुम्हें अड़चन अनुभव होगी। तुम एक को साधो और दूसरा अपने से आ जाएगा।

ऐसा समझो कि पहाड़ की चोटी पर जाने के लिए बहुत से रास्ते हैं। वे विरोधी नहीं हैं, क्योंकि वे सभी एक ही चोटी पर पहुंचा देते हैं, इसलिए सहयोगी हैं। मगर तुम दो रास्तों पर एक साथ चलने की कोशिश मत करना, अन्यथा तुम चोटी पर कभी न पहुंच सकोगे। दो कदम भाग कर इस पर चलोगे, फिर भाग कर दो कदम दूसरे रास्ते पर चलोगे, फिर लौट कर इस पर चलोगे, फिर लौट कर उस पर चलोगे।

यह बार-बार लौटना तुम्हें वहीं का वहीं रखेगा, तुम पहुंच ही न पाओगे। मंजिल तो बहुत दूर, रास्ते का क ख ग भी पूरा नहीं हो पाएगा। वहीं के वहीं अटके रहोगे।

इसलिए मेरा कहना है: एक में से कोई भी चुन लो। अगर साक्षीभाव को चुनोगे तो एक दिन तुम पाओगे: जैसे-जैसे साक्षी सघन होगा वैसे-वैसे तल्लीनता आने लगी। तल्लीनता साक्षीभाव की सुगंध की तरह आएगी। और बड़ी अदभुत अवस्था है तब—साक्षी भी और तल्लीन भी! जैसे कमल में जल, जल में कमल! डूबा भी है और नहीं भी डूबा है। पानी में है और पानी छूता नहीं।

सुबह-सुबह तुमने कमल के पत्तों पर जमी ओस की बूंदें देखीं, कैसी मोती सी चमकती हैं! मगर पत्ते को नहीं छूतीं। पत्ते पर हैं—और नहीं भी; और पत्ता जल पर है—और नहीं भी। कमल में जल हो या जल में कमल हो, अस्पर्शित रहते हैं। ऐसा ही साक्षीभाव में लीनता भी आ जाती है और फिर भी तुम साक्षी बने रहते हो।

मगर यह हुई अनुभव की बात, इसे मैं तुम्हें समझा न सकूंगा। समझने की कोशिश करोगे तो विरोधाभासी मालूम पड़ेगी; तुम कहोगे, एक कुछ हो सकता है। और मैं तुम्हारी बात समझा। साक्षीभाव साधोगे तो लगेगा तल्लीनता कैसे होगी? तल्लीनता का तो अर्थ है: डूब जाओ, बिलकुल भूल जाओ अपने को। और साक्षीभाव का अर्थ है: स्मरण रखो अपना, बोध रखो अपना; जरा भी भूलो मत; एक क्षण को विस्मरण न करो, आत्म-बोध बना रहे, सम्यक स्मृति बनी रहे, सुरति बनी रहे।

साक्षीभाव ध्यानी का मार्ग है—महावीर का, बुद्ध का, लाओत्सु का। साक्षी का मार्ग झेन मार्ग का सार-सूत्र है। लेकिन तल्लीनता आती है, गहन तल्लीनता आती है। मगर तल्लीनता आती है अंत में। रास्ता जब पूरा हो जाता है, तुम साक्षी में थिर हो जाते हो, तब अचानक तुम पाते हो: अरे यह कैसी सुवास उठने लगी तल्लीनता की!

या तल्लीनता साधो। वह प्रेमी का मार्ग है, भक्त का मार्ग है—मीरा का, चैतन्य का, रैदास का। डूबो! और डूबोगे शुरू-शुरू में तो कई बार खयाल आएगा कि फिर क्या होगा, साक्षी का क्या होगा? घबड़ाना मत! डूबते जाना, डूबते जाना—जिस दिन बिलकुल डूब जाओगे, मैं-भाव नहीं बचेगा, उसी क्षण साक्षी उभर आएगा। मगर वह सुगंध की तरह आएगा तब।

यह कैसे संभव हो पाता है? यह अदभुत, यह विरोधाभास कैसे संभव हो पाता है? इसके संभव होने का गणित मैं तुमसे कहूं। अभी तो सिर्फ तुमसे कहूंगा, तुम सुनोगे, लेकिन किसी दिन जब अनुभव होगा तब पूरी बात समझ में आ जाएगी। इसके पीछे गणित है—गणित सीधा है, साफ है, छोटा है। गणित है, मैं-भाव का खो जाना। साक्षी में भी मैं-भाव खो जाता है और तल्लीनता में भी मैं-भाव खो जाता है। अलग-अलग प्रक्रियाओं से खोता है, लेकिन दोनों हालत में मैं-भाव खो जाता है, अहंकार खो जाता है। और वही बाधा है।

जैसे-जैसे तुम साक्षी बनोगे, तुम चकित हो जाओगे: जब साक्षी बनना शुरू हुए थे तो ऐसा लगता था, मैं साक्षी हूं! और जैसे-जैसे साक्षी घना होगा वैसे-वैसे लगेगा, मैं तो पिघलने लगा, बहने लगा, उड़ने लगा, वाष्पीभूत होने लगा! जब साक्षीभाव पूरा होगा, तुम अचानक पाओगे: साक्षी तो है, मैं कोई भी नहीं। भीतर बोध तो है, लेकिन मैं का कोई भाव नहीं। इसलिए तल्लीनता आ जाएगी। जब मैं ही न

बचा तो अब अतल्लीन कैसे रहोगे? जब मैं ही न बचा तो अब बिना डूबे कैसे बचोगे? मैं ही तो था जो रोक रहा था, जो दीवाल बना था। दीवाल ही गिर गई तो आकाश मिल गया। आंगन टूट गया, दीवाल गिर गई, आंगन आकाश हो गया। यही तल्लीनता है!

और अगर तल्लीनता से शुरू करोगे तो पहले ऐसा लगेगा, मैं तल्लीन हो रहा हूं। अहा, कैसी तल्लीनता में उतर रहा हूं मैं! शुरू-शुरू में लगेगा मैं तल्लीन हो रहा हूं; लेकिन जब तक मैं है, क्या खाक तल्लीन हो रहे हो! भुला रहे हो अपने को, समझा रहे हो अपने को। लेकिन मैं लौट-लौट आएगा। धीरे-धीरे जैसे तल्लीनता बढ़ेगी, मैं पिघलेगा। फिर तल्लीनता रह जाएगी। डूबे तो रहोगे, लेकिन कोई बचेगा नहीं जो डूबा है। मैं-भाव गया। और जहां मैं-भाव गया वहां साक्षी पैदा हो जाता है, साक्षी बच नहीं सकता।

इसलिए जगदीश दवे, दो में से कोई एक चुन कर चल पड़ो। और खयाल रखो, यह प्रश्न बौद्धिक नहीं है, यह प्रश्न अस्तित्वगत है। अनुभव से ही राज खुलेगा, अनुभव से ही खुलता रहा है। कितना ही कहो, कितना ही समझाओ, कहने और समझाने की बातें नहीं हैं। दो में से कोई एक चुन लो, जो प्रीतिकर लगे। अपने को पहचानो थोड़ा; अपने लगाव, अपने रुझान परखो थोड़ा। और जो प्रीतिकर लगे...। अगर तुम्हें साक्षीभाव में मजा आता हो तो ठीक; अगर तुम्हें तल्लीनता में मजा आता हो तो ठीक। साक्षीभाव है बुद्ध, महावीर, लाओत्सु का मार्ग, झेन का मार्ग, ध्यान का मार्ग।

'झेन' शब्द ध्यान से ही आया है। बुद्ध तो संस्कृत नहीं बोलते थे, इसलिए 'ध्यान' शब्द का उन्होंने उपयोग नहीं किया। वे तो बोलते थे पाली। पाली में ध्यान नहीं है, ध्यान की जगह शब्द है 'झान।' चूंकि बुद्ध पाली बोलते थे और ध्यान को झान कहते थे, इसलिए जब बौद्ध भिक्षु चीन पहुंचे तो वे झान शब्द को ले गए। चीन में झान शब्द लिखा नहीं जा सकता था, ठीक झान। झ लिखने का चीनी में कोई उपाय नहीं। पहले तो चीनी में कोई वर्णमाला नहीं होती, चित्र होते हैं। और झ जैसा कोई शब्द नहीं है। जैसे अंग्रेजी में बहुत से शब्द नहीं हैं—जैसे ध अंग्रेजी में नहीं है। हमारी भाषा में बावन वर्ण हैं; अंग्रेजी में छब्बीस हैं, आधे से काम चलता है।

चीन में झ लिखना संभव नहीं था, इसलिए जो शब्द लिखा गया—जो करीब से करीब आ सकता था झान के—वह था 'चान।' इसलिए चीन में बुद्ध का ध्यान चान कहा जाता है।

फिर चीन से बात जापान पहुंची। और जापानी बौद्ध साधक, जो चीन से ले गए इस महत्वपूर्ण मार्ग को, वे बड़ी झंझट में थे कि क्या करें—झान कहें कि चान? उनकी एक अड़चन और थी कि उनकी भाषा में झान लिखा जाए तो वह झेन जैसा पढ़ा जाएगा। इसलिए जापान में जाकर वह झेन हो गया। मगर है वह ध्यान का ही रूपांतरण।

तो या तो झेन का मार्ग है—ध्यान का मार्ग। वहां साक्षी होना ही एकमात्र उपाय है। तल्लीनता आती है।

एक झेन फकीर के संबंध में यह कहानी है कि जब वह बुद्धत्व को उपलब्ध हुआ तो एक शराब की बोतल बगल में दबा कर बाजार में पहुंच गया। झेन फकीर जो न करें सो थोड़ा! और इसीलिए मेरा उनसे खूब लगाव है। उनसे मेरी पटती है, उनसे मेरी जमती है। क्या प्यारा आदमी रहा होगा! बुद्धत्व को उपलब्ध हुआ, दबाई एक शराब की बोतल, पहुंच गया बाजार में।

लोगों ने पूछाः आप और शराब की बोतल! आप बुद्धत्व को उपलब्ध हुए, शराब की बोतल आपको शोभा नहीं देती।

उस फकीर ने कहाः यह खबर देने के लिए अब यह बोतल मुझे सदा साथ रखनी होगी। यह पीने के लिए नहीं है, यह इस बात की खबर देने के लिए है कि जब कोई परिपूर्ण साक्षी हो जाता है तो वैसी ही मस्ती आ जाती है जैसी शराब पीने से। यह बोतल मैं अब सदा साथ रखूंगा, ताकि तुम्हें पता रहे। साक्षी से चला था और तल्लीनता पर पहुंच गया—ऐसी तल्लीनता जैसी केवल शराब में आती है, तुम्हारे अनुभव में तो सिर्फ शराब में ही आती है। चला तो था साक्षी होने और लौटा हूं पियक्कड़ होकर। सोचा तो था कि मंदिर में जा रहा हूं, पहुंच गया मधुशाला!

इसकी बात प्यारी है। जिंदगी भर वह बोतल अपने साथ ही रखे रहा। हो सकता है बोतल में सिर्फ पानी ही हो। मगर झेन फकीर के हाथ में पानी भी शराब हो जाता है।

जीसस के संबंध में तो प्यारी कहानी है कि जब वे समुद्र के तट पर गए तो उन्होंने सारे समुद्र को शराब में बदल दिया। ईसाई इसको नहीं समझा पाते। पंडित-पुरोहितों से ज्यादा मूढ़ इस दुनिया में कोई भी नहीं, क्योंकि अनुभव तो उनका कुछ है नहीं। जीसस ने तो और गजब कर दिया—अब क्या खाक बोतल लेकर चलना, पूरे समुद्र को ही शराब में बदल दिया!

जो व्यक्ति ध्यान को उपलब्ध हो जाएगा, उसके लिए सारा अस्तित्व मदमस्त हो जाता है, सारा अस्तित्व शराब बन जाता है।

एक ईसाई पादरी मुझसे बात कर रहे थे। मैंने कहा, आप इसको कैसे समझाते हैं?

उन्होंने नीचे नजरें झुका लीं। उन्होंने कहा कि मुझे बड़ी अड़चन होती है जब भी कोई ऐसे सवाल पूछता है। बात तो ठीक नहीं है। शराब कोई चीज तो अच्छी नहीं है। जीसस ने क्यों सारे सागर को शराब में बदल दिया!

मैंने उनसे कहा कि आपको पता है, इंग्लैंड के स्कूल में परीक्षा हो रही थी—बाइबिल की क्लास की परीक्षा। और शिक्षक ने यह सवाल पूछा कि लिखो सब निबंध कि जीसस जब सागर के तट पर गए तो उन्होंने सारे सागर को शराब में बदल दिया।

एक बच्चे ने तो मिनट में उत्तर लिखा और खड़ा हो गया कि यह मेरा उत्तर पूरा हो गया। शिक्षक ने कहाः इतने जल्दी! यह इतना कठिन सवाल है कि बड़े-बड़े पंडित और बड़े-बड़े शास्त्रज्ञ सदियों से सिर मारते रहे हैं और इसका हल नहीं कर पाए। देखूं तेरा उत्तर!

लेकिन उसे पता नहीं था वह बच्चा कौन है; भविष्य उसका क्या था, उसे पता नहीं था। उस बच्चे ने एक छोटा सा, एक वाक्य लिखा था। उसने एक छोटा सा वाक्य लिखा थाः दि सी सा हर मास्टर एंड ब्लश्ड! सागर ने अपने मालिक को देखा, अपने प्यारे को देखा और शरमा गया! इसलिए लाली छा गई। शराब-वराब नहीं। इसी बात को कहने के लिए यह कहानी गढ़ी गई। वह बच्चा बाद में बायरन बना—इंग्लैंड का महाकवि! लक्षण दे दिया उसने काव्य का वहीं। बड़े-बड़े पंडित जो व्याख्या नहीं कर सके थे, उसने एक वाक्य में व्याख्या कर दी।

अंग्रेजी में सागर स्त्रैण है, इसलिए और बात जमी कि सागर ने अपने मालिक को देखा, अपने

प्रेमी को—जैसे प्रेयसी और शरमा जाए और सिर झुका ले और उसके चेहरे पर लाली दौड़ जाए अपने प्रेमी को देख कर! और जितनी लंबी प्रतीक्षा रही हो, उतनी ही लाली दौड़ जाए। सदियों-सदियों में जीसस जैसा मालिक पृथ्वी पर चलता है! एक वाक्य में व्याख्या हो गई।

मेरा भी कहना यही है। सागर को कोई शराब में नहीं बदल दिया जीसस ने, लेकिन सारा अस्तित्व शराबमय हो गया, अलमस्ती छा गई।

साक्षी से चलोगे तो अलमस्ती छा जाएगी एक दिन। हवा की लहर-लहर में शराब! सूरज की किरण-किरण में शराब! फूल के रंग-रंग में शराब! और अगर तुम्हें प्रीतिकर लगता हो तल्लीनता का मार्ग—मीरा का, कबीर का, रैदास का—लगता हो प्रीतिकर कि डूबूं, तल्लीन हो जाऊं, नाचूं और गाऊं और खो दूं अपने को! अगर तुम्हें सूफियों और बाउलों का मार्ग अच्छा लगता हो...

वह पागलों का मार्ग है, इसलिए बाउल नाम चल पड़ा। बंगाल में जो प्रेमी भक्त हुए हैं, उनका नाम बाउल है। बाउल यानी बावला, पागल। ऐसे मस्त थे—नाचते हुए, गाते हुए! कुछ खास उनके पास नहीं—इकतारा और डुग्गी! बस इतना काफी है। न मंदिर की जरूरत, न मूर्ति की, न पूजा की। इकतारा बजेगा और डुग्गी पिटेगी और बाउल नाचेगा! और उसका नृत्य ही उसका ध्यान है। नृत्य ही उसकी अर्चना, पूजा। मन ही पूजा मन ही धूप! उसके भीतर ही सब घटित हो रहा है। तल्लीनता का मार्ग चुन लो, एक दिन साक्षी हो जाओगे।

मगर दोनों मार्ग एक साथ चलने की चेष्टा मत करना; उसमें विभाजन होगा, अड़चन होगी। और उसमें शायद कहीं भी न पहुंच पाओ, और बड़ी बिगूचन में, विडंबना में उलझ जाओ।

आखिरी प्रश्न : ओशो, आपका मूल संदेश?

सहजानंद, छोटा है मेरा संदेश, बड़ा भी बहुत! आणविक है मेरा संदेश, मगर अणु-विस्फोट भी उससे हो सकता है।

शबाब आ रहा है, शबाब आ रहा है
दहकता हुआ आफताब आ रहा है

हैं अठखेलियों पर चमन की हवाएं
नए सिरे से फिर इंकलाब आ रहा है

यह सूरज है मशरिक में या मैकदे में
कोई ले के जामे-शराब आ रहा है

यह कौसे-कुजह है कि बज्मे-फलक से
मुगन्नी उठाए रबाब आ रहा है

कंवल खिल रहा है कि हौजे-चमन से
उभरता हुआ आफताब आ रहा है

शराब लेकर आया हूं तुम्हारे लिए! एक गीत लेकर आया हूं तुम्हारे लिए! पीओ और गाओ! तुम्हें शराब में डुबोने, तुम्हें गीतों में भिगोने!...तुम्हें कोई उपदेश देने में मेरी उत्सुकता नहीं है। मैं कोई उपदेशक नहीं हूं—एक दीवाना हूं। मेरे साथ जुड़ो तो तुम भी दीवाने हो जाओ। उपदेशकों से तो तुम्हें बचाना चाहता हूं; उन्होंने ही तुम्हें विकृत किया है।

आपकी जिद ने मुझे और पिलाई हजरत
शेखजी इतनी नसीहत भी बुरी होती है

वे समझाते रहे उपदेशक—ऐसा न करो, वैसा न करो। और जो-जो वे समझाते रहे, वही-वही लोग और-और करते रहे। क्योंकि जितना कहा जाए मत करो, उतना ही लगता है कि कुछ बात करने योग्य जरूर होगी। निषेध में निमंत्रण है। इसलिए मैं तुमसे नहीं कहता—यह न करो, वह न करो। मैं तो कहता हूं, तुम जैसे हो, मुझे स्वीकार है। अगर परमात्मा को तुम स्वीकार हो तो मुझे क्यों तुम अस्वीकार होओगे! तुम जैसे हो मुझे स्वीकार हो। तुम जैसे हो वैसे ही कहता हूं: आओ और डूबो! मैं तो उपदेशकों को भी कहता हूं कि तुम भी आओ और डूबो!

पी लोगे तो ऐ शेख जरा गर्म रहोगे
ठंडा ही न कर दें कहीं जन्नत की हवाएं

इतना ही छोटा सा मेरा संदेश है। जरा पीने का अंदाज सीखो—प्रेम को पीओ, ध्यान को पीओ, परमात्मा को पीओ! और परमात्मा बेशर्त उपलब्ध है। कोई शर्त नहीं है कि पहले तुम इतनी पात्रता अर्जित करो, तब परमात्मा उपलब्ध होगा। तुम हो, जीवित हो—बस इतनी पात्रता काफी है। सिर्फ जीवित हो जाओ, यह मेरा संदेश है। क्योंकि तुम में बहुत हैं, जो मुर्दा हैं; जो काफी समय पहले मर चुके हैं, अब मरे-मरे चल रहे हैं। उनमें फिर से पुनः जीवन की झनकार जगाना चाहता हूं। उनमें एक इंकलाब लाना चाहता हूं, एक अंतर-क्रांति—कि उनके भीतर पुनः यह होश आए कि जीवन एक परम अवसर है। परम, क्योंकि इसमें परमात्मा पाया जा सकता है। न जाओ काबा, न काशी।

मन ही पूजा मन ही धूप!

आज इतना ही।

ओशो—एक परिचय

ओशो किसी कोटि में नहीं रखे जा सकते। उनके हजारों प्रवचन अर्थवत्ता की व्यक्तिगत तलाश से लेकर आज समाज के समक्ष उपस्थित सर्वाधिक ज्वलंत सामाजिक व राजनैतिक समस्याओं तक सब-कुछ पर प्रकाश डालते हैं। ओशो की पुस्तकें लिखी नहीं गई हैं, वे अंतर्राष्ट्रीय श्रोताओं के समक्ष उनकी तत्क्षण दी गई ध्वनिमुद्रित ऑडियो/वीडियो वार्ताओं के संकलन हैं। जैसा कि वे कहते हैं: "तो याद रहे, मैं जो भी कह रहा हूं वह केवल तुम्हारे लिए ही नहीं...मैं भविष्य की पीढ़ियों के लिए भी बोल रहा हूं।"

ओशो को लंदन के *दॅ संडे टाइम्स* ने "बीसवीं सदी के 1000 निर्माताओं" में से एक कह कर वर्णित किया है। सुप्रसिद्ध अमरीकी लेखक टॉम राबिन्स ने "जीसस क्राइस्ट के बाद सर्वाधिक खतरनाक व्यक्ति" कह कर वर्णित किया है। भारत के *संडे मिड-डे* ने ओशो को गांधी, नेहरू और बुद्ध के साथ उन दस लोगों में चुना है जिन्होंने भारत का भाग्य बदल दिया।

अपने कार्य के बारे में ओशो ने कहा है कि वे एक नये मनुष्य के जन्म के लिए भूमि तैयार कर रहे हैं। इस नये मनुष्य को वे 'ज़ोरबा दॅ बुद्धा' कहते हैं—जो ज़ोरबा दॅ ग्रीक की तरह पृथ्वी के समस्त सुखों को भोगने की क्षमता रखता हो और गौतम बुद्ध की तरह प्रशांत सौम्यता में जीता हो। ओशो के हर आयाम में एक धारा की तरह बहता हुआ वह जीवन-दर्शन है जो पूरब की समयातीत प्रज्ञा और पश्चिम के विज्ञान और तकनीकी की सर्वोच्च संभावनाओं को एक साथ समाहित करता है।

वे आंतरिक रूपांतरण के विज्ञान में क्रांतिकारी देशना के पर्याय हैं और ध्यान की उन विधियों के प्रस्तोता हैं जो आज के गतिशील जीवन को ध्यान में रख कर रची गई हैं।

अनूठे ओशो सक्रिय ध्यान इस तरह रचे गए हैं कि पहले शरीर और मन में एकत्रित तनावों का रेचन हो सके, जिससे रोजमर्रा के जीवन में सहज स्थिरता फलित हो व विचार-रहित दशा की प्रशांति अनुभव की जा सके।

ओशो की दो आत्मकथात्मक कृतियां:
ऑटोबायोग्राफी ऑफ ए स्प्रिचुअली इनकरेक्ट मिस्टिक, (सेंट मार्टिंस प्रेस, यू एस ए)
ग्लिम्प्सेस ऑफ ए गोल्डन चाइल्डहुड, (ओशो मीडिया इंटरनेशनल, पुणे, भारत)

ओशो इंटरनेशनल मेडिटेशन रिज़ॉर्ट

स्थान

मुंबई से सौ मील दक्षिणपूर्व में फलते-फूलते आधुनिक शहर पुणे में स्थित ओशो इंटरनेशनल मेडिटेशन रिज़ॉर्ट छुट्टियां बिताने का एक ऐसा स्थल है जो औरों से सर्वथा भिन्न है। वृक्षों की कतारों से घिरे आवासीय क्षेत्र में मेडिटेशन रिज़ॉर्ट 28 एकड़ के दर्शनीय बगीचों में फैला हुआ है।

अनूठापन

हर वर्ष मेडिटेशन रिज़ॉर्ट 100 से भी अधिक देशों से आने वाले हजारों मित्रों का स्वागत करता है। रिज़ॉर्ट का अनूठा परिसर अधिक होशपूर्ण, विश्रांत, उत्सवमय व सृजनात्मक जीवन जीने के एक नये ढंग का प्रत्यक्ष अनुभव करने के लिए अवसर प्रदान करता है। चौबीसों घंटे और पूरे वर्ष चलने वाले कार्यक्रमों का भव्य, विविधतापूर्ण चुनाव उपलब्ध है—कुछ भी न करना व केवल विश्राम उनमें से एक है!

यहां के सभी कार्यक्रमों की पृष्ठभूमि में ओशो की 'ज़ोरबा दॅ बुद्धा' की अंतर्दृष्टि निहित है जो गुणात्मक रूप से एक नये ढंग का मनुष्य है जो दैनंदिन जीवन को सृजनात्मक ढंग से जीने के साथ ही मौन और ध्यान में ठहर जाने की क्षमता रखता है।

विवरण

ध्यान

हर तरह के व्यक्ति के अनुरूप दिन भर चलने वाले ध्यान-कार्यक्रमों में सक्रिय और निष्क्रिय, परंपरागत और क्रांतिकारी, तथा खासकर ओशो डाइनैमिक मेडिटेशन जैसी ध्यान-विधियां उपलब्ध हैं। ये सभी ध्यान-विधियां विश्व के संभवतः सर्वाधिक भव्य व विशाल ध्यान-सभागार 'ओशो ऑडिटोरियम' में होती हैं।

मल्टीवर्सिटी

यहां होने वाले विभिन्न व्यक्तिगत सेशन, कोर्स और वर्कशॉप अपने आप में सृजनात्मक कला से लेकर समग्र स्वास्थ्य तक, व्यक्तिगत रूपांतरण, संबंध एवं जीवन-अग्रसरण, कार्य-ध्यान, गुह्य-विज्ञान, तथा खेलों व मनोरंजन में "झेन" ढंग तक सब-कुछ समाहित करते हैं। मल्टीवर्सिटी की सफलता का राज इस तथ्य में है कि इसके समस्त कार्यक्रम ध्यान से जुड़े होते हैं, जो इस समझ को बढ़ावा देता है कि मनुष्य केवल अंगों का जोड़ मात्र नहीं है, वरन उससे बढ़ कर बहुत कुछ है।

बाशो स्पा

वैभवमय बाशो स्पा में उपलब्ध है हरे-भरे पेड़ों व हरियाली भरे वातावरण के बीच खुली हवा में तैरने का आनंद विशालकाय स्विमिंग-पूल में। अनूठे ढंग से बनी विस्तृत ज़कूजी, सौना, जिम, टेनिस कोर्ट...मनमोहक सुंदर पृष्ठभूमि में उभर-उभर आते हैं।

भोजन

अलग-अलग ढंग के विभिन्न भोजन-स्थलों पर परोसे जाने वाले सुस्वादु व शाकाहारी पाश्चात्य, एशियायी व भारतीय भोजन में मेडिटेशन रिज़ॉर्ट के लिए विशेष रूप से उगाई गई आर्गनिक सब्जियों का ही उपयोग होता है। ब्रेड और केक इत्यादि रिज़ॉर्ट की अपनी बेकरी में ही तैयार किए जाते हैं।

सांध्य गतिविधियां

चुनने के लिए सांध्य-गतिविधियों की लिस्ट लंबी है जिसमें नृत्य करना सबसे ऊपर है। अन्य गतिविधियों में तारों की छांव में फुलमून-ध्यान, वैरायटी शो, संगीत-कार्यक्रम तथा दैनिक जीवन के लिए ध्यान शामिल हैं।

इसके अलावा आप प्लाज़ा कैफे में मित्रों से मिलने-जुलने से लेकर रात की शांति से घिरे इस परीकथा जैसे वातावरण के बगीचों में चहलकदमी का आनंद ले सकते हैं।

सुविधाएं

आप प्रतिदिन उपयोग में आने वाली बुनियादी चीजें मेडिटेशन रिज़ॉर्ट पर गैलेरिया से खरीद सकते हैं। मल्टीमीडिया गैलरी में ओशो की सभी मीडिया सामग्री उपलब्ध है। बैंक, ट्रैवल एजेंसी तथा साइबर कैफे की सुविधाएं भी परिसर के भीतर ही उपलब्ध हैं। खरीददारी के शौकीन मित्रों के लिए पुणे में सभी चुनाव उपलब्ध हैं—परंपरागत भारतीय वस्तुओं से लेकर अंतर्राष्ट्रीय ब्रैंड्स के स्टोर्स तक।

आवास

आप ओशो गेस्टहाउस के सुरुचिपूर्ण कमरों में ठरहने का चुनाव कर सकते हैं। अगर आप लंबे समय तक रुकना चाहते हैं तो 'लिविंग-इन' कार्यक्रम के पैकेज भी चुन सकते हैं। इसके अतिरिक्त नजदीक ही बहुत प्रकार के होटल व सर्विस्ड अपार्टमेंट भी उपलब्ध हैं।

www.OSHO.com/meditationresort
www.OSHO.com/guesthouse
www.OSHO.com/livingin

ओशो का हिन्दी साहित्य

उपनिषद
सर्वसार उपनिषद
कैवल्य उपनिषद
अध्यात्म उपनिषद
कठोपनिषद
ईशावास्य उपनिषद
निर्वाण उपनिषद
आत्म-पूजा उपनिषद
केनोपनिषद

कृष्ण
गीता-दर्शन (आठ भागों में अठारह अध्याय)
कृष्ण-स्मृति

बुद्ध
एस धम्मो सनंतनो (बारह भागों में)

अष्टावक्र
अष्टावक्र महागीता (नौ भागों में)

कबीर
सुनो भई साधो
　　सुनो भई साधो
　　कस्तूरी कुंडल बसै
कहै कबीर दीवाना
　　कहै कबीर दीवाना
　　मेरा मुझमें कुछ नहीं
कहै कबीर मैं पूरा पाया
　　गूंगे केरी सरकरा
　　कहै कबीर मैं पूरा पाया
न कानों सुना न आंखों देखा
　　होनी होय सो होय (कबीर)
　　अकथ कहानी प्रेम की (फरीद)

महावीर
महावीर-वाणी (दो भागों में)
जिन-सूत्र (दो भागों में)
महावीर या महाविनाश
महावीर: मेरी दृष्टि में
ज्यों की त्यों धरि दीन्हीं चदरिया

मीरा
मैंने राम रतन धन पायो
झुक आई बदरिया सावन की

लाओत्से
ताओ उपनिषद (छह भागों में)

च्वांगत्सु
संसार और मार्ग
सत्य असत्य

जगजीवन
नाम सुमिर मन बावरे
अरी, मैं तो नाम के रंग छकी

शांडिल्य
अथातो भक्ति जिज्ञासा (दो भागों में)

दरिया
कानों सुनी सो झूठ सब
अमी झरत बिगसत कंवल

पलटू
अजहूं चेत गंवार
सपना यह संसार
काहे होत अधीर

सुंदरदास
हरि बोलौ हरि बोल
ज्योति से ज्योति जले

धरमदास
जस पनिहार धरे सिर गागर
का सोवै दिन रैन

दादू
सबै सयाने एक मत
पिव पिव लागी प्यास

मलूकदास
कन थोरे कांकर घने
रामदुवारे जो मरे

बाउल संत
प्रेम योग
आनंद योग

अन्य रहस्यदर्शी
भक्ति-सूत्र (नारद)
शिव-सूत्र (शिव)
भजगोविन्दम् मूढ़मते (आदिशंकराचार्य)
एक ओंकार सतनाम (नानक)
जगत तरैया भोर की (दयाबाई)
बिन घन परत फुहार (सहजोबाई)
नहीं सांझ नहीं भोर (चरणदास)
संतो, मगन भया मन मेरा (रज्जब)
कहै वाजिद पुकार (वाजिद)
मरौ हे जोगी मरौ (गोरख)
सहज-योग (सरहपा-तिलोपा)
बिरहिनी मंदिर दियना बार (यारी)
प्रेम-रंग-रस ओढ़ चदरिया (दूलन)
दरिया कहै सब्द निरबाना (दरियादास बिहारवाले)
हंसा तो मोती चुगैं (लाल)
गुरु-परताप साध की संगति (भीखा)
मन ही पूजा मन ही धूप (रैदास)
झरत दसहुं दिस मोती (गुलाल)

झेन, सूफी और उपनिषद की कहानियां
बिन बाती बिन तेल
सहज समाधि भली
दीया तले अंधेरा
मनुष्य होने की कला
सदगुरु समर्पण
उस पथ के पथिक
अंतर्यात्रा के पथ पर

पत्र-संकलन
अंतर्वीणा
प्रेम की झील में अनुग्रह के फूल
ढाई आखर प्रेम का
पद घुंघरू बांध
प्रेम के फूल
प्रेम के स्वर
पाथेय

तंत्र

संभोग से समाधि की ओर

  संभोग से समाधि की ओर

  युवक और यौन

  क्रांति-सूत्र

तंत्र-सूत्र (पांच भागों में)

योग

पतंजलि: योग-सूत्र (पांच भागों में)

योग: नये आयाम

विचार-पत्र

क्रांति-बीज

पथ के प्रदीप

बोध-कथा

मिट्टी के दीये

साधना-शिविर

साधना-पथ

  साधना-पथ

  अंतर्यात्रा

  प्रभु की पगडंडियां

मैं मृत्यु सिखाता हूं

जिन खोजा तिन पाइयां

समाधि के सप्त द्वार (ब्लावट्स्की)

साधना-सूत्र (मेबिल कॉलिन्स)

ध्यान-सूत्र

जीवन ही है प्रभु

असंभव क्रांति

रोम-रोम रस पीजिए

ध्यान दर्शन

ध्यान के कमल

नेति-नेति

  शून्य की नाव

  शून्य के पार

  सत्य की खोज

  संभावनाओं की आहट

साक्षी की साधना

  साक्षी की साधना

  साक्षी का बोध

समाधि कमल

जो घर बारे आपना

प्रेम दर्शन

गिरह हमारा सुन्न में

अपने माहिं टटोल

जीवन संगीत

अंतरंग वार्ताएं

संबोधि के क्षण

प्रेम नदी के तीरा

सहज मिले अविनाशी

उपासना के क्षण

अनंत की पुकार

ध्यान, साधना

ध्यान विज्ञान

ध्यानयोग: प्रथम और अंतिम मुक्ति

मैं कौन हूं

समाधि के द्वार पर

तृषा गई एक बूंद से

  तृषा गई एक बूंद से

  जीवन सत्य की खोज

माटी कहै कुम्हार सूं

  माटी कहै कुम्हार सूं

  जीवन रस गंगा

अमृत की दिशा

अमृत की दिशा
समाधि के तीन चरण
चित चकमक लागे नाहिं

राष्ट्रीय और सामाजिक समस्याएं

देख कबीरा रोया
देख कबीरा रोया
अस्वीकृति में उठा हाथ
भारत के जलते प्रश्न
भारत के जलते प्रश्न
समाजवाद से सावधान
समाजवाद अर्थात आत्मघात
स्वर्ण पाखी था जो कभी
नये समाज की खोज
नये भारत की खोज
नये भारत का जन्म
भारत का भविष्य
फिर अमरित की बूंद पड़ी
एक एक कदम

प्रश्नोत्तर

नहिं राम बिन ठांव
प्रेम-पंथ ऐसो कठिन
उत्सव आमार जाति, आनंद आमार गोत्र
मृत्योर्मा अमृतं गमय
प्रीतम छवि नैनन बसी
रहिमन धागा प्रेम का
उड़ियो पंख पसार
सुमिरन मेरा हरि करैं
पिय को खोजन मैं चली
साहेब मिल साहेब भये
जो बोलैं तो हरिकथा
बहुरि न ऐसा दांव
ज्यूं था त्यूं ठहराया
ज्यूं मछली बिन नीर
दीपक बारा नाम का
अनहद में बिसराम
लगन महूरत झूठ सब
सहज आसिकी नाहिं
पीवत रामरस लगी खुमारी
रामनाम जान्यो नहीं
सांच सांच सो सांच
आपुई गई हिराय
बहुतेरे हैं घाट
कोंपलें फिर फूट आईं
क्या सोवै तू बावरी
कहा कहूं उस देस की
पंथ प्रेम को अटपटो
फिर पत्तों की पांजेब बजी
मैं धार्मिकता सिखाता हूं, धर्म नहीं
ओशो उपनिषद
एक नई मनुष्यता का जन्म
भविष्य की आधारशिलाएं

विविध

अमृत-कण
अमृत वाणी
कुछ ज्योर्तिमय क्षण
नये संकेत
चेति सकै तो चेति
हसिबा, खेलिबा, धरिबा ध्यानम्
धर्म साधना के सूत्र
मैं कहता आंखन देखी
जीवन क्रांति के सूत्र
जीवन रहस्य
करुणा और क्रांति

विज्ञान, धर्म और कला
प्रभु मंदिर के द्वार पर
तमसो मा ज्योतिर्गमय
प्रेम है द्वार प्रभु का
अंतर की खोज
अमृत वर्षा
अमृत द्वार
एक नया द्वार
प्रेम गंगा
समुंद समाना बुंद में
सत्य की प्यास
शून्य समाधि
व्यस्त जीवन में ईश्वर की खोज
अज्ञात की ओर
धर्म और आनंद
जीवन-दर्शन
जीवन की खोज
क्या ईश्वर मर गया है
क्या मनुष्य एक यंत्र है
नानक दुखिया सब संसार
नये मनुष्य का धर्म
धर्म की यात्रा
स्वयं की सत्ता
सुख और शांति
नारी और क्रांति
सम्यक शिक्षा
शिक्षा में क्रांति
गहरे पानी पैठ
ज्योतिष विज्ञान
नव संन्यास क्या
सत्य का अन्वेषण
सत्य का दर्शन
घाट भुलाना बाट बिनु
पथ की खोज
जीवन अलोक
जीवन की कला
जीवन क्रांति की दिशा
जीवन गीत
मन का दर्पण
आंखों देखी सांच
आनंद की खोज
स्वर्णिम बचपन

ओशो के साहित्य के संबंध में समस्त जानकारी एवं ऑर्डर हेतु संपर्क सूत्रः
ओशो मीडिया इंटरनेशनल, 17 कोरेगांव पार्क, पुणे-411001, महाराष्ट्र, इंडिया
Tel: +91 (20) 6601 9981. email: distribution@osho.net

ओशो के ऑडियो-वीडियो प्रवचन के संबंध में समस्त जानकारी एवं ऑर्डर हेतु संपर्क सूत्रः
ओशो मल्टीमीडिया एंड रिजॉर्ट्स प्रा. लि., 17 कोरेगांव पार्क, पुणे-411001, महाराष्ट्र, इंडिया
Tel: +91 (20) 6601 9981. email: distribution@osho.net

ओशो की पुस्तकें उनके द्वारा श्रोताओं के समक्ष दिए गए तात्कालिक प्रवचनों से अभिलिखित हैं। सभी ओशो प्रवचन संपूर्ण रूप से पुस्तकों में प्रकाशित हुए हैं और ऑडियो रिकॉर्डिंग के रूप में भी उपलब्ध हैं। ऑडियो रिकॉर्डिंग व संपूर्ण लिखित संग्रह के बारे में जानकारी www.osho.com/library से प्राप्त की जा सकती है।

ओशो का हिन्दी साहित्य

अभी बहुत समय नहीं हुआ जब वेबसाइटें ही संपूर्ण जानकारी का एकमात्र स्रोत हुआ करती थीं तथा सोशल नेटवर्किंग साइटें केवल किशोर-किशोरियों व कॉलेज के छात्र-छात्राओं की व्यक्तिगत अभिरुचियों के आदान-प्रदान का वाहन भर होती थीं। समय बदल गया है और साथ ही हम भी—

ओशो की अद्वितीय वाणी को अब आप विभिन्न भाषाओं व प्रारूपों में निम्नलिखित ऑनलाइन वेबसाइटों पर पा सकते हैं:
आधिकारिक वेबसाइट: www.OSHO.com
हिंदी भाषा के लिए देखें: www.OSHO.com/hindi

अपने मनपसंद विषय को ओशो लाइब्रेरी में ढूंढने के लिए देखें (हिंदी में भी उपलब्ध) :
www.OSHO.com/library
www.OSHO.com/library-hindi

संपूर्ण ओशो ध्यान-विधियों व उससे संबंधित संगीत के लिए देखें:
www.OSHO.com/Meditation

ओशो का संपूर्ण हिंदी-अंग्रेजी साहित्य व ई-बुक्स के लिए देखें: www.OSHO.com/shop
www.OSHO.com/shop-hindi
www.OSHO.com/ebooks

ओशो के ऑडियो प्रवचन MP3 व अन्य प्रारूप के लिए देखें:
www.OSHO.com/hindiAudiobooks

ओशो इंटरनेशनल मेडिटेशन रिज़ॉर्ट आने की योजना बनाने के लिए देखें:
www.OSHO.com/MeditationResort

ओशो इंटरनेशनल न्यूज़लेटर की निःशुल्क सदस्यता की सुविधा के लिए देखें:
www.OSHO.com/newsletters
www.OSHO.com/hindinewsletters

ओशो टैरो कार्ड ऑनलाइन रीडिंग के लिए देखें:
www.OSHO.com/tarot

ओशो-वाणी को अपनी स्थानीय भाषा में उपलब्ध कराने के लिए आप पंजीकृत करके ओशो-वाणी को लिपिबद्ध अथवा अनुवादित कर सकते हैं:
www.OSHOtalks.info

ओशो हिंदी रेडियो के लिए देखें:
radiohindi.OSHO.com

यहां होने वाले कार्यक्रमों, उत्सवों, मीडिया विज्ञप्तियों व सूक्तियों की हर दिन की जानकारी प्राप्त करने के लिए देखें:
www.facebook.com/OSHO.International

मल्टीविर्सिटी कार्यक्रमों की नवीनतम जानकारी के लिए देखें:
www.facebook.com/OSHO.International.Meditation.Resort

ओशो वीडियो चैनल से कहीं भी, कभी भी जुड़िए:
www.youtube.com/OSHO.International

अपनी सुबह की शुरुआत ओशो के संदेश के साथ कीजिए: www.twitter.com/OSHOtimes

कृपया इन साइटों पर रजिस्टर व ब्राउज़ करने के लिए कुछ क्षण निकालें, क्योंकि ये साइटें आपको ओशो के बारे में विस्तृत जानकारी उपलब्ध करवाती हैं।

इसके अतिरिक्त आप और भी अधिक रोचक व मौजपूर्ण ढंग खोज ले सकते हैं जिनके द्वारा ओशो को विश्व भर में उपलब्ध कराया जा सकता है।